실크로드 문명기행 1

일본 나라에서 이탈리아 로마까지

(일본 한국 중국 편)

글/사진 고태규

한림대학교 출판부
Hallym University Press

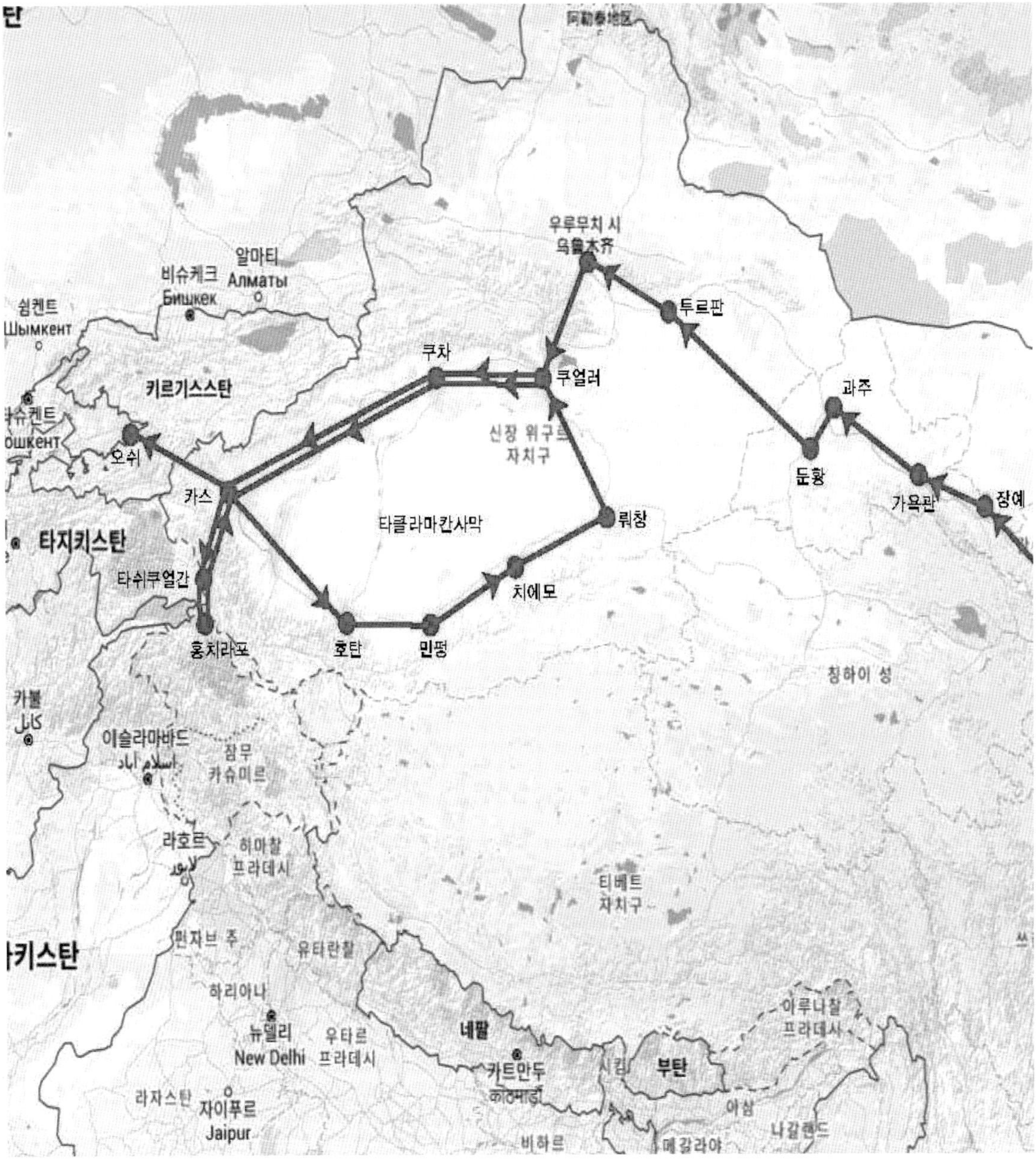
阿勒泰地区
우루무치 시
乌鲁木齐
투르판
알마티
Алматы
비슈케크
Бишкек
쉼켄트
Шымкент
쿠차
쿠얼러
키르기스스탄
신장 위구르
자치구
과주
오쉬
카스
둔황
가욕관
장예
타클라마칸사막
뤄창
타지키스탄
타쉬쿠얼간
치에모
홍치라포
호탄
민펑
칭하이 성
카불
이슬라마바드
잠무
카슈미르
라호르
히마찰
프라데시
티베트
자치구
펀자브 주
유타란찰
하리아나
뉴델리
New Delhi
우타르
프라데시
네팔
카트만두
부탄
아루나찰
프라데시
라자스탄
자이푸르
Jaipur
아삼
나갈랜드
비하르
메갈라야

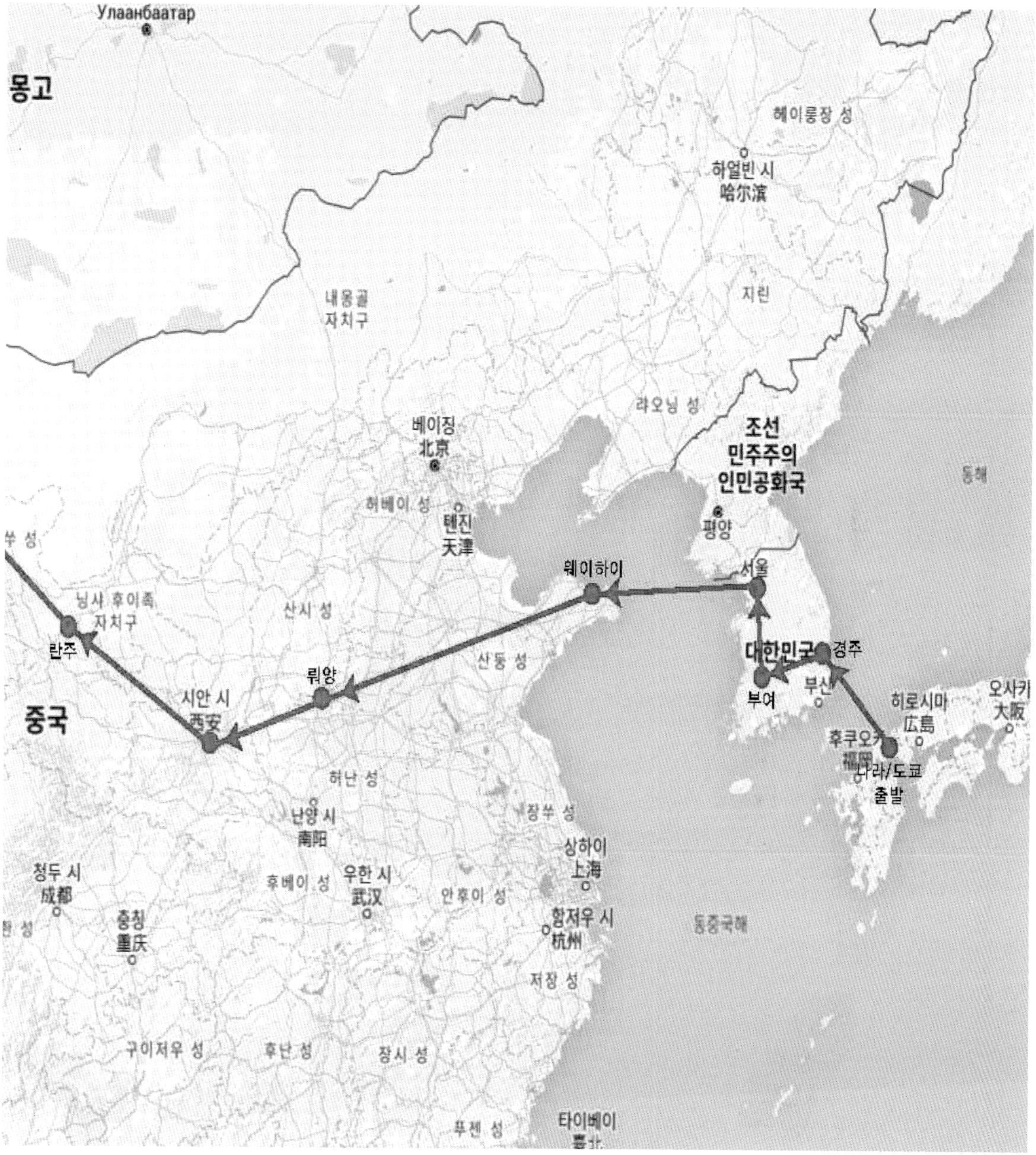
Улаанбаатар
몽고
헤이룽장 성
하얼빈 시
哈尔滨
내몽골
자치구
지린
라오닝 성
조선
민주주의
인민공화국
동해
베이징
北京
허베이 성
텐진
天津
평양
웨이하이
서울
닝샤 후이족
자치구
란주
산시 성
대한민국
경주
산둥 성
뤄양
부여
부산
시안 시
西安
오사카
大阪
히로시마
広島
중국
후쿠오카
福岡
나라/도쿄
출발
허난 성
장쑤 성
난양 시
南阳
상하이
上海
청두 시
成都
후베이 성
우한 시
武汉
안후이 성
충칭
重庆
항저우 시
杭州
동중국해
저장 성
구이저우 성
후난 성
장시 성
푸젠 성
타이베이

차 례

여행경로

(여행지도 참조)

1권

나라➔교토➔경주➔부여➔서울➔인천➔웨이하이➔뤄양➔시안➔티엔쉐이➔란저우➔장예➔자오관➔둔황➔유원➔투르판➔우루무치➔쿠얼러➔쿠처➔카쉬가르(카스)➔호탄➔민펑➔치에모➔뤄창➔쿠얼러➔카쉬가르➔타쉬쿠르간➔홍치라포➔카쉬가르

2권

카쉬가르➔이르케쉬탐➔오쉬➔잘라라바드➔카자르만➔나린➔발릭치➔카라콜➔발릭치➔비쉬케크➔잘랄라바드➔오쉬➔안디잔➔페르가나➔마르질롱➔코칸드➔타쉬켄트➔사마르칸트➔테르미즈➔사마르칸트➔부하라➔히바➔누쿠스➔히바➔타쉬켄트➔이스탄불➔에르즈룸➔카르스➔아르다한➔아르트빈➔호파➔트라브존➔호파➔바투미➔쿠타이시➔트빌리시➔시그나기➔트빌리시➔예레반➔에치미아진➔예레반➔니노츠민다➔아스핀드자➔쿠타이시➔바투미➔트라브존➔에르즈룸➔도우베야짓➔타브리즈➔테헤란➔마쉬하드➔비르잔드➔자헤단➔밤➔케르만➔호르무즈(반데르 압바스)➔쉬라즈➔페르세폴리스➔야즈드➔이스파한➔테헤란➔이스탄불➔카파도키아➔파묵칼레➔에페스➔이스탄불➔테살로니카➔아테네➔산토리니➔아테네➔파트라스➔바리➔로마

책을 내면서

실크로드가 나를 부른다

2013년에 나는 꿈 하나를 이루었다. 오랫동안 나의 소원이었던 실크로드를 횡단한 것이다. 꼬박 여섯 달 동안 실크로드의 동쪽 종착역인 일본 나라를 출발해서 한국, 중국, 키르기스탄, 우즈베키스탄, 이란, 그루지아, 아르메니아, 터키, 그리스, 로마, 이집트, 요르단, 이스라엘까지 여행한 것이다. 옛날 여행자들처럼 낙타나 말을 타거나 걸어서 간 것이 아니라, 버스나 기차, 배, 비행기 등 대중교통을 이용한 여정이었다. 실크로드에 있는 수많은 도시와 마을을 방문하고, 수많은 사람들을 만나고, 이름을 알 수 없는 수많은 음식을 먹어보고, 그동안 알고 싶었던 그들의 자연풍경과 문화와 예술, 종교 그리고 역사를 더듬어 보는 의미 있는 답사여행이었다.

내가 처음 실크로드에 관심을 갖게 된 것은 대학생 때인 1980년에 방영된 일본 NHK 다큐멘터리 〈실크로드〉 때문이다. 키타로가 작곡한 신비로운 배경 음악과 함께 방영된 14부작은 나에게 엄청난 충격과 함께 미지의 사막 문명과 유목 문명에 대한 호기심을 불러일으켰다. 볼록 솟아오른 등허리 양쪽으로 짐을 잔뜩 실은 낙타 수 십 마리가 대오를 지어 석양의 사막 속으로 천천히 걸어 들어간다. 하얀 천으로 만든 옷을 입고, 터번으로 머리를 둘러맨 대상들이 낙타 무리를 따라간다. 내가 그때 본 〈실크로드〉 시작 장면이다. 지금도 그 장면과 함께 나오는 〈실크로드〉 주제곡이 내 귀에 선명하게 남아있다. 그 뒤부터 나는 낙타를 타고 사막 속으로 사라지는 꿈을 자주 꾸었다. 피에 역마살이 끼어 세계 여기저기를 돌아다니기 좋아하는 나에게 실크로드는 하나의 이상향으로 다가왔다. 언젠가는 일본 나라에서 로마까지 저런 대상과 같은 방법으로 걸어서 가겠다는 꿈을 갖게 되었다. 실크로드는 나에게는 그런 존재다.

세 갈래의 실크로드 길과 기록을 남긴 사람들

실크로드는 수백 가지의 길이 있다. 크게는 세 가지로 나눌 수 있다. 오아시스로, 초원로, 그리고 해상로다. 수천 년 동안 대상이나 사신, 선교사들의 동서 교역로이자 통행로이며, 내가 이번에 횡단한 사막 오아시스로, 중앙아시아 북부 유목민족들의 삶의 터전이자 징기스칸(1162-1227)이 13세기에 서방 정벌 때 주로 이용했던 초원로, 수천 년 동안 아라비아 상인들의 해상 교역로이자 13세기 무슬림 탐험가 이븐 바투타(Ibn Battuta, 1304-1368)가 여행한 페르시아만에서 중국까지의 해로를 해상 실크로드라고 한다. 그러니까 실크로드는 사막 오아시스로만 말하는 것이 아니고 초원로와 바닷길까지도 포함하는 개념이다. 각 노선은 거기서 또 다시 수백 갈래로 가지를 친다.

실크로드의 역사는 인류의 역사만큼이나 길다. 길의 역사라 해도 좋을 것이다. '사람이 걸어 다니면 길이 된다'는 단순한 이치가 실크로드에도 그대로 적용된다. 사람들은 동물들이 걸어 다닌 길을 다니면서 사람들이 다니기 좋게 길을 넓히거나 다졌을 것이다. 이런 길들이 상품 교역이나 전쟁을 위해 이용되면서 수천 년, 아니 수만 년, 아니 수십만 년의 역사를 간직하게 된 것이다.

지금까지 실크로드를 왕래한 사람은 셀 수도 없이 많다. 그러나 기록을 남긴 사람은 얼마 되지 않는다. 우리가 고등학교 세계사 시간에 배운 사람들을 살펴보면, 장건(張騫, ?-기원전 114년), 반초(班超, 32-102), 법현(法顯, 337-422), 현장(玄奘, 602-664), 의정(義淨, 635-713), 혜초(慧超 또는 惠超, 704?-787?), 마르코 폴로(Marco Polo, 1254-1324), 오도릭(Odoric of Pordenone, 1265?-1331), 이븐 바투타 등이다. 이밖에도 수많은 사람들이 여행 기록을 남겼다.

20세기 초에는 '실크로드의 악마들(Foreign Devils on the Silk Road)'로 지칭되는 스웨덴의 스벤 헤딘(Sven Hedin, 1865-1952), 영국의 오렐 스타인(Aurel Stein, 1862-1943), 독일의 폰 르 코크(Albert Von Le Coq, 1860-1930)과 알베르토 그륀베델(Albert Grünwedel, 1856-1935), 프랑스의 폴 펠리오(Paul Pelliot, 1878-1945), 러시아의 세르게이 올덴부르크(Sergey Oldenburg, 1863-1934)와 니콜라이 프르제발스키(Nikolay Przhevalsky, 1839-1888), 미국의 랭던 워너(Langdon Warner, 1881-1955), 일본의 오타니 고즈이(大谷光瑞, 1876-1948) 등이 실크로드를 탐험하고 유물을 약탈하면서 이곳에 관련된 기록을 남겼다.

실크로드는 동서간의 문명과 인간의 교차로

실크로드를 통해 서쪽에서 동쪽으로 들어온 문명 중 가장 큰 영향을 미친 것은 종교다. 그 중에서도 인도에서 탄생하여 실크로드를 따라 들어온 불교가 동북아시아와 동남아시아에 미친 영향은 말할 필요가 없다. 지금까지도 이 지역 사람들의 인생관과 세계관을 좌우하는 핵심 이데올로기로 자리 잡고 있다. 아라비아에서 실크로드를 따라 들어온 이슬람교는 8세기 이후 중앙아시아와 중국 신장지방 그리고 인도네시아와 말레이시아 등 동남아 일부 국가 사람들의 중심 종교로 자리 잡았다. 기독교의 분파인 네스토리우스교(경교-景教)도 로마 기독교의 박해를 피해 동쪽으로 동쪽으로 흘러 들어왔다. 중동의 사막 종교인 기독교는 지금은 동쪽 끝 한국에서 번성하고 있다. 그밖에 불을 숭상하는 페르시아(이란) 종교인 조로아스터교(배화교-拜火教)나 마니교, 티벳 불교인 라마교도 이 길을 따라 몽골 쪽으로 전파되었다.

반대로 비단, 종이, 도자기, 화약, 나침반, 향신료, 모피 등이 동쪽에서 서쪽으로 전해졌다. 13세기에는 초원로와 오아시스로를 따라 서정(西征)을 시작한 몽골의 위협으로 이슬람과 기독교 사회 전체가 벌벌 떨었으며, 13-14세기에는 마르코 폴로와 이븐 바투타가 소개한 동양 문명의 종주국인 중국의 위대한 문명에 서방세계는 큰 충격을 받았다.

실크로드는 한 민족의 자손을 널리 퍼뜨리는데도 기여했다. 자신도 모르는 사이에 실크로드를 따라 특정 후손들이 다른 지역으로 널리 퍼진 것이다. 그 중에서도 아시아에서 가장 많은 자손을 퍼뜨린 사람이 징기스칸과 기오캉가였다. 영국 레스터대 연구팀은 최근 '아시아에서 가장 많은 자손을 퍼뜨린 사람'이란 주제로 논문을 발표했다. 권력자들은 대체로 자식을 많이 낳았는데, 유전자 분석을 통해 이들 후손의 흔적을 찾아내는 것이 연구 주제였다. 연구팀이 찾아낸 해답은 몽골제국의 창시자 징기스칸과 청나라를 세운 누르하치의 할아버지 기오캉가였다.

연구팀은 아시아 127개 인구 집단에서 5,321명의 남성을 선별했다. 아시아를 주목한 이유는 유구한 역사를 지닌 부계 가문의 증거가 축적돼 있어서다. 연구팀은 조사 대상 가운데 20명 이상이 공유한 Y염색체 서열을 11개 확인했다. 시조로 추정되는 이들 공통 유전자 대부분은 중동 인도 동남아시아 중앙아시아의 유목문화권과 농경문화권에 골고루 분포된 것으로 확인됐다. 이런 과정을 통해 연구팀은 두 명의 인물에 다다랐다. 징기스칸과 기오캉가였다. 징기스칸은 슬하에 아들 4명을 뒀다. 정복지에서도 많은 여인을 아내로 맞아들였다.

이렇게 생겨난 수많은 아들이 다시 자식을 낳으며 동유럽, 인도 부근까지 퍼져갔다. 기오캉가도 비슷한 경우다. 이 같은 결론이 가능했던 것은 유전자 서열의 차이를 이용해 특정 가문의 시조가 살았던 연대를 추정해낼 수 있었기 때문이다. 실크로드는 길을 따라 서로 다른 민족을 섞어주는 역할도 했던 것이다.

21세기에 왜 다시 실크로드인가?

그럼 왜 다시 실크로드인가? 돌궐(투르크) 건국의 명장인 톤유쿡(暾欲谷 돈욕곡, 646년경 - 726년경)의 비문에는 이런 명구가 새겨져 있다. "성을 쌓고 사는 자 기필코 망할 것이며, 끊임없이 이동하는 자만이 살아남을 것이다." 실크로드의 대가 정수일 박사는 이 말을 '닫힌사회는 망하고, 열린사회만이 살아남는다는 뜻이다.'라고 해석하고 있다. 맞는 말이다.

우리나라는 현재 세계 10위권의 무역 규모를 자랑하는 경제대국이다. 우리 역사상 세계 경제에 이렇게 큰 비중을 차지한 적이 없었다. 우리의 생존이 이렇게 해외 무역에 의존하는 경우도 없었다. 다시 말하면, 우리나라는 이제 우리가 좋아하든 싫어하든 다른 나라와 좋은 관계를 유지해서 교역을 잘해야 살아갈 수밖에 없는 경제구조가 되었다. 제2차 세계대전 이후 우리는 미국(동쪽)과 중국(서쪽), 일본(동남쪽), 그리고 북한과 소련(북쪽)과의 역학관계에 의해 생존을 도모해왔다. 앞으로 우리가 지속적인 발전과 번영을 유지하려면 중국 너머의 서쪽을 주목해야 한다. 중국 서부지역과 중앙아시아, 중동, 아프리카, 그리고 유럽이다. 그 지역을 아우르면서 뻗어가는 길이 바로 실크로드다. 삼성이 2012년 9월에 중국 서부지역의 중심도시이자 과거 당나라의 수도였던 시안(장안)에 10조 규모의 반도체 생산라인을 착공한 것이 좋은 본보기이다.

중국도 앞으로 10년간 21조 달러를 투자하여 일대일로(一帶一路: 육상·해상 실크로드) 경제정책을 통해 새로운 실크로드의 꿈을 실현시키려 하고 있다. 중앙아시아에 철도와 도로를 깔아 동유럽과 서유럽까지 연결하여 통상을 확대하고, 석유와 천연가스 같은 자원까지 확보할 계획이다. 또한 해상 실크로드를 복원해 아세안 10국과의 교역을 확대하고, 석유 운송로를 확보하려고 한다. 이와 같은 '신(新)실크로드 전략'은 시진핑 정부가 향후 10년간 추진할 초대형 프로젝트이며, 중국의 대외 진출과 서부 개발을 결합한 개념이다. 육·해상 신실크로드가 완성되면 26개 국가·지역의 인구 44억 명(세계 인구 63%)을 묶을 수 있고, 경제 규모는 21조 달러(세계경제의 29%)에 이를 것으로 중국 경제 전문가들은 예측하고 있다. 한국이 이런 추세에 편승하지 않으면 지속적인 발전을 이루기 어렵다. 한국이 중국의 신실크로드 전략을 이해하고 이용하려면 실크로드 문명에 대한 이해가 급선무다.

실크로드 동쪽 종착역 나라/교토에서 서쪽 종착역 로마까지

미술사의 고전인 〈서양미술사〉를 쓴 곰브리치는 그 책의 서문 첫머리에서 "미술이라는 것은 사실상 존재하지 않는다. 다만 미술가들이 있을 뿐이다."라고 말한 바 있다. 나는 이렇게 말하고 싶다. "문명이라는 것은 사실상 존재하지 않는다. 다만 그 문명을 만든 사람들이 있을 뿐이다." 모든 문명은 그 문명을 만든 사람들의 생각하는 방식과 행동 패턴, 살아가는 스타일, 그리고 가지고 있는 자원과 부의 정도 등에 의해서 만들어지고 그 특성이 결정된다. 그러니까 사람들의 정치·경제·사회·문화·종교 등 인간이 살아가는데 필요한 모든 요소가 결합하고 융합하여 나타나는 결정체가 문명이라고 할 수 있다. 그리고 긴 역사를 통해서 그 역사적·문화적·생활적 가치를 인정받아야 한다.

그래서 아무나 모두 문명의 지위를 얻는 것은 아니다. 지금까지 인류 역사에서 문명이란 이름으로 그 가치를 인정받는 문명은 몇 개 안된다. 이집트 문명, 메소포타이트 문명, 황하 문명, 그리스 문명, 로마 문명, 마야·아즈텍 문명, 잉카 문명 등이다. 인류 역사를 대변하는 이런 문명들은 시간과 공간상으로 서로 겹치기도 한다.

나는 여기에 실크로드 문명을 감히 추가하고자 한다. 공간적으로 좁게 말하면 중앙아시아와 이 지역과 인접한 지역의 문명이고, 넓게 말하면 실크로드를 통해 서로 영향을 주고받은 지역의 문명을 말한다. 기독교 문명의 중심인 유럽과 이슬람 문명의 중심인 중동과 중앙아시아, 불교 문명의 중심인 동북아시아와 동남아시아를 아우르는 광대한 개념이다. 서구 문명이 화사하고 세련된 도시 처녀라면, 실크로드 문명은 소박하고 순박한 시골 처녀다. 서구 문명이 기독교 사회를 떠받치는 반석이라면, 실크로드 문명은 기독교는 물론 이슬람교와 불교 사회까지 껴안는 어머니의 가슴이다. 그 특성이 전혀 다른 이질적인 문명을 비교하면서 음미하는 것도 상당한 재미와 의미가 있을 것이다.

이 책은 실크로드 동쪽 종착점인 일본 나라(奈良)에서 출발하여 실크로드 중앙역인 시안(西安)을 거쳐 서쪽 종착역인 이탈리아 로마까지 자동차나 기차 또는 배를 이용하여 답사하는 6개월에 걸친 여정을 기록한 여행기다. 은퇴 후에 두 발로 걸어서 여행할 길을 대중교통을 이용하여 미리 답사한 것이다. 문명기행이니까 관광지에 대한 일반적인 소개보다는 실크로드와 관련된 역사와 인물, 문화와 예술, 종교와 풍습, 자연과 기후 등 소위 말하는 문명의 속성에 초점을 맞추었다.

이번 여정은 문명의 우열이 아니라, 그 차이를 느껴보는 여행이 될 것이다. 이 실크로드 여행기는 모두 3권으로 구성되어 있다. 1권이 일본 한국 중국 편, 2권은 중앙아시아 이란 코카서스 터키 그리스 로마 편, 3권은 네팔 인도 파키스탄 아프가니스탄 타지키스탄 편(근간)이다. 이 여행기가 앞으로 이 지역을 여행하면서 실크로드 문명의 체취를 맡고 싶은 독자들과 실크로드 문명을 이해하고 싶은 사람들에게 조금이라도 도움이 되었으면 하는 바람이다.

이 여행기를 쓰고, 책으로 만들면서 많은 사람들로부터 큰 도움을 받았다. 하루하루 나의 안전한 여행을 위해 기도해준 아내와 이번 여행을 미국에서 성원해준 나의 사랑스런 아이들인 지하와 산하에게 고마움을 전한다. 일본 나라와 교토 답사에 가이드를 붙여주고 물심양면으로 도와준 내 친구 조문용 사장, 일본어 문헌의 저자명을 알려 주신 한림대 사이또 교수님에게도 큰 은혜를 입었다. 그리고 한국에서 온 길손을 위해 먹여주고, 재워주고, 태워주고, 포즈를 취해 준 수많은 현지 주민들, 마지막으로 보잘 것 없는 내 여행기를 출판 해 주신 한림대출판부장 강연욱교수님과 석현조대리님 그리고 책을 멋지게 디자인 해 주신 프린아트의 유지석이사님과 황지영님께 큰 절 한번 올린다.

2015년 8월 1일

저자 고태규

제1부

일본의 실크로드 문명을 찾아서

불교가 벚꽃처럼 화사하게 만개한 도시, 나라와 교토

'로마에 바티칸 베드로 대성당이 있다면, 나라(奈良)에는 동대사(東大寺 도다이지)가 있다.'

'피렌체 아카데미아 미술관에 〈다비드상〉이 있다면, 나라 약사사(藥師寺 야꾸시지)에는 〈일광보살상〉(日光菩薩像)이 있다.'

'루브르에 〈모나리자〉가 있다면, 나라 중궁사(中宮寺 추규우지)에는 〈보살반가상〉(菩薩半跏像)이 있다.'

'로마 바티칸 씨스티나 예배당에 〈천지창조〉가 있다면, 나라 법륭사(法隆寺 호류지)에는 〈아미타정토도〉(阿媚陀淨土圖-금당벽화金堂壁畵)가 있다.'

내가 2012년과 2013년에 일본 나라와 교토를 2회에 걸쳐서 답사하고 느낀 소감은 한마디로 감탄과 충격이었다. 불교문화의 개성과 예술성, 완숙성에 대한 감동과 경이로움 때문이다. 일본은 입당구법순례행기(入唐求法巡禮行記)라는 불후의 여행기를 남긴 원인(圓仁 엔닌, 794-864)이 불법(佛法)을 배우기 위해 당나라에 들어간 서기 838년경에 전국에 사찰이 3,700개나 되는 불교 성국(聖國)이었다. 지금도 교토부(府)에만 사찰이 3,030개나 되고, 전국적으로는 10만개가 넘는다고 하니 불교가 일본 사회에 얼마나 깊숙이 뿌리내렸는지 짐작할 수 있다.

▶ 나라 동대사

▶ 나라 중궁사보살반가상

▶나라 약사사 일광보살상

일본의 불교문화는 인도에서 발원하여 실크로드를 거쳐 중국과 한국을 거쳐 유입되었는데, 어떤 이유로 일본에서 그 화려한 꽃을 피우게 되었을까? 더 전해줄 곳이 없다는 절망감에서 그랬을까? 아니면 실크로드의 종착역이라서 그랬을까? 아무튼 일본의 불교문화는 인류 역사상 가장 장대하고 화려한 꽃을 피웠다. 유적과 유물의 역사성, 종류의 다양성, 개성, 예술성, 완성미, 규모, 보관 상태, 기록과 연구 등 모든 면에서 타의 추종을 불허한다. 이런 불교문화의 완숙성과 보존은 과거 일본 사회의 경제적 여유와 선진성에서 연유한 것은 아닐까? 나라와 교토 지역의 사찰을 돌아다녀보면, 지금까지 완벽하게 보존되어 전수되는 6세기 이후에 만들어진 불교관련 문서와 유적 유물이 수두룩하다. 불교가 유입된 나라 중에서 이런 나라는 거의 없다. 수많은 전화에 소실되거나 상처를 입었지만, 불멸의 정신으로 복구되었다.

▶ 교토 금각사

일본의 불교문화는 실크로드의 산물이다. 실크로드가 없었다면 일본의 불교문화는 그 찬란한 꽃을 피우지 못했을 것이다. 그 전파 경로에 육지로는 중국과 한반도, 바다로는 남중국해와 황해가 자리 잡고 있다. 에도시대(1603-1868)가 시작되기 전까지 천년 넘게 과거 일본의 수도였던 교토와 나라의 불교 사찰들이 그 문화유산을 고스란히 간직하고 있다. 교토와 나라의 사찰 답사는 실크로드 문화를 탐색하는 여행이다.

로마제국(기원전 27년-서기 395년, 서로마제국 395-473, 동로마제국 395-1453)의 콘스탄티누스 황제(재위 306-337)가 313년 밀라노칙령을 통해 기독교를 공인한 후, 기독교는 로마제국과 오늘날 서구사회를 개화시키고 번영시킨 정신적 토대가 되었다. 한마디로 현대 서구사회는 기독교 정신을 바탕으로 선진 문명을 성취했다고 볼 수 있다. 종교의 힘은 그렇게 크다. 긍정적이든 부정적이든 그 영향력은 심대하다.

불교도 마찬가지다. 기원전 6세기경 인도에서 발생한 불교는 서기 67년경에 중국(後漢)으로 전해졌고, 384년에는 백제로 들어와, 538년(552년 설도 있음)에 일본에 전래되었다. 불교는 그것이 발생한 인도보다 중국 한국 일본 그리고 동남아시아에서 화려한 꽃을 피우고, 동양문명을 탄생시키고 번영시킨 일등공신이 되었다. 중국의 불교 유적이나 유물은 거대하면서 웅대한 특징이 있다. 한국의 불교 유물이나 유적은 규모가 작고 소박한 특징이 있다. 일본의 불교 유적이나 유물은 그 규모도 크고 세련되고 정교한 특징이 있다. 헌팅턴은 〈문명의 충돌〉을 주장했지만, 문명은 그런 부정적인 면만 있는 것이 아니다. 불교처럼 긍정적인 역할도 한다. 서쪽에서 들어온 문명이 동쪽에 있는 문명을 개화시킨 것이다.

문화라는 것은 경제적 풍요로움을 먹고 자라는 특성이 있어서 먹고 살기에 바쁜 후진사회에서는 문화가 꽃피기 어렵다. 유럽의 르네상스도 15세기부터 식민지 개척으로부터 축적된 경제 수준의 향상으로 개화할 수 있었다. 미국도 산업혁명이 끝난 1900년대 초에 많은 부호들이 탄생하면서 문화에 대한 기부와 투자에 관심을 갖게 되었다. 그래서 베블린은 〈여가계급론(The Class of Leisure)〉 에서 "여가란 부자들이 자기 부를 과시하기 위해서 즐기는 행위"라고 정의를 내렸던 것이다.

▶ 나라 법륭사

백제계인 쇼토쿠(聖德) 태자가 서기 538년부터 불교를 적극적으로 보급한 이래 불교는 일본에서 천황과 중앙귀족, 그리고 지방호족의 지원으로 크게 성장하게 된다. 그 중심에 나라 시대의 중심지였던 나라가 있다. 7세기 전반에 나라에 건립된 법륭사부터 일본의 불교문화가 시작되어 현재까지 불교는 신도(神道), 마쯔리(祭り: 축제)와 더불어 일본 사회를 지탱하는 힘이 되었다. 일본 문명의 한 축을 담당하고 있는 것이다.

법륭사의 창건(607년)은 7세기 전반에 일본의 경제력이 상당한 수준에 있었다는 사실을 암시하고 있다. 법륭사처럼 엄청난 규모의 사찰을 지을 수 있다는 사실이 이를 증명해 준다. 종교의 보급은 초기에는 서민들의 신앙생활에 도움을 주기 보다는, 지배 계층의 지배구조를 유지하기 위한 수단으로 이용되는 경우가 많다. 8세기 중반(743년 시작 – 789년 완공)에는 동대사도 건립하게 되는데, 이때 투입된 노동력의 규모를 보면 대사찰을 짓는데 들어가는 인력과 자금의 규모를 짐작할 수 있다. 모리야 마사히코(守屋正彦)의 〈일본의 불교미술〉에 의하면, 불상과 불화를 제작하는데 1616명, 청동대불 주조에 3093명, 건축과 내부 조성에 1954명, 지붕에 사용할 기와 제작에 422명이 동원되었다. 더욱 놀라운 사실은 이런 사찰 건축에 필요했던 비용과 모든 세세한 사항을 기록으로 남기고 지금까지 보존하고 있다는 사실이다. 이런 기록과 보존 정신이 축적되어 일본의 힘이 되었다고 본다.

▶ 약사사 안에 있는 현장삼장원

실크로드 문화의 전달자, 견당사

카와이 아츠시(河合 敦)가 〈하룻밤에 읽는 일본사〉에서 언급한 것처럼, 일본은 중국(당나라)의 선진 문물 제도와 기술, 지식을 받아들이기 위해 630년부터 894년까지 견당사(遣唐使)를 15회 파견했다. 나라시대(710-793)에는 약 20년에 1회 정도로 파견했다. 승려와 유학생을 포함하여 총 250명이 4척의 배에 나누어 타고 바다를 건넜다. 견당사는 15번 중 8번이나 조난이나 표류를 당하는 위험한 항해였지만, 귀국 후에는 출세의 자리가 보장되었다. 지금도 해외 유학파가 대우를 받는 그런 풍토나 마찬가지였던 것이다. 이런 풍토는 한반도의 삼국도 마찬가지였다. 온갖 어려움에도 불구하고 이런 교류를 통해 실크로드를 통해 당나라에 이미 들어와 있던 서역문화가 자연스럽게 일본으로 전래되었다. 예를 들면, 720년에 서술된 〈일본서기日本書記〉에 그리스 신화와 스키타이 신화가 등장하는 사례가 한 예이다. 헤이안(平安)시대(794-1185)에도 이미 서역의 영향을 언급한 기록이 존재한다. 엔닌의 여행기에 다음과 같은 기록이 남아 있다.

당 開成 3년 (서기 838년) 11월 7일

---- 재를 마친 뒤 상공의 관아에서 근무하는 우후(虞侯 - 절도사 휘하에서 일하는 군교) 세 명이 우리를 찾아와 서로 인사를 나누고 필담을 나누었다. 그들의 말에 따르면, 상공은 이달 3일부터 개원사의 서상비각(瑞像飛閣)에 백단나무로 높이 석 자의 석가모니 불상을 조각하고 있다고 한다. 그 서상비각에 대해서 들어본즉 수나라 양제 시대에 전단나무로 조각된 불상 네 구가 서천(西天 - 인도)으로부터 이 누각에 날아왔기에 양제는 스스로'瑞像飛閣'이라는 네 글자를 써 누각 앞에 걸었다는 것이다(출처: 신용복 역, 입당구법순례행기, 47페이지).

이런 전설은 새로운 종교(불교)나 귀한 유물에 대해 그 전래나 탄생의 근거를 신비화하여 사람들의 호기심을 자극하고 권위를 높이려는 의도가 숨어 있다고 볼 수 있다. 일반적으로 현대인들도 외국제라면 품질이 우수하고 귀한 것으로 인식하는 경향도 이와 비슷한 심리라고

볼 수 있을 것이다. 현장의 〈대당서역기〉에도 이와 비슷한 불교 전래과정이 기록되어 있다. 서천이나 서역에서 무엇인가가 어느 날 갑자기 날아오거나 나타나 영험스러운 행동을 하거나 신묘한 치료 효과를 보이면서 자연스럽게 사람들의 이목을 끌거나 관심을 받는 식이다. 이런 이유는 이방 종교가 새로운 지역에 정착할 때는 대개 토착 세력의 반발과 저항이 있기 때문에 이를 극복하기 위해서는 비범하고 초월적인 어떤 이야기나 실체(불상 같은)를 만들어 낼 필요가 있는 것이다. 그리고 이런 것들이 시간이 지나면 전설이나 설화로 자리를 잡게 되어 후세에 전승되는 것이다. 동정녀 마리아 설화나 고구려와 신라의 시조들이 알에서 깨어나는 것도 같은 이치다.

실크로드 음악이 들리는 듯한 정창원 비파

일본에서 실크로드 전래 유물의 구체적인 사례는 무수히 많다. 실크로드 유물이 가장 많이 보존된 곳이 정창원(正倉院 쇼쇼인)이다. 정창원은 일본 황실의 보물을 보관하고 관리하는 궁내청 산하 부서이다. 정창원은 나라국립박물관에서 매년 10월에서 11월경에 소장품 전시회를 개최한다. 소장품이 너무 많아서 매년 돌아가면서 부분적으로만 유물을 선보인다. 정창원의 가장 대표적인 유물 중 하나는 비파다. 비파는 페르시아(이란)에서 유래하고, 중국을 거쳐 일본에 유입되었다. 특히 천산남로(天山南路 - 서역북로西域北路) 중간 지점에 있는 구자국(龜茲國 현재 쿠차)에서 유행했던 악기로 게이샤의 음악인 샤미센에는 그 가락과 악기의 흔적이 지금도 남아있다. 나전풍비파(螺鈿楓琵琶-기상고락한발騎象鼓樂捍撥), 자단목화조비파(紫檀木畵槽琵琶-기수한발騎狻捍撥), 자단목화조비파(紫檀木畵槽琵琶-산수고인회한발山水古人繪捍撥), 자단조비파(紫檀槽琵琶), 나전자단비파(螺鈿紫檀琵琶), 나전자단5현비파(螺鈿紫檀五絃琵琶) 등이 대표적이다. 비파의 아류로 상목원함(桑木阮咸)과 나전자단원함(螺鈿紫檀阮咸)이 대표적이다. 이중에서 나전풍비파와 나전자단5현비파가 서역의 분위기를 가장 잘 표현하고 있다.

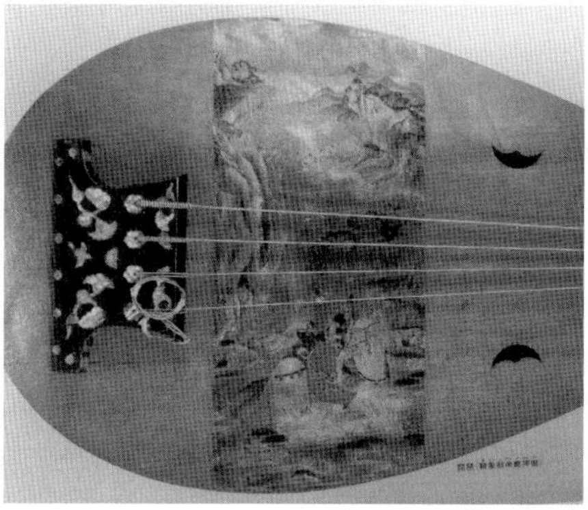

▶ 정창원 나전풍비파

▶ 정창원 나전풍비파(부분 확대)

자세히 살펴보면, 나전풍비파에는 기상고락한발(騎象鼓樂捍撥)이라는 부제목이 암시하듯이, 인도를 상징하는 코끼리를 타고 악기를 연주하면서 흥겹게 춤을 추고 있는 모습이 생생하게 묘사되어 있다. 오른쪽 어른은 턱수염과 구레나룻이 붙어있는 것으로 보아 틀림없이 서역인이다. 남자아이와 여자아이는 피리를 불고 있고, 뒤편의 어린이는 흥겹게 긴소매를 날리며 춤을 추고 있다. 전형적인 실크로드 예술이다. 나전자단5현비파도 서역의 분위기를 잘 나타내고 있다. 낙타를 타고 있는 어른이 비파를 연주하고 있고, 거기에 낙타까지 흥에 겨운 듯 뒤를 돌아보며 주인에게 호응하고 있다. 이보다 더 실크로드 분위기를 사실감 있게 표현할 수 있는 유물이 어디 있겠는가? 두 비파 모두 걸작 중의 걸작이다. 비파소리와 피리 소리가 흘러나오는 듯하고, 신명이 나서 어깨춤이 절로 나오는 그런 분위기다.

▶ 정창원 나전자단5현비파(부분확대)

그 밖에 불교유적에서 비파의 흔적을 찾아 볼 수 있는 곳은 많다. 교토의 삼십삼간당(三十三間堂 산쥬산간도)에 가면 천수관음상을 지키면서 비파를 켜고 있는 마후나왕상(摩睺羅王

像)이 무섭게 서 있다. 교토와 나라 중간 사이에 있는 우지(宇治) 평등원(平等院 뵤도인)에 가면 봉황당벽비화(鳳凰堂壁扉繪) 상품중생도(上品中生圖)와 하품상생도(下品上生圖)에도 여러 가지 악기를 연주하면서 하늘에서 내려오는 아미타여래와 보살들 중에서 비파를 켜면서 내려오는 보살을 볼 수 있다. 그리고 박물관에는 공중에서 다양한 악기를 연주하는 운중보살상들이 전시되어 있다. 교토에 있는 지은원(知恩院 찌온인)에 소장되어 있는 아미타25보살래영도(阿弥陀二十五菩薩來迎圖-早來迎)에도 비파를 연주하면서 하늘에서 내려오는 보살을 볼 수 있다. 법륭사(호류지)의 대보장원(大寶藏院)에는 전시되어 있는 금당(金堂) 천개(天蓋) 부속물 금당천개락인(金堂天蓋樂人)에도 천인(天人)이 비파를 연주하면서 하늘에 떠있는 모습을 볼 수 있다. 일본 불교에 비파가 많이 출현하는 것은 불안한 현실과 고통을 피하기 위해 필요했던 정토사상과 극락사상이 널리 퍼져 있었다는 사실을 암시해주고 있다. 12세기 후반부터 13세기 후반에 빈번하게 발생한 수많은 전쟁과 난, 자연재해와 기근으로부터 벗어나고 싶은 서민들의 염원이 이런 종교를 만들어낸 것이다.

▶ 삼십삼간당 마후나왕상

▶ 평등원 상품중생도 / 하품상생도

▶ 지은원 아미타25보살래영도

▶ 금당 천개 부속물

▶ 평등원 운중보살상

기독교 천사들도 비파(류트)를 연주하는 것을 보면, 비파가 실크로드를 따라 동쪽에서 서쪽으로 전해졌는지, 아니면 서쪽에서 동쪽으로 전해졌는지는 확실하지 않다. 로마 북쪽에 있는 화이트와인으로 유명한 오르비에또에 있는 대성당에 가면 비파를 연주하는 천사들이 등장하는 벽화가 있다. 로마 바티칸박물관에 가면 여러 가지 악기를 연주하는 천사를 그린 그림들이 전시되어 있다. 분명한 사실은 비파 등 여러 가지 비슷한 악기가 로마와 중앙아시아, 중국과 한국, 일본 등지에서 광범위하게 오래 전부터 사용되었고, 이를 암시하는 그림들이 기독교 문명권과 불교 문명권에서 동시에 발견된다는 점이다. 나중에 돈황편에서 자세히 언급하겠지만, 돈황석굴 벽화에도 비파를 연주하는 천사들이 많이 보인다. 경주국립박물관의 화단에도 비파를 연주하는 보살이 새겨진 네모난 돌이 화단석으로 쓰이고 있다. 이와 같은 사실은 음악의 전래에도 실크로드가 중요한 구실을 했다는 증거가 된다.

▶ 악기 연주하는 보살이 새겨진 화단석(경주국립박물관)

서역인의 얼굴을 닮은 코쟁이 가면

나라나 교토 지역의 여러 절이나 정창원에서 볼 수 있는 가면에서도 실크로드 문화의 흔적을 엿볼 수 있다. 실크로드의 영향을 받은 가면은 크게 두 종류로 나눌 수 있다. 하나는 중앙아시아의 영향을 받는 가면이고, 다른 하나는 티벳의 영향을 받은 가면이다. 취호왕면(醉胡王面)처럼 코를 지나치게 크게 과장하거나 얼굴의 모습이 서역인을 닮은 가면들이 서역(중앙아시아와 아랍)의 영향을 받은 유물이다. 한국에서는 지금도 어른들은 서양 사람들을 '코쟁이'라도 부른다. '코가 큰 사람들'이라는 의미에서 그렇게 부르는 것이다. 당시의 동북아시아 사람들도 코가 자기 것보다 더 큰 서역인의 신체적 특징을 쉽게 표현하기 위해서 코를 지나치게 크게 강조했을 것이다. 이런 가면 또한 서역에서 건너온 유물들이다.

반면에 정창원에 있는 역사면(力士面)이나 동대사에 있는 곤륜(崑崙), 법륭사에 있는 추나면(追儺面)처럼 우락부락하면서 무섭고, 힘이 넘치는 가면들은 티벳의 영향을 받았을 가능성이 높다. 629년에 티벳 지역을 통일한 토번(티벳)은 안록산의 난(755-763)으로 국력이 약해진 당나라를 물리치고, 9세기 중반까지 서역과 하서회랑 대부분의 지역을 지배하게 되었다. 나는 2013년 1월에 나라국립박물관에서 열린 명품전에서 일반 가면보다 서너 배가 크고 무시무시한 형상의 무서운 가면을 여러 개 본 적이 있다. 이런 가면은 인도 서북부 라다크 지방의 〈미하칼라와 라모〉 소상에서 그 원형을 볼 수 있다. 티벳의 불교는 탄트라 미술의 영향을 많이 받았는데, 마하칼라란 '커다란 검은 빛'이라는 의미로 검은 색은 분노를 나타낸다. 라모는 '성스러운 여신'을 의미하는데, 불량스럽고 격하게 분노한 모습을 보여준다. 지금도 티벳의 불교문화가 잘 보존된 인도 북부 라다크 지방에서는 불교 사원들이 신년 축하 명절 때 가면극을 공연하는데, 이렇게 무서운 가면들이 많이 등장한다. 이런 두 종류의 가면들이 동대사에는 39개, 정창원에는 171개가 보존되어 있다고 한다.

▶ 취호왕면

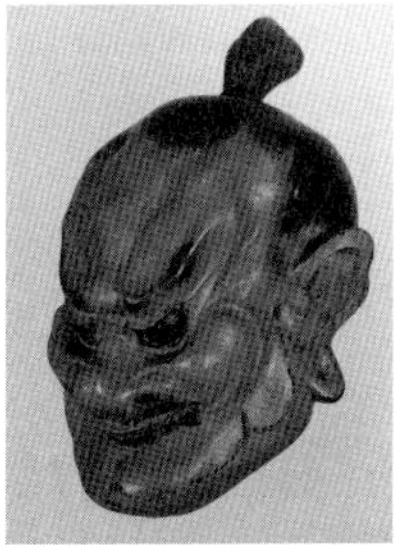

▶ 역사면

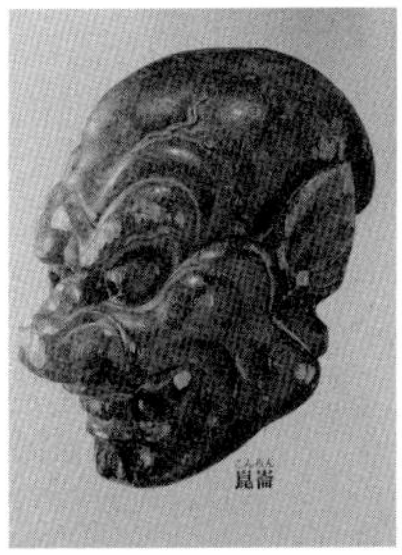

▶ 곤륜

▶ 추나면

한반도의 영향을 받은 목조미륵반가상과 백제관음상

한반도에서 직접 넘어갔거나 영향을 받은 유물들도 있다. 교토의 광륭사(廣隆寺 코류지)에 가면 일본 국보 1호인 목조미륵반가상을 볼 수 있다. 나는 이 미륵반가상을 보는 순간, 그 자세와 얼굴 표정이 서울 국립중앙박물관에 있는 두 개의 금동반가사유상(金銅半跏思惟像, 국보 78호, 83호)과 정말 닮았다는 생각이 들었다. 반가사유상은 중국에서는 5~6세기에, 한국에서는 6~7세기에 크게 유행했다. 주로 독립상으로 제작되었으며, 일반적으로 미륵보살로 간주된다. 학계에서는 한국의 반가사유상이 일본의 아스카(飛鳥)시대(593-710)와 하쿠호(白鳳)시대(645-710)의 반가사유상이나 광륭사 목조반가상의 제작에 영향을 미친 것으로 보고 있다. 이 사유상들의 닮은꼴을 보고 있으면, 제작지가 어딘가를 떠나서 실크로드를 통한 문화교류가 정말 대단하다는 사실을 인정하지 않을 수 없다. 저렇게 은은하고 다소곳하면서 아름다운 미소를 표현한 장인은 어떤 사람이었을까? 아마도 불심이 지극히 깊은 사람이 아니면 저런 표현을 잡아내지 못할 것이다.

이 반가상은 '인간이 보여줄 수 있는 평화로운 모습을 가장 잘 표현한 작품'이라고, 독일 실존주의 철학자 칼 야스퍼스가 예찬함으로서 세계적인 명성을 얻었다. 일본 에도시대(1603-1868)의 풍속화인 우끼요에(うきよえ 浮世絵)가 1851년 런던에서 열린 제1회 만국박람회부터 1855년, 1867년, 1878년, 1889년, 1900년 파리에서 열린 만국박람회에 출품된 도자기를 싼 포장지로 선보여 프랑스 인상파 화가들에게 문화예술적으로 큰 충격을 준 것과 비슷한 문화충격이다. 그는 1945년 가을, 교토에 와서 이 불상을 보고 다음과 같은 감동적인 찬사의 감상문을 남겼다. 이 글은 원래 시노하라 세이에이(篠原正瑛)의 〈패전의 저편에 있는 것(敗戰の彼岸にあるもの)〉(弘文堂, 1949)에 실린 글인데, 광륭사 안내서에 재수록된 내용을 유홍준 교수가 요약한 것이다.

> 나는 지금까지 철학자로서 인간 존재의 최고로 완성된 모습을 표현한 여러 모델의 조각들을 접해왔습니다. 고대 그리스의 신상, 로마시대의 뛰어난 조각, 기독교적 사랑을 표현한 조각들도 보았습니다. 그러나 이러한 조각들에는 아직 완전히 초극되지 않은 어딘지 지상적인 감정과 인간적인 자취가 남아 있었습니다. 이성과 미의 이데아를 표현한 고대 그리스의 신상도 로마시대 종교적인 조각도 인간 실존의 저 깊은 곳까지 도달한 절대자의 모습을 나타낸 것은 아니었습니다. 그런데 지금 이 미륵반가상에는 그야말로 최고로 완성된 인간 실존의 가장 숭고한 이념이 남김없이 표현되어 있음을 봅니다.
>
> 그것은 지상의 시간과 속박을 넘어서 달관한 인간 실존의 가장 깨끗하고, 가장 원만하고, 가장 영원한 모습의 상징이라고 생각합니다.
>
> 나는 오늘날까지 몇 십년간 철학자로 살아오면서 이 불상만큼 인간 실존의 진실로 평화로운 모습을 구현한 예술품을 본 적이 없었습니다. 이 불상은 우리들 인간이 가질 수 있는 영원한 평화의 이상을 실로 남김없이 가장 잘 표현하고 있습니다(출처: 유홍준, 나의 문화유산답사기-일본편3 교토의 역사, 27-28페이지에서 일부 수정).

▶ 광륭사 미륵보살반가사유상

▶ 금동반가사유상 78호

▶ 금동반가사유상 83호

야스퍼스는 이 예술 작품에 우리 인간이 할 수 있는 최고의 찬사를 보내고 있다. 그렇다면 우리 금동미륵반가상과 일본의 목조미륵반가상 중 어느 것이 예술적으로 더 우수할까? 유홍준 교수는 안병욱 교수의 의견을 들어, 금동반가상(83호)이 목조반가상보다 더 우수하다는 결론을 내리고 있다. 목조반가상은 그저 상투적인 수인으로 원을 그리고 있지만, 금동반가상은 얼굴에 손을 대고 명상하다가 법열에 들면서 입가에 미소가 감돌고, 발가락은 살짝 움직이고, 손가락은 뺨에서 막 떨어지려는 순간을 나타냈으니 이것이 훨씬 높은 예술성을 지녔다는 것이다. 실물은 그럴지 몰라도 사진으로 보는 반가상은 목조상이 더 우수한 거 같다. 사진작가가 불교 사진 전문가인 오가와 세이요(小川晴暘)이고, 흑백 사진이어서 그런지, 또는 목재의 재질이 금속보다 더 부드러워서 그런지, 야스퍼스가 간파한 그런 특징들이 잘 나타나 있다. 나는 광륭사에서 실물을 직접 볼 때는 그런 느낌을 받지 못했으나, 오가와의 흑백사진에서는 사진발 때문에 그런지는 몰라도 이 세상에서 가장 인자하고 평화로운 부처의 모습을 느낄 수 있었다.

예술 작품을 두고 어느 것이 더 우수한가를 두고 논쟁을 벌이는 일은 옛날이나 지금이나, 동양이나 서양이나 마찬가지인가 보다. 괴테는 1786년 9월 3일부터 1788년 6월 18일까지 이탈리아를 여행하고 〈이탈리아 기행〉을 남겼다. 그 여행기를 보면, 로마에 체류하던 어느 날 저녁에 친구들과 미켈란젤로와 다빈치 중에서 누가 더 위대한 예술가인지 논쟁이 붙었다. 의견은 양쪽으로 나뉘어졌는데, 괴테는 미켈란젤로를 지지하고 있다. 예술작품의 우수성은 수학공식처럼 객관적인 숫자로 계산되는 것이 아니고, 개인의 감정인 주관과 개성에 의해 많이 좌우되기 때문에 절대적으로 어떤 것이 더 우수하다고 판단하기는 어려운 일이다. 그래서 반가상들도 한국인들은 금동상이, 일본인들은 목조상이 더 우수하다고 주장할 가능성이 높다.

또한 법륭사 박물관에 전시되어 있는 백제관음상을 보고 있으면, 서산마애불의 세 보살 중 왼쪽에 새겨진 아기보살의 미소와 매우 흡사하다는 걸 발견할 수 있다. 한반도에 있든 일본에 있든, 백제의 미소는 비슷한 것이다. 나는 이 사실을 어느 날 우연히 발견했다. 어느 겨울 날 서산에 가서 마애불을 찍어놓고 잊어버리고 있었다. 그러다 나중에 사진을 정리하다가 그 사진을 다시 보게 되었는데, 왼쪽에 있는 아기보살이 어디선가 본 듯한 기억이 났다. 그건 내가 법륭사 박물관에서 본 백제관음의 미소였던 것이다. 내가 특별히 백제관음의 미소를 뚜렷이 기억하는 이유가 따로 있다. 내가 법륭사 박물관에 갔을 때, 그 은은한 미소에 너무 매료되어 사진 촬영이 금지되었음에도 불구하고, 사진을 찍다가 직원에게 걸려서 된통 혼줄났기 때문이다.

정창원에는 백제 의자왕이 일본 천황에게 선물한 바둑판(木畵紫檀碁局)과 바둑알이 완벽하게 보존되어 있다. 인도산 상아로 줄을 새기고, 실크로드를 상징하는 동물, 낙타를 새긴 명품이다. 한반도에서 일본으로 연결되는 실크로드의 영향이 아니었으면 탄생하기 힘든 걸작들이다.

▶ 법륭사 백제관음상

일본 불화의 최고 걸작, 금당벽화

사찰에 그린 불화(佛畵)도 서역의 영향을 많이 받은 유물이다. 우선 나라 법륭사 금당 벽에 그려진 아미타정토도 등 금당벽화는 인도 아잔타석불 벽화와 돈황 벽화에 사용된 필법과 분위기가 나타난다. 이것은 실크로드 불교문화의 영향을 받은 것이다. 특히, 아미타정토도는 고구려의 담징(曇徵, 579-631)이 그린 것으로 전해지고 있다. 일본 학자들의 주장대로 그게 사실이 아니라고 해도, 실크로드의 영향을 많이 받은 것은 사실이다. 금당 벽에 그려진 벽화는 모두 12개인데, 실제로 가서 보면 희미하게 복원되어 있다. 가운데에 석가삼존상이 앉아 있고, 주위 벽에 칸칸마다 벽화가 그려져 있다. 그림의 분위기는 전체적으로 복사꽃처럼 화사하고, 여성스럽고, 우아하고, 부드럽다. 신이 원죄를 저지른 인간에게 벌을 내리는 살벌하고 엄숙한 분위기를 풍기는, 로마 바티칸 씨스티나예배당의 〈천지창조〉나 〈최후의 심판〉과는 사뭇 다른 모습이다. 그런데 나는 금당벽화들을 보면서 어디선가 많이 보았던 것처럼 친숙한 감정을 느꼈다. 바로 돈황연구원에서 펴낸 〈돈황〉 도록에서 보았던 벽화들과 오버랩되었던 것이다. 특히 1호 벽화, 3호 벽화와 4호 벽화, 6호 벽화, 7호 벽화, 10호 벽화, 12호 벽화의 보살들이 돈황의 3호굴 벽화, 57호굴 벽화, 159호굴 보살입상, 194호굴 보살입상과 색상이나 분위기가 매우 흡사하다. 또한 6호 벽화 아미타정토와 9호 벽화 미륵정토, 10호 벽화 약사정토는 돈황 217호굴 벽화와 인물 배치와 얼굴 모습이 비슷하고 색깔만 짙은 갈색으로 더 짙을 뿐이다.

▶ 금당 1호 벽화 - 석가정토

▶ 금당 2호 벽화 - 일광보살

▶ 금당 3호 벽화 - 관음보살

▶ 금당 4호 벽화 - 세지보살

▶ 금당 5호 벽화 - 월광보살

▶ 금당 6호 벽화 - 아미타정토

▶ 금당 7호 벽화 - 성관음보살

▶ 금당 8호 벽화 - 문수보살

▶ 금당 9호 벽화 - 미륵정토

▶ 금당 10호 벽화 - 약사정토

▶ 금당 11호 벽화 - 보현보살

▶ 금당 12호 벽화 - 11면관음보살

조선 도공의 한과 오기가 서린 도자기

도자기도 한반도의 영향을 받은 대표적인 유물이다. 일본 규슈의 가라쓰(唐津), 이마리(伊萬理), 아리타(有田), 가고시마 미야마(美山)에 가면 조선 도공들의 흔적을 생생하게 엿볼 수 있다. 가라쓰야끼(唐津焼)는 임진왜란 때 조선 도공 나카자토(中里)로부터 출발했다. 아리타야끼(有田焼)는 도자기의 신으로 추앙받고 있는 이삼평(李參平, ?~1655)으로부터 시작되었으며, 이마리야끼(伊萬理焼)는 이름을 알 수 없는 수많은 조선 도공들의 피와 땀으로 그 명성을 얻었다. 미야마의 사쓰마야끼(薩摩焼)는 박평의(朴平意)와 심당길(沈當吉)의 가마로부터 시작되었다.

가라쓰역 부근에는 나카자토 14대손이 운영하는 고차완 가마(御茶碗窯)가 있으며, 이마리

비요의 마을(秘窯の里)에는 도공무연탑(陶工無緣塔)과 고려인(高麗人)의 비(碑)가 있다. 아리타에는 이삼평의 생가터를 표시하는 작은 도자기 표지판과 묘비, 도조(陶祖) 이삼평비, 그리고 15대손이 운영하고 있는 도조 이삼평 가마가 있다. 석장신사(石場神社)에 가면 외로이 꼿꼿한 자세로 앉아 있는 이삼평 조각상이 있다. 보은사(報恩寺)에는 백파선의 묘비도 있다. 가고시마에 가면 심당길의 15대 후손인 심수관(沈壽官)은 지금도 미산마을에서 가마를 이어가고 있다. 그리고 박평의 후손들이 운영하는 여러 가마를 볼 수 있다. 가라쓰-이마리-아리타-미야마는 모두 기차로 연결되어 편리한 답사코스이다.

지금은 세계 도자기 시장을 석권하고 있는 일본의 도자기 산업은 역사적으로 보면 한반도에서 데려간 도공들의 노력으로 이루어진 것이다. 우리가 잘 알고 있는 심수관이나 이삼평 그리고 백파선(白婆仙, 1560~1656) 등은 머나먼 이국땅에 끌려와 그 한을 달래려고 온갖 고통과 어려움을 참고 인내하면서 자기(磁器)에 그 혼을 불어넣어 당대의 명품을 만들어냈다. 물론 후대로 넘어오면서 조선의 자기는 일본화 되어 일본의 자기가 된다. 일본은 다른 나라의 우수한 문화를 습득하여 자기화 시키는데 천제적인 소질이 있는 민족이다. 도자기도 그중 하나이다.

일본에서는 임진왜란(1592-1598)과 정유재란(1597)을 도자기 전쟁(소물전쟁燒物戰爭 아키모노센소)이라고 부를 정도로 조선의 도자기에 집착했다. 유홍준 교수의 〈나의 문화유산답사기-일본편1 규슈〉에 나오는 일본 도자기사(史)에 대한 조선 도공들의 기여를 정리하면 다음과 같다. 정유재란 때 각 다이묘와 번주들은 일본으로 퇴각하면서 기술자들, 특히 도공들을 집중적으로 데려갔다고 한다. 특히 규슈 지방의 번주들이 경쟁적으로 끌어갔고, 그 도공들이 만들어낸 도자기들이 가라쓰 항구를 통해 일본 전역으로 퍼져나감으로써 일본의 생활문화를 통째로 바꾸어 놓았다. 당시 일본은 자기를 만들 줄 몰라 도기(陶器)의 세계에 머물러 있었고, 그것도 거친 질그릇을 아주 제한적으로 사용했을 뿐이다. 아마도 산림이 풍부하여 목재가 흔했던 탓으로 생활용기의 대부분이 목기였다.

▶ 아리마 야끼

▶ 아리타 야끼

▶ 사쓰마 야끼(심수관요전시장)

▶ 사쓰마 야끼를 생산하는 심수관요. 저 안에 요와 공방, 박물관과 판매장, 시음장 등이 있다.

▶ 비요(泌窯)의 마을 아리마에 있는 무연고 도공탑. 무명의 조선 도공들도 모시고 있다.

▶ 아리타 야끼의 도조, 이삼평 좌상(아리타, 석장신사)

무로마치시대(室町時代, 1336-1573)에 형성되기 시작한 다도(茶道)는 지배층의 최고급 문화로 자리 잡아, 조선에서 수입해 간 다기는 금값이었다. 따라서 도공은 황금알을 낳아주는 오리였던 것이다. 이들의 노력으로 이삼평의 후손들의 아리타 자기를 탄생시켰고, 남원에서 끌려온 심일당 후손들(그중 한명이 심수관이다)은 시로몬(白物)이라고 불리는 사쓰마 백자를 탄생시켰다. 특히 아리타에서는 이마리야키(伊万里焼き)라는 수출용 도자기를 생산하게 되었는데, 1650년대로 들어서면서 사가현에 있는 이마리항을 통해 유럽으로 수출된다. 이 아리타 자기가 유럽 전역으로 퍼져나갔고, 일본 자기는 세계적인 명성을 얻게 되는 것이다. 나는 이런 명품 이마리야키를 비엔나에 있는 왕궁보물관과 터키 이스탄불에 있는 토프카궁, 런던의 대영박물관, 파리의 루브르박물관, 그리고 뉴욕의 메트로폴리탄박물관에서 직접 확인할 수 있었다.

▶ 양귀비 보살(교토 천용사)

그런데 여기에는 재미있는 역사의 아이러니가 존재한다. 일본의 도자기가 세계적인 명성을 얻게 된 것은 우연한 계기가 있었기 때문이다. 그때까지 전세계에서 자타가 공인하는 명품 도자기는 당연히 중국 경덕진(景德鎭)산이었다. 중국 도자기는 위에서 언급한 박물관에 가면 지금도 흔히 볼 수 있을 정도다. 그런데 17세기 중반 명청 교체기에 중국이 혼란해지고 외국 배의 입항이 금지되자, 당시 경덕진 도자기를 유럽에 공급하고 있었던 네덜란드 동인도회사는 그 공급선을 일본으로 돌리게 되는 것이다. '울며겨자먹기식'으로 선택한 상품이 대히트를 친 것이다. 서구 세계에 퍼진 그 명품 자기에는 실크로드 동쪽 끝에 있는 조그만 나라인 조선 도공들의 영혼과 숨결이 배어있는 것이다. 실크로드를 오고가는 상품들에는 이렇게 여러 나라 사람들의 혼과 기술, 자금과 행정적인 지원이 합쳐져서 탄생한 상품들이 많다.

그 밖에도 일본 나라와 교토에서는 실크로드 유산을 많이 찾아볼 수 있다. 불교의 서역 전래를 증명해주는 이방인상은 일본 나라 약사사와 경주국립박물관, 중국 낙양 용문석굴 등에서 광범위하게 발견되고 있다. 교토에 있는 천용사(泉涌寺)에 가면 양귀비라는 별명이 붙은 아주 요염한 부처를 볼 수 있다. 양귀비는 실크로드의 최대 도시였던 당나라 장안(현재 시안)을 대표하는 미인이었다. 당시에는 당나라 미인이 일본에도 인기가 있었던 것이다.

고대사회의 하이테크 명품, 유리

비파와 더불어 서역 문물의 대표 주자가 유리다. 고대사회에서 유리는 최첨단 하이테크 사치품이었다. 왕족이나 귀족 등 상류층만 구매할 수 있었던, 해외에서 들어오는 명품이었던 것이다. 유리는 멀리 지중해 연안이나 페르시아로부터 중국이나 한국을 거쳐 또는 아라비아 상인들을 통해 해로로 일본에 전래되었다. 유리 유물들의 모습이 원산지와 거의 비슷한 모양을 보이고 있어 당시에는 일본에 유리 제품 제작 기술은 미미했거나 아예 없었던 것으로 추측된다.

정창원의 유리 유물로는 백유리완(白琉璃碗), 백유리병(白琉璃瓶), 녹유리십이곡장배(綠琉璃十二曲長坏), 유리배(琉璃坏), 유리호(琉璃壺), 백유리고배(白琉璃高坏) 등이 대표적이다. 법륭사 박물관인 대장보원(大寶藏院)에는 작은 사리함 안에 진녹색 유리병(사리용기)이 놓여 있다. 한국의 송림사에 있는 진녹색 유리병 사리용기와 정말 비슷해서 깜짝 놀랐다. 경비가 너무 심해서 사진을 찍지 못해 아쉬웠다. 우치에 있는 평등원 박물관에서도 다양한 유리구슬과 유리 파편을 볼 수 있다.

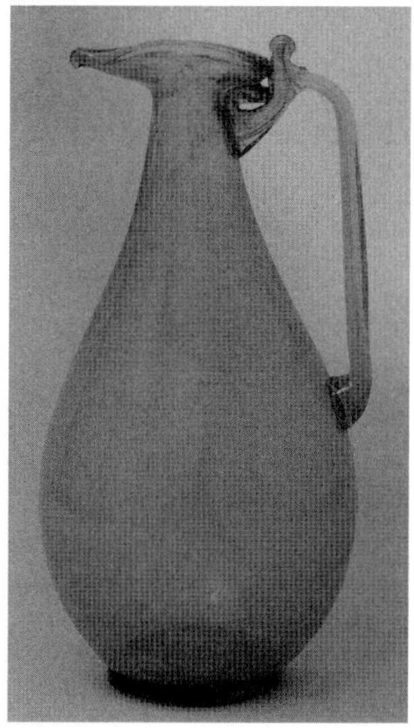
▶ 백유리완

미야시타 사에코(宮下佐江子)의 '서아시아의 유리'라는 논문에 의하면, 특히 백유리완은 안칸 천황(安閑 天皇, 재위 531-535)릉 유리 유물이나 이란 출토의 유리 유물과 매우 비슷하고, 백유리병은 랴오닝성 출토 이슬람 유리병과 매우 닮았다고 한다. 이런 유사점으로 인해 자체 제작보다는 육상이나 해상의 실크로드를 통해서 수입되었을 것으로 추측된다. 그러나 중국이나 일본의 유리들은 그 성분(마그네슘 2~3%, 칼륨 4%)이 사산조(이란) 유리가 확실하고, 경주 황남대총 유리그릇들은 로마시대의 유리(마그네슘 1% 미만)와 매우 유사해서 유리가 전래된 루트가 서로 달랐을 가능성이 높은 것으로 보인다.

유리가 일정 기간 동안 중국이나 한반도 또는 일본에서 제작되지 않고, 페르시아나 지중해 연안에서 직접 수입되었다면, 얼마나 먼 길을 상인들이 애지중지 하면서 운반을 했을까? 가장 깨지기 쉬운 상품을 그 험하고 멀고 먼 길을 낙타나 말을 이용하여, 또는 배를 이용하여 운반했을 것이다. 또한 여러 단계의 중개상을 거쳐서 수입되었기 때문에 당연히 물건 값도 금은보석보다 비싸서 황실이나 중앙 귀족들, 또는 지방 호족들이나 구매할 능력이 있었을 것이다.

지중해 연안과 서아시아에서 탄생한 유리는 아름다운 광채와 화려한 색깔로 많은 사람들을 매료시켰다. 특히 유리를 처음 보는 사람들에게 빛이 통과하는 투명한 유리는 너무도 신비해서 정말 보석과 다름없었을 것이다. 유리는 고대 사회의 최첨단 하이테크 상품이어서 서민들은 이런 물건을 구입할 능력이 없었을 것이고, 왕족이나 귀족들은 이런 물건을 소유하거나 무덤에 부장함으로써 자기 신분을 과시하는 수단으로 이용했을 것이다. 베블렌이 말한 '과시적소비'가 고대사회에도 있었던 것이다. 요즘 다른 사람들은 갖지 못하는 해외 명품을 소유함으로써 자기 신분을 과시하려고 하는 우리들의 속물근성처럼.

실크로드 미인, 길상천녀

실크로드는 미인의 기준에도 영향을 미쳤다. 약사사(藥師寺)에 가면 일본 덴표(天平)시대(8세기 중반) 최고 미인도가 있다. 길상천녀상(吉祥天女像)이다. 이 그림의 여인은 한 눈에 당나라 미인과 닮았다는 점을 알 수 있다. 재미있는 사실은 이렇게 볼이 볼록하고 오동통하게 살집이 좋은 여인의 몸매가 당나라 시대에는 미인의 기준이었다는 점이다. 정창원에서 보존하고 있는 조모입녀병풍(鳥毛立女屛風 6선扇)에 나오는 여인들과도 그 모습이 매우 흡사하다. 또한 신장위구르자치구 박물관에 전시하고 있는 〈나무아래의 미인〉, 〈미인도〉, 〈말을 탄 여자 흙인형〉, 〈긴치마를 입은 춤추는 여자 인형〉, 〈무릎을 꿇고 앉은 여자 흙인형〉에 등장하는 여인들, 돈황 98호굴에 있는 〈귀부인들〉과도 매우 흡사한 모습을 보여주고 있다. 이런 유물은 7~10세기의 유물이라는 점에서 당시의 중앙아시아와 동북아시아 지역의 실크로드 미인의 기준을 가늠해볼 수 있는 소중한 자료가 된다. 현대 사회의 미인은 키가 크고, 호리호리하고, 날씬하고, 좀 유약한 면이 있어야 인기가 좋은데, 시대에 따라 미인의 기준도 변하고 유행이 있다는 점이 흥미롭다.

▶ 약사사 길상천녀상

▶ 길상천녀상(조모입녀병풍)

그런데 정창원 조모입녀병풍 제5선에서 신라와의 교역을 나타내는 중요한 문서가 발견되었다. '매신라물해(買新羅物解)'라고 불리는 하첩문서(下貼文書)가 그 주인공이다. 사카에하라 토와오(榮原永遠男)의 〈정창원문서 입문〉에 의하면, 서기 752년(덴표쇼호 4년)에 700명 정도 되는 신라의 대사절단이 일본을 방문했다. 당나라와 백제의 전쟁 중에 신라가 당나라를 지원하고 일본이 백제를 지원하면서 악화된 양국의 관계를 개선시키기 위해 이렇게 대규모 사절단을 파견한 것으로 보인다. 물론 이 사절단에는 황해에서 크게 활약하고 있었던 신라 무역 상인들도 포함되어 있었다. 이 사절들은 6월 14일에 헤이조쿄(平城京)에 입궐하고, 6월 22일에는 동대사에서 개안 직후의 대불을 예배하고, 7월 24일 이후에 나니와(難波-요즘 한국 관

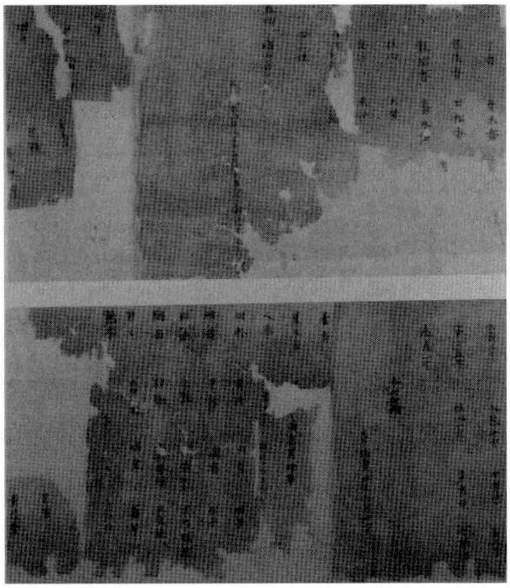

▶ 매신라물해(조모입녀병풍5선)

광객들이 많이 가는 오사카 난바역)를 출발하여 귀국한 것으로 추측하고 있다. 바로 그 하첩문서가 이 신라사절과 관계가 있다는 사실이 밝혀졌다.

그 병풍은 6선(폭)으로 되어 있는데, 에도시대(1603-1868)에 수리하면서 제5선에 배접지가 붙어 있다는 사실이 밝혀졌다. 도노 하루유키(東野治之, 사카에하라 토와오 저서에서 재인용)는 이 문서에 적힌 내용상 '매신라물해'라 불리는 이 하첩문서는 앞에서 언급한 신라 사절이 가지고 온 다양한 물품을 국왕과 왕실, 귀족들이 구매하려고 할 때 사용한 입찰패에 해당한다고 주장했다. 각자 구매하고 싶은 물품의 종류와 수량, 구입하게 되었을 때 지불해야할 대금의 내용을 담고 있다. 그런데 그 물품에는 신라의 특산품뿐만 아니라 동아프리카, 아라비아, 페르시아, 인도, 동남아시아, 중국 등 광대한 지역의 산물이 포함되어 있어 7~8세기에 이미 동아프리카에서 한반도나 일본까지 해상 실크로드를 통한 교역이 활발하게 이루어지고 있었음을 알 수 있다.

이런 진귀한 물건들을 당시 왕실이나 귀족들은 앞 다투어 서로 구입하려 했기 때문에, 이들의 치열한 경쟁을 조정하기 위해 미리 물품 구입 희망서의 제출을 요구하였으며, 그것이 바로 '매신라물해'라는 하첩문서라는 것이다. 시쳇말로 '물 건너 온 귀한 물건이니까' 당연히 상류층의 구매 욕구가 강했을 것이다. 구매 조정이 끝나자 이 문서는 관련 부서(내장료內匠寮)로 넘겨졌다가 조모입녀병풍을 수리할 때 배접지로 재활용된 것이다. 이런 일련의 과정은 당시 신라 상인들이 중국과 일본 사이에서 중계무역을 활발하게 하고 있었다는 사실을 증명하고 있다. 이런 기록을 보면, 장보고가 황해와 남중국해에서 활약하던 시기(827-835)보다 약 100여 년 전에 이미 신라 상인의 해상 중계무역이 활발했었다는 사실을 알 수 있다.

정창원의 유물과 한반도와의 관계를 연구한 최재석 교수는 이 병풍이 일본에서 제작되었다는 일본 학자들의 일본 제작설을 조목조목 반박하면서, 신라에서 제조된 것이라고 주장하고 있다. 나는 이 분야의 연구자가 아니기 때문에 어느 쪽이 맞는지는 알 수가 없다. 내 생각에는 그 병풍은 일본도 신라도 아닌 당나라에서 제조되었을 가능성도 있다. 그 당시 당나라와 일본, 신라, 발해 사이에는 무역이 왕성하게 이루어지고 있었기 때문에 신라 상인이 그런 미인도가 유행했던 당나라에서 그 물건을 수입해서 일본의 수요자에게 팔았을 수도 있는 것이다. 앞에서 언급한 것처럼 그런 당나라 스타일의 미인이 그림이나 조각의 형태로 중국에서 광범위하게 발견되고 있기 때문이다.

9세기 실크로드 문화의 보물창고, 입당구법순례행기

중국의 불교문화가 동진하여 일본까지 전해진 것은 당시에 당나라에 유학하는 승려들이 많이 있었다는 사실로도 입증된다. 그중 대표작인 사람이 원인(圓仁, 엔닌)이다. 엔닌은 나이가 45세가 되던 838년에 견당선을 타고 당나라에 들어간다. 그는 양주 오대산 장안 등 여러 곳에서 고승을 찾아 불법과 범어 한문 등을 배우고 성지를 순례한다. 이때 그는 법화현교(法華顯教)와 밀교에 심취하여 관정(灌頂)을 받고 수행생활을 한다. 그는 불경 장소(章疎) 전기記) (傳만다라 등 580부 794권의 자료를 모아 847년 귀국한다. 온갖 어려움과 고통을 겪으면서도 오로지 귀한 선진문화 자료들을 일본에 가져와 일본 불교를 발전시킨 그의 불심은 가히 순교자적이라고 할 수 있다. 그래서 그의 여행기는 마르코 폴로의 〈동방견문록〉과 현장의 〈대당서역기〉와 더불어 '동양의 3대 여행기'라고 칭송받을 만하다. 또한 라이샤워(Edwin O. Reischauer)는 이 책을 일컬어 "극동 역사에 있어서 가장 위대한 기행문"이라는 찬사를 아끼지 않았다. 이 기행문의 위대한 점은 〈대당서역기〉나 〈동방견문록〉 또는 혜초의 〈왕오천축국전〉처럼 직접 경험한 것인지, 전해들은 것인지 구분이 안가는 애매한 서술이나 표현이 없고, 구체적인 날짜와 시간은 물론이고, 등장인물의 실명까지 적은 일기체 형식으로 자신과 일행이 직접 경험한 사실을 6하 원칙에 따라 정확히 기술을 했다는 것이다. 일기 하나를 읽어보자.

당(唐) 개성(開成) 3년 (서기 838년) 12월 18일

오후 2시경에 신라인 통역인 김정남이 사신들의 귀국 배편을 알아보기 위해 초주로 떠났다. 오후 4시경에 일본 사신의 접대 담당자인 와우진이 와서 말하기를, 대사는 이미 이달 3일에 장안에 도착하였으며 자신도 대사를 따라 장안으로 들어간다고 하면서, 여권(旅券) 관계의 공문은 주(州)의 아문(衙門)에 잘 전달되었다고 하였다. 또한 사미들의 수계에 관한 문제는 상공의 허락을 받지 못했는데, 그 이유인즉 근년에 수계를 금지하는 칙령이 있어서 다시 칙령으로 허락되지 않는 한 수계는 불가능하기 때문이라고 했다(출처: 신용복 역, 입당구법순례행기, 57페이지).

이 기록에는 오후 2시, 4시 등 구체적인 시간과 김정남이라는 신라 통역도 등장하며, 일본 사신의 접대 담당자가 와우진이라는 것도 알 수 있다. 여행기에서 무엇보다 중요한 것은 여행자가 현지에서 무슨 일을 경험했는가를 기록하는 것이다. 그런 면에서 현존하는 어떤 여행기도 이처럼 6하 원칙에 의해서 기록을 남긴 여행기는 없다. 가장 구체적으로 여행자의 경험을 기록한 이븐 바투타의 〈여행기〉도 엔닌의 구체적인 체험 기록은 따라가지 못한다. 여행 출발 날짜와 종료 날짜만 나와 있을 뿐, 여행 일정별 날짜와 시간에 대한 기록이 전혀 없다. 그런 면에서 나는 엔닌의 여행기를 세계 최고의 여행기로 꼽고 싶다.

견당사 일행에는 화사(畵師)도 끼어 있었음이 틀림없다. 엔닌과 일부 화공들은 절에 그려진 불화 모사를 집요하게 시도했다. 이런 모사를 통해 필요한 불화를 일본으로 유입한 것이다. 법륭사 금당벽화도 이런 모사를 통해 중국이나 한반도에서 교토나 나라로 전수되었을 것이다. 다음 일기를 보면 그런 사실을 짐작할 수 있다.

당 開成 3년 (서기 838년) 8월 3일

나와 엔사이 스님 등이 태주로 갈 수 있도록 허락해 주기를 청하는 글을 양주부로 보냈다. 모견보살과 사천왕상을 그리도록 하기 위하여 그림 그리는 이(畵

師)로 하여금 절 안으로 들어가도록 하였다. 그러나 몇 가지 이유가 있어 외국인들은 함부로 절 안에 들어가지 못하도록 하고, 또한 삼강 등은 그림을 그리지 못하도록 하므로, 상공에게 글을 보냈으나 아직 회답이 없다(출처: 신용복 역, 입당구법순례행기, 32페이지).

이 일기를 보면 지금과 비슷하다. 많은 사찰이나 박물관 미술관 들이 문화재나 작품을 보호하기 위해 허락 없이는 사진을 찍거나 스케치를 하지 못하도록 금지하고 있다. 나도 나라나 교토의 사찰에서 동대사를 제외하고는 거의 대부분 사진 촬영을 거부당했다. 그러나 비싼 경비와 시간을 들여 다른 나라를 방문한 여행자 입장에서는 생전 처음 보거나 귀한 그림이 있으면 당연히 모사해서 자기 나라로 가지고 가서 장식용이나 교육용 또는 여행의 증거물 등으로 사용하고자 했을 것이다. 더구나 다시 올 수 있다는 보장이 없는 그 옛날에는 더 말할 나위가 없다. 요즘 세상에 여행자들이 해외에 나가면 사진으로 그 방문 증거를 남기듯이 말이다.

낯선 문물에 대한 호기심과 모방하거나 소유하고 싶은 여행자의 마음은 예나 지금이나 똑같은 것 같다. 독일의 대문호 괴테도 이태리 여행 중에 하케르트, 티슈바인, 크나프 등 화가를 대동하고 다니면서 명승지를 스케치하거나 조각품을 복사하도록 했다. 당시만 해도 사진이 나오기 전이라 귀족이나 부자들은 여행 기록을 남기기 위해 화가를 데리고 다녔다. 우리나라에서도 조선시대에 사대부들이 금강산 등 명산에 유람 갈 때는 화공들을 데리고 다녔던 것과 같은 이치다.

설사 사찰의 불화를 모사하도록 허락을 받았다 할지라도 그 작업에는 상당한 시간이 필요했다. 사진이 없던 당시에는 모든 그림을 화공이 수작업으로 직접 그려야 했기 때문이다. 다음 기록대로 두 개의 불상 그리는 작업이 일주일(11월 30일에서 12월 5일 까지) 정도 걸리는 걸 보면, 이 일이 그렇게 만만한 작업이 아니고 상당한 공력을 들이는 작업임을 알 수 있다.

당 開成 3년 (서기 838년) 11월 30일

이른 아침부터 가비라(迦毗羅-Kapila)의 신당 안에서 묘견보살과 사천왕의 초상을 그리기 시작했다(출처: 신용복 역, 입당구법순례행기, 55페이지).

당 開成 3년 (서기 838년) 12월 5일

불상을 그리는 작업이 끝났다(출처: 신용복 역, 입당구법순례행기, 55페이지).

아미타불을 모사해 그린 정확한 증거도 일기에 남아 있다. 인도 아잔타 석굴의 아미타불이 둔황 석굴의 아미타불과 당나라의 아미타불을 거쳐 일본으로 전래된 결정적 증거이다. 또한 현지 사찰에 있는 불화를 모사했을 뿐 아니라, 불화가 없는 절에는 불화를 그려 넣기도 했다.

당 開成 3년 (서기 838년) 12월 9일

일본의 판관인 후지와라노 아손 사다토시(藤原朝臣貞敏)가 개원사에 재를 마련하였다. 그는 다섯관 600전을 내어 식사를 마련하고, 새로이 그린 아미타불, 묘견보살, 사천왕의 초상과 더불어 60여 명의 승려들에게 공양했다. 또 이날 그는 용흥사 법화원의 벽에 남악과 천태 두 대사의 초상화를 그리게 했다(출처: 신용복 역, 입당구법순례행기, 57페이지).

그러나 어려운 그림은 모사를 포기한 증거도 있으며, 나라에 있는 당초제사(唐招提寺 토쇼다이지)를 지은 감진화상(鑒眞和尚 - 일본에서는 鑑자를 사용한다)에 대한 언급도 정확하게 남아 있다. 당나라 고승 감진화상은 759년 쇼무(聖武) 천황의 초청으로 나라에 건너와 당초제사를 세웠으며, 이 절은 천수관음상으로 유명하다. 사찰 안내서를 읽어 보면, 중국에서 일본으로 가기 위해 바다를 건너면서 겪은 감진대사의 고생담과 엔닌이 묘사한 고생담이 거의 비슷하다. 감진대사는 날씨 등 여러 가지 이유로 5전 6기만에 일본에 도착한 집념의 스님이다(감진대사에 대한 자세한 사항은 유홍준의 〈나의 문화유산답사기〉 일본편2 아스카·나라 참조).

당 開成 4년 (서기 839년) 정월 3일

남악과 천태 두 대사의 초상화를 각기 세 벌씩 그리기 시작했다. 지난 날 양나라 시대에 한간(韓幹)이라는 사람이 있었다. 그는 양나라에서 제일가는 화가로서, 만일 그가 새나 짐승의 그림을 그리고 마지막으로 눈을 그려 넣으면 그들이 능히 날고뛰었다. 그가 일찍이 남악대사의 얼굴 그림을 찾아 양주 용흥사에서 그것을 그렸는데, 황제께서 이를 법화도량 유리전의 남쪽 복도에 걸어놓게 하였다. 이제 대사의 겸인인 아와다노 이에쓰구(粟田家繼)로 하여금 그것을 그리게 하였더니 한 점의 그릇됨도 없었다. 그 뒤 개원사에서 아와다노로 하여금 명주에 그리게 하였더니, 얼굴과 의복이 한간의 그림과 똑같았다. 또한 그곳 복도 벽에 법화경을 외우는 그림이 있는데, 볼 때마다 느낌이 다르고 화상들의 모습이 20개나 되어 능히 베껴 그릴 수가 없다. ---- 또한 동탑원에는 감진화상의 초상화가 걸려 있는데, 각제(閣題)에는 '바다를 건너간 화상의 초상화'라고 적혀 있다. 다시 중문 안의 동쪽 끝에는 과해화상의 비가 서 있는데, 그 머리글에는 감진화상이 불법을 위해 바다를 건너간 사실이 적혀 있다. 그 글에 따르면, 화상은 바다를 건너다가 모진 바람을 만났으며, 처음으로 도착한 곳은 사해(蛇海)로서 곧 길이가 여러 길(丈)이 넘는 뱀들이 우글거리는 바다였다고 한다. 하루 종일 간 다음에 흑해에 이르렀는데, 물빛이 먹물과 같았다는 것이다. ----
(출처: 신용복 역, 입당구법순례행기, 59-60페이지).

당시에 주변 국가들에서 많은 승려들이 불경을 배우기 위해 유학을 왔으며, 사찰이 국제교류에 중요한 역할을 했다는 기록도 보인다. 아래 기록에서 보는 것처럼, 절을 중축하는데 서쪽의 페르시아(이란), 남쪽의 베트남, 동쪽의 일본까지 기부금을 내고 있다. 또한 엔닌 일행이 포함된 견당사에는 하코네(博多)를 출발할 때부터 김정남(金正南)과 박정장(朴正長)이라는 신라인 역원(譯員)들이 이미 함께 통역으로 승선하여 국제교류에 기여하고 있음을 알 수 있다. 당시에는 신라 상인들이 황해와 동중국해에서 당나라와 신라 그리고 일본 사이의 해상무역을 장악하고 있었던 시기라 일본 견당사의 선원과 통역 모두 신라인들이 담당했던 것이다.

당 開成 4년 (서기 839년) 정월 7일

심변이 찾아와'양주부의 여러 관리들이 내일 효감사에 모이고자 하니 일본의 승려들도 와서 듣기를 청한다'는 상공(相公)의 말을 전하면서 아울러 불경을 강의할 법사 번(璠)의 모연문(募緣文)을 보여주었다. ---- 심변은 이런 말을 했다."상공은 돈 1,000관을 보시했으며, 이 강해는 1개월 동안 계속될 것입니다. 달마다 불법을 듣고자 하는 사람이 많습니다. 총 1만 관으로 서상각을 중수할 것입니다. 페르시아(波斯國)에서 1,000관을 냈으며, 점파국(占婆國 - 베트남 중부에 있던 고대 국가) 사람들도 200관을 보시했습니다. 현재 일본 사람들은 수효가 적어 50관만 모금하는 것입니다."모금액이 줄어들었음을 강조하는 말이었다(출처: 신용복 역, 입당구법순례행기, 61페이지).

불화만 모사한 것이 아니라 불경을 필사하기도 했다. 또한 짧은 기간에 많은 자료를 베끼기 위해 대규모로 필경사를 고용하기도 했다. 선진 문물에 대한 배움의 욕구는 이토록 심대한 것이다. 이런 욕구가 결국 실크로드를 활성화시키고 그 문화를 활짝 꽃피게 만든 것이 아닐까? 중국 스님들이 불경을 구하러 인도로 가고, 한반도 삼국과 일본의 스님들이 다시 중국으로 건너가는 연결고리가 생겨난 것이다. 종교를 포함한 문화는 물이 흐르는 것처럼 위에서 아래로 흐르는 속성이 있는 것이다. 즉, 선진 문화가 그 문화를 갖지 못한 여러 주변부로 퍼져 나가는 것이다.

당 開成 4년 (서기 839년) 윤 정월 21일

---- 숭산원의 지념(持念) 화상인 전아(全雅)로부터 금강계의 여러 존위의 의궤(儀軌)에 관한 책 수십 권을 빌려 필사했다. ---- (출처: 신용복 역, 입당구법순례행기, 65페이지).

당 開成 4년 (서기 839년) 2월 20일

---- 엔교(圓行)법사가 청룡사에 들어가 20일 동안 필경사 20명을 고용하여

책과 소(疏)를 배꼈다. ---- (출처: 신용복 역, 입당구법순례행기, 70페이지).

불화를 그리는 데는 그림 그리는 재주가 좋은 화공 뿐 아니라, 돈도 많이 드는 모양이다. 요즘 우리가 절에 들어가거나 미술관에 들어가서 자료를 구할 때 입장료나 사용료를 내는 것처럼.

당 開成 6년 (서기 841년) 4월 30일

해질녘에 금강계 9폭의 만다라를 그리는 값에 관하여 상의를 하였는데, 명주는 화폭 값을 제외하고 60문으로 합의를 보았다. 의진화상이 가르친 한 신도가 명주 46자를 주어 화폭으로 쓰도록 도와주었다(출처: 신용복 역, 입당구법순례행기, 234페이지).

당 開成 6년 (서기 841년) 5월 3일

금강계의 아홉 가지 만다라 다섯 부를 그리기 시작했다. 그림을 그릴 명주 이외에 60문을 그림 값으로 지불했다. ---- (출처: 신용복 역, 입당구법순례행기, 235페이지).

부처님에 대한 개인의 약속이 불화를 그리게 하는 이유가 되기도 했다. 엔닌이 동행한 견당사를 대표하는 한 일본 대사는 이렇게 말한다.

당 開成 4년 (서기 839년) 3월 3일

---- 지난 해 바다에서 표류할 때 나는 육지에 다다르면 내 몸과 같은 높이로 묘견보살 열 폭과 약사불 한 폭과 관세음보살 한 폭 등의 초상화를 그릴 것이라고 부처님과 약속했었습니다. 그러나 해안에 오른 다음에는 공사로 매우 바빴고, 아울러 여행 중 여러 가지 사정이 갖추어지지 않아 그림을 제대로 그릴 수가 없었습니다. 그런즉 본국에 돌아가면 반드시 장차 앞서 말한 그림을 그리어 공덕을 쌓을 것입니다(출처: 신용복 역, 입당구법순례행기, 76페이지).

당나라 무종(武宗, 840-846 재위) 때 서역의 종교인 마니교(摩尼教) 탄압에 대한 사건도 나온다. 빛과 어둠, 선과 악의 치열한 이원론을 바탕으로 구원을 모색했던 마니교는 이란의 사산왕조(226-651) 때, 페르시아인 마니(215-276)에 의해 창시되었다. 마니교는 고대 페르시아의 조로아스터교를 모태로 서방의 기독교와 동방의 불교 교리와 제도를 차용하여 10세기 이후까지 존속했다. 한 인터넷 자료에 의하면, 영국의 스타인이 수집한 문서 2659a번 〈마니교하부찬摩尼教下部讚〉과 3969번 〈마니광불교법의략摩尼光佛教法儀略〉 등이 불교화 된 마니교의 실체를 잘 보여준다고 한다.

마니교는 페르시아에서 10세기 무렵까지 명맥을 유지하다가 대부분의 지도자들이 우즈베키스탄의 사마르칸트로 이주하면서 당시 실크로드 대상 무역을 주름 잡던 소그드인들을 개종시켰다. 이후로 마니교는 실크로드를 따라 동쪽으로 전파되기 시작했다. 이란 동쪽으로 마니교가 가장 융성했던 지역은 중국 북서부의 소수민족인 위구르 왕국이다. 마니교는 755-763년 사이에 일어난 안록산의 난 이후, 위구르 군대의 힘을 빌려 난을 진압한 당 왕실의 지지에 힘입어 중국 각지에 퍼지게 된다. 그러나 당 무종에 의한 불교 탄압 때(842-845) 마니교 또한 외래 종교라는 이유로 극심한 박해를 받고 소멸되기에 이른다. 바로 이때 엔닌이 당나라에 머무르면서 그 사실을 정확하게 기술하고 있다. 이런 점이 바로 엔닌 여행기의 위대한 점이다. 역사적 사건과 등장인물의 이름, 그리고 시기가 정확히 일치한다.

당 회창(會昌) 3년 (서기 843년) 4월 중순

칙령으로써 전국의 미니교 신도를 죽이게 했다. 그들의 머리를 깍고 가사를 입힌 다음 사문처럼 모양을 꾸며 죽였다. 마니교는 회골족(廻鶻族-위구르족)이 깊이 믿는 종교이다(출처: 신용복 역, 입당구법순례행기, 250-251페이지).

서방 종교인 기독교도 실크로드를 통해 일본의 불교에 까지 영향을 미쳤다. 12세기 후반부터 13세기 후반까지 잦은 전쟁이나 난과 자연재해, 기근이 빈발했던 헤이안시대(794-1185) 말기부터 가마쿠라시대(鎌倉時代 1185-1336) 초기까지 서민들의 현세적 고통이나 불안을 덜

어주기 위해 6명(호넨法然, 신란親鸞, 잇펜一遍, 니치렌日蓮, 에이사이榮西, 도겐道元)의 승려가 나타났다. 그 중 한 명이 정토진종(淨土眞宗)을 만든 신란이다. 그는 사람은 한번이라도 염불을 마음 깊이 외우면 반드시 구제된다고 하였다. 특히 스스로를 악인이라고 자각하고 있는 인간이야말로 아미타불이 우선적으로 구제해줄 것(惡人正機說)이라고 주장했다. 이 주장은 기독교에서 지금도 시행하고 있는 신앙고백의 원리와 같은 교리다. 기독교에서 구원은 자신의 죄를 고백하는 것으로부터 시작된다. 그러니까 자기 죄를 고백하지 않으면 구원받지 못한다. 이미 당나라 때부터 기독교의 일파인 네스토리우스교가 중국과 한국에 들어와 있었던 사실을 감안한다면 승려나 견당사, 상인이나 유학생 등을 통해서 기독교의 구원사상이 일본에 유입되었을 개연성은 충분하다.

네스토리우스파는 431년 현재 터키 서부에 있는 에베소스(에페스) 종교회의에서 이단으로 파문되자 실크로드를 따라 동쪽으로 도피하여 중앙아시아와 중국에서 전교를 하게 된다. 그들은 예수의 어머니인 마리아를 '신의 어머니'로 인정하는 교리에 반대하여 파문된 것이다. 마리아는 인간, 즉 예수의 어머니이지 신인 여호와의 어머니는 아니라고 주장한 것이다. 네스토리우스파는 중국과 한국에서는 경교(景教)로도 알려져 있다. 경교 외에도 당시 중국에는 이미 조로아스터교나 마니교 등 서방종교가 들어와 널리 포교되고 있었다.

해상 실크로드를 통해 들어온 일본의 기독교

서구 문명의 근간을 이루고 있는 기독교는 육상 해상 실크로드를 따라 동쪽으로 계속 동진하여 한국에서 화려한 꽃을 피웠다. 그럼 불교가 꽃을 피운 일본에서는 왜 기독교가 꽃을 피우지 못했을까? 일본에 조총을 처음 전해준 자비에르 신부가 기독교를 전한 1549년 당시 처음에는 환영을 받았다. 그러나 1637년에 크리스찬이었던 아마쿠사 시로(天草四郎)가 4만의 기독교 농민들을 이끌고 시마바라(島原)의 난을 일으킨 이후 일본의 막부들이 탄압과 핍박을 가해서 기독교가 성장할 수 없었다는 사실만 가지고는 설득력이 부족하다. 한국도 조선시대 말기에 기독교가 엄청난 탄압과 핍박을 받았기 때문이다. 일본도 제2차 세계대전 이후 미군정이 실시되었기 때문에 한국과 마찬가지로 다시한번 기독교가 유입되고 흥성할 기회가 있었다. 그럼에도 불구하고 일본은 불교나 신도에 비해 기독교의 교세가 아주 약한 편이다. 여기 그 한 가지 단서가 있다.

타운젠트 헤리스(Townsend Harris, 1804-1878)는 미국의 초대 주일 총영사로 일본이 공식적으로 인정한 최초의 외교관이다. 그는 경건한 크리스챤으로서 '야만국' 일본을 기독교도로 개화시켜 문명국으로 끌어올리고 사람들을 행복하게 만들고 싶다는 종교적 사명감 때문에 일본 영사직을 열망했다. 그러나 예상치 못한 이 극동의 야만국 일본에서 그는 '지상의 낙원(샹그리라)'를 보게 되었고, 해리스가 품고 있었던 기독교 가치관은 크게 흔들렸다. 이방인인 내가 나라와 교토의 문화와 생활을 처음 보고 느낀 바와 크게 다르지 않다.

> "그들은 모두 살집이 좋고 옷차림도 좋았으며 행복해 보였다. 얼핏 보면 부자도 빈자도 없다. 아마 이것이 사람들의 진실된 행복한 모습이라 할 것이다. 때때로 나는 일본을 개국하여 외국의 영향을 받게 하는 것이 과연 이 사람들을 행복하게 하는 것일까라고 의심하게 되었다. 나는 질박함과 황금의 시대를 그 어떤 나라에서보다 일본에서 많이 보았다. 생명과 재산의 안전, 전반적인 사람들의 소박함과 만족함 등이 현재 일본의 모습이라 생각한다."(출처: 〈일본체재기〉, 카와이 아츠시 〈하룻밤에 읽는 일본사〉 251페이지에서 재인용).

시대적 지리적 배경은 다르지만 롤랑 조페(Roland Joffe) 감독의 명화 미션〈The Mission〉에서도 이와 비슷한 상황이 나온다. 나는 이 영화를 정말 좋아해서 다섯 번은 본 것으로 기억한다. 16세기 중반 스페인과 포르투갈이 라틴아메리카의 자원과 영토를 약탈할 야욕으로 남미에서 한창 식민지 전쟁을 벌일 때가 이 영화의 배경이다. 예수회(Jesuit) 신부들은 이구아수 폭포 너머의 과라니족 원주민들에게서 당시 백인들이 가지고 있지 못했던 자연과 더불어 살아가는 생활 방식에 감탄하고 순수한 영혼이 깃들어 있는 정신에 깊이 빠져든다. 신부들은 원주민들의 순진무구한 영혼이 완전한 신의 왕국을 세우기에 더없이 좋은 바탕이라고 생각하고 여전히 그들을 개종의 대상으로 생각한 점이 해리스와 좀 다를 뿐이다. 예수회 신부들과 원주민들은 결국 제국주의자들(스페인과 포르투갈)의 영토와 자원약탈에 대한 야욕의 희생물이 되어 1754년과 1756년 두 차례에 걸친 무력 공격에 비참하게 학살되고 만다.

일본 기독교 고난사를 간략하게 들여다보자. 일본에 기독교가 처음 들어 온 것은 무로마치시대(1336-1573)인 1549년(조선 명종 때) 프란시스코 자비에르 신부가 규슈에 들어와 포교하면서 시작되었다.〈핀투여행기 The Travels of Mendes Pinto〉로 유명한 허풍쟁이 페르낭 멘데스 핀투(Pernao Mendes Pinto, 1510-1583)가 그 당시 말라카에서 자비에르와 함께 일본 규슈에 가서 신교 활동을 하고 조총을 전수해준 장본인이다. 그러니까 이 허풍쟁이는 임진왜란 때 조총 때문에 막대한 피해를 입은 조선으로서는 원수인 셈이다. 핀투는 12살 때부터 망망대해를 떠돌며 아프리카, 아라비아, 인도, 베트남, 중국, 일본을 비롯해 조선까지 여행한 세계 4대 탐험가 중의 한 사람이다. 당시 유럽에서 그의 존재는 '멘닥스 핀투(Mendax Pinto 허풍쟁이 핀투)' '핀투레스크(Pintoresque 핀투식 허풍)'라는 신조어가 생길 정도로 충격 그 자체였다. 그만큼 그의 모험담은 당시 유럽인들에게는 믿기 힘든 허황된 이야기로 받아들여졌다. 그것은 셰익스피어가 그를 '위대한 거짓말쟁이'라고 부른 사실에서도 확인할 수 있다. 그가 남긴 유일한 작품인 〈핀투여행기〉는 16세기의 충격적인 동남아 풍속사의 발굴 차원에서뿐만 아니라 내용면에서도 문학적 가치가 높은 것으로 재평가 되고 있다.

카와이 아츠시(河合 敦)의 〈하룻밤에 읽는 일본사〉에 의하면, 자비에르 신부가 기독교를 전파한 1549년 이래 부분적으로는 포교를 인정받았지만, 1873년 메이지 정부에 의해 공인받을 때까지 거의 300여 년 동안 탄압과 핍박을 받았다. 1568년 오다 노부나가가 상경하여 기독교를 공인함에 따라 기독교 황금시대가 도래했다. 그것도 잠깐, 1587년 정권을 잡은 도요토미 히데요시는 선교사 추방령을 발표하고 기독교를 탄압했다. 1596년에는 성 필리페호 사건으로 26명의 성인이 나가사키에서 순교했다. 에도시대인 1613년에는 도쿠가와 이에야스가 금교령을 발표했고, 1614년에는 타카야마 우콘 등 크리스찬을 국외로 추방했다. 1622년에는 55명의 크리스찬을 나가사키에서 처형하는 겐나(元和)대순교 사건이 일어났다. 1637년에는 기독교 탄압에 대항하여 아마쿠사 우로를 우두머리로 하는 시마바라의 난이 발생했다. 1640년 바쿠후는 종문개역(宗門改役)을 설치하고 비밀 크리스챤들을 단속하기 시작했다.

1865년에 나가사키 오우라(大浦) 천주교회가 세워질 때 우라가미무라(浦上村) 사람들은 선교사 프티잔에게 자신들은 크리스챤이라고 고백했다고 한다. 이에 감동을 받은 프티잔은 이를 '크리스챤의 부활'이라고 찬양했다. 이들은 거의 300년간이나 기성 지배체제인 바쿠후의 엄격한 탄압과 핍박을 견디며 조상의 신앙을 지켜온 것이다. 실크로드 문화권인 터키 카파도키아 지방에서 초기 기독교인들이 기묘한 석회암 동굴 속에 숨어서 수백 년 동안 기독교 신앙을 지켜낸 기적과 비슷한 사례가 일본에서도 일어난 것이다. 이처럼 해상 실크로드를 통해 들어온 일본의 기독교는 일시적으로는 흥성했지만 최근에는 불교나 신도에 비해 그 교세가 크지 못하다. 그 이유는 불교와 신도가 일본인의 일상생활에 너무나 깊이 뿌리내리고 있어서 그럴 것이라고 나는 추측하고 있다.

우끼요에, 실크로드 문화의 역류

지금까지 살펴본 것처럼, 19세기 말까지는 실크로드를 통한 선진 문화는 주로 중국이나 한국을 거치거나, 아니면 유럽 등 서쪽에서 일본으로 들어왔다. 그런데 이런 문화의 동진(東進) 현상이 거꾸로 흐르기 시작했다. 서진(西進) 현상이 일어나기 시작한 것이다. 1868년에 일본이 메이지유신에 성공하면서 일본 문화가 유럽 문화계에 유입되기 시작했다. 거의 2천년 만에 일어난 문화 역류 현상이다. 이런 현상을 자포니즘(Japonisme)이라고 부른다. 자포니즘이라는 단어는 프랑스 작가이자 수집가인 필립 부르띠(Philippe Burty)에 의해서 1872년에 처음 사용되었다. 그에 의하면, 자포니즘이란 '일본의 예술로부터 배우는 새로운 분야의 예술, 역사, 인종적인 연구'를 의미한다. 이 사조는 처음에는 그림에서 시작했으나 나중에는 공예, 도자기, 음악, 건축, 생활양식에까지 광범위하게 그 영향을 끼치게 된다. 그중에서도 일본 채색 목판화가 유럽 문화계에 끼친 영향은 가히 혁명적이라 할 수 있다.

1885년 파리만국박람회에 소개된 일본의 채색 목판화 우끼요에(ukiyo-e 浮世繪)의 신비하고도 파격적인 동양적 분위기가 유럽의 예술가들, 특히 인상파화가들에게 큰 영향을 주어 그들의 그림에 일본 문화가 등장하게 된다. 선명한 색채, 뚜렷한 명암 대비, 대담한 시선 및 공간 처리, 평면 분할 기법 등이 새로운 화풍을 모색하기 위해 고민하고 있던 인상파 화가들을 열광시킨 것이다. 그러니까 일본인들은 그때까지도 수백 년에 걸쳐 축적된 자신들이 문화가 선진 문화라는 사실을 모르고 있었다. 일본 사람들은 그런 판화를 물건의 포장지 등으로 사용하는 등 그 가치를 별로 소중하게 여기지 않았다. 서양미술사의 대가인 곰브리치도 서양미술사 특히 인상파 화가들에 끼친 일본 목판화의 가치를 높게 평가하고 있다. 서양 미술사가의 입장에서 동양 미술의 하나인 일본 목판화를 어떻게 평가하고 있는지 살펴볼 필요가 있다.

> ---- 18세기의 일본 화가들은 동양 미술의 전통적인 소재를 포기하고 채색 목판화를 위한 주제로서 하층민의 생활 장면들을 선택했다. 이런 채색 목판화는 최고의 장인이 지닌 기교의 완벽성과 매우 대담한 의도가 결합된 것이었다. 일본인 감식가들은 이런 값싼 작품들을 별로 높이 평가하지 않았다. 그들은 근엄한 전통적 방법을 더 선호했다. 19세기 중반 일본이 유럽과 미국으로부터 교역관계를 강요받을 시기에 이러한 판화들은 물건을 싸는 포장지나 빈 곳을 메워주는 종이로 자주 사용되었고, 차(茶) 상점에서 싼 값에 구할 수 있었다. 마네 주변의 화가들은 그 판화들의 아름다움을 알아보고 그것들을 수집한 최초의 부류였다. 이 판화들 속에서 프랑스 화가들이 제거하려고 노력하였던 아카데믹한 규칙과 상투적 수법에 의해 훼손당하지 않은 전통을 찾아내었다. 일본 판화는 프랑스 화가들로 하여금 자신들도 모르는 사이에 얼마나 많은 유럽적 인습이 아직도 그들에게 남아 있는지 깨닫게 하는 데 도움을 주었다. 일본인들은 사물의 우연적이고도 파격적인 면을 즐겼다. 일본 판화의 거장인 가츠시카 호쿠사이(葛飾北齊: 1760-1849)는 우물의 발판 뒤로 언뜻 보이는 후지산의 정경을 재현했고, 기타가와 우타마로(喜多川歌磨: 1753-1806)는 판화 가장자리나 대나무 발로 인해 잘려나간 인물들을 묘사하는데 주저하지 않았다. 이처럼 유럽 회화의 기본적인 규칙을 무시한 점이 인상주의자들에게 충격을 주었다. 인상파들은 이러한 (유럽 회화의 - 필자 주) 규칙에는 아직도 시각에 대한 고대의 지배적인 지식이

잔존해 있음을 발견해냈다. 그림이 항상 어느 장면의 모든, 또는 관련되는 부분을 다 보여주어야만 하는 이유가 어디 있는가? (출처: 〈서양미술사〉 525-526페이지 중에서)

역시 미술사의 대가답게 프랑스 인상파에 대한 일본 목판화의 영향에 대해서 제대로 지적하고 있다고 볼 수 있지만, 아무래도 동양 문화에 익숙치 않은 서양인이다 보니까 몇 가지 잘못이해하거나 간과한 점도 있다. 우타마로가 대나무 발로 인해 잘려나간 인물을 그린 것이 아니라 대나무 발에 비친 인물을 그린 것이다. 대나무 발을 본 적이 없는 곰브리치는 대나무 발이 반투명성이라는 사실을 몰랐던 것 같다. 창호지나 대나무 발에 비치는 사물의 그 은은한 잔영 효과를 몰랐던 것이다. 그리고 당시 일본 화가들은 하층민의 생활 장면을 주로 그렸다고 말했는데, 그들은 일본의 명산과 바다 호수 등 자연풍경도 많이 그렸다. 호쿠사이는 후지산 36경을 연작으로 그렸으며, 풍경화의 천재 우타가와 히로시게(歌川広重 1797-1858)는 에도 100경을 연작으로 그려 당시 대중들에게 대히트를 쳤다.

일본 그림(우끼요에)은 인상파 화가들에게 대담한 단순화를 위해 입체감이나 다른 세세한 것들을 희생시킨다면 그림에서 한층 더 강렬한 인상을 만들어 낼 수 있다는 확신을 주었다. 반 고흐와 고갱은 둘 다 깊이감을 무시하고 색채를 강렬하게 표현하면서 이런 방법을 꾸준히 이용했고, 쇠라는 점묘법을 이용하여 더 깊이 일본 그림을 응용했다. 보나르(Pierre Bonnard, 1867-1947)는 마치 태피스트리처럼 캔버스 위에 아른거리는 빛과 색채의 느낌을 표현하는 독특한 재능과 감수성을 표현했다. 호들러(Ferdinand Hodler, 1853-1918)는 그의 고향인 스위스 풍경을 대담하게 단순화해서 그려 마치 포스터와 같은 명료성을 보여주기도 했다. 로트렉(Henri de Toulouse-Lautrec, 1864-1901)은 이처럼 절제된 그림 기법을 포스터라는 새로운 미술에 활용하여 유럽 미술이 일본 미술로부터 습득한 기법은 특히 광고 미술에 적합하다는 것을 보여주었다. 젊은 천재 작가인 비어즐리(Aubrey Beardsley, 1872-1898)는 일본 판화에서 영향을 받은 흑백 삽화포스터로 유럽 전역에서 순식간에 큰 명성을 얻었다.

곰브리치는 일본 목판화의 영향을 많이 받은 화가로 에드가 드가(Edgar Degas, 1834-1917)

을 지목하여 예를 들고 있는데, 사실 그 영향을 가장 크게 받은 사람은 고흐(Vincent van Gogh, 1853-1890)라고 볼 수 있다. 정말 고흐는 뼈속까지 일본 판화에 빠져들었다. 고흐는 동생 테오에게 보낸 편지에서 자기 그림은 기본 컨셉은 일본 그림을 바탕으로 하고 있다고 할 정도로 일본 그림에 빠져 들었고, 가난한 살림에도 불구하고 중개상을 통해서 구매할 수 있을 만큼 일본 그림을 수집했다. 그래서 히로시게의 에도 100경 중 하나로 나오는 〈다리 위의 소나기, 1857년〉를 거의 그대로 모사하게 된다. 〈The Bridge in the Rain (after Hiroshige), 1887년〉이 바로 그 그림이다. 몇 년 후에 미국의 유명한 건축가이자 일본 그림 중개상인 라이트(Frank Lloyd Wright, 1867-1959)가 이 그림에 대해서 다음과 같은 혹평을 했다.

▶ 히로시게 그림(좌)과 고흐 그림(우) 비교

> 고흐가'히로시게의 그림을 모사(after Hiroshige)'했다고 말한 그림(The Bridge in the Rain)이 있는데, 히로시게의 판화를 유화로 다시 그린 것 이상의 의미는 발견할 수 없다. 그리고 히로시게보다 더 잘 그렸다고도 생각하지 않는다. 고흐가 그린 그림이 너무 형편없이 보일 정도로 히로시게의 그림은 대단히 훌륭하다(출처: Lambourne 〈Japonisme〉 중에서).

너무도 유명한 '탱기 아저씨의 초상(Portrait of Pere Tanguy)'의 배경을 보면 고흐가 얼마나 일본 그림을 사랑했는지 알 수 있다. 우끼요에풍의 여러 가지 그림을 그 초상의 배경 화면으로 배치한 것이다. 삐에르 로티(Pierre Loti)의 소설 〈국화부인 Madame Chrysantheme〉에는 뤼기 로시(Luigi Lossi)가 그린 삽화가 나온다. 그 삽화에 나오는 국화부인의 장례를 치르는 일본 승려들의 민머리에 감명을 받아 머리를 밀어버리고 초상화를 그리기도 한다. 고갱에게 준 초상화가 바로 그 그림이다.

▶ 탱기 아저씨의 초상

▶ 민머리 고흐 초상화

1882년 2월에 프랑스 남부 아를르에 도착한 직후 누이에게 보낸 편지에서 고흐는 그림에 대한 자신의 생각이 얼마나 바뀌었는지 설명하고 있다. 자신은 이제 더 자주 일본 사람의 눈으로 사물을 관찰하고 있으며, 만일 누이가 일본 판화를 공부한다면 밝고 선명한 색채를 사용하는 (일본의) 현대 미술가들을 이해하게 될 거라고 말하면서, 다음과 같이 덧붙인다.

> 여기서 나는 더 이상 일본 미술 작품을 필요로 하지 않는다. 나 자신에게 나는 지금 일본에 와있다고 항상 일깨우고(주지시키고) 있기 때문이다. 그래서 눈을 뜨고 내 앞에 있는 사물을 (있는 그대로) 그리기만 하면 된다(출처: Lambourne 〈Japonisme〉 중에서).

고흐는 1887년 9월 말에 일본 미술을 연구하면 얻게 되는 소득을 설명하면서 자신의 매니저이자 후견인 역할을 했던 동생 테오에게 다음과 같은 편지를 쓰기도 한다.

> 만일 우리가 일본 미술을 연구하게 되면 매우 현명하고, 철학적이고, 지혜로운 한 (일본)사람을 알게 된다. 그는 인생을 어떻게 살까? 달과 지구 사이의 거리를 연구할까? 아니다. 그러면 비스마르크 정책을 연구할까? 아니다. 그 사람은 잔디 한 잎을 연구한다. 이 잔디 한 잎이 그이로 하여금 모든 식물을 그리게 하고, 모든 계절을 그리게 하고, 시골의 다양한 풍경을 그리게 하고, 모든 동물을 그리게 하고, 마침내 모든 사람을 그리게 만든다. 그는 그런방식으로 인생을 살아간다. 하지만 세상 모든 사물을 다 그리기에는 인생은 너무나 짧다(출처: Lambourne 〈Japonisme〉중에서).

고갱만 일본 그림에 빠진 것이 아니다. 우리가 미술시간에 배운 유명한 화가들은 거의 모두 일본 문화에 흠뻑 빠져 있었다. 모네도 호쿠사이의 후지산 그림을 보고 〈석양의 낱가리〉을 그렸다. 그 유명한 〈에밀 졸라의 초상〉의 배경에도 일본 그림이 걸려 있다. 모네는 자기 부인에게 기모노를 입히고 일본 부채와 사무라이 무사를 그려 넣은 〈일본 여인, 1876〉을 그렸다. 나는 이 그림을 보러 보스턴 현대미술관에 갔을 때 처음에는 보지 못했다. 그런데 어느 방에 당신이 찾고 있는 그림이 있다고 아내가 알려주어 잰걸음으로 그곳에 가보았다. 그 작업실 안에서는 어떤 화가가 작업용 돋보기를 쓰고 이 그림을 정성스럽게 보수하고 있었다. 아마도 이 그림이 훼손되었나 보다. 평생 일본 판화를 수집했던 클로드 모네는 1895년 3월 1일 노르웨이에서 다음과 같이 선언한다.

> 나는 여기에 멋진 모티브를 하나 가지고 있다. 배경에 산이 하나 서있고, 수평선에 떠있는 작은 섬들. 사람들은 일본이라고 말할 것이다. 나도 도처에서 볼 수 있는 산을 하나 그렸는데, 후지산을 연상하면서 그렸다(출처: Lambourne 〈Japonisme〉 중에서).

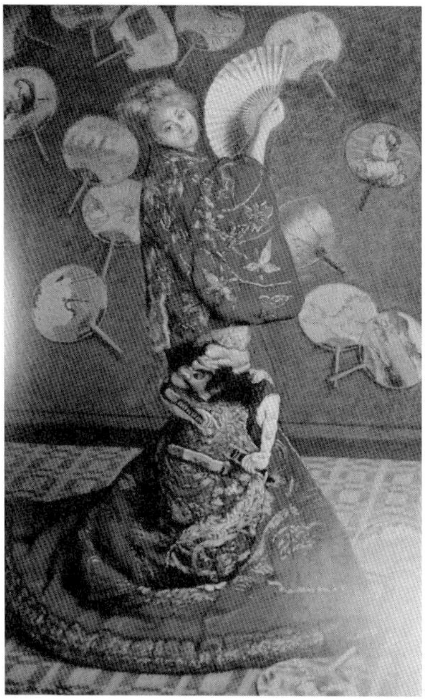

▶ 모네의 일본여인

▶ 모네의 에밀 졸라의 초상

또한 모네는 정열적으로 이렇게 믿었다. 일본 목판화의 선명하고 강렬한 색채가 새로운 소재와 참신한 색채 구성을 야심적으로 찾고 있던 인상파 화가들에게 얼마나 강렬한 충격을 주었는지 보여주는 단적인 예이다.

> 우리가 일본 그림을 보기 전에는 누구도 감히 강둑에 앉아서 캔버스에 밝은 빨간색 지붕과 하얀색 벽, 초록색 포플러, 노란색 길과 푸른 물을 함께 배치하는 그림을 그릴 수 없었다. 일본 그림(판화)들에 묘사되어 있는 그와 같은 (선명하고 강렬한) 색채를 보기 전에는 그런 시도는 불가능했다. 우리 화가들은 항상 거짓말을 했고, 사람들은 색깔 톤이 반으로 죽어 애매한 색으로 그려진 그림만 보았다(출처: Lambourne 〈Japonisme〉 중에서).

그 외에 드가, 고갱, 피사로, 르노와르, 클림트('키스'로 유명한), 티소, 휘슬러 등이 일본 그림의 영향을 받은 그림을 그렸다. 거기서 더 나아가 로버트 블럼(Robert Blum), 조셉 크롤(Joseph Crowhall), 찰스 워그만(Charles Wirgman) 같은 서양 화가들은 아예 일본으로 건너가서 일본 문화를 직접 경험하면서 일본인의 일상생활을 소재로 하는 그림을 유화로 그리기도 했다. 건축에서는 빅토르 오르타(Victor Horta: 1861-1947)가 일본의 건축 양식을 응용하여 굽이치는 곡선의 효과를 현대인의 요구에 잘 맞는 철제 구조물에 옮겨 놓았다. 유럽의 건축가들은 브루넬리스키 이래 완전히 새로운 양식을 보게 되었다. 이 새로운 창안은 매우 자연스럽게 아르누보와 동일시되었고 그렇게 불리게 되었다.

일본 문화는 미술 뿐 아니라 음악에도 영향을 미쳤다. 푸치니는 오페라 '나비부인'의 토대가 되었던 삐에르 로티(Pierre Loti)의 소설 〈국화부인 菊花婦人〉을 각색한 연극 〈나비부인〉을 보고 감명을 받아 오페라 〈나비부인〉을 작곡했다. 연극 〈나비부인〉은 개화기 일본 게이샤와 미군 장교와의 이루어질 수 없는 사랑을 그린 통속적인 내용이다. 1900년 1월에 로마에서 오페라 〈토스카〉를 성공리에 마친 푸치니는 새로운 작품을 찾고 있었다. 1900년 6월에 런던 코벤트 가든에서 〈토스카〉 영국 초연을 하러 갔다가 The Duke of York Theater에서 우연히 연극 〈나비부인〉의 일본적인 드라마틱한 스토리에 엄청난 감동과 충격을 받게 된다. 영어도 전혀 모르는 사람이 연극 초연이 끝나자마자 무대 뒤로 달려가서 감동의 눈물을 흘리면서 오페라 제작 및 공연권을 따게 된다. 이렇게 해서 〈나비부인〉이 탄생하게 된 것이다. 자타가 공인하는 천하의 바람둥이 푸치니라서, 즉 연애 경험이 많아서 비극적인 연애스토리인 〈나비부인〉을 성공시켰는지도 모를 일이다.

일본 판화는 오페라뿐 아니라 클래식 교향곡에도 영향을 미쳤다. 영국을 사랑했던 드뷔시는 바다를 자주 방문했다. 바다를 좋아했고, 바다가 자신에게 작곡에 필요한 새로운 분위기를 가져다주었기 때문이다. 호쿠사이의 판화 〈큰 파도〉에 반한 드뷔시는 이 그림을 1905년에 발간된 그의 피아노 악보집 〈바다〉의 표지로 사용하게 된다. 나중에 드뷔시는 영국 이스트번(Eastbourne)에 있는 그랜드호텔 방에 앉아서 바다를 바라보면서 교향시 〈바다〉를 작곡하게 된다.

▶ 호쿠사이의 큰 파도와 드뷔시의 피아노 악보집 <바다> 표지

앞에서 언급한 엔닌의 여행기에서 살펴본 것처럼, 9세기 중반에 일본 유학승인 엔닌 일행이 당시 선진국이었던 당나라의 절에 가서 불화를 모사하느라고 비싼 비용을 들인 적이 있는데, 천 년이 지나서는 서양 화가들이 일본 화가들의 그림을 모사하고 있는 것이다. 19세기 후반에 일본은 적어도 문화적으로 이미 선진국의 반열에 올랐다고 보아도 무방할 것이다. 왜냐하면 채색 목판화로 수백 수천 장씩 그림을 찍어내려면 곰브리치가 언급한 것처럼 우수한 종이 제조 기술과 인쇄술, 그림을 생산하기 위해 필요한 전문가별 분업 제도, 유통 제도, 춘화(春畵)까지도 용인하는 사회적 분위기가 어우러져야만 가능하기 때문이다. 13세기 말에 서구 기독교 사회가 마르코 폴로가 소개한 동양 문명의 종주국인 중국의 위대한 문명에 충격을 받고, 16세기 말에는 유명한 허풍쟁이 핀투가 소개한 중국 문명에 충격을 받고, 19세기 말에는 파리만국박람회가 소개한 우끼요에라는 일본 문화에 큰 충격을 받게 되는 것이다. 이때부터 일본은 선진국으로 발돋움하는 기반을 다지게 된다. 거기에는 해상 실크로드가 큰 역할을 했던 것이다.

실크로드문화교류관과 히라야마 이쿠오 실크로드미술관

나라 공원 안쪽으로 깊숙이 들어가면 실크로드문화교류관이 있다. 동대사에서 동남쪽으로 멀지 않아 걸어갈 수 있는 거리다. 지금은 연구 활동이 끝나 교류관으로 사용되고 있지만 처음에는 실크로드학연구센터로 설립되어 교토대학의 연구진과 더불어 1970년대부터 30여 년간 일본 실크로드 연구의 중추적인 역할을 담당했다. 그러니까 일본에서 1978년에 방영된 NHK의 〈실크로드〉 14부작도 이런 센터의 연구와 함께 진행되었던 것이다. 아무튼 경제력을 바탕으로 이런 전문 연구센터까지 설립하여 체계적으로 진행한 일본의 실크로드 연구에 감탄하지 않을 수 없다. 나는 물어물어 나라와 교토대학을 오가면서 당시 연구자들을 만나려고 시도했지만 내가 시간이 부족한 이유로 만나지는 못했다. 센터 2층에는 실크로드 유물을 전시해 놓은 작은 전시실이 있고, 1층에는 레스토랑으로 사용하고 있다. 레스토랑 입구에는 실크로드 동물을 상징하는 큰 낙타 박제 두 마리가 손님들을 맞고 있고, 안쪽 벽 상층부에는 대형 비천도가 그려져 있다. 밀라노에 있는 산타마리아 델레 그라치에 교회 식당 벽에 그려진 레오나르도 다빈치의 〈최후의 만찬〉 같은 분위기를 풍긴다. 현대판 비천도이긴 하지만 실크로드를 사랑하는 사람들에겐 자못 감동적이다.

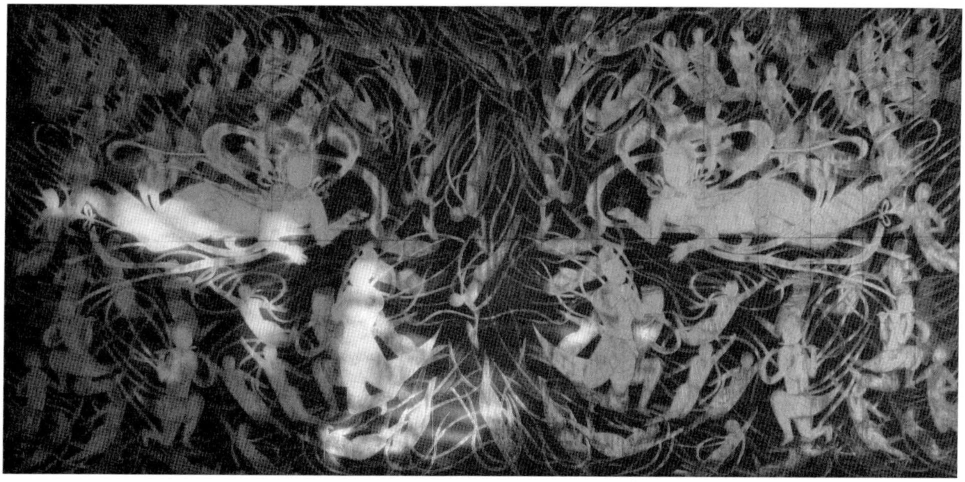

▶ 실크로드문화교류관에 전시된 천사무악도

히라야마 이쿠오 실크로드미술관(平山郁夫シルクロード美術館)을 찾아가는 길은 정말 멋진 여정이었다. 눈이 많이 쌓인 야마나시 현(山梨縣) 호쿠토 시(北杜市)의 아름다운 고원에 위치

▶ 히라야마 이쿠오 실크로드미술관

한 이 미술관을 찾아가는 겨울 여행은 나에게 일본 산촌의 겨울 풍경을 감상하게 해준 좋은 기회였다. 영화 마지막 장면에서 여자 주인공 와타나베 히로코(나카야마 미호 분)가 사랑했던 연인 후지이 이츠키가 죽은 산을 바라보면서 외쳤던 "오겐키데스까"(あげんきですか?)로 유명한 이와이 슌지 감독의 영화 〈러브 레터〉가 저절로 연상되었다. 도쿄역에서 중앙선을 타고 고부치자와(小淵澤) 역에서 내려서 다시 야스카타케고원(八ヶ岳高原)선을 타고 카이고이즈미(甲斐小泉) 역으로 가는 기차 여정은 참으로 아름다운 겨울 여행이었다. 고아라마라는 작은 산골 마을에 위치한 무인 역인 카이고즈미 역은 장난감처럼 작고 귀엽고 깜찍한 기차역이었다. 기차역이 어쩌면 저렇게 그림처럼 예쁠 수가 있을까? 미술관이 있는 산골 마을은 '국경의 긴 터널을 빠져나가자 눈의 세계가 펼쳐졌다'로 시작되는 가와바다 야스나리(川端康成 1899-1972)의 소설 〈설국雪國〉처럼, 온통 하얀 눈의 이불을 뒤집어 쓴 채 강렬한 겨울 햇살을 받아 반짝반짝 빛나고 있었다. 거기는 목화솜처럼 하얀 눈밭이 끝없이 펼쳐진 눈의 나라였다.

나는 이 실크로드 미술관을 서울 중앙박물관에서 열린 〈유리, 삼천 년의 이야기-지중해서 아시아의 고대 유리〉전(2012년 11월 27일~2013년 2월 17일)에서 처음 알게 되었다. 이 전시에 나온 유리 유물들이 바로 실크로드 미술관의 고대 유리 공예 컬렉션이었던 것이다. 이 미술관에는 히라야마 화백의 회화 작품 약 300여점과 함께 히라야마 부부가 반세기에 걸쳐 수집한 실크로드 주변 지역의 회화, 조각, 공예, 염직 등 다양한 장르의 미술품 약 9천여 점이 소장되어 있다. 실크로드를 이해하는 데 있어서 빼놓을 수 없는 세계 굴지의 컬렉션이다. 내가 갔을 때는 안타깝게도 유리 유물은 전시 기간이 아니어서 구경할 수 없었다.

꿩 대신 닭이라고 2층 전시실에서 나는 실크로드를 걷는 듯한 환각에 사로잡혔다. 거기에는 히라야마 화백이 그린 실크로드를 소재로 한 대작들이 나를 기다리고 있었다. 한 겨울이었기 때문에 관람객은 나밖에 없어서 작품에 몰입할 수 있었다. 그 중에서도 태양 빛이 사막을 온통 붉게 물들인 석양에 팔미라 고대 유적을 지나가는 대상 일행을 그린 그림과 달빛이 푸르스름하게 사막을 비추는 밤에 그 유적을 지나는 대상 일행을 그린 그림이 감동적이었다. 아마도 히라야마 화백이 팔미라에 머물면서 직접 목격하거나 상상한 모습을 그렸을 것이다. 지금까지 실크로드의 분위기를 이처럼 사실적으로 표현한 그림은 별로 보지 못했다. 시리아 팔미라는 고대 로마제국이 건설한 도시로 이라크 바그다드와 아프가니스탄 헤라트와 함께 이번 실크로드 여행에서 내가 반드시 가보아야 하는 도시인데도 불구하고 여행 제한으로 갈 수 없었던 곳이다. 그만큼 실크로드 무역에서 중요한 역할을 담당했던 곳이다. 더구나 최근 팔미라는 IS세력에게 점령되어 귀중한 고대유적들이 파괴되고 있는 안타까운 상황에 처해있다. 미국이 이라크와 아프가니스탄 등 이슬람 정권과 현대판 십자군전쟁을 벌이는 바람에 탈레반이나 IS 등 극단적인 이슬람 세력을 키워 엉뚱하게도 인류 문화유산만 피해를 입고 있는 것이다. 언제나 이런 유적들을 볼수 있을지 답답한 심정이다. 아쉽지만 이제 내 발길은 일본을 건너 한반도로 넘어가야 한다. 실크로드를 동쪽에서 서쪽으로 거꾸로 답사하는 여행을 시작하는 것이다.

▶ 실크로드(히라야마 이쿠오 실크로드미술관)

제2부
한반도의 실크로드 문명을 찾아서

경주에도 서역인이 살았다고?

경주에서 울산 쪽으로 가다가 보면 왼쪽으로 괘릉(掛陵)이 나온다. 경주시 외동읍 괴릉리 산17번지에 있는 소나무 숲속에 있다. 신라 원성왕(785-798)릉으로 추정되는 묘다. 그런데 묘로 들어가는 입구 양쪽으로 재미난 석상들(8세기 추정)이 늘어서서 묘를 지키고 있다. 맨 앞에 서역인(소그드인이나 페르시아인, 또는 아랍인)으로 추정되는 무인이 우락부락한 인상으로 서있고, 그 다음에는 구레나룻이 덥수룩한 문인이 서있고, 그리고 익살맞게 웃고 있는 사자 두 마리가 차례대로 앉아 있다. 그러니까 양쪽으로 모두 8개의 석상이 왕릉을 지키고 있는 것이다. 안강읍 육통리에 있는 흥덕왕릉(826-836 재위) 앞에도 비슷한 석상들이 똑같은 형태로 서있다. 오른쪽 석상의 인물은 왼쪽 사람들과는 서로 다른 사람들이다. 맨 앞에 서있는 무인은 오똑한 코와 움푹 들어간 눈 그리고 곱슬머리로 볼 때 영락없는 서역인이다.

천년 넘게 풍상을 겪어 희미해지긴 했지만 문인도 구레나룻이 덥수룩하게 나 있는 것으로 보아 분명 신라인은 아니다. 그렇다고 서역인처럼 서양인을 닮은 것도 아니다. 얼굴은 중국인 같은데 귀 밑에서부터 구레나룻이 덥수룩하게 나있는 것으로 보아서 중국인은 아니고 혼혈 중앙아시아인인 위구르인처럼 보인다. 경주 구정동 방형무덤 모서리기둥에 새겨진 무인상(8-9세기 추정)이나 경주 용강동에서 출토된 문관상(8세기 추정)도 모두 서역인들의 모습을 하고 있다.

▶ 원성왕릉 무인상

▶ 원성왕릉 문인상

이슬람 역사서에는 우리가 상상하는 것 이상으로 해로를 따라 중국, 일본, 신라 등 극동 지역과 교류가 이루어지고 있었다는 기록이 많다. 9세기부터 아랍권 기록에는 중국과 일본에 관한 기록과 더불어 신라에 관한 기록도 자주 등장한다. 이희수 교수의 〈이슬람과 한국문화〉에 의하면, 9세기 중엽부터 16세기까지 17명의 이슬람 학자들에 의해 집필된 20여 권의 이슬람 지리서, 역사서, 견문기 등에서 신라에 대한 의미 있는 기술이 발견된다고 한다. 또한 이슬람 쪽 연구들은 무슬림 교역상인들이 신라에 진출한 시기를 8세기 초로 보고 있다고 한다.

그 근거는 인도에 대한 기록인 〈신드 정복기〉(Fathnamah-i Sind)에 기록되어 있다. 이 책에서 신라 왕이 신라에서 사업을 하다가 사망한 무슬림 상인들의 아내와 자식들을 아랍의 일가친척이나 동족들과 합류할 수 있도록 배에 태워 이라크 총독인 하자즈 빈 유습(Hajaj bin Yusub)에게 보내주는 장면을 묘사하고 있다. 나아가 그 가족들을 실은 배가 인도 서부 해안에서 해적들의 공격을 받고 노략질을 당했다는 내용도 담겨있다. 이에 이라크 총독이 신드 왕에게 해적들의 통제를 강력히 요구했음에도 듣지 않자, 무함마드 빈 까심 장군이 지휘하는 군대를 파견하여, 해적들을 소탕하고 아라비아와 동아시아를 잇는 해양 무역로를 안정적으로 유지했다는 것이다. 이런 사건은 우리 역사서인 〈삼국사기〉에는 전혀 등장하지 않는 내용이다.

851년에 쑬라이만 앗 타지르(Sulaiman ad-Tajir)란 아라비아 상인이 쓴 〈중국과 인도 소식〉에는 신라가 중국의 동쪽 바다에 위치한 섬나라로 기록되어 있다.

> (중국과) 바다를 사이에 두고 있는 지역 중에 시라(신라)라는 섬들이 있는데, 그 주민은 눈이 하얗다. 그들은 중국 황제와 공물을 교환한다. 공물을 주고받지 않으면 하늘이 비를 내려주지 않는다고 믿기 때문이다(출처: 미야자키 마사카츠, 〈하룻밤에 읽는 중동사〉 143페이지).

이 책에는 또한 당나라 말기에 일어난 황소(黃巢)의 난(874-884) 때 12만 명이나 되는 이슬람 상인, 유태인 상인, 조로아스터를 믿는 소그드 상인 등이 살해되었다고 기록되어 있다. 이 숫자는 다소 과장된 숫자이겠지만, 당시에 많은 외국인들이 광주에 거주하고 있었던 것만은 틀림없다. 당시에는 이미 이슬람(아라비아) 상인들과 페르시아(이란) 상인들은 장강 하구인 양주(揚州)에까지 진출하고 있었고, 신라 상인들 또한 양주까지 활발하게 왕래하고 있었으며, 일본 견당사(遣唐使)의 배들도 드나들고 있었다. 따라서 이들 외국인들이 난을 피해 바다를 건너 서역인들이 이미 들어와 있던 신라의 경주나 일본의 여러 도시로 피난가는 것은 충분히 개연성이 있는 일이다. 경주 왕릉에서 출토되는 유리 제품이나 호인상을 보면 이미 서역 사람들이 왕래하고 있었고, 상품이 교역되고 있었다는 사실을 알 수 있다.

이슬람 압바스 왕조의 지리학자인 이븐 쿠르다지바(Ibn Khurbadhibah, 820-912)는 〈도로 및 왕국 총람〉(Kutabu'l Masalik wa'l Mamalik, 845년 간행)에서 페르시아만의 바스라에서 중국의 항구 도시를 오가는 항행 일정과 각 항구의 출산품까지 열거하면서, 더 나아가 동쪽 끝에 있는 신라의 위치와 경관, 물산 등 인문지리와 신라까지의 항해 노정도 기록하고 있다.

또한 중세 아랍 역사학의 태두이며 지리학자인 알 마쓰오디(al-Mas'uodi, ?-965)도 〈황금 초원과 보석광산〉(Muruju'd Dababb wa Maadimu'l Jaubar)이라는 저서에서, 바스라에서 중국에 이르는 항행 노정과 중국 상선들의 바스라항까지의 내항에 관한 사실을 기록하면서, 신라의 인문지리와 아랍인들의 신라 내왕 사실도 기술하고 있다. 아랍의 다른 지리학자인 마끄디씨(al-Maqdisi)도 966년에 간행한 〈창세와 역사서〉라는 저술에서 신라에 관한 기록을 남기고 있다.

> 중국의 동쪽에 신라라고 하는 나라가 있는데, 공기가 맑고 부유하며, 땅이 기름지고 물이 좋을 뿐만 아니라, 사람들의 성격 또한 양순하기 때문에 한번 그곳에 들어간 사람은 떠나려 하지 않는다. (출처: 정수일, 〈이슬람문명〉 331페이지).

중세의 가장 걸출한 지리학자인 알 이드리씨(al-Sharif al-Idrisi, 1100-1165)는 〈극지 횡단 모험가의 산책〉(Nuzbatu'l Mushbtaq fi Ikbtiraqi'l Afaq, 1154 간행)이라는 지리서에서 신라의 위치와 아름다운 자연경관, 황금의 성산 등에 관해 설명하고 있다. 그리고 자신이 그린 세계지도의 제1구역도 제10세분도에 중국 동단의 해상에 섬나라 신라(Shila)를 명기하고 있다. 이 지도는 신라가 서방의 세계지도에 최초로 등장한 사례이다.

> 그곳을 방문한 여행자는 누구나 정착하여 다시 나오고 싶어 하지 않는다. 그 이유는 그곳이 매우 풍족하고 이로운 것이 많은데 있다. 그 가운데서도 금은 너무나 흔해서 심지어 그곳 주민들은 개나 원숭이의 목을 묶는 줄도 금으로 만든다. ---- 그 나라에서는 불구자를 볼 수 없다. 그들의 집에 물을 뿌리면, 용연향(龍涎香)의 향기가 풍긴다고 한다. 전염병이나 질병, 파리도 드물며, 갈증도 나지 않는다. 다른 곳에서 병에 걸린 사람이 그곳에 오면 말끔히 치료된다(출처: 정수일, 〈이슬람문명〉 331-332페이지).

이 기록에 대해 흥미 있는 사실은 한국 학자(정수일)는 이 섬을 신라로 해석하고 있는 반면에, 일본 학자(미야자키 마사카츠)는 와쿠와쿠(왜국, 즉 일본)로 해석하고 있다는 점이다. 나는 한 명의 학자로서, 다음과 같은 이유에서 '황금의 나라'는 일본이라고 본다. 첫째, 아랍의 저자들이 한 결 같이 이 나라가 섬이라고 표현한 점, 둘째, 원숭이는 일본에 흔하고 신라에는 없던 동물이라는 점, 셋째, 용연향은 수컷 향유고래의 내장에서 생성되는 동물성 향료로서 사향(麝香), 침향(沈香)과 더불어 최고의 자연 향료로 애용되는 귀한 상품이다. 집에서 고래향이 난다는 것은 그만큼 고래 고기를 많이 먹는 나라를 의미한다. 우리나라도 동해안 일대 주민들은 고래 고기를 즐기지만, 일본 사람들만큼 보편적으로 많이 먹지는 않는다. 신장부터 이스탄불까지 무슬림들이 많이 사는 마을에 가면, 거리에서 양고기 냄새가 진동하는데 이와 같은 이치다. 넷째, 당시 중국에는 일본 견당사 일행이 무쓰 지방에서 채취한 사금을 많이 가져온 탓에 황금이 풍부하다는 소문이 널리 퍼져 있었다. 그래서 9세기경에 아라비아 상인들이 그 소문을 듣고 황금의 나라 와쿠와쿠를 이슬람 세계에 다음과 같이 소개하고 있다. "황금이 워낙 많이 산출되므로 개 줄이나 원숭이 목걸이까지 금으로 만들고, 금실로 옷감을 짜서 중국에 수출하고 있다."(출처: 미야자키 마사카츠, 〈하룻밤에 읽는 중동사〉 143페이지). 마지막으로, 13세기에 원나라를 방문하고 돌아간 마르코 폴로가 〈동방견문록〉에서 '황금의 섬, 지팡구'라고 기록했다는 점에서 그런 결론을 내린다.

이드리씨의 기록보다 약 150년 후에 자카리야 카즈위니(Zakariyah Qazwini, 1203-1283)는 〈제국 유적기〉(Athar al-bilad)에서 그와 비슷한 기록을 남겼지만, 내용은 약간 다르다.

> 신라 : 중국의 동쪽에 있는 매우 아름다운 나라, 맑은 공기와 물, 비옥한 토양 때문에 그곳 백성들은 병들지 않는다. 주민들의 모습도 매우 아름답고 건강하다. 환자는 매우 드물다. 집 안에 물을 뿌리면 호박(琥珀) 향내가 퍼진다고 전해진다. 그곳에는 전염병과 다른 질병도 드물다. 파리와 해충들도 거의없다. 다른 지역에서 병이 난 사람들이 신라로 오면 금방 완쾌된다. 무함마드 자카리야 알라자(Mujammad Zakariya al-Razi, 865-925)가 "그곳에 간 사람들은 신선한 공기, 쾌적한 생활 조건, 풍부한 금으로 인해 정착하고 떠나길 원하지 않는다.

진실은 신만이 안다."라고 말했다(출처: 이희수, 〈이슬람과 한국문화〉 128페이지).

카즈위니 기록에서는 금목걸이를 걸고 다니는 개와 원숭이 얘기가 없고, 용연향이 호박향으로 바뀌었다. 나는 위에서 언급한 것처럼, 카즈위니의 기록이 더 신빙성이 있다고 본다. 십자군을 격파하고 예루살렘을 되찾은, 이슬람 세계의 전설적인 영웅 살라딘(1138-1193)의 아버지 아이유브의 후손인 아불 피다(Abu al-Fida, 1237-1337)도 〈여러 나라에 대한 소개(영어: A Sketch of the Countries, 아라비아어: Taqwim al-Buldan)〉에서 신라에 대한 기록을 남겼다.

위에서 인용한 아랍학자들의 저술의 일부 내용이 애매모호하고 부정확하기도 하지만, 9-14세기에 실크로드의 서쪽에 있는 이슬람 세계의 학자들이 동쪽 끝에 있는 신라와 일본에 대해서 언급하고 있다는 점에서 해상 실크로드를 통한 정보와 문물의 교류가 상당한 수준에 도달했음을 알 수 있다.

국립경주박물관에 가면 경주 황성동 석실분에서 출토된 호인용(胡人俑)이 있다. 큰 코와 깊은 눈에 소그드인의 상징처럼 여겨지는 호모를 착용하고 있다. 이런 호인용은 실크로드 도처에서 발견되고 있다. 중국(당나라)에서 거주했던 소그드인들은 그 출신 지역에 따라 강씨(康-현재 우즈베키스탄 사마르칸트), 안씨(安-현재 우즈베키스탄 부하라), 사씨(史-현재 우즈베키스탄 키슈) 등의 성을 부여받고 있었다. 당나라 때 여러 가지 이유로 신라에 들어온 서역인(호인) 중 일부가 경주에 정착하여 왕실의 보호를 받으면서 고위 관직을 맡아 정무에 참여하고, 그들의 이색적인 모습 때문에 초능력을 가진 신으로 인식되어 죽은 왕의 호위병으로 무덤 앞에 서있게 된 것은 아닐까? 원나라 때 대도(북경)에 온 마르코 폴로도 17년간 쿠빌라이칸의 측근으로 봉직하면서 왕의 특사로 여러 가지 정무에 참여한 사례가 있다.

아랍 쪽의 기록과 호인용 유물로 추정해 볼 때, 〈삼국유사〉 처용설화에 나오는 처용이 바로 아랍 상인이라는 학설도 있다. 나는 오래 전부터 이 가능성을 믿고 있었는데, 정수일 교수도 처용은 아랍 상인일 것이라고 추정하고 있으며, 이희수 교수도 처용이 당나라 말기 황소의 난(874-884) 때 일어난 외국인 대학살을 피해 신라로 도망 온 아랍 상인일 가능성이 높다고 보고 있다. 처용 일행이 울산 앞바다에 출현한 사건이 879년 3월에 일어났으니까 시기상으로는 정확히 일치한다. 또 김부식(金富軾, 1075-1151)이 고려(918-1392) 때 인종(1109-1146)의 명을 받들어 1145년에 편찬한 〈삼국사기〉에 보면 이색적인 외국인의 놀라운 모습에 당황하는 상황이 분명하게 언급되어 있다. 신라본기 제11조 헌강왕(875-886) 5년(879) 3월에 다음과 같은 기록이 나와 있다.

▶ 경주박물관 호인용

> 3월에 왕이 나라 동쪽에 있는 주군(州郡)을 순행할 때, 어디서 온지 모르는 네 사람이 왕의 행차 앞에 나타나 노래를 하고 춤을 추었는데, 그 모습이 해괴하고 옷차림이 괴이하여 사람들이 산과 바다의 정령(精靈)이라 하였다.

위의 사실은 〈삼국사기〉가 야사를 기록한 〈삼국유사〉와 달리 정사를 기록한 역사서라는 점에서 외국인의 출현은 분명한 사실로 보인다. 지금까지 외국인이라고는 인상이 비슷한 일본인(왜구: 삼국사기에 당시 왜구의 출현은 수도 없이 기록되어 있다.) 밖에 보지 못한 신라 사람들로서는 이목구비가 자신들과 전혀 다른 서역인의 모습은 놀라움과 신기함 그 자체였을 것이다. 오죽하면 산과 바다에서 사는 정령, 즉 귀신이라고 했을까? 천여 년이 지나서 내가 어릴 때(1960-70년 대) 우리 시골 동네에 눈이 파랗고, 코가 높고, 얼굴이 하얀 미군들이 나타나면 양귀(서양귀신)가 나타났다면서 그 신기한 모습을 보려고 온 동네 아이들이 모여들었던 것과 조금도 다를 바가 없는 것이다.

일연(1206-1289)이 1285년(?)에 지은 〈삼국유사〉는 야사답게 이 사건을 좀 더 구체적으로 윤색하여 기록하고 있다. 아예 이방인들을 용왕의 아들로 기술하고 있다.

제49대 헌강대왕(875-885) 때에는 경주로부터 동해 어귀에 이르기까지 집들이 즐비하게 늘어서 있고 담장이 서로 맞닿았는데, 초가집은 한 채도 없었다. 길에는 음악과 노랫소리가 끊이질 않았으며, 바람과 비는 사철 순조로웠다. 이때 대왕이 개운포(開雲浦-지금 울주)로 놀러갔다 돌아오려 하였다. 낮에 물가에서 쉬고 있는데, 갑자기 구름과 안개가 캄캄하게 덮여 길을 잃게 되었다. 왕이 괴이하게 여겨 주위 사람들에게 물으니, 일관이 아뢰었다.

"이는 동해에 있는 용의 변괴이니, 마땅히 좋은 일을 하여 풀어야 합니다."

그리하여 용을 위해 근처에 절을 짓도록 유사(有司-관리)에게 명령하였다. 명령을 내리자마자 구름이 걷히고 안개가 흩어졌다. 이 때문에 그곳의 이름을 개운포라 한 것이다. 동해의 용은 기뻐하여 곧 일곱 아들을 거느리고 왕의 수레 앞에 나타나 그 덕을 찬양하며 춤을 추고 음악을 연주하였다. 그 중 한 아들이 왕의 수레를 따라 경주로 들어와 왕의 정사를 보필했는데, 이름을 처용(處容)이라 하였다. 왕은 미녀를 주어 아내로 삼게 하고 그의 마음을 잡아 머물도록 하면서 급간(級干)이란 직책을 주었다. 그의 아내가 매우 아름다웠으므로 역신(疫神)이 흠모하여 사람으로 변해 밤이 되면 그 집에 와 몰래 자곤 했다. 처용이 밖에서 집에 돌아와 두 사람이 자고 있는 것으로 보고는 노래를 지어 부르고 춤을 추다가 물러났는데, 그 노래는 다음과 같다.

동경(東京) 밝은 달에 밤새도록 노니다가
들어와 자리를 보니 다리가 넷이구나.
둘은 내 것이지만 둘은 누구의 것인가.
본래 내 것이지만 빼앗긴 것을 어찌 하리.

그때 역신이 형체를 드러내 처용 앞에 꿇어앉아 말하였다.

"제가 공의 처를 탐내어 지금 범했는데도 공이 노여워하지 않으니 감탄스럽고 아름답게 생각합니다. 맹세코 오늘 이후로는 공의 형상을 그린 그림만 보아도 그 문에는 절대로 들어가지 않겠습니다."

이로 인해 나라 사람들이 처용의 형상을 붙여 사악함을 물리치고 경사스런 일을 맞이하려고 하였다.

이 설화에서 묘사한 것처럼 당시 외국인은 이색적인 용모 때문에 신묘한 힘을 가진 것으로 인식되어 벼슬을 받고 왕을 보필하거나 사람들이 그 형상을 그려 귀신을 물리치는 부적으로도 사용했던 것이다. 원성왕릉과 흥덕왕릉 앞에 서있는 무인상과 문인상은 바로 그와 같은 외국인이었을 가능성이 높다.

처용 같은 아랍 상인들이 해상 실크로드를 따라 신라로 들어와 신라인들을 혼란에 빠뜨리기도 했지만, 신라에 사는 것이 답답하여 개인적으로 그 뱃길을 따라 여행을 떠났다가 소식이 끊긴 대담한 신라 사람들도 있었다. 그러니까 불법적으로 해외여행을 떠난 사람들이다. 〈삼국사기〉 신라본기 제4조에는 이와 같은 기록이 남아 있다.

진평왕(579-632) 9년(587) 7월에 대세(大世)와 구칠(仇柒)이란 두 사람이 해외로 달아나 버렸다. 대세는 내물왕의 7세손으로 이찬(伊湌) 동대(冬臺)의 아들인데, 자질이 준수하여 어릴 때부터 해외에 나가는 것에 뜻을 두어, 교유하는 담수(淡水)란 중과 더불어 말하기를"이 좁은 신라의 산골 속에서 일생을 보내면 저 창해의 큼과 산림의 넓음을 알지 못하는 물고기나 새와 무엇이 다르랴! 내 장차 배를 타고 중국(원문에는 오월吳越로 표기되어 있지만 당시 중국은 수나라581-618 때이다-저자 주)으로 들어가 천천히 명산에 있는 스승을 찾아 도(道)를 물으려 한다. 만일 범인을 면하여 신선을 배울 수 있다면 표연히 바람을 타고 광활한 하늘로 날아갈 터이니, 이야말로 천하의 기유(奇遊)요 장관일 것이다. 그대가 능히 나의 뜻을 따르겠느냐" 하고 물으니, 담수는 좋아하지 않았다. 대세는 그를 그만두고 다른 벗을 구할 새, 마침 구칠이란 사람을 만나니 기개가 있고 기절(奇節)이 있었다. 드디어 그와 더불어 남산에 있는 절에 놀러갔다. 홀연히 풍우가 일어나 낙엽이 마당의 괸 물에 떨어졌다. 대세가 구칠에게 말하길 "내 그대와 함께 멀리 서유(西遊)할 뜻이 있으니 지금 각기 잎새 하나씩을 취하여 이를 배라고 하고, 누가 먼저 가고 누가 뒤에 갈 것인지 점을 쳐보자"고 하였다. 조금 있더니 대세의 잎이 먼저 앞에 와 놓였다. 대세가 웃으며"내가 먼저 갈 것이다"하였다. 구칠이 노하여 가로되,"나도 또한 남아이니 못할 것이 무엇이냐"고 하였다. 대세가 비로소 그와 더불어 가야된다는 것을 알고 조용히 그 뜻을 말하자 구칠이 가로되,"이야말로 나의 소원이라"하고, 드디어 서로 동무를 삼아 남해에서 배를 타고 떠나간 후 간 곳을 알지 못하였다.

이런 기록을 보면 일부 귀족 자제나 스님들이 중국으로 유학이나 여행을 가서 선진문물을 배우고자 하는 열망이 컸음을 알 수 있다. 삼국사기에 기록된대로, 당시 신라는 중국 남조의 양(梁 502-557)나라와 진(陣 557-589)나라, 북조의 북제(北齊 550-577) 등에 조공을 바치는 사신이 왕래하였으므로 공식적인 사절단의 여행은 가능했다. 그러나 개인의 자유로운 해외 여행은 엄격히 금지되어 있었으므로, 이들의 행동이야말로 실크로드를 불법으로 여행한 최초의 신라인으로 볼 수 있는 것이다.

이슬람 아랍인들의 흔적은 고려와 조선에도 그 흔적이 선명하게 남아 있다. 아랍인이 우리나라를 방문한 공식적인 기록은 1024년(고려 현종 15년)이다. 〈고려사〉에는 아랍인들의 방문 기록이 계속 나타난다. 아랍 상인들이 왕실을 통해 공식적으로 무역을 하고 있음을 보여주는 증거이다. 이희수 교수는 한반도와 아랍의 교류에 대해 자세히 소개하고 있다.

9월에 대식국(大食國)의 열라자(悅羅慈) 등 백 명이 와서 방물(方物)을 바쳤다. (〈고려사〉 현종15년-1024년)

대식만(蠻)의 하선(夏詵), 라자(羅慈) 등 백 명이 와서 방물을 바쳤다. (〈고려사〉 현종16년-1025년)

대식국의 객상 보나합(保那盍) 등이 와서 수은 용치(龍齒) 점성향(占城香) 몰약 소목(蘇木) 등을 바치니, 왕은 유사(有史)에게 명하여 객관을 마련하고, 그들을 후대하도록 예우했다. 그들이 돌아갈 때 왕은 금백(金帛)을 하사했다. (〈고려사〉 정종6년-1040년)

원나라 조정에서 몽골인 못지않게 대우를 받고 국정에 깊이 참여했던 색목인(色目人 - 서역아랍인)들은 원나라 속국이었던 고려에도 사신, 역관, 서기, 근위병, 시종문관 등 여러 직분으로 고려에 파견되었다. 그들 중에 고려에 귀화하여 살아간 무슬림 씨족들이 있었다. 덕수 장(張)씨의 시조인 장순룡은 한반도 무슬림의 비조이며, 민보(閔甫)도 귀화한 무슬림이고, 경주 설씨의 시조인 설손(偰遜)은 회골인(위구르인)이며, 임천 이(李)씨도 설씨 일가와 비슷한 경력을 가진 위구르인 가문이라고 한다.

이에 고려의 개경에는 무슬림들의 생활공동체가 형성되어, 그들은 고유의 생활양식과 종교의식을 유지하였다. 그들은 이슬람 사원 격인 '예궁(禮宮)'에서 예배를 드리고, 회회사문(回回沙門-이맘)의 인도하에 이슬람의 예배의식인 '대조회송축(大朝會頌祝)'을 조정에서 거행하였다. 고려 속요 〈쌍화점〉은 "쌍화점에 쌍화를 사러 갔더니 회회(回回) 아비가 내 손목을 잡았네. 이 소문이 상점 밖으로 퍼진다면 조그만 새끼광대인 네가 퍼트린 것인 줄 알리라."라는 가사처럼, 회회(아랍) 남자와 고려 여인간의 사랑을 그린 이야기이다. 우리가 가장 즐겨 마시는 소주도 몽골인들의 것이 아니라, 몽골군이 이슬람 압바스조를 공략할 때 그곳에서 양주법을 배워 와서 제조한 것이다. 소주는 아랍어로 증류라는 의미의 '아라끄'라고 하는데, 고려 소주의 본산인 개성에서는 일시대까지도 소주를 '아락주'라고 불렀다고 한다.

무슬림 아랍인들은 조선 초에도 여전히 높은 사회적 지위를 누리고 있었다. 〈조선왕조실록〉 등 여러 사적의 기록에 의하면, 태종은 회회사문인 도로(都老)가 내조하자, 집을 하사하는 등 여러 가지 특전을 주었다. 도로는 태종 모자에 다는 수정방울을 진상하고, 조선에서 수정 채취권을 따냈다. 또 세종 때는 무슬림들은 이색적인 복식을 하고 근정전에서 거행되는 신년하례식 같은 궁중 행사에 신하들과 함께 참석하곤 했다. 천문학자 이순지와 김담 등이 이슬람력을 집중 연구하여 만든 조선 역법 '칠정산내외편(七政算內外篇)' 중에서 외편은 순태음력인 이슬람력 원리를 도입하여 만든 것으로서 '조선의 이슬람력'이라고 할 수 있다. 조선의 청화백자도 세조 때부터 아프가니스탄 발크 지역에서 생산되는 회회청(回回靑) 즉 청금석을 무슬림 상인들을 통해 수입함으로써 만들 수 있게 되었다. 성종실록에는 회회청을 수입해서 쓰는 일이 너무 어려우니 대체 안료를 개발하라는 기록도 나온다. 또 여말선초에는 사대부 상류층에 문자가 없었던 몽골의 대체 문자인 파스파 문자가 널리 사용되었다. 신숙주를 비롯한 일부 집현전 학자들도 몽골어에 능통했는데, 자연히 그 표기문자인 파스파 문자도 필히 알았을 것으로 추정된다. 따라서 그들이 한글을 창제할 때 이미 정연한 문자체계를 갖추고 있었던 파스파문자를 참조했을 가능성이 많다고 주장하는 학자들도 있다. 13세기 후반부터 15세기 초반까지 약 150년간 상류층에서 널리 사용되던 파스파 문자는 1427년에 공포된 외래습속금지령으로 인해 이슬람식 복식 및 종교의례 형식과 함께 자취를 감추고 말았다.

한동안 흔적이 사라졌던 이슬람 문화는 20세기에 들어오면서 다시 부활하기 시작했다. 1917년 러시아에서 볼셰비키혁명이 일어나고 러시아내 소수민족을 탄압하자 일부 중앙아시아 무슬림 투르크족들이 시베리아 횡단열차를 이용하여 한반도로 들어오기 시작했다. 1933년과 1942년 사이에 매년 200~250명 정도의 투르크인들이 들어온 것으로 보인다. 이어서 1950년에 일어난 육이오전쟁 때는 이슬람 국가인 터키가 군대를 파견하면서 무슬림들이 들어오기 시작했다. 그들은 후방에 '앙카라학교'를 세워 놓고 전쟁고아들을 양육하였으며, 종전 후에는 이맘 압둘 가푸르가 직접 대민 선교에 나서서 한국 무슬림의 1세대를 탄생시켰다. 2000년 이후에는 한국의 부족한 노동력을 채우기 위해 10만여 명 정도의 제3세계의 무슬림 청년들이 들어왔다. 현재 한국 무슬림공동체는 서울 이태원의 중앙성원을 비롯해 전국에 5개의 사원이 있으며, 신도 수는 약 4만 명에 이른다.

신라 때부터 시작된 한반도와 이슬람 사회의 뿌리 깊은 역사적 관계에도 불구하고, 종교로서 이슬람이 한국 사회에 뿌리를 내리기에는 다음과 같은 이유에서 아직 갈 길이 멀다고 이희수 교수는 보고 있다. 첫째, 단단한 이슬람 공동체를 건설할 열성적 신도 수가 절대적으로 부족한 편이고, 둘째, 서구문화 체제에 깊숙이 영향을 받은 한국 사회에서 아직은 이질적인 이슬람 문화 및 전통, 가치가 한국 문화와 접목되기 쉽지 않다. 셋째, 일부 극우 종교계에서 인위적으로 조장하는 이슬람포비아(혐오증)로 인해 일반인들에게 무슬림들이 위협적인 존재로 각인되고, 이슬람이 전근대적 종교라는 부정적 이미지가 강하게 남아있다. 넷째, 한국 이슬람 교단의 인적 자원이나 재정 여건이 한국의 주류 종교 집단으로 성숙하기에 아직은 미숙한 단계에 머물러 있다.

그러나 한국이 세계 속의 강국으로 발전하기 위해서는 다른 종교와 문화에 대한 따뜻한 관용과 포용성을 보여야 한다. 이교수가 말하는 것처럼, 이슬람 문화권이야말로 어떤 서구 문화보다도 역사적으로나 문화적으로 우리와 오랜 세월 동안 교류해 온 친구이자 파트너이다. 우리 경제의 동맥인 석유의 90% 이상을 아랍권에서 수입한다. 우리 건설회사들이 리비아 대수로 공사 등 대규모 공사를 수주해서 오일머니를 벌어들인 곳도 중동이다. 이제 경제적으로만 파트너쉽을 강조할 것이 아니라, 종교 등 문화교류를 통한 파트너쉽도 챙겨야 우리가 세계 속의 한국으로 발전할 수 있을 것이다. 중국의 시진핑 정부가 일대일로(一帶一路: 육상·해상 실크로드)라는 경제정책을 내세워, 실크로드를 다시 부활시키려는 의도를 빨리 간파해서 이에 편승해야 우리도 살아남을 수 있다.

서역에서 건너온 채소와 과일

경주박물관에 있는 또 다른 유물로는 포도넝쿨무늬 암막새(암기와 중 끝부분)가 있다. 경주 안압지에서 출토된 이 기와 조각에는 포도넝쿨무늬가 양각되어 있다. 포도무늬는 페르시아 지방에서 풍요와 생명의 상징이고, 기독교에서는 예수의 피를 상징하는 것으로 성찬의식에 포도주가 사용될 정도로 중요한 과일이다. 신장 투루판에서 실크로드를 따라 한반도에 들어온 포도가 본격적으로 재배되기 시작한 것은 고려시대로 알려져 있지만 포도무늬는 서역을 통해 이미 통일신라시대에 전해진 것으로 보인다. 포도 외에도 서역에서 들어온 과일이나 채소는 많다. 호도, 호과(오이), 수박, 참외, 석류, 호박, 마늘, 양파, 파, 시금치, 후추, 완두, 고수, 당근, 참깨, 자두 등도 서역에서 중국으로 들어왔다가 다시 한반도로 전래되었다. 향료도 대표적인 서역 전래 상품이다. 불국사 석가탑에서는 아라비아산 유향 3포가 발견되기도 했다. 몰약, 개암, 사프란, 무화과, 장뇌, 소목 등도 모두 서역에서 들어온 약초들이다. 아프리카가 원산지인 면화도 실크로드를 따라 한반도로 들어와 우리의 의복과 이불 문화에 큰 기여를 했다.

나는 신장 우르무치 역 앞에 있는 우육면(牛肉麵)을 파는 식당에서 식탁 위에 놓인 생마늘을 까먹고 있는 위구르인들을 보고 깜짝 놀란 적이 있다. 그들은 음식이 나오기를 기다리는 동안 그 독한 생마늘을 우리가 땅콩을 까먹는 것처럼 먹고 있었다. 아마도 그들의 주식인 양고기의 독한 냄새를 잡기 위해 독한 냄새를 풍기는 마늘을 즐겨 먹는 것은 그들의 오랜 식습관에서 나왔을 것이다. 양귀비와 현종의 연애 장소였던 시안 화청지에서는 상인들이 석류를 산처럼 쌓아놓고 파는 것을 볼 수 있었다. 달콤한 과즙이 줄줄 흐르는 석류가 얼마나 맛있던지 시안부터 이란까지 실크로드 여행 내내 즐겨 먹었다.

해외 수입 명품, 유리

실크로드를 통해 들어온 대표적인 상품은 유리다. 신라 왕릉급 고분에서 출토된 약 20여 점 이상의 유리 제품은 실크로드를 통하여 서역 문물이 신라 경주에 들어왔음을 알려주는 분명한 증거이다. 서울 국립중앙박물관에 가면 경주 금령총에서 발굴된 6세기의 유리잔이 있는데, 나는 이와 유사한 유리잔을 루브르박물관, 대영박물관, 비엔나 미술사박물관, 베니스 무라노 유리박물관, 포르투갈 페나왕궁박물관 등에서 직접 확인할 수 있었다. 이 금령총 유리잔과 너무 비슷한 제품 많아서 이 유리잔이 신라에서 제작된 것이 아니고, 유리 제품의 주요 생산지였던 지중해 연안이나 페르시아 지역에서 생산되어서 수입된 제품이라는 것을 금방 알 수 있었다.

유리 유물들의 모습이 원산지와 거의 비슷한 모양을 보이고 있어 당시 한반도에는 유리 제품 제작 기술은 미미했거나 아예 없었던 것으로 추측된다. 한반도에서는 신라 무덤에서 유리 유물들이 집중적으로 출토되고 있는데, 신라의 유리그릇을 자체적으로 제작하였다는 주장을 입증할 만한 고고학적 근거는 아직까지 발견되지 않고 있다.

▶ 금령총 유리잔

▶ 천마총 유리잔

▶ 안압지 유리잔

▶ 황남대총 유리잔

▶ 안계리 4호 무덤 유리잔

▶ 봉수형유리병

한반도에서 발견된 유리 제품 중에서 가장 우수한 것은 중앙박물관에서 소장한 국보 193호인 봉수형유리병(鳳首形琉璃瓶)이다. 즉 봉황의 머리 모습을 한 유리병이란 뜻이다. 이 병은 5세기경의 유물로 추정되며, 경주 황남대총 남분에서 출토되었다. 이런 유리 제품은 황남대총, 서봉총, 금관총, 천마총, 금령총 등 주로 왕릉에서 출토되었다. 그러니까 당시에는 왕족들이나 귀족 등 상류층만 소유할 수 있었던 고급 명품이었던 것이다. 이 병은 지중해 연안의 그리스에서 유래한 오이노코에(Oinochoe)병의 하나이며, 시리아(당시 소아시아) 등 동부 지중해 연안에서 주로 제작되었다. 그러니까 5세기에 이미 지중해 연안의 동로마제국의 상품이 동쪽 끝에 있는 신라까지 들어온 것이다. 당시 실크로드를 통한 육상 또는 해상 무역이 얼마나 광범위하게 진행되었는지 알 수 있는 대목이다. 병의 주둥이 부분은 나팔잎 모양이며, 중국에 전해지면서 주둥이가 봉황의 머리를 닮았다고 해서 '봉수병(鳳首瓶)'이라고 불려졌다. 주둥이와 목에 파란색 띠를 붙였는데, 이런 장식기법은 당시에 유행했던 양식이다. 파란색 손잡이를 금실로 감은 것으로 보아 금보다도 유리를 더 귀중히 여겼던 것으로 보인다. 이런 형태의 병은 사산조 페르시아(이란)에서 금속그릇으로도 많이 제작되었다.

또 하나의 유리 명품은 칠곡 송림사 유리잔(사리갖춤-보물 325호)이다. 송림사는 신라 진흥왕(540-576 재위) 때 창건된 것으로 알려진 절이다. 7-8세기 유물로 추정되는 이 유물은 1959년 송림사 전탑을 해체 수리할 때 발견되었다. 이 녹색 유리잔은 금동전각형 사리갖춤 안에 안치되어 있었다. 유리잔의 표면에는 작은 둥근 고리를 부착하였다. 이 둥근 고리는 사산조 페르시아에서 유행한 것으로 알려져 있으며, 중국 시안에 있는 산시(섬서) 역사박물관과 일본 나라에 있는 정창원에도 비슷한 유리잔이 소장되어 있다. 서아시아 영향을 받아 신라에서 제작되었다는 의견도 있다. 이 유물이 서역에서 들어왔든 신라에서 제작되었든 실크로드의 영향을 받은 것에는 틀림이 없다.

▶ 송림사 유리사리함

▶ 정창원 유리잔

한반도에서 발견되는 실크로드 황금문명의 흔적

나는 2011년 12월 예술의전당 한가람미술관에서 열린 〈유라시아 초원에서 한반도까지 스키타이 황금문명〉전을 보러 갔다가 깜짝 놀랐다. 도록에 실린 아프가니스탄 틸랴 테페의 황금관의 모습이 신라의 금관과 너무도 닮아서였다. 나는 지금까지 신라의 금세공술은 북방 초원 실크로드를 따라 들어온 것으로 알고 있었는데, 사막 실크로드의 한 가운데에 있는 아프가니스탄의 금관과 신라의 금관이 닮은 것을 보고 혼란스러웠다. 그러나 도록에 실린 강인욱 교수의 논문을 읽어보고 나서 그 의문은 금방 풀렸다. 북방 초원지역에서 흉노(기원전 4세기경~서기431)가 사라진 후에 유라시아 각 지역은 흉노에게서 받은 황금문화를 자신들만의 독특한 황금문화로 발달시켰다는 것이다. 정도의 차이는 있지만 대부분 스키토-시베리아문화, 그리고 흉노의 계통을 잇는 전통이 강하게 보인다는 것이다. 그러니까 아프가니스탄의 금관과 신라의 금관이 서로 닮은 것은 우연이 아닌 것이다.

북방 초원 실크로드가 아니라 사막 실크로드를 따라 전래된 유물도 있다. 〈계림로 보검〉

(보물 635호)이다. 이 보검은 6세기초 유물로 경주 계림로 14호 무덤에서 출토되었다. 보검은 피장자의 허리 아래 쪽에서 가로 놓인 모습으로 발견되었다. 목제 칼집은 썩어 없어지고 철제 단검과 금제 검집 장식만 남아 있다. 신장 쿠처에 있는 키질석굴 제69굴의 벽화에 그려진 장식보검과 아주 닮았다. 금판 위에 금테를 두르고 그 사이 사이에 석류석과 유리를 끼워 넣었다. 문양대의 주변에는 작은 금알갱이를 촘촘하게 붙였다. 이런 금세공기법(감옥嵌玉 기법과 누금鏤金 기법)은 서아시아에서 기원하여 실크로드를 따라 각지로 퍼져 나간 것으로 알려져 있다. 보검 측면의 2개의 돌출부는 칼을 허리띠에 매달기 위한 패용구이다. 이런 패용구는 기원전 7세기에 사르마티아인(기원전 2세기경에서 서기 4세기경까지 지금의 우르크라이나와 러시아 남부에서 거주했던 스키타이계 민족)이 사용하기 시작한 이래 북방 초원의 유목민족에 의해 동서로 확산되었다. 이후 중국의 한나라(기원전 206년-서기 220년)와 인도의 쿠샨왕조(30?-230?), 파르티아(기원전 247년-서기 224년)와 사산조(224-651) 페르시아에서 유행하였다. 나는 쿠차에 있는 키질석굴에 갔을 때 제69굴에 그려진 이 그림을 직접 보지는 못했지만, 이 두 보검은 정말 쌍둥이처럼 닮았다. 계림로 보검의 제작지는 중앙아시아나 흑해연안 또는 이란지역 중 한 곳으로 추정된다고 한다.

▶ 계림로 보검(좌) 키질석굴 제69굴의 벽화에 그려진 보검(우-아래부분)

초원 실크로드의 영향을 받은 천마총의 천마도

천마총은 신라 22대 지증왕(500-514 재위)의 무덤으로 추정되는 경주 황남동 155호 고분군이다. 고분의 크기는 지름 47m, 높이 12.7m 규모로 1973년에 발굴되어 국보로 지정된 천마도 금관 및 11,209점의 부장품이 출토 되었다. 유물 중 순백색의 말 한 마리가 하늘로 날아오르는 그림이 그려져 있는 장니(障泥-말다래)가 출토되어 천마총이라는 이름이 붙었다. 국보 제207호. 세로 56㎝, 가로 75㎝. 국립중앙박물관 소장. 브리테니커에 의하면, 이 유품은 5~6세기경에 제작된 마구(馬具)의 일종으로 말안장 양쪽에 달아 늘어뜨려 진땅의 흙이 튀는 것을 막아주는 말다래로 추정된다. 자작나무껍질[白樺樹皮]을 여러 겹 겹치고 그 위에 고운 자작나무껍질을 입혀 각각 14줄의 사격자무늬[斜格子紋]로 누비고 가장자리에는 너비 1.2㎝의 얇은 가죽단을 돌렸다. 또한 상단 중앙은 반달형으로 파고 그 둘레에 얇은 가죽을 덧대었으며, 좌우에 2개씩 구멍을 뚫었다. 장니 중앙에는 갈기와 꼬리털을 뻗치고 하늘을 나는 천마가 그려져 있고, 또 그 둘레에는 붉은색·검정색·백색·갈색으로 채색한 인동당초무늬를 돌렸다. 네 모서리는 반으로 잘린 꽃무늬로 장식했다. 천마는 옛부터 상제(上帝)가 하늘에서 타고 다닌다는 신령스러운 동물로 인식되어왔는데, 고구려 안악 제1호분의 비마도(飛馬圖), 덕흥리 고분(408)의 천마도 등 고구려 고분벽화에서도 이러한 유형의 신마(神馬)들을 찾아볼 수 있다. 천마의 몸에 그려진 반달 모양의 무늬는 남부 러시아에 토대를 두었던 고대 스키타이 미술에서 보석으로 장식했던 습관에서 유래한 것으로 추정하기도 한다. 돈황석굴 제257굴에 그려진 '5마리의 백마를 탄 비구(比丘乘五白馬)'도에도 승려를 등에 싣고 하늘을 날아가는 하얀 백마가 등장한다. 로마에 있는 까피톨리노미술관에도 하늘을 나는 말을 그린 천마도가 있다.

▶ 천마총 천마도

▶ 5마리의 백마를 탄 비구도(비구승오백마도)

이슬람 역사에도 천마가 나타난다. 서기 621년(이슬람력 원년이 시작되는 622년 1년 전)에 이슬람 창시자 무함마드(마호메트)는 천사 가브리엘의 안내로 부라끄(천마)를 타고 메카의 금사에서 예루살렘의 원사로 날아가 승천하게 된다. 이를 이슬람 역사에서는 '야행승천'이라고 한다. 또한, 황선균 고성문화원 향토연구소장에 의하면, 서아시아에서 나타나기 시작한 인동당초무늬는 실크로드를 따라 고구려를 거쳐 신라로 전해진 것으로 여겨진다. 자작나무는 북방의 기마 민족이 섬겼던 신성시한 나무라고 전해지고 있는데, 북방 민족이 자작나무를 신성한 나무로 섬겼던 이유는 잎이 넓은 나무 중에서 가장 혹독한 환경에도 살아갈 수 있는 나무의 강인한 생명력 때문이라는 것이다. 따라서 나무가 귀했던 추운 지방에서도 잘 자랐던 껍질이 하얀 자작나무는 성스러운 존재로 보호 받았을 것으로 여겨진다.

삼국인의 인생관과 세계관을 바꾼 서역에서 온 불교

실크로드를 통해서 들어온 것 중에서 우리의 인생관과 세계관을 송두리째 바꿔버린 것은 불교다. 불교는 왕족이나 귀족 등 지배 계층에게는 지배 이데올로기를 제공했고, 서민들에게는 기복신앙의 수단이 되었다. 기원전 약 500년경에 인도 미란타에서 처음 발생한 불교는 기원전 3세기경에 간다라 지방(현재 아프가니스탄과 파키스탄 중북부 지역)으로 전파되었다. 서기 67년에는 후한(後漢, 20-220)으로, 372년에는 전진(前秦 315-394)에서 고구려로, 384년에는 동진(東晋 317- 420)에서 백제로, 527년에는 고구려에서 신라로, 538년(552년 설이 있으나 현재는 538년이 유력)에는 백제에서 일본으로 전파되었다. 불교가 탄생한지 천여 년 만에 동북아시아를 지배하는 주류 신앙으로 자리 잡게 된 것은 실크로드의 영향이 컸다. 특히 지배층의 종교에서 피지배층의 종교로까지 퍼지게 된 것은 그 의미가 자못 크다고 할 수 있다.

이제 서민들의 인생관과 세계관을 인도에서 실크로드를 건너 온 불교라는 종교가 지배하게 된 것이다.

경주 불국사나 석굴암, 부여 정림사 등이 권위를 내세우는 근엄한 지배층의 불교라면, 경주 남산에 있는 감실할매불상이나 서산 마애(삼존)불이나 고창 선운사에 있는 칠송대 암각여래상은 소탈하면서도 소박한 서민들의 불교라고 할 수 있다. 남산의 할매불상은 부처님께 불공은 드리고 싶은데 절이나 큰 불상을 세울만한 재력이 없는 어떤 사람이 그 지역의 가난한 석공을 불러다가 뒷산 바위에 불상을 새겼을 것이다. 그 할매의 앉은 자세와 얼굴을 자세히 살펴보면 영락없이 우리 할머니들의 모습이다. 그렇게 부처님은 동쪽으로 와서 서민들의 마음속에 파고 든 것이다.

▶ 감실할매불상(경주 남산)

서산 매애불도 마찬가지다. 서민들이 아니면 그렇게 익살스럽고 소박한 불상을 만들 수 없다. 충남 서산시 운산면 용현리, 속칭 갱댕이골에 있는 인바위(印岩)에 가면 볼 수 있다. 고풍저수지 삼거리에서 보원사로 올라가는 길 왼쪽 산 언저리에 있다. 자연석에 새긴 이 불상에는 종교가 완전히 삶의 일부가 되었을 때 나타나는 그런 천진함과 완숙함이 동시에 드러나 있다. 해탈한 보살의 얼굴에서 저런 웃음이 나오지 않을까? 어느 구석에도 권위나 허세가 보이지 않는다. 그 미소 또한 해탈의 경지에 이르렀을 때 허허로움에서 나오는 천진한 웃음이다.

▶ 서산 마애삼존불

어느 날 내가 찍어온 서산 마애불 사진을 살펴보다가 정말 우연히 대단한 발견을 했다. 왼쪽에 있는 반가상 보살의 미소가 일본 법륭사에 있는 〈백제관음상〉의 미소와 아주 닮았다는 점이다. 나는 〈백제관음상〉을 나라 법륭사와 대영박물관 일본관(복제본)에서 본 적이 있다. 그건 바로 백제의 미소였다. 보일 듯 말듯 다소곳하고 은근한 미소, 그건 해탈의 미소다. 바로 실크로드의 미소다. 유홍준 교수도 〈나의 문화유산답사기〉에서 다음과 같은 근거에서 서산 마애불의 발견을 '실로 위대한 발견'이라고 그 가치를 높이 평가하고 있다.

> 서산 마애불의 등장으로 우리는 비로소 백제 불상의 진면목을 말할 수 있게 되었다. 서산 마애불 등장 이전에 백제 불상에 대해여 말한 것은 모두 추론에 불과했다. 저 유명한 금동미륵반가상이나 일본 코오류지(廣隆寺)의 목조반가사유상, 일본 호오류지(法隆寺)의 백제관음 등은 그것이 백제계 불상일 것이라는 심증 속에서 논해왔던 것이다. 그러나 서산 마애불은 이런 심증을 확실한 물증으로 전환시키는 계기가 된 것이다.

석굴암도 실크로드를 따라 인도에서 들어온 불교미술이 중국을 거쳐 한반도에서 어떻게 변화되었는지를 보여주는 좋은 사례이다. 경주의 석굴암은 인도 아잔타석굴과 엘로라석굴, 아프가니스탄의 바미얀석굴(2001년 탈레반에 의해 파괴됨), 중국 쿠처의 키질석굴, 투르판의 베제리크석굴, 둔황의 막고굴, 장예의 마티스석굴, 란주의 병령사석굴, 천수의 맥적산석굴, 대동의 운강석굴, 뤄양(낙양)의 용문석굴을 거쳐 불교의 석굴 문화가 동쪽 끝에서 꽃을 피운 것이다. 특히 용문석굴에 조성된 수많은 석굴을 보고 있으면 석굴암이 어디서 왔는지 금방 이해할 수 있다. '용문석굴은 석굴암의 아버지'인 것이다. 지금은 그 위엄 있고 장엄했던 모습은 어디로 가고 유리 보호벽 안에 초라하게 앉아 있는 모습이 안쓰러울 뿐이다.

중국 남조 양식의 무덤을 벤치마킹한 무령왕릉

우리나라에서 실크로드의 영향을 가장 분명하게 확인할 수 있는 유적은 공주 무령왕릉이다. 이 무덤은 523년 5월에 죽은 백제 무령왕과 529년에 죽은 왕비를 합장한 왕릉이다. 이 무덤이 주목을 받는 것은 삼국시대의 고대 고분 중에서 유일하게 죽은 사람의 신분을 밝혀주는 지석(誌石)이 발견된 점이다. 다른 하나는 외래문화의 영향 즉 중국의 영향을 많이 받은 무덤이라는 점이다. 당시 백제는 중국의 여러 왕조들과 활발한 외교관계와 무역을 하고 있었다. 백제는 수나라(581-618) 이전에도 이미 남조(317-589) 국가들(동진東晋 317-420, 남송南宋 420-479, 남제南濟 479-502, 양梁 502-557, 진陳 557-589)과 37회, 북조(439-581) 국가들(북위北魏 386-534, 북제北齊 550-577, 북주北周 557-581)과 8회에 걸쳐 사신을 교환하였다. 이 과정에서 자연스럽게 불교나 유리, 금장식품 등 선진문물이 들어왔으며, 상류사회의 무덤 양식에도 큰 영향을 미친 것이다. 무령왕릉은 특히 중국 양나라의 무덤 양식과 유물이 대량으로 출토된 것으로 유명하다. 지석이 없었으면 중국 귀족이나 장군의 무덤으로 오인할 정도로 중국풍 일색이었다고 한다.

▶ 무령왕릉 등잔대 (복제품)

실크로드 가교로서의 한반도

우리 조상들은 이와 같은 실크로드관련 문화나 유물을 직접 받아들였을 뿐 아니라, 일본인들이 중국에서 이런 문물을 도입하는데도 중요한 중개 역할을 했다. 일본편에서 언급한 것처럼, 일본 야마토 정권은 선진문물을 수입하기 위해 7-9세기에 당나라에 15회에 걸쳐 견당사(遣唐使)를 파견했다. 약 300년에 걸친 견수사(遣隋使)와 견당사 파견은 일본의 국가제도 발전과 문화 발달에 큰 공헌을 했다. 그 견당사의 선원과 통역이 대부분 신라인이었다. 특히 장보고의 청해진이 서해를 완전히 장악하고 있었을 때는 일본의 대중국 문화교류는 신라인들의 협조가 없이는 불가능한 것이었다. 입당구법순례행기(入唐求法巡禮行記)라는 불후의 기행문을 남긴 엔닌(圓仁 794-864)의 기록에 그 증거가 생생하게 남아 있다. 실크로드는 육지와 해양을 통해 중국과 한반도 그리고 일본을 연결하고 있었던 것이다. 그 길은 지금도 왕성하게 자기 역할을 다하고 있다.

국립중앙박물관의 서원도

나는 용산에 있는 중앙박물관에 자주 간다. 3일은 꼬박 둘러보아야 하는 성에 차기 때문에 하루에 한 층씩 나누어서 둘러본다. 내가 가장 좋아하는 전시실이 3층에 있는 중앙아시아관이다. 거기에 가면 서원도가 항상 넉넉한 품으로 나를 안아주기 때문이다. 그래서 그 방에 들어가면 나도 모르게 마음이 평안해진다. 부처님이 나를 안아주는 것처럼. 그런데 신장 투루판에 있는 베제리크 석굴에 있어야 할 이 벽화가 왜 서울까지 오게 되었을까? 여기에는 우리 인간들의 탐욕이 서린 역사가 있다.

▶ 서원도

▶서원도(부분)

내가 실크로드를 여행하면서 흠뻑 빠져서 읽은 책이 하나 있다. 일본 작가 마쓰오카 유즈루(宋岡讓, 1891-1969)가 지은 〈돈황이야기〉이다. 이 다큐멘터리 소설이 바로 오타니 3차 탐험대의 실화를 바탕으로 씌여진 것이다. 저자는 실제 탐험에 참가한 사람들의 고생담과 무용담을 감동적으로 묘사하고 있다. 이 탐험대를 조직하고 자금을 지원한 오타니 고즈이(大谷光瑞, 1876-1948)는 정토진종(淨土眞宗)의 니시혼간지(西本願寺) 제22대(1903-1914) 주지를 지냈다. 그의 아버지는 21대 지주였다.

그는 1902년 8월에 영국을 여행하고 귀국하는 길에 중앙아시아 탐험대를 조직하였다. 불자로서 실크로드의 불교문화를 직접 목격하고 싶은 마음은 당연했을 것이다. 나 같은 기독교인도 '돈황'이라는 말만 들어도 가슴이 떨리는데. 이때 이미 그는 '실크로드의 악마들'인 스벤 헤딘, 르 코크 등과 함께 영국 왕실지리학회의 회원으로 활동하고 있었다. 그래서 그들의 신장지역에서 가져오는 불교유물을 보거나 그들의 탐험기를 읽거나 탐험담을 들으면서 마음이 다급해졌을 것이다. 오타니는 혼다 에류(本多惠隆), 이노우에 고엔(井上弘圓), 와타나베 뎃신(渡邊哲信), 호리 마스오(掘賢雄) 등 4명을 수행시켜 서투르기스탄 철도의 종점인 러시아의 안디잔(지금은 우즈베케스탄)을 거쳐 파미르 고원을 넘어 중국의 서쪽 끝 도시인 카슈가르에 들어갔다. 탐험대는 이듬해 오타니 부친의 별세로 귀국하게 된다. 카슈가르 남쪽에 있는 타지크인의 도시 타슈쿠르간에서 두 개의 조로 나누어 오타니는 혼다와 이노우에 두 수행원과 함께 파미르, 길기트(파키스탄 북부 도시), 인도를 경유하여 귀국했다. 와타나베와 호리 두 사람은 타슈쿠르간에서 다시 타림분지(타클라마칸 사막)로 향하여 호탄에서 이 사막을 횡단한 후 천산남로(天山南路, 즉 서역북로西域北路) 일대를 조사하고 귀국했다.

1906년부터 1907년까지는 혼자서 중국을 여행했다. 1908년에는 노무라 에이자부로(野村榮三郎)와 다치바나 즈이초(橘瑞超) 두 사람으로 제2차 중앙아시아 탐험을 시도했다. 1910년에는 다치바나에 의한 제3차 탐험을 시도했으나 신해혁명으로 중국의 정세가 불안하여 탐험 도중 돈황에 파견된 요시카와 고이치로가 임무를 교대하여 1914년까지 조사를 진행했다. 이 3차 탐험대는 영국과 러시아로부터 스파이 행위로 의심받기도 했으나 오타니 컬렉션 중 투르판에서 수집한 유물의 대부분은 제3차 탐험대의 결실이었다. 이러한 수집품들은 오늘날 중국 여순, 일본 도쿄와 교토, 한국의 서울에 흩어져 있는데, 중앙박물관에 있는 서원도가 바로 그 수집품 중 일부인 것이다.

서원도를 비롯한 오타니 칼렉션의 일부가 중앙박물관에 오게 된 경위는 정말 운명의 장난이 아닐 수 없다. 사람 뿐 아니라 땅에도 팔자가 있고, 물건에도 팔자가 있다는 말이 실감나는 대목이 아닐 수 없다. 독일 탐험대 르 코크와 그륀베델이 베를린으로 가져간 실크로드 벽화들은 제2차세계대전 때 미군의 공습으로 산산조각이 되어 먼지처럼 허공으로 사라져버렸는데, 서원도는 한국으로 와 목숨만은 건진 셈이다. 목숨은 건졌으니 웃어야할지, 아니면 집을 떠나 타국 땅을 떠돌고 있으니 울어야 할지 모르는 팔자인 셈이다. 우리나라 실크로드학의 대가 중 한 명인 국립중앙박물관 민병훈 박사의 〈초원과 오아시스 문화 중앙아시아〉에 오타니 컬렉션의 소장 경위가 다음과 같이 자세히 나와 있다.

오타니의 실크로드 탐험은 니시홍간지의 풍부한 자금 지원으로 가능했다. 그러나 과도한 탐험대 비용은 이 절의 재정을 기울게 하여 오타니는 방만한 재정 운영의 책임을 지고 은퇴하게 되었다. 따라서 자금 지원이 없어진 탐험도 자연스럽게 불가능하게 되었고, 수집된 유물은 뿔뿔이 흩어지게 된다. 다수의 석굴사원의 벽화를 포함한 이들 서역 유물은 현재 중국의 여순박물관과 한국의 국립중앙박물관 그리고 일본의 동경국립박물관 등에 나뉘어 소장되어 있으며, 문서류는 교토의 류코쿠(龍谷)대학에 보관되어 있다.

오타니의 은퇴와 함께 일부 유물이 당시 일본이 지배하고 있던 여순으로 옮겨지고, 고베에 있었던 그의 별장 니락소(二樂莊)의 나머지 유물은 당시의 유력 정상(政商)이었던 구하라 후사노스케(久原房之助)에게 저택과 함께 매도되었다. 구하라는 1916년에 동향 출신인 테라우치(寺內正毅) 조선총독에게 이들 서역 유물을 양도하였고, 중앙박물관의 전신인 조선총독부 박물관에서는 경복궁 궁전의 일부인 수정전(修政殿)에 이를 전시하게 되었다. 이들 서역 유물은 수정전에서 해방을 맞을 때까지 계속 상설 전시되고 있었다. 아마도 일본이 제2차세계대전에서 패망하면서 황망하게 한반도와 중국에서 철수하면서 이런 문화재까지는 챙기지 못했을 것이다.

해방과 함께 이들 유물은 수정전에 있다가 박물관 내의 유일한 내화건물인 진열본관 수장고로 옮겨지게 되었다. 육이오전쟁 때 부산으로 소개되었던 이 유물들은 한동안 국립경주박물관에 수납되어 있다가, 1974년 경복궁 내의 국립중앙박물관(현 국립민속박물관) 신축 개관을 계기로 돌아오게 되었다. 그리고 1986년 8월 구 중앙청 청사(조선총독부 건물)를 국립중앙박물관으로 개장하여 이 유물들을 상설 전시하게 되었다. 그러나 1996년에 조선총독부 건물을 해체 철거하는 과정에서 다시 수장고에 격납되었다가 지금의 용산 국립중앙박물관을 개관하면서 3층의 중앙아시아관에 상설 전시하게 되었다. 지금까지 소개한 것이 한국에 오게 된 서역 유물의 물생(物生) 역정이다.

가장 완벽하게 보존된 서원화는 현재 페테르부르크에 있는 에르미타쥬 박물관에 소장되어 있다. 중앙박물관에 있는 서원화 단편들은 부분적으로 훼손되어 있는 상태다. 중앙박물관이 소장하고 있는 서역 유물 중에서도 내가 가장 좋아하는 그림은 서원도 조각인 〈꽃을 들고 있는 손〉(壁畵 誓願畵 斷片)이다. 투르판 베제클릭 제15굴에서 발견된 10-12세기경 유물이다. 이 서원화 단편 오른쪽 아래 부분은 러시아 올덴부르그가 절취하여 현재 에르미타쥬 박물관에 소장되어 있다. 현지에 남아있는 벽화 오른쪽 윗 부분의 결여된 부분에 해당하는 것이 바로 이 단편이다. 내가 베제리크 석굴을 방문했을 때는 심하게 훼손된 석굴만 서너 개 보여줘 그 부분을 보지 못했다. 이 벽화 조각은 꽃을 뿌리고 있는 손을 묘사한 것으로, 베제클릭 석굴사원의 여러 꽃을 뿌리는 장면에 비하여 매우 자연스럽고 우아하게 묘사되어 있다. 나는 이

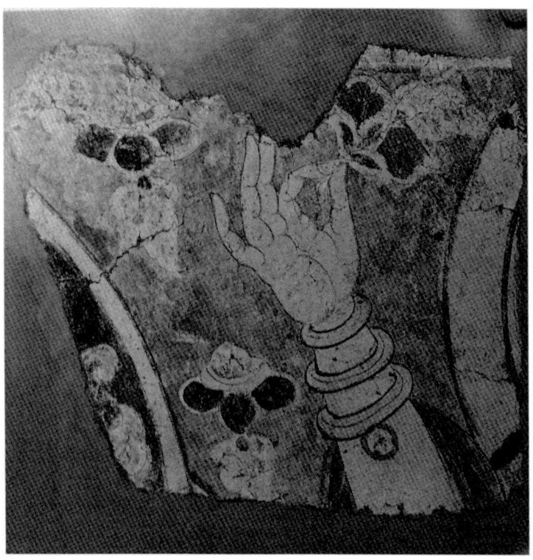

▶ 꽃을 들고 있는 손

그림을 보고 있으면 저절로 나폴리 국립고고학박물관에 소장된 〈꽃을 따는 처녀〉가 떠오른다. 꽃을 따는 손의 부드러운 동작과 자연스러운 색상 때문인 듯하다. 나는 나폴리에 가서는 정작 그 처녀를 만나지 못하고 런던의 대영박물관에서 열린 〈폼페이 유물 특별전〉에 출장 간 그녀를 만나는 기쁨을 누렸다. 나를 바람맞힌 애인을 몇 달 후에 다시 만나는 그런 기쁨이랄까?

중국에서 해상 실크로드를 따라 일본으로 가던 신안 해저 보물

중앙박물관에는 신안 해저 유물관도 있다. 신안 앞바다에서 발굴한 다양한 유물을 전시해 놓은 곳이다. 이 유물들은 일본의 물주들이 중국에서 수입해 가는 도중에 해상 실크로드인 동중국해를 건너다가 침몰한 무역선이 싣고 가던 상품들로 밝혀졌다.

국립박물관 도록에 의하면, 신안 해저 문화재는 1975년 신안 앞바다에서 어느 어부가 우연히 그물에 걸린 청자 화병을 발견하면서 세상에 드러나기 시작했다. 1976년부터 1984년까지 10여 차례에 걸쳐 발굴 작업을 실시했다. 발굴 장소는 전라남도 신안군 증도면 임자도에서 4킬로미터 떨어진 곳이다. 임자도는 김대중 전대통령의 고향이기도 하다. 발굴 결과 도자기를 포함하여 동전, 금속 제품, 목제 상자, 목패, 자단목, 약재와 열매 그리고 돌·뼈·옥으로 만든 기물 등이 인양되었다.

▶ 꽃을 따는 처녀(나폴리국립고고학박물관)

출토된 선체 편을 복원한 결과 이 선박(이하 신안선이라 함)은 선체의 총 길이가 34미터, 폭이 11미터이며, 칸막이와 선창(船倉), 용골(龍骨)을 갖춘 200톤 안팎의 V자형 목선으로 밝혀졌다. 중국 송나라(960-1279)와 원나라(1271-1386) 시기에 푸젠 성(福建省) 푸저우(福州)는 선박 제작지로 유명했고, 푸젠 성 취안저우(泉州)에서 신안선과 유사한 송대의 선박이 발견된 바 있다.

신안 해저에서 건진 도자기는 약 2만여 점으로 대부분 원나라 산이고, 일본의 세토(瀨戶) 매병 2점과 고려청자 7점도 발견되었다. 고려청자는 베개, 잔탁, 완, 주전자뚜껑, 순청자 매병, 사자 연적 등인데, 고려에서 원나라로 수출된 물건을 일본인들이 다시 수입해간 것으로 보인다. 동전은 299종 800만개로 약 28톤이 발견되었다. 왕망(재위 서기9-23년)이 세운 신(新)나라 때의 화천(貨泉)에서부터 1310년에 제작된 지대통보(至大通寶)와 대원통보(大元通寶)에 이르기까지 다양한 화폐가 포함되어 있다. 일본은 일찍이 중국 동전을 조공 하사품으로 받아 돌아왔는데, 당시 일본 상인들은 중국에 대량의 금을 가져가 동전과 바꿔서 큰 차익을 남겼다고 한다. 중국 고화폐가 많이 실린 까닭은 이를 고물로 수입하여 녹여서 일본 화폐를 주조하는 재료로 사용했기 때문이다. 또 신안선에서는 먹으로 쓴 화물 꼬리표인 목패(木牌) 360여 점이 출토되어 신안선의 구체적인 실상을 이해하는데 도움이 된다. 거기에는 화물의 주인 이름, 기년명, 사원 명칭, 물자 종류와 수량 등이 기록되어 있었다. 기년명이 지치(至治)3년(1323년 - 고려 충숙왕 때)으로 적혀 있어 신안선의 침몰 연대를 알 수 있다. 또한 물주 이름으로 사원 명칭인 동복사(東福寺 도후쿠지), 조적암(釣寂庵 조자쿠안) 그리고 왕가 명칭인 거기궁(莒崎宮 미야자키궁) 등이 등장하여 일본의 왕가나 사찰 등 물주들이 미리 주문한 물건을 토대로 상인들이 수입한 것으로 보인다.

▶ 신안선 해저선 출토품

식물의 품종은 후추, 파두, 산수유, 사군자, 빈낭, 여지핵, 은행, 복숭아씨, 매실, 호두, 개암나무, 밤, 계피, 생강 등 다양하다. 발견된 식물류 중에는 중국 남부 지방과 인도나 동남아시아 일대에서 재배되는 것이 많이 포함되어 있어서 당시에 해상 실크로드를 통해 광범위한 무역이 이루어지고 있었음을 알 수 있다. 또 불상이나 고급 목기를 만들 때 쓰는 자단목이 1000여 자루나 발견되었는데, 이 목재 또한 동남아산으로 해상 실크로드를 따라 여러 나라를 거쳐 교역되는 물품임을 알 수 있다.

위에서 언급한 여러 가지 정황을 종합해 볼 때, 이 배는 1323년 4월 하순에서 6월 초순 사이에 중국 양자강 하구 상해 아래쪽에 있는 닝보(寧波영파)를 출발하여 일본 후쿠오카 하카다 항구를 거쳐 세토 내해로 가던 무역선이었으며, 7월 어느 날 항해 중 아마도 태풍을 만나 신안 앞바다에서 침몰한 것으로 추측할 수 있다. 당시 일본의 막부와 사찰들은 금과 은이나 나전칠기나 금속 공예품 등 일본 상품을 영파에 싣고 가서 팔고 돌아올 때는 일본 고객들이 필요로 하는 물건을 수입해다 팔아 막대한 이익을 남겼으므로, 이 배도 그런 무역선의 하나가 아닐까 추측하고 있다. 우리로서는 중국과 일본 사이의 해상 실크로드를 오가는 보물선을 거저 얻은 셈이다.

한반도에서 화려하게 부활한 기독교

서쪽에서 들어온 불교가 일본에서 화려하게 만개하였다면, 기독교는 한국에서 만개했다. 한국의 기독교는 지금 세계에서 가장 젊고 활기가 넘치는 것으로 평가되고 있다. 불교가 탄생지 인도에서 그랬듯이 기독교를 반석으로 성장한 서방세계의 기독교는 지금 그 생기를 잃어가고 있다. 쇠락하고 있는 것이다. 한국에서는 조선시대 때 카톨릭(천주교天主教)이 먼저 들어왔다. 개신교는 일제시대 때 미국 선교사들이 가져왔다. 한국의 기독교는 사제가 없이 신도 중심으로 먼저 시작되었다는 점에서 그 의미가 크다. 다른 모든 나라는 선교사가 먼저 도착하고 그 다음에 포교가 이루어지는데, 한국에서는 신자들이 먼저 기독교의 교리를 깨닫고 신앙심을 갖춘 다음에 중국에서 활동하던 외국인 신부를 모셔왔다.

기독교는 380년부터 로마제국의 식민지를 통해 세계 각국으로 퍼져 나가기 시작했다. 로마제국 황제 콘스탄티누스는 313년에 기독교의 자유를 허락하고, 325년에 열린 니케아 종교회의에서 만민이 믿을 공평한 종교라는 뜻으로 카톨릭(Catholic)이라 부르게 했다. 380년부터 이를 로마제국의 국교로 선포하고 제국의 통치 이데올로기로 삼아 식민지에 적극 전파했다. 한반도에 최초로 기독교(네스토리우스파)가 전래된 것은 그로부터 약 300~400년이 지난 삼국시대 후반기로 추측된다. 불교가 탄생지 인도에서 한반도에 들어오기까지 약 800~1,000년이 걸린 것에 비하면 그 전파 속도가 빠른 편이다. 네스토리우스파(Nestorianism) 또는 경교(景教)는 동로마제국의 수도였던 콘스탄티노플(지금 이스탄불)의 네스토리우스(?-451?)총주교를 시조로 하는 기독교의 일파를 말한다. 그는 그리스도의 신격과 인격을 구별하는 그리스도 이성설(二性說), 즉 성모 마리아에게는 하느님의 어머니(테오토코스Theotokos)라는 호칭을 사용할 수 없다는 주장을 하여, 431년 에페소스(지금 터키 에페스) 공의회에서 이단이라는 파결을 받고 면직 파문되어 리비아로 추방되었다.

네스토리우스의 교리는 424년경부터 이집트, 시리아, 팔레스티나 지방 및 인도까지도 전파되었다. 또 당 태종(626-649) 때인 7세기에는 중국 대륙에서 경교(景教)라 불렸고, 그 교회를 파사사(波斯寺)라 불렀다. 당 현종(玄宗 712-756) 때에는 대진사(大秦寺)라 개칭하고, 각지에 교회를 건립하여 교세를 제법 떨쳤다고 전해진다. 그 후 200년간 명맥을 유지하였으나, 무종(武宗 840-846) 때 박해를 받아 쇠퇴하였다. 그러나 몽골의 원나라(1279-1368) 치하(治下)에서는 그 신앙이 허락되어 신자와 교회가 증가하였고, 그때는 예르게운(야리가온)이라 불리었다.

한반도에서는 당(唐)과 빈번한 문화적 교류를 가졌던 7~9세기 경 발해와 신라에 경교가 전래되었을 가능성이 제기되었다. 이러한 주장은 '돌십자가', '십자무늬장식' 등 경교와 관련된 것으로 추정되는 유물의 발견에 근거하고 있다. 당시 당나라의 선진문화를 적극적으로 받아들였던 주변국에 외래종교가 들어오는 것은 자연스런 현상이다. 당나라는 세계 각국의 사절들과 상인은 말할 것도 없고 유학승과 유학생 등 인재들을 장안으로 불러들여 세계의 수도로서의 역할을 하고 있었다. 요즘으로 치면 미국의 뉴욕에 해당되는 국제 도시였던 것이다.

당시 장안의 국자감에 입학하는 것은 세계 최고의 대학인 미국 하버드대학에 입학하는 것이나 다름없다. 실제로 하버드대학은 입학생을 고를 때 성적 뿐 아니라 국가나 인종, 부모의 사회적 지위나 경제력 등 다양한 분야를 고려하여 합격 여부를 결정한다. 그래서 합격자 중 동문 자제나 세계 각국의 명문가 자제가 20%를 넘는다. 신라 선덕왕(632-647)도 조공국(속국) 왕의 '빽'(배경)으로 자제를 당나라 최고 종합대학에 입학시키고 싶어 했다. 삼국사기 신라본기 제5권에 보면 그 기록이 다음과 같이 나온다.

> 선덕왕(632-647) 9년 5월에 왕이 자제를 당에 보내 국학(國學: 국자감國子監으로 지금의 국립종합대학에 해당-필자 주)에 들어가기를 청하였다. 이 때 당태종(고구려를 침입한 이세민-필자 주)은 천하의 이름난 유자(儒者)를 많이 불러들여 학관(學官: 요즘 대학 교수-필자 주)을 삼고 자주 국자감(國子監)을 방문하여 그들로 하여금 학문을 강론케 하고, 대경(大經: 당의 국자감에서 수업하는 경의 분류에 예기禮記와 춘추좌씨전春秋左氏傳을 대경, 시詩와 주례周禮와 의례儀禮를 중경中經, 역易·상서尙書·춘추공양전春秋公羊傳·곡양전穀梁傳을 소경小經이라 한다-) 하나 이상 통달한 학생은 모두 관리에 임명하고, 기숙사 1천2백간을 증축하고, 학생을 늘리어 3,260인에 달하게 하니, 이에 사방천지의 학자가 구름과 같이 장안에 모여들었다. 이 때에 고구려·백제·고창(高昌)·토번(티벳)도 또한 자제를 보내어 입학케 하였다.

이 기록을 보면 삼국도 이런 국제 조류에 적극 참여하고 있었음을 알 수 있다. 삼국의 조공 사절과 유학승, 유학생들이 셀 수도 없이 장안에 드나들었던 것이다. 삼국의 조공사절만 해도 평균 1년에 1회 이상 장안을 다녀왔다. 당시 실력자 김춘추(648년 방문)는 물론 아들인 김인문(651년, 656년 방문)도 장안에 드나들었다. 이런 국제 교류의 분위기에서 당나라 조정의 비호를 받았던(무종의 탄압을 받았던 840년까지) 외국의 새로운 종교인 경교가 과거 불교가 그랬던 것처럼 이들 유학 엘리트들의 관심을 끈 것은 너무도 당연하다. 천주교도 가장 처음에 접한 사람들이 청나라 수도였던 연경(지금의 북경)에 드나들던 조공 사절들과 역관들 그리고 심양에 볼모로 잡혀있었던 왕의 자제(소현세자 1642-1645)였다. 소위 말하는 당대의 왕족과 귀족들이었던 것이다. 요즈음으로 치면 엘리트 상류 지배층들이나 그 자제들이었던 것이다. 개신교도 대한제국의 왕족들이 가장 먼저 접했다. 이런 근거로 경교가 한반도로 유입되었다는 일부 학자들의 주장은 상당한 근거가 있는 것으로 보인다. 그러나 여러 가지 정황으로 볼 때 교세가 그리 크지는 않았던 것으로 보인다.

▶ 돌십자가 외 신라의 기독교 전래 유물

삼국시대(주로 신라) 때 경교의 전래 이후 기독교의 움직임은 거의 없다가 고려 때 다시 고려 유민을 통해서 기독교(카톨릭)를 접하게 된다. 〈한국문화사대계〉에 실린 유홍렬 교수의 논문을 근거로 간단하게 한국 천주교사를 정리하면 다음과 같다. 고려는 원나라의 부마국(駙馬國: 사위 나라) 노릇을 하고 있었고, 원나라에는 3만여 명의 고려 포로들이 살고 있었기 때문에 자연스럽게 기독교를 접했을 것으로 짐작된다. 당시 원나라에는 이미 기독교 선교사들이 들어와 있었다. 로마 교황 인노센트 4세와 프랑스 국왕 루이 9세는 1253년(고려 고종 때, 재위 1213~1259)에 프란시스코 수사였던 루브르크(Rubruc)를 몽고에 파견했다. 1271년에 몽고가 나라 이름을 원이라 부르고 수도를 연경(북경)으로 옮기자, 교황 그레고리 10세는 이를 축하하기 위해 마르코 폴로 부자를 원나라에 보냈다. 폴로 이후 많은 선교사들이 원나라에 들어와 전국 각지에 퍼져서 전교했다. 특히 콜비노 신부는 1294년 연경에 들어와 40여 년 동안 전교하여 3만 명의 신자를 얻기도 했다. 고려 포로들도 이 당시의 자유스런 기독교 분위기에 접했을 것으로 짐작된다.

한반도의 왕조들은 불행하게도 중국 대륙의 정세에 영향을 받지 않을 수 없었다. 조공국이었기 때문에 안고 있는 어쩔 수 없는 한계였다. 삼국의 정사를 기록한 삼국사기를 읽고 있으면 삼국(특히 신라) 왕조가 중국(특히 당나라) 왕조에 치대는 꼴에 너무 화가 나서 책을 집어던져버리고 싶은 마음이 일어나는 것이 한두 번이 아니다. 일연이 자주 독립국의 입장에서 삼국유사를 지은 근거가 충분히 이해가 된다. 앞에서 서술한 것처럼 종교도 마찬가지다. 조선의 기독교도 다시 명(明 1368-1644)나라의 영향을 받게 된다.

이 무렵 유럽 기독교 세계에는 큰 변혁이 일어나고 있었다. 15세기 초 보헤미아(현재 체코) 종교개혁가 존 후스(1371-1415)가 로마 키톨릭에 대한 문제를 제기하고, 독일인 수사 마르틴 루터(1483-1546)는 1517년에 로마 카톨릭의 권위와 부정부패에 반항하여 성서로 돌아가야 한다는 종교개혁을 부르짖어 큰 호응을 얻었다. 개신교(프로테스탄트 - '저항하는 사람들'이란 뜻이다)가 시작된 것이다. 이들을 탄압하려고 그린 것이 바로 미켈란젤로가 교황 율리우스 2세의 요청으로 씨스틴 예배당에 그린 〈천지창조〉와 〈최후의 심판〉이다. 교황의 권위에 도전하는 사탄들은 이렇게 지옥에 떨어진다는 교황의 강력한 경고였던 것이다. 미켈란젤로가 교황의 이런 의도를 간파했는지는 모르지만 어느 시대를 막론하고 지식인과 예술가들은 이렇게 권력자들의 계략에 놀아나곤 한다.

프로테스탄트의 종교개혁을 기독교 분열 운동이라고 규정하고 이에 강력하게 반발한 보수 기독교 집단이 또 있었다. 바로 영화 〈미션〉에 나오는 가브리엘 신부(제레미 아이언스 분)가 소속된 예수회다. 파리대학의 교수였던 이그나티우스 로욜라와 프란시스 자비에르 신부는 60명의 동지를 모아 예수회(Jesuit Order)라는 새 전교 단체를 만들고 카톨릭의 쇄신운동을 일으켰다. 1540년에 교황 바오로 3세는 이 예수회를 외방(外邦)전교회로 승인하고 해외 진출을 허락하였다.

이 자비에르 신부가 바로 1549년 8월 일본에 입국하여 기독교를 전교한 사람이다. 이 신부를 인도 고아에서 일본으로 실어다 준 사람이 바로 셰익스피어가 '천하제일의 허풍쟁이'라고 핀잔을 주었던 탐험가 핀투(〈핀투여행기〉의 저자)인 것이다. 임진왜란 때 조선군에 큰 피해를 입힌 조총도 바로 자비에르 신부가 전해준 것이다. 자비에르 신부는 2년 4개월 동안 일본에 머물면서 3천명의 신자를 얻었다. 이 전교 과정에서 일본 사람들이 중국을 크게 사모하는 마음을 가지고 있음을 파악하고, 일본을 교화시키기 위해서는 먼저 중국을 교화시켜야 한다고 믿고 1552년 12월 명나라로 입국하다가 홍콩 근해에 있는 상천도(上川島)에서 열병으로 객사하였다.

자비에르 신부의 유지를 받들어 명나라 전교에 성공한 사람이 같은 예수회 소속의 마테오 릿치(1552-1610) 신부였다. 그는 1583년 광동에 상륙하여 1610년 죽을 때까지 2만 5천여 명의 신자를 교화시켰다. 그는 〈천주실의 天主實義〉 등 19종의 서적을 지어 전교에 이용했다. 특히 〈천주실의〉는 이후 수백년 동안 복간을 거듭하여 중국 뿐 아니라 조선과 일본의 전교에 큰 역할을 했다. 이후 극동 3국에서는 카톨릭을 천주교라고 부르게 되었다.

1567년부터 100여 년 동안 일본과 청나라에 있던 선교사들이 6차에 걸쳐 조선 전교를 시도했으나 조선의 강력한 쇄국정책 때문에 모두 실패했다. 예수회의 포르투갈인 비렐라 신부, 노엘 신부, 조선인 권원선 시오, 청국인 서광계, 도미니칸회의 스페인인 요한 신부, 프란시스칸회의 안토니오 신부 등이다. 이들은 일본과 중국에서 천주교가 쉽게 퍼지는 것을 보고 조선도 마찬가지일 것이라고 믿었던 것이다. 1580년 즈음에 일본에는 300여 명의 성직자가 있었고, 기독교 탄압 정책에도 불구하고 1605년쯤에는 기독교인의 수가 75만 명을 헤아리게 되었다. 이중에서 예수회 소속 세스페데스(Gregorio Cespedes) 신부는 임진왜란 때인 1593년 12월 27일 부산에 상륙하여 1595년 봄에 일본으로 돌아갈 때까지 약 1년 동안 일본군 천주교 신자를 상대로 활동을 하고 비신자에게는 전교활동도 했다. 세스페데스 신부는 조선에서 전교 활동을 하고 싶었으나 천주교도인 고니시 유키나카의 행운을 질시한 불교도인 가토 기요마사가 신부의 전교 활동을 이토 히로부미에 대한 음모라고 무고함으로써 일본으로 귀국하게 된다.

권원선 시오(Vincent Kowan Cafioie)는 조선 고관의 아들로 13살 때인 1593년 천주교 신자인 왜장 고니시 유키나가(小西行長 소서행장)에게 잡혀 그 딸이던 대마도주 종씨부인 마리아에게 보내져 교육을 받았다. 경도신학교에 들어가 1603년에 모레인 신부에게 세례를 받은 후 수련수사가 되었다. 이 때 도요토미 히데요시(豊信秀吉 풍신수길 1537-1598)의 뒤를 이어 정권을 잡은 도쿠가와 이에야스(德川家康 덕천가강, 1543-1616)와 그 후계자들도 금교령을 내리고 기독교를 심하게 탄압했다. 이에 예수회 선교사들은 새로운 전교지로 조선을 지목하고 권수사를 입국시키려 하였다. 조선의 쇄국정책으로 일본으로부터의 입국이 어렵자 중국으로 건너가 북경에서 7년이나 기다리며 기회를 엿보았으나 결국 실패하고 일본으로 돌아와 1625년에 붙잡혀 소라 및 빠쎄꼬 신부들과 함께 화형에 처해졌다.

조선 후기에 기독교(천주교)가 선교사들의 도움이 없이 자생적으로 발생한 배경에는 아이러니하게도 임진왜란의 영향이 컸다고 본다. 그 배경은 이렇다. 도요토미 히데요시가 1592년 4월에 임진왜란을 일으킨 명분은 명나라를 정벌한다는 것이었으나, 그의 속셈은 당시 지나치게 번성하여 가던 골치 아픈 천주교를 없애버리자는 전략이었다. 그러니까 '꿩먹고 알먹고'의 전략이었던 셈이다. 그래서 불교도인 그는 천주교 신자들인 장군과 병사를 선봉대로 세우고, 불교도 장군과 병사들은 후방에 세웠다. 15만 7천여 명의 군사 중 천주교 신자는 장수 고니시 유키나가, 구로다 나가마사(黑田長政 흑전장정), 아리마 하루노부(有馬晴信 유마청신), 오무라 요시아키(大村喜前 대촌희전), 고지마 준겐(五島純玄 오도순현), 야마쿠사 다네모토(天草種元 천초종원)를 포함해서 5만여 명이었다. 불교도인 가토 기요마사(加藤淸正 가등청정)는 불교도로 구성된 독전부대를 이끌고 후방에서 싸웠다.

천주교 신자인 5만 명의 군사들이 거의 6년 동안 걸어서 전국을 누비고 다녔다면 만나는 조선 사람들이 얼마나 많았겠는가? 6.25전쟁 3년 동안 기독교인이었던 미군들이 남한 사회의 기독교(개신교) 전파에 미친 영향을 생각하면 짐작이 갈 것이다. 천주교 왜군들은 자연스럽게 조선인들에게 전교를 했을 것이고, 조선 사람들은 천주교라는 외래 종교를 믿지는 않아도 알게는 되었을 것이다. 또는 개종을 강요당한 사람들도 많았을 것이다. 전쟁이 일어나면 으레 일어나는 현상이다. 그러니까 임진왜란에 참가했던 일본군 천주교 신자들이 자신도 모르는 사이에 조선 땅에 천주교의 씨앗을 뿌려놓은 것이다. 천주교의 분위기를 조금이라도 경험한 조선인들은 남모르게 신앙의 뿌리를 내리고 있다가 100여년 뒤부터 본격적으로 천주교를 받아들이게 되는 것이다. 이런 역사적 배경이 없고서는 선교사도 없었던 나라에서 큰 저항 없이 새로운 종교가 수용될 리가 없는 것이다.

또한 임진왜란 중 일본에 끌려간 조선인들 중 수천 명이 천주교 신자가 되었다. 일본으로 끌려간 포로는 약 5만 명이었는데, 이들 중 7천 명은 도쿠가와 막부가 조선과의 국교 회복을 꾀하기 위해 1600년부터 1617년 사이에 조선으로 돌려보냈다. 남은 조선인들 중 도공 등 기술자가 아닌 사람들은 노예로 살거나 그곳에 왕래하던 포르투갈 상인들을 통해 아주 헐값으로 마카오, 필리핀, 베트남, 인도, 유럽 등지로 팔려나갔다. 이런 와중에 서양의 선교사들은 조선 노예들의 비참한 상황을 보고 노예매매금지법을 만들어 노예 매매를 금지하고 이들을 구제해서 자유민으로 해방시켜 주었다. 장기지방에서만 2천여 명의 조선인들을 구제하여 천주교로 개종시켰다. 1611년부터 1720년까지 기독교 박해 때 수천 명의 조선인 천주교 신자들이 순교하였다. 교황 비오 9세는 1867년 7월 7일에 일본 순교자 205명을 뽑아 시복식(諡福式)을 거행했는데, 여기에는 10여 명의 조선인도 끼어 있었다. 이처럼 이미 1590년대부터 일본에 끌려와서 본의 아니게 천주교 신자가 된 조선인들도 많았던 것이다.

일본에 끌려간 조선인 노예 중에서 억세게 운이 좋은 사람도 있었다. 그는 안토니오 코레아(Antonio Corea)라는 소년이다. 이 소년은 어린 몸으로 일본으로 끌려가 살고 있다가 세계일주 도중 1597년 6월 일본에 들른 이테리인 카를레티 신부에게 다른 4명의 조선인 소년과 함께 구제되어 1598년 3월에 일본을 출발하여 로마까지 가서 활동하게 되었다. 카를레티 신부는 이태리로 돌아가 13년 동안에 걸친 여행기를 써서 1608년에 플로렌스(피렌체)에서 출판했다. 일부 오류는 있지만 이 여행기가 조선의 사정을 세계에 알린 가장 오래된 책 중의 하나이며, 이 기사로 말미암아 구미제국에서는 우리나라를 코레아라고 부르게 되었다. 그 책 속에서 조선과 안토니오에 대해 다음과 같이 서술하고 있다.

Corea라는 나라는 9개의 도(道)로 나누어져 있다고 말한다. 조선(Ciosien)이라는 이름은 수부(首府)로서 왕이 사는 도시의 이름이다. (중략) 이 나라에서 특히 일본에 가까운 해안으로부터 헤아릴 수 없이 많은 남녀노유(老幼)가 노예로 잡혀왔다. 그들 중에는 보기에도 딱하리만큼 불쌍한 어린이도 있었다. 그들은 모두 구별 없이 아주 헐값으로 매매되고 있었다. 그러므로 나도 20스큐디(Scudi)를 주고 5명을 샀다. 그들에게 세례를 주고, 나는 그들을 고아(당시 인도의 포르투갈 무역 거점 도시-저자 주)까지 데리고 가서 자유로운 몸으로 놓아주었다. 그러나 한 사람만은 플로렌스까지 데리고 갔다. 그는 지금 로마에 살며 안토니오 코레아라는 이름으로 알려져 있다.

이 얼마나 기구한 인생인가? 인도 고아에 풀어준 4명의 인생은 또 어떻게 되었을까? 말도 통하지 않는 머나먼 이국땅에서 어떻게 살아갔을까? 나머지 4명의 소년들도 이왕이면 당시 세계 최고 도시 중 하나였던 피렌체로 데리고 갈 것이지----. 그들을 배에 태울 여행 경비가 부족 했든지 필시 무슨 사정이 있었을 것이다. 네덜란드(당시는 플랑드르) 화가 루벤스의 그림 〈한복을 입은 남자〉 모델로 나오는 조선인이 바로 카를레티 신부에게 구제된 안토니오일 가능성이 높다고 주장하는 학자들도 있다. 1600년부터 1608년까지 그림을 배우기 위해 로마에 와 있던 루벤스가 로마에서 활동하던 안토니오를 만날 가능성은 얼마든지 있고, 또 외모가 이색적인 동양인이 드문 때라 호기심이 가는 모델로서 화가의 관심을 충분히 끌 수 있는 것이다. 반면에 중국인이라는 학자도 있다.

▶ 루벤스 <한복을 입은 남자>

조선에 천주교가 들어올 기회는 또 있었다. 1616년에 후금(後金)을 세운 만주의 여진족은 1626년에 정묘호란을 일으켜 조선을 아우 나라로 삼고, 1636년에는 병자호란을 일으켜 조선을 신하의 나라로 삼았다. 이때 50여만 명의 인질과 함께 인조의 두 아들인 소현세자와 봉림대군(후에 효종)도 볼모로 심양으로 끌려가 심양관(조선관)에 머물렀다. 거기서 8년을 지내다가 청나라(1636년 국호 변경)가 명나라의 수도인 북경을 점령하고 1644년 9월에 수도를 옮기자 소현세자 일행도 9월 20일쯤 연경(북경)으로 거처를 옮기게 되었다. 그런데 우연히도 소현세자 거처였던 동화문내의 문현각과 매우 가까운 곳에 독일인 예수회 신부 아담 샬이 살고 있었다.

아담 샬은 1628년에 32번째 예수회 신부로 중국에 파견되어 명나라 신종(神宗)의 사랑을 받아 대포 등을 만들었고, 청나라에서도 세조의 신임을 받아 흠천감정(欽天監正-천문대장)이 되었다. 그는 명청시대에 38년 동안 북경에서 활동하면서 천주교 및 과학기술에 관한 20여 종의 책을 저술했다. 천주교와 서양문물에 깊은 관심을 보인 세자는 1644년 11월 26일 귀국할 때까지 약 두 달 동안 신부와 교류하면서 두터운 교분을 쌓았다. 이 두 사람의 교류 의도는 서로 달랐다. 세자는 신부를 통해 서양문물을 알고 싶어 했지만, 신부는 세자를 통해 조선에 천주교를 전교하고 싶어 했던 것이다. 그래서 선물로 다수의 천문과학기술에 관한 서적과 기독교 서적, 여지구(輿地球-지구의) 1개, 그리고 천주상(像-예수님 초상화) 1폭을 선물로 주었고, 세자는 이에 감사의 마음을 전했다. 세자는 신부도 보내달라고 요청했으나, 아담 샬 신부는 당시 중국에도 신부가 부족하여 보낼 수 없다고 하면서 명황실의 천주교 신자였던 환관(이방조 李邦詔, 장삼외 張三畏, 류중변 劉仲抃, 곡풍등 谷豊登, 보문방 寶文芳)과 신자 궁녀들을 데리고 가도록 주선했다.

그런데 세자는 귀국 후 70일 만인 1645년 4월 26일에 34세의 나이로 급서함으로써 아담 샬 신부의 조선 전교 계획은 수포로 돌아가고 말았다. 세자는 인조와 반청 세력이 독살했을 가능성이 높은 것으로 역사가들은 추론하고 있다. 그 근거로 첫째, 병자호란 때 추운 겨울날(1637년 1월 30일) 한강 동쪽 삼전도에서 청태종 앞에 끌려나와 무릎을 꿇고 모든 대신들이 지켜보는 앞에서 신하의 예를 갖추는(요즘 시쳇말로 진짜 참을 수 없는 쪽을 팔리는) 수모를 겪은 인조는 청나라를 극도로 증오하는 반청주의자가 되어 있었다. 그래서 청나라를 싫어했던 동생 봉림과 달리 소현세자는 청나라 문물과 서양문물에 심취해 있다는 보고를 북경을 오가는 사은사(謝恩使)나 역관을 통해 들은 인조는 몹시 분개했다고 한다. 그런 내막을 알 리 없는 세자가 인조에게 귀국 인사를 드리러 가서 서양서적과 지구의를 보여주자 벼루를 세자 얼굴에 집어던질 만큼 몹시 화를 냈다고 한다.

둘째, 이 일이 벌어진 이후 세자는 마음의 병을 얻어 시름시름 앓아눕게 되었다. 아버지의 마음을 몰랐던 세자로서는 얼마나 당황하고 실망했겠는가? 없던 병도 생길 판이다. 조선왕조실록에 의하면, 당시 그를 진찰했던 어의는 학질이라는 진단을 내렸고, 인조의 주치의였던 이형익이 열을 내린다고 세 차례 침을 놓았는데, 3일 만에 죽고 말았다. 종실인 진원군 이세완의 아내가 염습에 들어갔다가 사체를 보고 증언한 바에 의하며, 염습할 때 시체는 온몸이 새까맣고 뱃속에서는 피가 쏟아졌다고 한다. 사람이 독살되었을 때 나타나는 일반적인 현상이다. 그리고 일반적으로 왕이나 왕자에게 의술을 잘못 사용하여 사고가 나면 담당 의관이 처벌을 받는 것이 관례였는데, 인조는 의관의 처벌에 관한 논의 자체를 일체 금지시켰다. 장례식도 일반 평민의 장례에 준해서 조촐하게 치르고, 기일도 단축시켜 초상을 치르게 했다.

셋째, 인조는 세자가 자신의 자리를 차지할 지도 모른다는 두려움이 있었다. 청은 반청주의자인 인조보다는 친청주의자인 소현세자를 신뢰하여 모든 문제를 그와 논의했다. 소위 조선에 있는 왕인 인조를 왕따시키고 북경에 있는 세자를 통해 양국 문제를 논의했던 것이다. 그래서 김자점과 인조의 총애를 받던 후궁 귀인 조씨 등이 세자가 입국하면 왕위를 내주어야 할지도 모른다는 모함으로 인조의 경계심을 더욱 높여놓은 상태였다. 실제로 우리 역사에는 원나라 지배를 받던 고려 말기에 그런 일이 자주 일어난 적이 있다. 원나라 조정에서 인질로 북경에 거주하던 고려의 세자 중에서 입맛에 맞는 사람을 고려왕으로 책봉하곤 했던 것이다. 조선은 청나라와 신하의 관계였기 때문에 얼마든지 가능한 일이었다. 요즘 미국이 자기들의 입맛에 맞지 않는 제3세계 국가를 침략하거나 지도자들을 무력으로 바꾸어 버리는 행태와 비슷한 강대국의 횡포인 것이다.

넷째, 세자가 죽은 후에 보인 인조의 태도이다. 인조는 세자가 죽은 후 세자주변 세력과 세자빈 강씨의 친정 오빠들을 모두 귀양 보내고, 강씨마저 후원 별장에 유폐시켰다가 사약을 내려 죽인다. 세자의 두 아들은 제주도로 귀양을 보내 병에 걸려 죽게 하고(이들마저 독살했는지 모른다), 셋째 아들은 귀양지에서 겨우 목숨만 유지하게 한다. 만일 세자가 병사나 자연사 했다면 아버지인 인조가 이렇게까지 모질게 할 필요가 있었을까? 세자의 처자식까지 모두 죽이는 이런 잔인함에는 자기가 세자를 죽인 행위에 대한 사후 보복을 두려워했다는 반증이기도 하다. 이런 모든 정황들이 인조와 반청 세력들이 세자를 계획적으로 독살했을 것이라고 추론하는 것이다.

역사에 가정은 없지만 만일 장남 소현세자가 죽지 않고 동생 봉림대군(효종)을 대신해서 인조 다음에 왕위를 계승했으면 조선의 천주교는 어떻게 되었을까? 아담 샬 신부의 의도대로 천주교가 전교되고 화려하게 꽃피울 수 있었을까? 나는 그렇다고 본다. 그 이유는 임진왜란 때 조선을 누비고 다녔던 5만여 명의 왜군 천주교신자들의 영향(그들이 가지고 다니는 십자가와 묵주, 매일 식사할 때마다 그리는 성호경과 매주 드리는 미사, 그리고 1년에 한 번은 드려야 하는 고해성사 등)으로 이미 조선인들은 천주교라는 외래 종교를 대강이라도 알고 있었고, 역사적으로 볼 때 불교와 도교, 유교가 들어올 때도 그랬던 것처럼 우리 민족이 대체로 외래 종교를 받아들이는데 거부감이 적다는데 있다. 1600년대 중반 소현세자 때부터 천주교가 전교되었다면 조선도 서양문물을 300년이나 앞당겨 받아들였을 것이고, 우리나라의 근대화도 그만큼 빨라져 오히려 일본의 근대화(1868년의 메이지 유신)를 앞질렀을지도 모른다. 지금 일본이 누리는 아시아 최초의 선진사회는 물론, 자유로운 민주국가가 되었을 것이다. 안타까운 역사의 아이러니다. 〈총, 균, 쇠〉의 저자 제레미 다이아몬드는 총과 쇠(칼, 창, 기계 등), 그리고 세균을 먼저 이용한 민족들이 선진사회를 이룰 수 있었다고 주장한다. 일리 있는 말이다. 우리가 그때부터 총(대포 포함, 아담 샬은 신부이면서 대포를 만드는 기술자이기도 했다)과 쇠를 마음대로 활용하는 민족이 되었다면 그만큼 우리 민족의 근현대사는 훨씬 선진사회로 발전했을 것이다.

한편, 신부 부족으로 조선에 파견할 선교사가 없다는 소식이 파리에 알려지자, 성체회(聖體會)가 중심이 되어 중국 교회에 파견할 신부를 모집한다는 포스터와 팜플렛을 빠리 시내에 뿌렸다. 이에 따라 빠리에 새로운 신부를 양성하는 신학교가 세워져 외국에 보낼 신부를 양성하게 되었는데, 그것이 바로 1831년부터 조선교구의 전교를 맡게 된 빠리 외방선교회이다. 이 선교회는 1664년에 로마 교황청의 공인을 받아 극동아시아와 캐나다 지역의 전교를 맡게 되었다.

마테오 릿치(1552-1610) 신부가 지은 세계지도인 〈만국여도萬國輿圖〉와 〈천주실의天主實義〉가 1600년대 초에 중국을 오가던 사신들(이광정李光庭, 1552-1629 등)에 의해 전래되자, 조선인의 인생관과 세계관은 급변하게 되었다. 공리공론만 떠들고 당쟁을 격화시키던 주자학을 떠나 현실생활에 관련된 과학 수학 역사 지리 정치 경제 등을 연구하는 실학운동이 일어나게 되고, 이런 조류는 마침내 천주교를 믿는 서학운동으로 발전하게 되었다. 이런 배경과 함께 조선시대의 억불정책으로 신앙 수단을 잃고 혼란에 빠진 지식인과 서민들에게 천주교는 하나의 서광과 같은 길라잡이가 되었다. 실학운동의 선구자인 이수광(李睟光, 1563-1628)은 1614년에 지봉유설(芝峯類說)이라는 백과전서에 〈곤여만국전도坤與萬國全圖〉와 〈천주실의天主實義〉의 내용을 소개했다. 유몽인(柳夢寅, 1559-1623)도 그의 저서 어우야담(於于野談)에서 천주교를 자세히 소개하고, 허균(許筠, 1569-1618)이 조선인 중에서 처음으로 천주교를 믿었음을 밝히고 있다. 이런 사실은 150년 후에 나타난 안정복(安鼎福, 1712-1791)과 박지원(朴趾源, 1737-1805) 그리고 이규경(李圭景, 1788-1856)도 인정하고 있는 사실이다. 허균은 1614년과 1616년에 사신으로 북경에 들어가서 여러 가지 서양 서적과 더불어 천주교의 12가지 기도문인 12단(端)을 얻어가지고 귀국한 적이 있다.

이수광이 일으킨 실학운동 가운데 특히 천주교 연구는 그 후 100여 년을 지나 남한강 유역인 광주 땅에 숨어 살던 남인학자 이익(李瀷, 1681-1763)과 그의 제자들 사이에 크게 일어났다. 이익은 마테오 릿치 신부의 〈천주실의〉, 아담 샬 신부의 〈주제군징 主制群徵〉, 이태리인 판도라의 〈7극 七克〉을 애독하고, 이들 서적에 대한 발문 등을 쓰며 제자들과 토론했다. 안정복은 1757년 마테오 릿치 신부가 지은 〈변학유독 辯學遺牘〉을 읽고, 스승인 이익에게 "스승님께서도 이 책을 읽으셨습니까?"라고 물었다. 그는 또 "내 노라 하는 지식인들 중에서 천주서적을 읽지 않은 사람이 없다"고 하였으니, 1760년 쯤에는 조선의 선비들 사이에 천학(天學) 또는 서학(西學)이라 부르던 천주교 서적이 널리 퍼지고 많이 읽혀지고 있었음을 짐작할 수 있다. 그의 사위였던 권일신(權日身, ?-1791)은 천주교를 믿는 운동을 일으켰다. 또 윤지충(尹持忠, 1759-1791)이 1791년에 조상의 신주(神主)를 불살라버렸다는 소식을 듣고서 이 사건이 장차 당쟁의 미끼로 악용될 것을 두려워하여 천주고(天主考)와 천학문답(天學問答)을 지어 지도층의 의식을 바꾸려고 노력했다. 이런 천주교 운동은 언뜻 1900년대 전반에 러시아혁명 이후 전 세계에서 마르크스의 〈자본론〉을 교본으로 지식인 사이에 널리 퍼진 사회주의 운동과 흡사하다. 당시에는 한국과 일본에서는 사회주의 사상을 모르면 식자층에 낄 수도 없었던 사회적 분위기가 있었다.

이익이나 안정복 등 초기 실학자들 사이에서 학문적으로 연구되고 토론되던 천주교는 그들의 제자에 이르러 신앙운동으로 발전했다. 그 주동자는 양평에 살던 권철신(權哲身, 1736-1801)과 권일신 형제, 경기도 광주 마현에 살던 정약전(丁若銓, 1758-1816), 정약종(丁若鍾, 1760-1801), 정약용(丁若鏞, 1762-1836) 삼형제였다. 이들은 1777년 겨울에 광주와 여주 사이에 있는 앵자산(鶯子山)에 있는 주어사(走魚寺)에서 김원성(金源星), 권상학(권일신 아들), 이총억(李寵億), 이벽(李檗, 1754~1786) 등과 함께 교리연구회를 열고, 권철신의 지도하에 수도생활을 했다. 이렇게 천주교를 믿기 시작하여 아침 저녁으로 기도를 드리고, 매월 7일, 14일, 21일, 28일에는 일을 하지 않고 교리를 지키며 묵상생활을 하였다. 1784년 4월 15일에는 이벽과 정약전 약용 형제는 남한강을 따라 서울로 올라오는 배 안에서 천주교 교리에 대해서 큰 소리로 토론을 벌여 다른 사람들의 호기심을 일으키면서 복음전파에도 힘썼다.

이때 정약전의 매부이던 이승훈(李承薰, 1756-1801)도 처남들과 천주교 신앙운동에 동참하고 있었는데, 교리를 배우면서 여러 가지 의문점들이 생기게 되었다. 그것은 교리와 전통 습관이나 풍속과의 불일치, 천주교 사회와 구사회의 모순 등에 관한 것이었다. 이런 의문점을 해명하기 위해 교리연구원 중 한 명을 북경에 보내기로 했는데, 이때 뽑힌 사람이 27살의 이승훈이었다. 때마침 부친 이동욱이 동지사 황인묵의 서장관이 되어 북경으로 가게 되었으므로 수백명의 동지사 일행에 끼어 1783년 10월 14일 서울을 떠나 12월 21일 북경에 도착했다. 일행은 북경에 40여 일을 머물렀는데, 이 기간 동안 이승훈은 빠리외방선교회 신부들이 있는 북천성당을 자주 찾아가서 필담으로 교리를 배우고 주님을 맞이하겠다는 마음의 준비를 마쳤다. 1784년 2월에 예수회 소속의 그라몽 신부로부터 조선교회의 반석이 된다는 뜻에서 베드로(바위)라는 세례명을 받고, 수십 권의 천주교 서적과 성화, 성물 등을 가지고 3월 24일 서울로 돌아왔다.

조선인 처음으로 세례를 받은 이승훈은 이벽에게 요한이라는 세례명으로 대(代)세례를 주고, 권일신에게는 자비에르라는 세례명으로 대세례를 주었다. 이 세 사람이 조선교회 창설의 주동인물이었다. 이후 정약전 삼 형제를 비롯하여 양반계급으로부터 중인계급, 상민 등을 입교시켜 수십 명에게 세례를 주었다. 이들은 1784년 겨울 어느 날, 서울 명동에 있던 역관 김범우(金範禹, 1751-1787) 토마스의 집에 모여 이벽을 지도자(가신부 假神父) 삼아, 주일 미사를 드림으로써 조선교회를 창설하게 되었다. 이와 같이 외부로부터 성직자가 입국하여 전교를 하지 않고 자생적으로 교회를 세우게 되었다는 것은 세계 기독교 전교 사상 조선 밖에 없다.

이후 천주교는 신유박해(辛酉迫害, 1801년, 순조 1년), 기해박해(己亥迫害, 1839년, 헌종 5년), 병오박해(丙午迫害, 1846년, 헌종 12년), 병인박해(丙寅迫害, 1866-73년, 고종 3년-10년) 등으로 엄청난 탄압을 받았음에도 불구하고 살아남아, 근검절약운동, 신분계급제도 타파, 축첩제도 타파, 미신행위 타파, 한글전용운동, 서양문화 수용 등을 통해 조선의 근대화에 크게 이바지 하였다. 특히, 한국의 기독교는 1960년 이후 천주교의 정의구현사제단과 개신교의 한국기독교협의회(KNCC)를 통해 박정희 유신독재정권에 저항하여 한국의 민주주의를 정착시키는데 큰 기여를 했다. 이 또한 실크로드 덕분이다.

한류(Koreanism) 현상

2013년 2월에 루마니아 수도 부쿠레시티에 있는 한 호텔에 갔다가 깜짝 놀랐다. 내가 코리아에서 왔다고 하자 호텔 직원이 "갱남스타일!"이라고 소리치면서 싸이의 〈강남스타일〉을 흉내 내는 것이었다. 이후 1년 동안 유럽과 실크로드를 따라 중앙아시아, 코카서스, 이집트, 요르단, 이스라엘을 돌아다녔는데, 〈강남스타일〉을 모르는 사람이 없었다. 노래를 잘 부르지 못하는 나도 노래를 부를 일이 생기면 이 노래와 춤을 흉내 내는 것으로 분위기를 잡곤 했다. 어디서나 반응은 너무 좋았다. 그건 현지 사람들이 대부분 이 노래와 춤을 알고 있었기 때문이다.

그루지아에서는 어느 시골에 있는 수도원을 찾아 갔는데, 마침 초등학교 어린이들이 단체로 소풍을 와서 신나게 노래를 부르고 춤을 추고 있었다. 그러다가 이방인인 나를 발견하자마자 수십 명이 내 주위를 둘러쌌다. 어릴 때 친구들이 우리 동네에 온 미군을 둘러쌓고 무언가 얘기를 했던 모습이 떠올랐다. 어린이들은 나를 위한 즉석 공연을 펼쳐 신나게 노래하고 춤을 추어주었다. 정말 참 잘 논다는 생각이 들었다. 공연을 마치자 그들은 이번에는 나에게 노래를 하라고 요청했다. 답가를 하라는 것이었다. 나는 주저 없이 일어나서 싸이의 〈강남스타일〉을 춤과 함께 흉내 냈다. 어린이들은 말할 것도 없고 선생님들까지도 너무 좋아하는 반응을 보였다.

중앙아시아에서는 여러 가지 텔레비전 드라마가, 이란에서는 철 지난 드라마 〈대장금〉에 이어 〈주몽〉이 대히트를 치고 있다. 아이돌 가수들의 노래와 춤도 전 세계 청년들에게 큰 감동을 주고 있다. 2000년 대에 들어오면서 우리의 가요, 드라마, 영화 등이 전 세계 팬들의 마음을 사로잡고 있다. 정부가 펼치는 대외 홍보로 한국을 알리는 저런 효과를 낼 수 있을까? 어림도 없을 것이다. 이게 문화의 힘이다. 일본이 150여 년 전부터 '자포니즘(Japonism)'이라는 용어를 통해 일본 문화를 서방 세계에 알렸다면, 우리는 '한류(Koreanism)'라는 용어로 우리 문화를 세계에 알리기 시작했다. 과거에는 실크로드를 통해서 우리가 중국 대륙을 포함해서 서쪽의 문화를 받아들였다면, 이제는 그 길을 통해서 우리 문화를 서쪽으로 전파시키고 있다. 실크로드가 있어서 가능한 일이다.

실크로드학을 개척한 정수일 교수

실크로드 문명에 관한 기행을 쓰면서 꼭 언급해야할 사람이 한 명 있다. 바로 우리나라 실크로드학을 개척한 정수일 교수이다. 이 분은 참 기구한 인생을 살아온 것으로도 유명하다. 중국 연변에서 태어나 연변고급중학교와 북경대학 동방학부를 졸업했다. 카이로대학 인문학부를 중국의 국비 연구생으로 수학했고, 중국 외교부 및 모로코 주재 대사관에서 근무했다. 평양국제관계대학 및 평양외국어대학 동방학부 교수를 지내고, 튀니지 사회경제연구소 연구원 및 말레이대학 이슬람아카데미 교수로 재직했다. 단국대 대학원 사학과 박사과정을 수료하고, 동대학 사학과 교수로 재직했다. 그러다가 국가보안법 위반혐의로 5년간 복역하고 2000년 출소했다.

현재 사단법인 한국문명교류연구소 소장으로 재직 중이며, 문명교류학 연구자로서 학술답사와 강의, 연구에 전념하고 있다. 특히, 이희수 교수와 함께 이슬람문명을 한국에 소개하는데, 큰 공헌을 했다. 저서로는 〈신라·서역교류사〉 〈세계 속의 동과 서〉 〈실크로드학〉 〈고대문명교류사〉 〈문명의 루트 실크로드〉 〈문명교류사 연구〉 〈이슬람 문명〉 〈한국 속의 세계〉 〈실크로드 문명기행: 오아시스로편〉 〈문명담론과 문명교류〉 〈실크로드의 삶과 종교〉 〈초원 실크로드를 가다〉 등이 있고, 역주서로는 〈이븐 바투타 여행기〉 〈혜초의 왕오천축국전〉 〈중국으로 가는 길〉이 있다.

특히 〈실크로드학 - 창비〉은 810페이지에 이르는 대작으로 실크로드를 연구하는 사람이면 반드시 필요한 책이다. 실크로드에 관한 학문적인 연구에 필요한 거의 모든 기초 자료를 담고 있다. 특히 정교수는 중국어, 아랍어, 일어, 영어 원전을 독파할 수 있는 보기 드문 학자이기도 하다. 그래서 혜초의 〈왕오천축국전〉을 번역할 때는 아랍 쪽 역사서도 많이 인용하여 역사적 사실의 객관성을 유지하는 업적을 남기기도 했다. 한 번도 만나보지는 못했지만 무엇보다 평생을 실크로드를 통한 문명교류 연구에 매진해왔다는 점에서 실크로드를 여행하고 실크로드 문명을 공부하고 싶은 나에게는 큰 스승이나 마찬가지다.

제3부

중국의 실크로드 문명을 찾아서

실크로드를 따라 황해를 건너다

나의 실크로드 여정이 일본과 한국을 거쳐 드디어 중국으로 넘어간다. 우리 조상들도 중국으로 사신이나 유학 또는 교역을 위해 드나들 때 육로 아니면 해로를 이용했다. 그런데 기록을 보면 안전한 육로보다는 해로를 더 무서워해서 일반적인 교통수단은 아니었다. 내 생각으로는 우리 민족이 원래 농경 정주형 민족이라 바다로 나가서 배를 타는 것이나 해외로 진출하는 것을 싫어했던 것 같다. 삼면이 바다인 나라가 장보고(?-846)를 제외하면 해외 진출의 역사가 없는 것을 보면 알 수 있다. 이런 저런 생각을 하는 사이 오후 1시 40분에 동서울버스터미널을 출발한 버스가 한 시간 만에 인천시외버스터미널에 도착했다. 다시 택시로 갈아타고 오후 3시경에 인천항 제2국제터미널에 도착했다. 배를 타고 중국에 가는 건 이번이 처음이다. 위동항운에서 운행하는 배를 타고 웨이하이(威海 위해)로 가는 길이다. 이번 여행은 일본과 한국에 이어 중국과 중앙아시아의 실크로드를 답사하는 길이니까 당연히 배를 타고 가야 한다. 북한을 통과해서 육지로 가는 길은 막혀 있으니까 지금은 이 뱃길 외에는 교통수단이 없다.

대합실에서 승선을 기다렸다. 거기서 실크로드는 아직도 생생하게 살아 있다는 사실을 확인했다. 오히려 옛날보다 더 활기가 넘치고 있었다. 중국과 한국을 오가는 관광객과 보따리 상인들로 대합실은 꽤나 북적거렸다. 상인들이 관광객보다 훨씬 더 많다. 옛날에도 이런 보따리 상인들이 두 나라를 왕래하면서 물건을 사고팔았을 것이다. 언제 두 나라 사람들이 이렇게 자유롭게 서로 드나들면서 물건을 사고 판적이 있었던가?

대합실이 너무 시끄럽다. 도떼기시장이 따로 없다. 중국 사람들은 어디를 가나 저렇게 시끄럽다. 10여 년 전에는 우리도 저랬다. 공공장소에서 시끄러운 것은 우리도 마찬가지이지만 우리보다 훨씬 더 심하다. 이제 경제 대국이 되었으니까 시민정신도 선진국 수준으로 올라갔으면 좋겠다. 말투와 옷차림부터 좀 바꾸었으면 좋겠다. 중국을 좋아하는 같은 아시아 사람으로서 진심으로 바라는 바이다. 그렇지만 중국인에게 소리치면서 함부로 대하는 한국 세관원의 태도는 더 꼴사나운 풍경이다.

오후 5시부터 체크인이 시작되었다. 입출국은 공항보다 덜 까다로운 거 같다. 세관 수속이 끝나면 버스를 타고 부두에 정박해 있는 배로 이동한다. 배가 3만 5천 톤급이니까 발틱해에서 스웨덴 스톡홀름과 핀란드 헬싱키 구간을 왕복 운항하는 페리인 셀야라인(Selja Line)의 절반 정도 크기다. 배를 타기 직전에 사진을 하나 찍으려고 했지만 직원들이 안 된다고 제지한다.

옛날에 우리 조상들은 배를 타고 황해를 건너 중국으로 가기 위해 얼마나 고생했을까? 박지원(朴趾源, 1737-1805)의 〈열하일기 熱河日記〉를 보면 육로도 중국으로 가는 길은 엄청난 고생길이었다. 물을 싫어해서 항해술이 미약했던 조선 사람들이 바다를 통해 중국으로 가는 길은 더욱 험난한 여정이었다. 조선시대 때 바닷길로 중국을 오갔던 사신들의 연행록(燕行錄)을 보면 그 고생길이 얼마나 힘들었는지 알 수 있다. 조선시대 바닷길은 후금(나중에 청나라)이 요동을 점령하여 명나라와의 육로 사행길이 막혔을 때 주로 이용되었다.

해로 사행(使行)길은 1621년부터 청의 등장으로 대명외교가 단절되는 1637년(인조 15년)

까지 17년간 이루어졌다. 1623년과 1624년에 이경전(李慶全, 1567-1644)과 이덕형(李德馨, 1561-1613)은 인조의 왕위 승인을 위해, 1631년에는 정두원(鄭斗源, 1581년~?)이, 1636년에는 김육(金堉, 1580-1658)이 해로를 통해 북경을 다녀왔다. 그때는 평안도 곽산의 선사포를 출발하여 산동반도에 있는 등주(지금의 봉래시로 웨이하이 서쪽에 있는 도시)에 상륙한 뒤, 육로를 거쳐 연경(북경)에 들어갔다. 해로 사행의 여정은 육로에 비해 두 배 반의 먼 거리로 총 5,600리 노정 중 바닷길이 3,760리였다.

또한 최부(崔溥, 1454-1504)가 쓴 〈표해록 漂海錄〉이나 신안 앞바다에서 침몰한 해저 보물선(신안선)을 보면 황해의 물길이 그리 만만하지 않았음을 짐작할 수 있다. 일본 승려인 원인(圓仁 엔닌, 794-864)이 쓴 〈입당구법순례행기 入唐求法巡禮行記〉를 보면 통일신라시대에도 중국에서 일본으로 돌아가는 길에 풍랑이 심해서 한반도 해안에 바짝 붙어서 항해를 했다는 기록이 나온다.

운임에 비해 시설 수준은 아주 낮은 편이다. 운항 시간이 왕복 28시간이나 되는 셀야라인은 4인실 객실이 62유로(약 11만원 정도, 유류세 포함)인데, 이 배는 2인실(또는 내부 방향 1인실)이 편도 18만원(유류세 포함)이다. 그러나 객실 뿐 아니라 내부 시설 수준은 훨씬 떨어진다. 배 안에서도 오락시설이 별로 없다. 객실은 다양하지만 서비스 시설은 미흡하다. 레스토랑 하나와 스낵바 분식집 가라오케 면세점 편의점 휴게실 하나가 전부다. 남녀 목욕탕도 있었다. 운항시간이 13시간이나 걸리는 배 치고는 승객을 위한 서비스 시설이 많이 부족한 편이다. 아직은 고객들의 구매력이 낮아서 그런지는 모르지만 면세점 물건도 별로 없었다.

저녁식사는 먹을 만했다. 6천 원짜리 한식 부페인데 흰밥에 김치와 반찬 몇 가지와 아욱된장국이 나왔다. 특히 내가 좋아하는 아욱된장국이 있어서 망설이지 않고 그 메뉴를 선택할 수 있었다. 음식에 중국 맛이 좀 가미된 어정쩡한 한식이다. 그렇다고 중국식도 아니고. 나중에 중앙아시아에서 밥이 먹고 싶어도 없어서 먹을 수 없었던 것에 비하면 배부른 불평이라고 할 수 있다. 양고기 꼬치구이가 먹음직스러워 보였지만 앞으로 중앙아시아 쪽으로 가면 질리게 먹을 거니까 참았다.

저녁을 먹고 갑판으로 나가서 인천의 야경을 구경했다. 별다른 개성은 없고 밋밋한 편이다. 3백만이 사는 대도시의 부두 야경이 별로라면 그건 좀 문제다. 도시 계획이 주먹구구식으로 되었다는 뜻이다. 여름답지 않게 바닷바람이 좀 차가워서 캐빈(객실)으로 들어왔다. 노트북 화면이 나오지 않아서 일정을 정리하지 못했다. 만약 고장이면 어떡하나 걱정을 많이 했는데, 한잠 자고 일어나서 다시 부팅해보니 정상이었다.

캐빈에서 유현진 야구를 보고 있는데, 무슨 행사를 한다고 갑판으로 나오라는 안내 방송이 나왔다. 정확하게는 알아듣지 못했지만 노트북도 안 되고 할 일도 없으니까 나가보기로 했다. 승무원과 100여 명의 승객들이 모여 불꽃놀이를 하고 있었다. 승객의 70-80퍼센트가 중국 사람들이니까 그들이 좋아하는 이벤트를 제공하는 것이었다. 이렇게 가까이서 불꽃놀이 사진을 찍기는 처음이다. 갑판에 화약 냄새가 진동하는 가운데 사람들은 환호성을 질러댔다. 화약 냄새와 불꽃이 묘하게 사람을 흥분시키는 무엇이 있었다. 중국 사람들이 명절 때마다 그렇게 불꽃놀이를 즐기는 이유를 조금은 이해할 거 같다.

객실이 꽤나 추워 긴팔 내복을 꺼내 입었다. 온도조절계가 고장이 나서 작동되지 않는다. 승무원에게 가서 얘기 했더니 폭이 2센티미터쯤 되는 빳빳한 도화지를 4장 준다. 그걸로 천장 에어컨 구멍을 막으면 된다는 것이었다. 참 아시아적인 발상이다. 엔진이 내는 진동소리가 너무 커서 신경이 쓰여서 잠을 제대로 잘 수가 없었다. 유럽에서 운행되는 페리와 동양에서 운행되는 페리를 몇 달 사이에 타다 보니까 자연스럽게 여러 가지가 비교가 된다. 밥 좀 먹고 산다고 선진국이 되는 게 아니라는 사실을 인천과 웨이하이를 왕래하는 페리를 보고 새삼스럽게 깨닫게 되었다. 그나마 다행인 것은 한국이나 중국이 곧 그들을 따라잡을 수 있다는 기미가 보인다는 점이다. 일본 말고도 많은 선진국이 빨리 아시아에서 출현해야 한다. 그래야 아시아인들의 위상이 높아지고 아시아인의 삶의 질이 개선되니까. 이런 해상 교통편의 서비스 질도 높아지고. 객실에는 작은 텔레비전이 한 대, 기다란 테이블이 하나, 혼자 앉을 수 있는 작은 소파 하나, 화장실 겸 샤워실이 구비되어 있었다. 처음에는 2인실을 예약했는데, 매표소 직원이 창이 없는 안쪽 1인실은 가격이 똑같다고 해서 1인실을 요구했다. 지난 5월에 스톡홀름과 헬싱키간 6만톤급 페리를 한번 타본 경험이 여러 가지로 큰 도움이 되었다. 국제선 페리는 배의 크기나 시설과 서비스 수준만 다르지 기본 운영시스템은 똑같으니까. 객실에 놓여있는 소파는 더러워서 앉을 수가 없었다. 침대 시트는 그런대로 깨끗했고 샤워실 온수는 그런대로 잘 나왔다.

다양한 객실을 구경할 수 있었다. 일부러 본 게 아니고 모두 문을 열고 있으니까 복도를 지나가면서 저절로 보게 된 것이다. 우리나 중국 사람들은 사생활에 대해서는 크게 신경 쓰지 않으니까. 셀야라인에서 러시아 젊은 친구들이 객실 문을 열어놓고 시끌벅적하게 노는 모습이 연상되었다. 어떤 중국인은 런닝셔츠 바람으로 식당으로 밥을 먹으러 온 사람도 있었다. 이제 중국이 제2의 경제대국이 되었으니까 중국인들도 국제 수준에 맞는 매너를 갖추었으면 하는 바람이다.

불꽃놀이를 보고 들어가다가 식사를 다 마친 식당에서 섹소폰 연습하는 사람들을 보았다. 내가 섹소폰 연습하던 때가 생각났다. 몇 년 전에 6개월 정도 레슨을 받다가 도중에 포기하고 말았다. 나는 음악적 재능이 없다는 사실을 새삼스럽게 확인했고, "내 진즉 그럴 줄 알았다"라는 아내의 빈정거림도 함께 들어야 했다. (2013년 9월 2일 월요일, 맑음)

웨이하이에서 취양으로 가는 길

오전 9시쯤 페리가 웨이하이(威海 위해) 항구에 도착했다. 배에서 내리는 방법이 셀야라인과 좀 다르다. 이 배에서는 각 객실 복도마다 직원이 지키고 서서 차례대로 내리도록 통제했다. 우리나 중국인들이 질서를 잘 지키지 않아 그런 방법을 사용하는 것 같다. 아침에 한식 서비스 시간을 착각하여 아침식사를 놓쳤다. 중국식 서비스 시간에 식당에 갔는데, 음식이 너무 부실해서 포기했다. 매점에서 전복죽과 두유를 사서 아침식사를 해결했다.

버스로 세관으로 이동했다. 입국심사는 간단했다. 미니밴으로 시외버스터미널로 이동하는데 50원을 주었다. 영어를 잘하는 어떤 중년 여인의 도움으로 뤄양(洛陽 낙양)으로 가는 침대버스의 표를 샀다. 오전 11시 40분 버스다. 일반인들과 영어로 소통하기는 우리나 중국이나 마찬가지로 어렵다.

여행 하면서 침대버스는 처음 타본다. 중국에서 이스라엘까지 침대버스는 중국 밖에 없다. 처음 보았을 때는 불결해서 별로 마음에 안 들었는데, 나중에 중앙아시아에서 10시간 이상씩 장거리 버스를 타다 보니 이 버스가 그리워졌다. 버스 안에는 앉는 의자 대신 한 사람이 겨우 누울 수 있는 2층 침대가 3줄로 놓여 있다. 정원은 30명 정도이고, 두 명의 운전사가 교대로 운전을 한다. 이 버스는 특히 밤새워 도시와 도시를 이동할 때 편리하다. 운임은 상당히 비싸지만 숙박비를 생각하면 그리 비싼 편도 아니다.

남자들은 주로 2층, 여자들은 1층 침대를 주었다. 2층은 오르내리기도 힘들고 진동이 심해서 1층보다 더 불편하기 때문이다. 자다 깨다 자다 깨다를 반복했다. 버스가 약 두 시간마다 한 번 씩 휴게소에 들렀기 때문에 화장실 가는 일은 큰 문제가 없었다. 휴게소 음식도 그런대로 먹을 만했다. 버스는 중간도시인 라이양 웨이팡 쯔보 지난 푸양 정저우 등을 경유했다. 컴컴한 밤과 새벽에 대강 확인했기 때문에 정확히 맞는지는 잘 모르겠다.

버스가 출발한지 18시간 만에 다음 날(9월 4일) 아침 6시경에 뤄양휴게소에 도착했다. 여기는 버스가 시내 버스터미널로 가는 것이 아니라, 고속도로 휴게소에 내려주기 때문에 시내로 들어가는 교통편이 없다. 고속도로 휴게소는 시내와는 꽤나 떨어져 있었다. 버스도 없고 택시도 없어서 어떻게 갈지 막막했다. 한참을 이 사람 저 사람을 붙잡고 물어보았다. 모두 택시를 타고 가야 한다고 하는데, 하필 택시도 없었다. 그때 어떤 누추한 시골 사람이 자기를 따라 오라고 한다. 중국 지방에서는 낯선 이방인들을 납치해서 장기를 적출한 후에 매매하는 인신매매범들이 많아서 위험하다는 뉴스를 본 터라 잔뜩 겁을 먹고 일단 거부했다. 십여 분을 그렇게 휴게소에서 서성거렸다.

처음 그 사람이 집요하게 다시 접근했다. 고속도로 방어벽을 넘어서 그 사람을 따라 갔더니 밭 가운데에 '툭툭이'가 한 대 서 있었다. 툭툭이는 오토바이를 택시로 개조한 것으로 태국과 필리핀, 싱가포르에서도 타본 적이 있다. 달릴 때 "툭 툭 툭 툭"하고 소리를 낸다고 해서 한국인들이 툭툭이라고 부른다. 말은 전혀 안 통했지만 버스 타는 곳까지 데려다주겠다는 뜻인 것 같았다. 잔뜩 경계하는 자세로 툭툭이 뒷자리에 앉아서 시골 벌판을 지나자 작은 마을이 나왔다. 툭툭이로 버스 타는 곳까지 30위안(6천원)을 주었다. 최근 외형적으로 급성장한 중국 경제와는 달리 시골마을의 형편은 우리 60년대의 시골마을과 비슷했다. 아직도 흙으로 지은 담과 집이 많았다. 주민들의 차림새도 정말 남루했다. 내가 좋아하는 장예모 감독이 만든 영화 〈붉은 수수밭〉에 나오는 마을이 거기 있었다. 중국이 경제성장의 그늘로 빈부격차가 심각하다는 사실을 한눈에 알 수 있었다. (2013년 9월 4일, 수요일, 맑음)

룽먼(용문)석굴의 도시 뤄양

도로변에는 출근하려는 마을 사람들이 몇 명 서 있었다. 툭툭이 기사가 알려준 버스를 타고 뤄양(낙양) 시내로 이동했다. 시내버스를 바꾸어 타고 버스터미널로 가려고 했으나 두 번이나 실패했다. 뤄양은 내가 어릴 때 많이 읽었던 중국 무협지 만화에 자주 등장하는 중국의 고도이다. 수많은 무림의 고수들이 이 뤄양을 무대로 활약을 펼쳤다. 남북조시대의 북위(北魏, 386-534)를 비롯해서 장안(시안) 다음으로 많은 왕조들이 수도로 삼았던 족보 있는 도시다. 위키백과에 실린 내용을 참조하여 정리하면 다음과 같다.

원래 뤄양(洛陽)이라는 이름은 도시가 뤄허(洛水)의 북쪽에 위치한 데에서 유래되었다. 뤄양은 몇 세기 동안 낙읍(洛邑), 낙주(洛州)와 같은 다양한 이름으로 불렸다. 또한 당나라 때는 동쪽의 수도라는 의미로 동도(東都)라 불렸고, 남송(1127-1279) 때는 서쪽의 수도라는 의미로 서경(西京) 혹은 경락(京洛)으로 불리었다.

하나라(夏, 기원전 21세기 - 16세기경), 상나라(商, 기원전 16세기경 - 1066년), 주나라

(周, 기원전 1066년 - 기원전 256년) 때에 이 곳으로 도읍을 잡아 생활했다는 말이 갑골문에 전해진다. 그리고 한(漢) 고조 유방(劉邦, 기원전 256년 - 기원전 195년)이 세운 한나라(기원전 206년 - 서기 226년) 때 대도시로 발전하고, 황하 강을 통해 물자가 많이 들어와 경제적으로 발달한 도시로 거듭난다. 그 이후 한(漢) 세조 유수(劉秀)가 신(新, 8-23)나라를 세운 외척 왕망(王莽)을 무찌르고 낙양에 수도를 두어 도시 발전에 힘을 쓴다. 그 결과 낙양은 경제적으로나 정치적으로나 모든 면에서 상당히 발전한 도시가 된다.

그러나 한나라는 후반부에 황건적의 난(184-194)을 거치면서 쇠퇴해지기 시작했다. 동탁(董卓, ? -192)이 집권하자 조조(曹操, 155-220), 손견(孫堅, 156-192), 원소(袁紹, ?-202) 등이 궐기하여 동탁에 맞서 싸웠다. 이 와중에서 후한의 수도인 낙양은 결국 승상인 동탁이 불을 질러 폐허 도시로 만든다. 이 사건 이후로 옛날이나 지금이나 뤄양 시민들은 동탁에 대해서 깊은 반감을 가지고 있으며, 동(董)씨 성을 가진 사람들을 핍박하고 혐오한다. 동탁은 멋대로 권력을 휘두르며 황제 행세를 하다가, 같은 편인 왕윤(王允, 137-192)과 여포(呂布, ?-198)에 의해 죽음을 당하고, 또다시 군벌들이 싸움을 일으킨다. 그러자 낙양은 수도로써 제 기능을 하지 못했다. 위나라(魏, 220-265) 때 조조의 아들인 조비(曹丕, 187-226)가 새로이 황궁을 정비하고 많은 주민들이 다시 이사를 오자, 삼국시대 중 가장 화려하고 번창한 도시가 되었다. 위를 이은 서진(西晋, 265-316) 역시 뤄양을 수도로 삼았다. 이에 따라 뤄양 시민들은 동(董)씨 성을 가진 사람들을 혐오하는 반면, 조(曹)씨 성을 가진 사람들을 우대하고 존경한다고 한다.

그러나 화려한 번영을 누리던 도중, 4세기에 들어 북방의 유목민족이 화북에 침입해오기 시작했다. 낙양은 소위 북방 오랑케 유목민들이 지배한 5호16국시대(304-439)에 갈(羯)족이 세운 후조(後趙, 319-351), 선비(鮮卑)족이 세운 전연(前燕, 334-370)과 후연(後燕, 384-407), 저(氐)족이 세운 전진(前秦, 351-394), 강(羌)족이 세운 후진(後秦, 384-417) 등이 점령했었다. 이런 혼란기를 거쳐 439년에는 북위가 북중국을 통일하고, 493년에 수도를 뤄양으로 옮졌다. 북위는 534년에 분열되었고, 589년에는 수나라(隨, 589-618)가 중국을 통일하였다. 수 양제 양광(楊廣)은 대신들의 의견은 듣지도 않고 무리를 하면서까지 아버지인 수 문제 양견(楊堅)이 정한 수도를 장안(長安)에서 뤄양으로 옮기려 하였는데, 이는 수나라가 망하는 한 원인이 되기도 했다. 양광은 황위에 오르고 백성들로 하여금 강제로 토목 공사를 시켜 뤄양에 큰 대수궁을 짓고 큰 운하를 만들었다.

당나라가 중국을 통일하면서 뤄양은 장안 다음으로 큰 도시가 된다. 이제 비록 뤄양은 정치적인 도시로써의 기능은 쇠퇴했으나, 황하 강을 통한 경제도시로서의 기능은 변함이 없었다. 경제적으로 아주 발전한 도시였기에, 장강(長江 - 양쯔강)에 있는 대도시 난징(南京)과 더불어 당나라 이후의 시기부터 현대 시기까지 뤄양은 갑부들이 가장 많이 거주하는 도시로 거듭났다.

시외버스터미널 앞에서 60위안을 주고 택시로 용문석굴(龍門石窟 룽먼시쭈)로 갔다. 용문석굴은 선비족이 세운 북위가 수도를 북쪽의 평성(현재의 대동 부근)에서 낙양으로 천도하면서 교외인 용문에 지은 석굴 사원이다. 북위의 수도가 북쪽인 평성에 있을 때, 둔황석굴을 지은 기술자와 화가들을 데려다 지은 불교사원이 운강(雲崗 윈깡)석굴이다. 그러니까 용문석굴은 운강석굴을 지은 다음에 지은 불교석굴이다. 유유히 흐르는 뤄허강(洛江)을 내려다보는 바위산에 지은 이 석굴은 길이가 약 1킬로미터에 2,345개의 석굴과 14만 2,289개의 불상과 불화가 조각되거나 그려져 있다. 불교가 중국 중원에 정착하던 494년부터 조성하기 시작하여 수나라(589-618)와 당나라(618-907)를 거쳐 북송(960-1127) 때까지 약 500년에 걸쳐 공사가 계속 되었다. 용문석굴의 수많은 불상을 보고 있으면 석굴암과 서산마애불이 어디서 왔는지 금방 이해가 된다.

나는 용문석굴을 보면서 그 거대한 규모와 완성도 높은 예술성과 다양함에 놀라지 않을 수 없었다. 한국과 일본에서 보지 못한 다른 차원의 불교 예술이 강을 사이에 두고 펼쳐져 있었다. 역시 스케일 하면 중국이라더니 그 말이 전혀 빈 말이 아니었다. 유럽에서는 그 어떤 기독교 유적이나 유물 중에서도 저렇게 스케일이 큰 종교 유산은 본 적이 없다. 앞으로 미국이나 유럽이 중국을 두려워해야 하는 이유는 경제력이나 군사력이 아니라 바로 저와 같은 문명의 역사성과 위대함이 아닐까 하고 감히 진단해본다.

▶ 노사나대상감(용문석굴)

▶ 용문을 뤄허에서 바라 본 전경 (자료사진)석굴

위키백과에는 다음과 같이 소개되어 있다. 용문석굴은 중국 허난성 뤄양 시의 남쪽 13 킬로미터 아래의 양쪽 언덕에 있는 동굴 사원이다. 유네스코 세계문화유산에 등록되어 있다. 용문석굴의 역사는 북위의 효문제가 산서성의 다퉁(대동)에서 뤄양으로 천도한 494년부터 시작된다. 불교 조각 역사상 운강석굴의 뒤를 이은 용문기(494-520)로 불리는 시기의 시작이다.

운강석굴의 엉성한 사암질과 비교하면 용문석굴의 특징은 딱딱하고, 촘촘한 감람석 재료로 되어 있어서 어려움이 많았다. 북위 때 조성된 불상들의 양식상의 특징은 갸름하고 처진 어깨, 목이 긴 조형이며, 전체적으로 가녀린 인상을 주는 점에 있다. 또한, 중국 고유의 조형도 눈에 띄어, 서방풍의 흔적은 희박해진다. 상괘좌가 발달하고, 장식도 섬세하여 회화적인 표현이 두드러진다.

최초의 제작은 북위 때인 5세기말 〈고양동 古陽洞〉 내부에서 볼 수 있는 개인적인 불상 축조에서 먼저 시작되었다. 〈빈양동 賓陽洞〉 3굴 가운데, 실제로 북위때 완성한 것은 〈빈

양중동〉 뿐이었고, 〈빈양남동〉 과 〈빈양북동〉 이 완성된 것은 당나라 초기였다. 그 외에 북위 시기의 대표적인 석굴은 〈연화동 蓮花洞〉 이다. 북위 멸망 후에도 석굴의 축조는 계속되어, 〈약방동 葯方洞〉 은 북제(北齊 550-577)로부터 수나라에 걸쳐 축조되었다.

당나라 때인 641년에는 빈양 3동을 복구하여, 저수량(褚遂良)에게 서도(書道) 역사상 유명한 〈이궐불감비(伊厥佛龕碑)〉를 쓰게 하여 비석을 세웠다. 당나라 시대의 첫 대표작으로는 656년부터 669년 사이에 완성한 〈경선사동 敬善寺洞〉 이 있다. 그 후 〈혜간동 惠簡洞〉 이나 〈만불동 萬佛洞〉 이 완성되어, 고종(649-683) 시대에 용문석굴은 최대의 전성기를 맞이하게 된다. 그 절정기의 석굴이 675년에 완성된 〈봉선사동 奉先寺洞〉 이다. 이것은 용문 최대의 석굴로 그 본존 비로자나불의 얼굴은 당시 이미 실권을 장악하고 있던 측천무후(則天武后, 624-705)의 용모를 조각한 것이라는 전설이 있지만, 기부된 시기와 맞지도 않고 여러 근거에 의해서 부정되고 있다. 내가 볼 때는 본존의 얼굴이 여성스럽기도 하지만 한편으로는 간다라인 얼굴이 남아있다는 인상을 받았다. 아직 불상들이 완전히 중국인화 되지는 않았다는 뜻이다.

측천무후의 시대에는 서산(西山)의 남쪽에 있는 〈정토동 淨土洞〉 의 부근까지 축조가 되었고, 측천무후 말에서 현종(712-756)에 걸친 시기에는 동산(東山)에도 산과 들을 깎아 석굴을 축조하게 되게 되었다. 〈간경사동 看経寺洞〉 이 그 대표적인 작품이다. 또한, 조각된 불상의 곁에는 조각상의 동기나 공양문, 각자의 이름이나 조각된 시기 등이 조상기로서 조각되어 덧붙여져 있다. 북위 때부터 조각되어 특별히 뛰어난 20점에는 〈용문 20품〉이라고 하여 육조시대 진서(晉書)라는 서적으로 남아 있다. 육조시대(六朝時代, 229-589)란 중국 삼국시대의 오(吳, 229-280)나라부터 동진(東晉, 317-420), 남조(南朝)의 송(宋, 420-479), 제(齊, 479-502), 양(梁, 502-557), 진(陳, 557-589)까지의 시대를 말하며, 모두 난징(南京)을 수도로 하였다.

이런 역사와 불상 양식의 특징을 미리 공부하고 보았으면 훨씬 더 흥미 있게 보았을 텐데, 미리 공부하지 않은 나의 게으름만 탄식할 따름이다. 이런 위대한 인류문화유산을 감상할 때는 "아는 만큼 보인다"라는 말이 정말 실감난다. 그리고 이런 위대한 유적은 적어도 하루 꼬박 발품을 팔아도 겨우 이해할까 말까 하는데, 겨우 반나절에 모두 섭렵하려 하니 이런 것을 두고 '수박 겉핥기식'이라고 할 것이다. 다시 와서 자세히 볼 것을 기약하면서 아쉬운 발길을 돌린다. 어제 아침부터 지금까지 잠도 제대로 자지 못하고 강행군을 해서 이제 더 걸어 다닐 힘도 없다.

30위안을 주고 택시로 뤄양 기차역으로 이동했다. 급행열차 이상을 타려면 구역이 아니라 신역으로 가야 한다. 마침 시안행 특급 12시 44분 기차가 있었다. 요금은 1등석이 238위안(약 370킬로 미터 거리에 2만 5천원). 속도는 KTX와 비슷했고, 서비스는 더 나았다. 승무원이 스낵 하나와 차 한 잔을 가져다주었다. 뤄양에서 하루를 자지 않고 이렇게 시안으로 이동하는 게 아쉽다. 뤄양부터 푸르른 논밭이 사라지고 누런 황토를 개간한 밭이 나타나기 시작한다. 전체적인 풍광이 누런 황토 색깔이다. 밭작물도 옥수수나 해바라기 등이 거의 대부분이다. 이런 곳에 가뭄이 들면 이 사람들은 무얼 먹고 살까? 참고로 1556년에는 시안 지역에 반란과 가뭄으로 83만 명이 굶어 죽었다는 기록도 있다. 그 정도로 이 지역 농사는 하늘에 의존하는 비율이 높다. (2013년 9월 4일, 수요일, 맑음)

실크로드의 중앙역 시안

뤄양을 출발한 지 두 시간 만에 시안에 도착했다. 시안에도 기차역을 새로 지어 시안북역(시안북점)이라고 한다. 지하철을 타고 종루로 이동했다. 가격은 3원. 지하철도 2년 전에 새로 지었다고 한다. 중국의 서쪽의 주요 도시에 있는 거의 모든 역사는 새로 지어서 으리으리하다. 규모도 크고 깨끗하다. 화장실도 모두 현대식이다. 앞문이 없거나 옆 칸막이가 없는 기차역 화장실은 시안부터 카스까지 어느 도시에서도 전혀 보지 못했다. 무섭게 성장하고 변모하고 있는 중국의 힘을 보는 듯했다.

시안(장안)은 중국의 도시 중에서 당나라를 비롯해서 가장 오랜 기간 여러 왕조의 수도였던 고도이다. 당나라 때 전성기에는 인구가 100만 명으로 당시 바그다드와 콘스탄티노플(이스탄불)과 더불어 세계 최대의 도시였다. 모든 문물은 장안으로 흘러들어와 사방으로 흘러나갔다. 전 세계의 중심지로서 동양과 서양, 페르시아와 아랍, 그리고 북쪽의 유목세계와 남쪽의 농경세계를 연결하는 교차로였다. 당시에는 인구 20명당 1명이 외국인일 정도로 개방적인 도시였다. 장안에는 소그드인, 페르시아인, 아랍인, 투르크인 등 서역인들이 많았고, 동쪽으로는 고구려, 백제, 신라, 일본 등으로부터 불경과 선진문물을 배우러 오는 유학생들이 1만 명을 넘었다고 한다. 그래서 거리에는 서역의 유목민풍이나 페르시아풍의 문화와 예술, 풍습, 음식이 넘쳐나 '호풍(胡風)문화'가 유행했다.

시안은 웨이허 강(渭河)이 흐르는 황토 고원에 있다. 나는 란주로 가는 기차 안에서 온통 흙탕물로 누런 이 강을 내려다보면서 황하인줄 착각했다. 장안(長安)은 중국의 고도(古都)로 현재 산시 성(陝西省)의 성도(省都) 시안 시(西安市)에 해당한다. 위키백과에 의하면 장안을 다음과 같이 기술하고 있다. 한(漢) 왕조의 시기에 장안으로 명명되었는데, 이후 전한(前漢), 북주(北周), 수(隋) 왕조의 수도였다. 당(唐) 왕조의 시대에 장안은 대제국의 수도로서, 세계 최대 규모의 도시로 발전했다. 또한 서도(西都), 대흥(大興), 중경(中京)으로 불린 적도 있었다. 송(宋) 왕조 이후 정치 · 경제의 중심이 동쪽의 개봉(開封)으로 옮겨가면서 장안은 더 이상 수도로서의 기능을 잃어버렸다.

당대의 장안은 주변 여러 나라의 도성 건설의 모범으로서 신라의 왕경(王京)이나 발해 상경용천부는 물론, 일본의 헤이조쿄(平城京)와 헤이안쿄(平安京)가 장안을 모방해 세워졌다. 수도(首都)를 가리키는 말인 '장안'은 오래된 도읍인 장안에서 따왔다.

장안의 도시로서의 역사는 주(周, 기원전 1066년 - 기원전 256년) 왕조의 도읍이었다는 풍읍(豐邑)에서 시작되는데, 풍경(豊京)이라고도 불린 풍읍은 문왕(文王) 때까지 종실인 주공(周公)의 도읍이었다. 무왕(武王)이 은(殷) 왕조의 주왕(紂王)을 멸망시킨 후, 풍수(灃水)를 사이에 두고 풍읍 맞은편에 있던 호(鎬) 땅으로 천도했다. 주의 수도는 호경(鎬京)이라 했는데, 호경은 지금의 시안 시 서남쪽 근교에 해당하는 곳이다. 호경은 정치를 맡고 풍읍은 제사의

▶ 시안의 중심에 서 있는 종루

중심이었던 것으로 추측된다. 호경은 12대 유왕(幽王) 때 전란으로 파괴되고 평왕(平王)은 기원전 770년에 낙읍(洛邑)으로 천도했다. 이후 이 지역은 춘추전국시대에 진(秦)의 영토가 되었으며, 전한 무제(武帝, 재위 기원전 141년 - 기원전 87년) 때의 토목공사로 당시의 유적은 파괴되었다고 한다.

진나라 때 서쪽 근교에 진의 수도인 함양(咸陽)이 건설되었다. 진의 멸망 후 전란을 거쳐 한 왕조를 세운 유방(劉邦)은 파괴된 함양의 교외에 새로운 도성을 건설하고 장안으로 명명했으며, 혜제(惠帝) 때 성벽이 건축되었다. 장안성의 남쪽은 남두칠성, 북쪽은 북두칠성의 형태를 하고 있었기에 당시의 장안성의 별칭인 두성(斗城)이 탄생했다. 장안성에는 9시(市), 12문(門)이 설치되었고, 성내에는 미앙궁(未央宮), 장락궁(長樂宮), 북궁(北宮), 주궁(桂宮)이라는 궁전이 있었으며, 전체적인 도시의 형태는 방형이 아닌 다소 찌그러진 형태를 하고 있었다. 그 후 전한(기원전 206년 - 서기 23년), 신(新, 8-23), 후한(22-230, 멸망 전의 몇 년간), 전조(前趙, 304-329), 전진(前秦, 351-384), 후진(後秦, 384-417), 서위(西魏, 535-556), 북주(北周, 556-581)가 수도로 삼았다.

북주를 멸하고 수 왕조를 세운 양견(楊堅)은 생활환경의 악화나 정치적인 문제 등을 이유로 이때까지의 장안을 폐지하고, 그 교외에 있던 용수원(龍首原)에 새로운 도성을 세운다. 새로운 도성을 만드는 공사를 맡은 것은 우문개(宇文愷, 555-602)였다. 처음에는 대흥성(大興城)이라 불린 도성은 수·당 시기의 수도이자 국제도시로서의 장안의 모태가 되었으며, 중앙에 주작대로로 불리는 남북으로 길게 뻗은 도로인 주작문가(朱雀門街)를 끼고 왼편에 54방(坊)과 동시(東市)를, 오른편에도 54방과 서시(西市)를 만들어 총 110개의 방시(坊市)로 이루어진 조방도시(條坊都市)였다. 장안을 모방해 지은 헤이안쿄와 다른 점이 있다면 장안 성내에는 방마다 사면에 높은 장벽을 둘러쌌다는 점이었고, 장벽의 문은 밤에는 닫혀서 통행이 금지되었다. 또한 용수원은 북쪽에서 남쪽을 향해 6단의 계단처럼 이루어진 대지 모양의 구릉 지대였다. 설계자인 우문태는 이것을 주역(周易)의 육효(六爻)로 삼아 도시계획을 세웠다고 여겨진다. 천자(天子)의 자리에 해당하는 구이(九二)에 궁성(宮城)을 두고, 군자의 자리에 해당하는 구삼(九三)에는 황성(皇城)을 배치하였다. 나아가 〈주역〉에서 말하는 구이(九二)보다도 가장 높은 곳에 해당하는 구오(九五)의 언덕은 일반 서민이 살기 어렵고 재앙의 근원이라 여겨 국립 사찰인 대흥선사(大興善寺)와 국립 도관(道觀)인 현도관(玄都觀)을 두어 국태민안을 기도하였다.

최전성기 장안의 인구는 백만 명에 이르는 대도시로 발전했지만, 동시에 식량문제라는 치명적인 문제도 내포하고 있었다. 관중(關中) 지역은 장안의 불어난 인구를 지탱할 식량 생산이 불가능해서 강남으로부터 대운하를 따라 대량 운송이 이루어졌다. 조정은 이러한 문제를 식량 반입이 편이한 장소로 일시적으로 옮겨두는(낙양을 부수도로 삼은 것도 이러한 이유가 있었다) 등의 대응책을 내놓았다. 안사의 난(755-763) 이후 정치적 불안정으로 대운하 관리가 차츰 곤란해지고 대운하가 통항 불가능한 지경이 되어 장안의 식량 가격은 몹시 치솟는 결과를 가져왔고, 빈곤층 가운데 굶어 죽는 자들이 잇따랐다.

당 왕조가 멸망하기 직전 왕조를 찬탈한 주전충(朱全忠, 852-912)에 의해 수도가 낙양으로 옮겨진 뒤, 장안이 다시 수도가 되는 일은 없었다. 당말의 전란으로 황폐해진 장안 대신 새로운 왕조의 수도는 동쪽의 낙양으로 옮겨졌다. 당을 멸하고 후량(後粱, 907-923)을 세운 주전충은 수도를 낙양 동쪽에 있던 개봉으로 옮겼다. 이로 인해 수도 기능을 잃은 장안의 성벽은 축소되어 하나의 지방도시가 되었다. 명대에 장안으로의 천도론이 주창된 적이 있었지만, 이미 당대에 식량 문제를 안고 있던 장안으로의 천도는 실현되지 않았고, 명칭을 서안(西安, 시안)으로 개칭해 지방 도시로서 발전해갔다. 중국 현대사에서는 1936년 장쉐량이 항일투쟁을 요구하며 장제스를 억류하는 시안사변을 일으켜 제2차 국공합작의 계기가 되었던 도시이기도 하다. 지금의 시안은 중국의 '일대일로'(一帶一路: 육상·해상 실크로드) 정책과 서부

개발의 중심지가 되어 과거의 영화를 되찾으려는 노력을 하고 있다.

현재의 시안에는 당나라 당시의 유적과 유물들이 많이 남아 있다. 청진대사, 소안탑, 대안탑, 대흥선사, 종루와 고루, 명대 성벽, 비림박물관, 산시역사박물관 등이 볼만하며, 주위에 펴져 있는 화청지, 진시황릉, 병마용박물관, 법문사, 건릉, 영태공주묘, 장덕태자묘, 임동박물관, 함양박물관 등도 주요 볼거리이다.

숙소인 국제청년여사(유스호스텔)는 종루 우체국과 켄터키프라이드치킨 바로 뒤에 있다. 싱글 140위안에 보증금 120위안, 욕실 포함, 아침 불포함. 객실은 그런대로 깨끗했다. 샤워물도 잘나오고. 빨래부터 하고 너무 피곤해서 낮잠을 한숨 잤다.

오후 5시에 도로 건너편에 있는 회족거리로 이동했다. 정말 이색적인 볼거리와 먹을거리가 많았다. 회족거리는 한족들은 거의 없고 현지 주민인 무슬림들과 외지인인 관광객들로 온통 북새통이었다. 여기에 수많은 서역 사람들의 후손들이 살고 있다니 정말 감회가 새로웠다. 오래 전부터 내가 보고 싶었던 시장이다. 서역 사람들이 운영하는 시장.

▶ 회족거리 이모저모

회족거리는 정말 상인 반 관광객 반으로 성시를 이루고 있었다. 이 거리를 걷다보면 이들의 조상인 서역인(주로 소그드인, 페르시아인, 아랍인)들이 정말 장사 수완이 뛰어나다는 걸 실감할 수 있다. 거리에는 양꼬치를 숯불에 굽는 연기가 자욱하고, 상인들의 호객소리로 정신이 하나도 없다. 당나라 때부터 이 사람들의 선조들이 여기에 이슬람 사원인 청진사(淸眞寺)를 짓고 자기 신앙을 지키면서 장사를 해온 그들의 생명력에 경외감이 생겼다. 지금도 수만리 떨어진 다른 나라에 가서 정착하기가 쉽지 않은데, 까마득한 옛날에 그런 이민생활을 했다는 것은 그들의 적응력과 생명력이 보통이 아님을 말해 준다.

먹을 것이 너무 많아 뭘 먹을지 모르겠다. 행복한 고민이다. 가장 인기가 좋은 당면으로 만든 면을 먹었다. 이름은 양육포막(羊肉泡饃, 양러우파오모). 손님이 바글바글해서 들어갔는데, 내 입맛에는 잘 맞지 않았다. 국물이 많은 면이 아니라 걸쭉한 당면 비슷했다. 양고기 식사의 서막이 열렸다. 여기부터 터키까지 3개월 동안 양고기로 만든 요리를 주로 먹었다. 양고기를 잘 먹는 나도 그건 힘든 일이었다. 저녁식사 후 회족거리를 조금 돌아다니다가 너무 피곤해서 저녁 7시쯤 숙소로 돌아왔다. 아내에게 전화도 못하고 곯아 떨어졌다. 아침 6시까지 한 번도 잠을 깨지 않고 잘 잤다. (2013년 9월 4일, 수요일, 맑음)

서역문명의 보물창고

이슬람 사원인 청진대사(淸眞大寺)를 찾다가 한참이나 헤맸다. 나는 청진사가 하나인줄 알았는데 여러 개가 있었다. 서양시(西羊市)로 들어가서 처음 만난 이슬람 사원은 청진사였다. 처음에는 청진사를 청진대사로 착각했다. 중국에서는 회교사원을 청진사라고 한다. 외관은 불교사찰과 비슷하다. 7세기에 발생한 이슬람교는 751년에 벌어진 탈라스(현재 키르기스탄 북서부 도시) 전투에서 아랍군이 당나라 군사를 물리치면서 천산을 넘어 중국 신장 지역까지 전파되었다. 이때 당나라 군사를 지휘한 장군이 고구려 유민의 후손인 고선지 장군이다. 처음에는 이슬람 사원 건축에 대한 어떤 표본이 없었기 때문에 현지에 있는 불교 사찰을 모방해서 사원을 지었던 것이다. 그래서 시안에 있는 이슬람 사원들은 모두 외관상 불교 사찰과 차이가 없다. 청진대사에 있는 월비(月碑)는 이슬람 달력의 계산법을 한자와 아랍어로 새겨놓았다. 서역의 이슬람 문화와 동양의 중국 문화가 융합된 매우 중요한 유물인 것이다.

▶ 중국식 회교사원인 청진대사

▶ 청진대사에 있는 월비

청진대사 가는 길에 어떤 공중화장실에 들어갔다. 그런데 황당하게도 앞문이 없다. 이건 서막에 불과하고 앞으로 이런 화장실을 수도 없이 만나게 된다. 파키스탄으로 넘어가는 홍치라포 국경초소에 있는 화장실은 아예 옆 칸도 없다. 새로 지은 화장실도 있었는데, 무슨 일인지 마침 문이 잠겨 있었다. 나는 어떤 남자가 앉아서 응아를 하는 걸 보고 질색을 하고 나와 버린 적이 있다. 참 어리석은 짓이었다.

▶ 대진경교유행중국비(비림)

거리에서 병에 담아 파는 우유처럼 하얀 요구르트를 7원을 주고 사먹었다. 어제 어떤 소녀는 5원이라고 했었는데. 정말 맛있다. 맛도 좋지만 병도 예쁘다. 어제부터 사먹고 싶었다. 서역 과일인 석류 주스도 많이 팔고 있었다. 거리에는 수많은 먹을거리가 넘쳐난다.

걸어서 비림(碑林)박물관으로 가다가 방향을 잘못 잡아 한참이나 헤맸다. 그래서 오토바이 택시를 타고 이동했다. 오토바이 택시는 값도 싸고 빨라서 좋은데 운전사 뒤에 앉아서 가기 때문에 매우 위험하다. 그래도 길이 막히거나 바쁠 때는 이게 최고다. 중국 신장이나 중앙아시아 일부 국가에는 오토바이 택시가 많다.

내가 비림에 간 것은 두 개의 비문을 보고 싶어서였다. 하나는 기독교 일파인 네스토리우스파의 당나라에서의 전교를 기록한 대진경교유행중국비(大秦景教流行中國碑)이고, 다른 하나는 한자와 함께 고대 페르시아 문자인 페르세폴리스(Persepolis)어가 함께 기록된 소양처마씨묘지(召凉妻馬氏墓志)다. 앞의 비는 찾았는데 뒤의 비는 찾지 못했다. 가이드가 나중에 찾으면 이메일로 보내주기로 했다. 내가 여행을 모두 마치고 귀국한 후에 메일이 왔는데, 끝내 그 비문을 찾지 못했다고 한다. 어디에 있는 것까지는 알아냈는데, 자기는 그 비문에 접근할 권리가 없다고 했다. 참 책임감이 있는 친구다. 더구나 그는 아르바이트 대학생이었다. 아르바이트 하는 학생이 일개 외국인이 요청한 자료를 그렇게 관심을 갖고 오랫동안 수고해주어서 고마운 마음이 들었다.

이번에는 툭툭이를 타고 산시(陝西)역사박물관으로 이동했다. 아직 오후 개관 시간이 되지 않아서 박물관 앞에서 3원을 주고 노란 메론 한 조각을 사먹었다. 옛날에는 하미과라고 했던 서역 과일이다. 이쪽 지역의 과일들은 모두 당도도 높고 즙이 많아 맛이 좋다. 산시역사물관은 규모는 작아도 실크로드 관련 볼거리가 많다. 여기서 미인의 기준이 시대마다 다르다는 사실을 알았다. 당나라 시대의 미인은 볼이 오동통하고 몸매에 살집이 풍성하게 붙은 여인을 미인으로 쳤나보다. 이 박물관에 전시된 당나라 때 출토된 여인들의 인형을 보면 모두 그렇게 생겼다. 이런 미인은 일본과 한

▶ 당나라 미인상(산시역사박물관)

국의 박물관에서도 볼 수 있다. 당나라 때 미스차이나(Miss China)였던 양귀비도 날씬하고 가녀린 미녀가 아니었다. 역사서에는 그녀의 몸매를 '자질풍염(資質豊艶)하다'라고 기록하고 있는데, 즉 풍만하고 농염하다는 뜻이다. 화청지에 있는 양귀비 동상도 날씬하기보다는 풍염한 몸매를 자랑한다. 선물가게에서 파는 〈대당벽화〉 (450원)라는 책이 마음에 들었으나 짐 때문에 살 수가 없어 포기했다.

▶ 현장의 얼이 서린 자은사와 대안탑(시안)

툭툭이를 타고 대안탑(大雁塔)으로 이동했다. 대안탑은 자은사(慈恩寺) 안에 있는 전탑(塼塔: 흙으로 구운 벽돌로 지은 탑)이다. 자은사는 당나라 고종이 어머니인 문덕황후의 극락왕생을 기원하기 위해 세운 황실 사찰이다. 대안탑은 4각 7층탑으로 652년 현장법사가 인도에서 가져온 불경을 보존하고 번역사업을 하기 위해 지었다. 대안탑은 당나라 말기에 일어난 안록산의 난(755-763) 때 거의 불타 없어지고 탑 일부만 남는 수난을 겪었고, 2005년부터 진행된 복원사업으로 오늘의 모습을 갖추고 있다.

2003년에 새로 지었다는 현장법사박물관의 벽화가 볼만했다. 현장법사가 중국을 출발해서 온갖 고생을 하면서 인도에서 불경을 가지고 장안으로 돌아오는 모습을 금박 벽화로 재현해 놓았다. 중국은 최근 경제성장에 힘입어 수많은 문화재를 복원하고 있는데, 그 규모도 크고 수준도 상당히 높다. 정부의 복원 예산이 많고 기술 수준도 상당히 높은 거 같다. 예산이 많으면 우수한 물자를 확보할 수 있고, 재능 있는 예술가나 기술자를 충분히 활용할 수 있어서 복원 수준을 높일 수 있는 것이다. 이런 현상은 화청지나 법문사에서도 마찬가지로 확인할 수 있었다.

택시로 대흥선사(大興善寺)로 이동했다. 대흥선사는 우리와 인연이 깊은 절이다. 바로 신라 스님 혜초가 6년 동안 머물며 불경 번역 작업을 했던 곳이다. 혜초는 인도에서 불경을 가지고 돌아온 후 당 현종의 칙명을 받아 733년부터 인도인 스승 금강지를 도와 천복사에서 불경 번역 작업을 했고, 774년부터는 대흥선사에 머물면서 불교 경전의 연구와 한역(漢譯)에 힘썼다. 금강지는 중국에 밀교를 처음 전한 스님으로도 유명하다. 혜초는 이처럼 주로 장안에서 활동하다가 780년(?) 오대산으로 들어가 거기서 입적했다고 전해진다.

▶ 혜초의 얼이 서린 대흥선사(시안)

혜초는 앞의 두 절에 있을 때 초고본을 다듬어 왕오천축국전(往五天竺國傳 완성본)이라는 여행기를 남긴 것으로 보인다. 초고본은 727년 11월 상순과 728년 초 사이에 당시 쿠처(정확하게는 쿠처국 룬타이)에 있던 안서도호부 절도사였던 조이정(趙頤貞)에게 인도 여행 행적을 보고하기 위해 제출한 입경보고서로 제출된 것으로 추정된다. 요즘으로 치면 외국인들이 입국비자를 받기 위해 제출하는 여행보고서일 것이다. 비자 발급이 까다로운 나라는 지금도 과거 여행 행적을 자세히 물어본다. 내가 요르단 남부 항구 아카바에서 이스라엘 남부 도시 에일랏으로 입국할 때 국경초소에서 직원이 지난 6개월 동안의 여행 행적을 30분 넘게 심문한

▶ 회족거리 앞에 있는 고루와 관광정보센터

적이 있다. 혜초도 외국인(신라인)으로서 중국(당나라)으로 입국하기 위해서 당나라 서쪽 변방 국경초소인 쿠처에 있는 안서도호부에서 입국 심사를 받았을 것이다. 이 과정에서 그동안 인도를 다녀온 여행 행적을 보고서로 만들어 제출했을 것이다. 남동신 교수는 그 문서가 왕오천축국전 초고본일 것으로 추정하고 있다. 안타깝께도 대흥선사 어디에서도 스님의 흔적은 찾아볼 수 없었다.

혜초가 신라인이라는 사실을 최초로 주장한 사람은 일본 학자인 다카쿠수 준지로(高楠順次郎)이다(1915년). 아쉽게도 국내 학자들은 아직 혜초가 신라인이라는 사실을 학술적으로 규명한 학자는 없는 것으로 알고 있다. 그런데 중국의 온금성(溫金成) 같은 일부 학자들은 혜초를 당나라 사람으로 보고 있으며, 필자가 직접 확인한 바에 따르면 최근 타스쿠얼간 공주보(公主堡) 부근에 세운 혜초 기념탑에는 '대당화상혜초경행처(大唐和尚慧超經行處)'라고 새겨져 있어 혜초가 당나라 스님임을 분명히 밝히고 있다. 거기에는 법현과 현장의 기념비도 함께 세워져 있다. 최근 중국은 국력의 신장과 함께 동북아공정처럼 영토 뿐 아니라 인물까지도 자국으로 편입시키는 작업을 활발히 전개하고 있다. 이에 대한 대응책으로 우리 정부와 학계 차원에서의 대응이 필요한 시점이다.

오토바이 택시를 타고 소안탑과 고루(鼓樓)를 돌아보고 다시 회족거리로 돌아왔다. 저녁에는 우육면(牛肉麵)을 사먹었다. 우육면은 양꼬치와 함께 신장의 대표적인 음식이다. 우육이면 소고기인데 이상하게도 양고기가 들어있다. 고수를 비롯해서 향초가 많이 들어가기 때문에 한국 사람들에게는 익숙하지 않다. 그래도 다른 국수에 비해서는 가장 먹을 만하다. 나는 이틀 연속 이걸 저녁으로 먹었다. (2013년 9월 5일, 목요일, 맑음)

장한가와 시안사변의 배경, 화청지

611번 시내버스를 타고 시안역으로 가서, 역 동광장에서 306번 버스를 타고 화청지(華淸池)로 이동했다. 요금은 6원이고, 거리는 약 30킬로로 1시간 쯤 걸린다. 화청지는 양귀비

(719-756)와 당 현종(685-762)이 처음 만나 사랑을 나누었던 곳으로 유명하지만, 나는 시안사변이 일어난 현장이라서 더 관심과 흥미가 있었다. 화청지는 새로 단장을 해서 국민 관광지로 완전 탈바꿈 했다. 옛날 건물들을 복원하고 새로운 건물들도 많이 지어서 대규모 관광단지가 되었다. '어마어마하다'는 말 밖에 나오지 않을 정도로 엄청난 규모로 복원해 놓았다. 여기서도 부흥하는 중국의 경제력을 실감할 수 있다. 화청지는 유명 온천답게 지금도 따뜻한 온천물이 잘 나오고 있다. 사람들은 그 온천물로 얼굴을 씻으면 양귀비처럼 예뻐진다는 전설을 아직도 믿고 있다. 목욕탕도 아주 다양하게 만들어서 돈만 내면 온천욕도 즐길 수 있다. 화청지에는 뒤편에 서있는 려산(驪山)을 배경으로 연못과 누각을 짓고 오페라 〈장한가 長恨歌〉를 공연하는 세트장도 만들어 놓았다. 밤에 진행되는 공연이 볼만하다는데, 일정이 맞지 않아 나는 보지 못했다.

화청지는 두 번의 역사적인 사건이 일어난 곳이다. 하나는 우리가 세계사 시간에 배운 대로 현종이 양귀비를 처음 만나 사랑에 눈이 멀어 나라를 말아먹은 곳이고, 다른 하나는 중국 현대사에서 가장 중요한 사건의 하나로 동북 군벌 장학량(1898년 6월 4일 - 2001년 10월 15일) 장군이 당시 중국의 최대 실권자인 장개석(1887년 10월 31일 - 1975년 4월 5일) 총통을 체포하여 연금시킨 시안사변이 일어난 곳이다.

712년 당나라 제6대 황제가 된 현종은 40년 넘게 통치하면서 전반기에는 '개원의 치(開元之治)'라고 불릴 만큼 나라를 잘 다스렸다. 그러나 만년에는 양귀비와 유흥에 빠져 정치에는 관심이 없고, 환관들이 정치를 좌지우지하는 지경에 이르렀다. 이 와중에 조정에서는 양귀비의 사촌 오빠인 양국충이 실권을 잡게 되고, 군부에서는 양귀비의 양자가 된 안록산(安祿山, 705?-757)이 실권을 잡게 된다. 양국충은 점점 힘이 커지는 안록산을 견제하게 되고, 마침내 둘은 권력투쟁을 하게 된다. 양국충은 안록산이 반란을 일으키려 한다고 모함을 하고, 이에 반발하여 안록산은 양국충을 제거하기 위해 755년에 반란을 일으키게 된다. 이것이 8년(755-763년) 동안 지속된 '안록산의 난'으로 당나라의 명줄을 앞당기는 결정적인 계기가 되었다. 양귀비와 양국충은 현종과 함께 쓰촨(四川)으로 피신하는 도중 섬서성 외곽 마외역에서

▶ 화청지 양귀비상(시안)

신하들에게 살해당했고, 안록산은 아들 안경서에게 살해당하고, 안경서는 사사명에게 살해당하고, 사사명은 아들 사조의에게 살해당한다. 사조의가 자살하면서 763년에 안록산의 난은 마무리된다. 이 안록산의 아버지가 바로 서역인(소그드인)이고 어머니는 돌궐인으로, 요즘으로 치면 안록산은 서역 이민자의 후손이라고 할 수 있다. 그러니까 당나라는 서역 이민자 후손들도 성공할 수 있는 개방사회였던 것이다.

첫 번째 부인(황후 무희)을 잃은 현종은 겨울만 되면 장안 교외에 있는 려산(驪山) 아래에 있는 온천궁 화청지에 와서 휴식을 취하곤 했다. 현종은 목욕탕을 여러 개 지어놓고 미인들이 나체로 목욕하는 모습을 즐겨보았다고 한다. 이 채홍사 역할을 맡은 사람이 당시 실권자 재상인 이임보(李林甫)와 손을 잡고 있던 현종의 처소 담당 환관 고력사(高力士)다. 현종은 고력사가 데리고 온 양옥환(楊玉環)에게 한 눈에 반해서 사랑의 포로가 되고 만다. 양옥환은 이미 현종의 여덟 번째 아들인 이모(李瑁)의 비였다. 자기 며느리인 것이다. 현종은 온갖 방법으로 며느리를 유혹하여 745년에 두 번째 부인 귀비(貴妃)로 삼았다. 화천지에 가면 여러 개의 온천탕 중에 연화탕(蓮花湯)이 있는데, 그 안에 가보면 백거이(白居易, 772-846)의 장한가(長恨歌)를 그림으로 그려놓은 액자가 연작으로 걸려 있다.

장한가는 당나라 때 백거이(字는 樂天)가 지은 장편 서사시다. 현종이 양귀비와 사랑을 나누고 죽은 지 50년이 지난 어느 날 친구인 왕질부와 진홍이 백거이를 찾아와 선유산에 놀러갔는데, 술자리에서 현종과 양귀비의 로맨스가 화제에 올랐다고 한다. 그 자리에서 왕질부의 제의로 백거이는 시인의 상상력을 발휘해서 서사시로 지었다고 한다. 좀 길지만 양귀비와 현종의 절절한 사랑을 가슴 절절하게 표현한 명작이니 한번 감상하고 가기로 한다. 일본에서 이태리까지 가는 실크로드 여정에서 만난 최고의 애정 서사시 작품 중 하나이다. 중국어로 성조를 맞추어 가면서 읊조리면 정말 멋질 것 같은데, 아쉽게도 내 중국어는 아직 거기에 미치지 못한다. 해석은 고문진보(古文眞寶)와 여러개의 인터넷 자료를 참조했다.

長恨歌 **장한가 (백거이**白居易 · **백낙천**白樂天**)**

漢皇重色思傾國(한황중색사경국)	현종은 색을 즐겨 절세미인을 찾았으나
御宇多年求不得(어우다년구부득)	몇 년이 지나도록 얻지를 못하였네.
楊家有女初長成(양가유녀초장성)	양씨 가문에 어린 딸이 있어
養在深閨人未識(양재심규인미식)	집안 깊숙이 길러 사람들이 알지 못했다네.
天生麗質難自棄(천생려질난자기)	타고난 아름다움 그대로 묻힐 리 없어
一朝選在君王側(일조선재군왕측)	하루아침에 뽑혀와 황제를 모시게 되었구나.
回眸一笑百媚生(회모일소백미생)	돌아보며 방긋 웃으면 어여쁜 교태 넘쳐나니
六宮粉黛無顔色(육궁분대무안색)	궁궐의 모든 미녀들 무색케 되었도다.
春寒賜浴華淸池(춘한사욕화청지)	쌀쌀한 어느 봄날 화청지에서 목욕을 하니
溫泉水滑洗凝脂(온천수활세응지)	따뜻한 물이 보드라운 살결 씻어 내리네.
侍兒扶起嬌無力(시아부기교무력)	시녀들이 그녀를 부축해 일으키면 나약해 보이니
始是新承恩澤時(시시신승은택시)	그때부터 성은을 입기 시작했도다.
雲鬢花顔金步搖(운빈화안금보요)	비단결 머리, 꽃 같은 얼굴, 한들거리는 금장식
芙蓉帳暖度春宵(부용장난도춘소)	봄이면 밤마다 연꽃 휘장 속에서 노니네.
春宵苦短日高起(춘소고단일고기)	봄밤이 너무나 짧아 아침 늦게 일어나니
從此君王不早朝(종차군왕부조조)	황제는 이때부터 조회 참석을 안했다네.
升歡侍宴無閑暇(승환시연무한가)	밤낮 없는 잔치로 환락에 사로잡혀
春從春游夜專夜(춘종춘유야전야)	봄에는 봄놀이로 밤에는 잠자리에서 놀아나네.

後宮佳麗三千人(후궁가려삼천인)　　빼어난 미모의 후궁들이 삼천이나 있었지만
三千寵愛在一身(삼천총애재일신)　　삼천 명에 내릴 성은 혼자서만 받는구나.
金屋粧成嬌侍夜(금옥장성교시야)　　황금방에서 단장하고 밤마다 교태를 부리니
玉樓宴罷醉和春(옥루연파취화춘)　　옥누각 잔치 끝나면 봄기운에 취하도다.
姉妹弟兄皆列士(자매제형개열사)　　그녀의 형제 자매 모두 높은 자리 차지하니
可憐光彩生門戶(가련광채생문호)　　아으고 그 가문에 광채가 빛나는구나.
遂令天下父母心(수령천하부모심)　　이러하니 세상의 모든 부모들 마음은
不重生男重生女(부중생남중생녀)　　아들보다 딸 낳기를 중히 여기게 되었도다.

驪宮高處入靑雲(여궁고처입청운)　　황궁은 높이 솟아 구름 속에 잠겨 있고
仙樂風飄處處聞(선낙풍표처처문)　　바람 따라 풍악소리 사방에서 들리네.
緩歌慢舞凝絲竹(완가만무응사죽)　　느린 가락 나른한 춤 질펀한 음악에
盡日君王看不足(진일군왕간부족)　　황제는 하루 종일 넋을 잃고 바라보네.
漁陽鼙鼓動地來(어양비고동지래)　　이때 어양땅에서 울려오는 전쟁의 북소리
驚破霓裳羽衣曲(경파예상우의곡)　　하도 놀라 흥겨운 노랫가락 깨지듯 멎었구나.

九重城闕煙塵生(구중성궐연진생)　　구중궁궐엔 연기 먼지 솟아오르고
千乘萬騎西南行(천승만기서남행)　　수천수만의 수레와 말이 서남으로 달아나네.
翠華搖搖行復止(취화요요행복지)　　천자의 피난 깃발 가다 서길 반복하며
西出都門百餘里(서출도문백여리)　　도성문을 나와 서쪽 백여리(마외파)에 당도하네.
六軍不發無奈何(육군부발무내하)　　(양귀비를 처결하라며) 군사들이 말을 듣지 않으니
宛轉蛾眉馬前死(완전아미마전사)　　양귀비는 몸 뒤틀며 군마 앞에서 죽었다네.
花鈿委地無人收(화전위지무인수)　　땅에 떨어진 꽃비녀도 거두는 사람이 없고
翠翹金雀玉搔頭(취교금작옥소두)　　취교 금작 옥소두 같은 장신구들 땅에 나뒹구네.
君王掩面救不得(군왕엄면구부득)　　황제는 얼굴을 가린 채 살리지도 못하고
回看血淚相和流(회간혈루상화류)　　고개 돌린 두 눈엔 피눈물이 흐르는구나.

黃埃散漫風蕭索(황애산만풍소삭)	누런 흙먼지 날리고 바람은 쓸쓸한데
雲棧縈紆登劍閣(운잔영우등검각)	구름 걸린 검각산을 굽이굽이 올라가네.
峨嵋山下少人行(아미산하소인행)	아미산 아래에는 오가는 이도 드물어
旌旗無光日色薄(정기무광일색박)	천자 깃발 빛을 잃고 햇빛마저 희미하구나.
蜀江水碧蜀山靑(촉강수벽촉산청)	촉강은 시퍼렇고 촉산은 푸르건만
聖主朝朝暮暮情(성주조조모모정)	황제는 하루 종일 양귀비 생각에 슬픔에 잠겨있네.
行宮見月傷心色(행궁견월상심색)	궁궐에 뜬 달을 보면 마음 절로 상하고
夜雨聞鈴腸斷聲(야우문령장단성)	밤비에 방울소리 들으면 가슴이 미어지네.
天旋地轉回龍馭(천선지전회룡어)	난세가 안정되어 황궁으로 돌아오는 길에
到此躊躇不能去(도차주저불능거)	마외파에 이르자 차마 그냥 지나칠 수가 없구나.
馬嵬坡下泥土中(마외파하니토중)	마외파 언덕 아래 진흙 땅 속에도
不見玉顔空死處(부견옥안공사처)	옥 같은 얼굴 간 곳 없고 숨진 이곳 처량하구나.
君臣相顧盡沾衣(군신상고진첨의)	황제와 신하가 서로 고개를 돌려 눈물로 옷깃을 적시고
東望都門信馬歸(동망도문신마귀)	동쪽 궐문 바라보며 말 가는 대로 돌아간다.
歸來池苑皆依舊(귀내지원개의구)	돌아와 보니 정원과 연못은 옛날과 같고
太液芙蓉未央柳(태액부용미앙류)	태액지의 연꽃들도 미앙궁의 버들가지도 그대로다.
芙蓉如面柳如眉(부용여면류여미)	연꽃은 양귀비 얼굴 같고 버들잎은 눈썹 같으니
對此如何不淚垂(대차여하불루수)	이것들 바라보니 어찌 눈물 흘리지 않을 것인가.
春風桃李花開日(춘풍도리화개일)	봄바람에 복숭아 살구꽃 만발하고
秋雨梧桐葉落時(추우오동엽낙시)	가을비에 젖은 오동잎 떨어지네.
西宮南內多秋草(서궁남내다추초)	서궁 남쪽 뜰에 가을 풀 무성하고
落葉滿階紅不掃(낙엽만계홍부소)	낙엽이 돌계단을 덮어도 쓸어 낼 사람이 없구나.
梨園子弟白髮新(이원자제백발신)	이원의 자제들도 이미 백발이 성성하고
椒房阿監靑娥老(초방아감청아노)	양귀비 시중들던 궁녀들도 모두가 늙었구나.
夕殿螢飛思悄然(석전형비사초연)	저녁 궁궐에 반딧불 나니 양귀비 생각 처량하고
孤燈挑盡未成眠(고등도진미성면)	등불 심지 다 타도록 외로이 잠 못 드네.
遲遲鐘鼓初長夜(지지종고초장야)	느린 종과 북소리에 밤이 길게 느껴지고

耿耿星河欲曙天(경경성하욕서천) 밤하늘엔 별과 은하수만 밝게 빛나는구나.
鴛鴦瓦冷霜華重(원앙와냉상화중) 원앙새 장식한 기와에 차가운 서리꽃은 더욱 짙고
翡翠衾寒誰與共(비취금한수여공) 비취빛 찬 이불 누구와 함께 덮을거나.
悠悠生死別經年(유유생사별경년) 생사를 달리한지 아득하니 몇 년 째인데
魂魄不曾來入夢(혼백부증내입몽) 꿈에서도 혼백마저 만나 볼 수 없구나.

臨邛道士鴻都客(임공도사홍도객) 임공의 도사가 도성에 머문다 하는데
能以精誠致魂魄(능이정성치혼백) 정성을 다하면 혼백을 불러올 수 있다고 하는구나.
爲感君王輾轉思(위감군왕전전사) 양귀비 생각에 잠 못 드는 황제를 위하여
遂敎方士殷勤覓(수교방사은근멱) 도사를 시켜 은근히 혼백을 찾게 하였더라.
排空馭氣奔如電(배공어기분여전) 허공을 가르고 번개처럼 내달아
昇天入地求之遍(승천입지구지편) 하늘 끝에서 땅 속까지 두루 찾았네.
上窮碧落下黃泉(상궁벽낙하황천) 위로는 벽락까지 아래로는 황천까지
兩處茫茫皆不見(양처망망개부견) 두 곳 모두 망망할 뿐 찾을 길이 없다네.
忽聞海上有仙山(홀문해상유선산) 홀연 들리는 소문에 바다 위에 신선산이 있는데
山在虛無縹渺間(산재허무표묘간) 그 산은 아득히 머나먼 곳에 있다네.
樓閣玲瓏五雲起(누각영롱오운기) 영롱한 누각에 오색구름 피어나고
其中綽約多仙子(기중작약다선자) 거기에는 아름다운 선녀들이 산다고 하는구나.
中有一人字玉眞(중유일인자옥진) 그 중에 옥진이라고 하는 선녀 하나가 있는데
雪膚花貌參差是(설부화모삼차시) 흰 살결 고운 얼굴이 양귀비와 같다 하네.

金闕西廂叩玉扃(금궐서상고옥경) 황금 대궐 서쪽 방 옥문을 두드리고
轉敎小玉報雙成(전교소옥보쌍성) 소옥을 시켜 쌍성에게 알리라고 전하네.
聞道漢家天子使(문도한가천자사) 한 황제의 사신이 왔다는 말 전해 듣고
九華帳里夢魂驚(구화장리몽혼경) 장막속의 선녀는 꿈을 깨고 놀라더라.
攬衣推枕起徘徊(남의추침기배회) 베개를 밀치고 옷을 입고 일어나 서성이더니
珠箔銀屛迤邐開(주박은병이이개) 구슬발과 은병풍이 열리며 모습을 드러내는구나.
雲鬢半偏新睡覺(운빈반편신수교) 비단결 머리 반쯤 드리우고 방금 잠에서 깬 듯
花冠不整下堂來(화관부정하당내) 머리장식 안 고친 채 당에서 내려오네.
風吹仙袂飄飄擧(풍취선메표표거) 바람 부는 대로 소맷자락 나부끼니

猶似霓裳羽衣舞(유사예상우의무)	예상우의곡에 맞추어 춤추던 그 모습이네.
玉容寂寞淚闌乾(옥용적막누난간)	옥 같은 얼굴에 수심이 젖어 눈물이 맺히니
梨花一枝春帶雨(이화일지춘대루)	활짝 핀 배꽃 가지가 봄비에 젖은 것 같구나.
含情凝睇謝君王(함정응제사군왕)	사모의 정 그득한 눈길 돌려 황제에게 고하기를
一別音容兩渺茫(일별음용량묘망)	헤어진 뒤로 용안과 목소리를 보지도 듣지도 못했나이다.
昭陽殿里恩愛絶(소양전리은애절)	소양전에서 받았던 은총도 끊어지고
蓬萊宮中日月長(봉래궁중일월장)	봉래궁에서 보낸 세월 아득할 뿐입니다.
回頭下望人寰處(회두하망인환처)	머리 돌려 저 아래 인간세상 바라봐도
不見長安見塵霧(부견장안견진무)	장안은 보이지 않고 안개와 먼지뿐이었다오.
惟將舊物表深情(유장구물표심정)	오래 지닌 물건으로나마 깊은 정 표하려 하니
鈿合金釵寄將去(전합금채기장거)	자개상자와 금비녀라도 가지고 가라 하네.
釵留一股合一扇(채류일고합일선)	비녀는 반 쪽 씩 상자는 한 쪽 씩
釵擘黃金合分鈿(채벽황금합분전)	황금비녀 토막 내고 자개상자 나눴더라.
但敎心似金鈿堅(단교심사금전견)	우리 두 마음 이처럼 굳고 변치 않는다면
天上人間會相見(천상인간회상견)	천상에든 세상에든 다시 볼 날 있으리라.
臨別殷勤重寄詞(임별은근중기사)	헤어질 즈음 간곡히 다시금 이르는 말
詞中有誓兩心知(사중유서양심지)	우리 둘만이 아는 맹세의 말 있으니
七月七日長生殿(칠월칠일장생전)	칠월칠석날 장생전에서
夜半無人私語時(야반무인사어시)	인적 없는 깊은 밤에 속삭이던 그 맹세
在天願作比翼鳥(재천원작비익조)	하늘에서는 비익조가 되자 하고
在地願爲連理枝(재지원위연리지)	땅에서는 연리지가 되자고 맹세 했었지.
天長地久有時盡(천장지구유시진)	천지가 영원하다고 하여도 끝이 있겠지만
此恨綿綿無絶期(차한면면무절기)	우리가 마음에 품은 한은 영원하리라.

그래서 화청지 앞에는 양귀비와 현종이 비익조와 연리지가 되어 다시 만나는 거대한 동상을 만들어 놓았다. 뽕짝기 없이 아주 세련되게. 양귀비는 27살에 61살의 현종을 만나 38살 때 죽었다. 정말 꽃다운 나이이다. 그녀는 여자로서 가장 화려하게 꽃 피었을 때 죽었다. 서남

쪽 사천으로 피난 가는 길에 신하들이 성난 군사들과 흉흉해진 민심을 달래기 위해 희생양으로 양귀비 일가를 선택한 것이다. 국정 실패에 대한 책임을 누구든 져야 할 상황이었지만 그렇다고 황제를 죽일 수는 없으니까. 양귀비가 얼마나 예뻤으면 환관 고력지가 일본으로 빼돌렸다는 전설까지 생겨났을까. 교토에 있는 천용사(泉涌寺)에 가면 실제로 양귀비 보살로 불리는 정말 매혹적이고 교태미가 흐르는 보살상이 있다(40페이지 참조). 미인과 영웅은 이처럼 전설을 낳는 법이다.

▶ 양귀비와 현종의 청동상(화청지)

화청지는 약 천이백년 후에 다시 역사의 전면에 등장한다. 1936년 12월 12일(그러고 보니까 우리 12.12쿠데타와 같은 날이네) 중국의 제2인자 장학량이 제1인자 장개석을 여기 화청지에 연금해서 온 세상을 떠들썩하게 만들었다. 이 사건은 중국 뿐 아니라 서방 세계에도 큰 충격을 줄만큼 큰 사건이었다. 실제로 장개석이 체포되어 연금된 곳은 시안에서 동쪽으로 40여 킬로 쯤 떨어진 화청지 온천장이었다. 화청지에 가면 그때 사건 현장이 고스란히 남아 있다. 현종이 양귀비와 노닐 던 바로 그 장소다. 역사의 아이러니일까? 여기에서 당나라의 몰락이 시작되었듯이 이후 국민당의 장개석은 공산당의 모택동에게 서서히 밀리기 시작하여 결국에는 대륙을 빼앗기고 대만으로 쫓겨 가게 된다.

역사적 배경은 이렇다. 당시 중국 공산당은 장정(長征, 1934년 10월 - 35년 10월)을 마치고 연안 주변에 잠복하고 있었다. 공산당의 운명은 풍전등화로 위태로운 신세였다. 장학림은 장개석의 명령으로 동북지방을 일본에 내주고 시안에 주둔하고 있었다. 동북군벌 장작림의 아들로 동북군벌의 실세 장학량과 중국 제1인자 장개석은 개인적인 친분에도 불구하고 당시 국내외 정세를 대처하는 의견이 달랐다. 장개석은 공산당을 먼저 토벌한 후에 일본군과 싸워야 한다고 주장했고, 장학량은 국민당과 공산당이 힘을 합쳐 일본군을 물리치고 나서 공산당을 소탕해야 한다는 주장이었다. 그래서 공산당과의 전투에 소극적이었다. 그런데 이날 장개석이 장학량에게 한줌도 안 되는 공산당을 공격해서 섬멸해버리라고 독려 차 시안을 방문한 것이다. 장개석은 온천으로 유명한 화청지에 머무르고 있었다. 그 숙소가 지금도 남아 있다.

▶ 시안사변 당시 장개석 집무실(화청지)

▶ 시안사변 당시 장개석을 체포한 장학량과 양호성 장군(화청지)

1936년 12월 12일에 장학량은 장호성 장군 등과 공모하여 장개석을 체포하고 연금시켜 버렸다. 그리고는 평소 친하게 지내던(사모하던) 장개석 부인 송미령을 국민당 협상대표로 하고, 공산당 협상대표로는 주은래를 시안으로 불러서 '국공내전 중지' 등 8개 항목을 타결시켰다. 장학량이 장개석과 송미령, 그리고 주은래와의 개인적인 친분이 없었으면 이루어지지 않을 협상이었다. 연안 황토굴에서 꼴딱꼴딱 숨만 겨우 연명하던 중국 공산당이 회생하는 순간이었다. 이로부터 약 13년 후인 1949년 공산당은 국민당을 중국 본토에서 몰아내고 통일과업을 이루게 된다.

12월 25일 오후 장개석은 풀려났다. 장개석의 만류에도 불구하고 장학량도 스스로 같은 비행기를 타고 난징으로 가서 재판을 받았다. 그리고 장개석과 국민당 정부에게 1937년 1월부터 1990년 1월 1일까지 53년 5개월 동안 연금을 당했다. 장학량은 장개석이 의형제를 맺고 자신의 후계자로 키울 정도로 아끼던 사람이었지만 국민적 인기가 높아 공산당이나 다른 정치 세력에게 악용될까봐 그를 풀어줄 수가 없었던 것이다. 장학량은 1991년 봄 대만에서 풀려나 2001년 하와이에서 101세로 세상을 떠났다. 참 중국 사람들다운 소설 같은 이야기다. 더 자세한 이야기는 김명호의 〈중국인이야기4, 한길사〉 참조.

중국다운 스케일을 자랑하는 병마용박물관

화청지에서 병마용(兵馬俑)박물관은 5킬로쯤 동북쪽에 자리 잡고 있다. 버스 요금은 3위안, 소요시간은 약 15분 걸린다. 버스정류장에서 2위안을 주고 석류 하나를 사서 먹었다. 정말 맛이 좋았다. 잘 익어서 씹으면 빨간 과일즙이 줄줄 흐른다. 왜 양귀비가 석류를 좋아했는지 알 거 같다. 그래서 화청지에는 석류나무가 많다.

병마용은 자료로 너무 자주 봐서 그런지 신선한 느낌은 없었지만, 그 규모의 방대함에는 놀라지 않을 수 없었다. 중국 스타일대로 거창하고 웅장한 것은 인정해주어야 한다. 화청지도 그렇고, 법문사도 그렇고, 요즘 새로 조성하는 관광단지도 아주 세련되게 잘 만들고 있다.

돈의 힘과 역사와 문화의 저력이 합쳐져서 나타나는 찬란한 중국의 새로운 문명이다. 위키백과는 병마용갱을 아래와 같이 소개하고 있다.

병마용갱(兵馬俑坑)은 중국 산시성 시안시 린퉁구에 있는 진시황릉에서 1킬로미터가량 떨어져 있는 유적지로 흙을 구워 만든 수많은 장수, 병사, 말, 전차 등의 모형이 있는 갱도이다. 병마용갱은 진시황제의 장례에 사용된 테라코타이다. 병사, 말 등을 등신대로 제작하여 구워 만들었다. 1974년 농민이 우물을 파다가 우연히 발견되어 지금까지 4개의 갱도가 발견되었다.

병사는 키가 184cm에서 197cm로 큰 편이며, 장군이 보다 크게 만들어져 있다. 병마용은 전사, 전차, 말, 장교, 곡예사, 역사, 악사 등 다양한 사람과 사물을 표현하고 있다. 발굴된 4개의 갱도 중 3곳에 모두 8천여 점의 병사와 130 개의 전차, 520 점의 말이 있을 것으로 추정되며, 아직 상당수가 흙 속에 묻혀 있다.

▶ 병마용 제1박물관(시안)

▶ 발굴 당시의 병마용 전차

병마용의 병사들은 장인들에 의해 머리, 몸통, 팔 다리가 각각 제작된 후 결합되었다. 연구 결과 제각기 다른 얼굴을 위해 8종류의 틀이 사용되었다고 한다. 다른 부위도 각기 여러 종류가 있어 이들을 조합하여 다양한 형태의 병마용을 제작한 것이다. 다리 부분은 대부분 동일한 형태로 같은 틀을 사용하여 대량 생산한 것으로 추정된다. 이러한 조립을 위해서는 각각의 부분을 맞춘 뒤 다음 과정으로 넘겨주는 생산 공정에 따른 조립 라인이 있었을 것이다. 최근 역사학자들의 연구 결과, 기와의 생산과 같은 일상 생활용품의 제작에서도 이러한 생산 라인이 존재하였음이 확인되었다. 병마용은 살아있는 듯한 모습의 등신대로 제작되었으며, 얼굴 부위에는 채색의 흔적이 있다. 병마용의 존재는 진시황제의 권력을 상징한다.

그러나 엔하위키 미러(리그베다 미러) 백과사전에 의하면, 병마용 주인은 진시황의 고조모라는 설도 있다. 고고건축학자인 천징위안은 〈병마용의 진상〉이라는 책을 통해 60여 개의 근거를 제시하며 병마용의 실제 주인은 진시황의 고조할머니로, 강력한 섭정을 펼쳐 '2천 년 전의 서태후'라고 불리는 '진나라 선태후'라고 주장했다. 천징위안은 일반 사병들도 갖췄던 투구를 진시황제의 친위 군단이 착용하지 않았다는 것은 있을 수 없는 일이며, 의상 역시 빨간색과 보라색이 주조를 이루는 것은 검은 색을 숭상하도록 법령으로 공포할 만큼 검은색을 선호했던 진시황제와 맞지 않다고 주장했다.

또한 진시황제가 6국을 통일한 직후 화폐와 문자, 도량형을 통일시키면서 용이한 전술 운용을 위해 전차의 너비도 통일했는데, 병마용갱에서 출토된 전차들의 바퀴 너비가 일정치 않다고 지적했다. 이와 함께 용맹무쌍하기로 이름났던 당시 진나라 병사들과는 달리 대부분의 무사용들은 수염을 기른 늙은이 형상에 우울하고 기운 없는 표정을 짓고 있는 점도 의문이라고 지적했다.

하지만 이 학설은 대부분의 고고학자들에게 반박당하고 있다. 병마용갱에서 발견된 무기에 쓰인 명문에 여불위의 이름이나 진시황이 6국을 통일한 후에 설치한 관청의 이름이 새겨진 점, 병마용갱의 바닥에 깔린 벽돌이 진시황릉 곁에서 나온 다른 배장갱의 벽돌과 동일한 점, 병마용갱 외에도 위에서 설명한 많은 배장갱이 진시황릉 곁에 있다는 점 등이 병마용갱은 역시 진시황릉의 부속 시설임을 증명하는 근거가 된다고 한다.

또한 천징위안이 주장한 투구 문제는 진시황릉의 다른 배장갱인 개갑갱에서는 돌조각으로 만든 모형 갑옷과 함께 투구가 있었던 점으로 미루어 볼 때, 병마용들은 전투에 돌입하기 전 전투 준비태세를 갖춘 상태를 모형화한 것이므로 투구를 아직 쓰지 않은 것으로 형상화했을 것이라는 가설이 아직까지는 정설이다. 천징위안이 선태후의 무덤이라고 주장하는 병마용갱 바로 옆에 아직 발굴되지 않은 대형 무덤 또한 선태후 시대 무덤 구조와는 다르고, 오히려 위에 나온 진시황의 자녀 무덤으로 추정되는 배장묘와 구조가 거의 같다는 점도 천징위안의 설이 그저 설로 그치게 하는 정황 증거다.

그 병마용갱의 주인이 누구든지 과거의 영웅들은 한 결 같이 사후를 걱정했나 보다. 생전에 막강한 권력을 휘둘렀던 사람일수록 더 그렇다. 이집트의 파라오들이 그랬고, 이란의 아케메네스 왕조의 왕들이 그랬고, 중국 왕조의 왕들이 그랬다. 그들은 한 결 같이 후대 사람들이 자신들의 무덤을 도굴하지 못하도록 거대하고 특수한 무덤을 사람들의 눈에 띄지 않는 곳에 비밀리에 만들었다. 그러나 이 세상에 비밀이 어디에 있겠는가. 기원전 2천 년대에 건설된 파라오들의 무덤들은 기원전 1천 년대에 이미 대부분 도굴되어 버렸고, 아케메네스 왕들의 무덤은 침략군들에게 파괴되었고, 진시황제의 무덤도 약 2천년이 지나서 일반인들에게 알려지게 되었다. 도굴 여부는 아직 잘 모르지만. 인간은 누구나 영생불사하고 싶지만 뜻대로 안 된다는 사실을 과거 영웅들은 인정하기 싫었는지도 모른다.

박물관에서 나오는 길에 목이 말라서 하나에 5위안짜리 석류를 또 하나 사먹었다. 그런데 10위안이나 주었다. 내가 돈을 잘못 준 것이다. 먹고 나서 5위안을 돌려달라고 하니까 자기가 하나에 10위안짜리를 주었단다. 그러면서 옆에 있는 고급 석류를 가리킨다. 나는 할 말이 없었다. 어디나 저런 장사치는 있게 마련이니까 포기하고 돌아섰다.

시안 역으로 돌아와서 역 광장을 구경했다. 기차표를 사는 사람과 보따리를 몇 개씩 들고 기차를 기다리는 사람들로 북새통이다. 중국에 사람이 많다는 것을 확인하려면 기차역이나 버스정류장에 가보면 금방 알 수 있다. 그런데 광장에서 저렇게 땅바닥에 짐을 놓고 자고 있는 사람들은 누구지? 기차를 기다리는 사람들인가? 그렇다면 역 대합실에 들어가서 기다리지 왜 밖에서 저 땡볕을 다 받으면서 생고생을 하고 있을까? 이런 저런 의문이 많았지만 내가 중국어를 할 수 없기 때문에 물어볼 수가 없었다. (2013년 9월 6일, 금요일, 맑음)

시안판 에펠탑, 법문사 사리탑

아침 7시 반에 2번 투어버스를 타고 시안역을 출발해서 10시에 법문사(法門寺)에 도착했다. 시안에서 서쪽으로 120킬로 쯤 떨어져 있다. 법문사는 후한 영제(재위 168-189) 때 건립되어 1,800년의 역사를 자랑하는 황실 사찰이다. 당나라 때인 631년에 건립된 사리탑과 부처님 손가락 진신사리가 볼만하다. 1981년 지진으로 반이 무너지고 나머지 반도 1986년에 무너져버려 다시 지은 것이다. 반쪽만 위태위태하게 서있는 사진이 박물관에 남아 있다. 법문사는 스투파나 티벳 글씨가 보이는 걸로 보아서 티벳 라마교의 영향을 많이 받은 거 같다. 부처님 진신사리는 새로 지은 사리탑 법당에 모셔져 있다. 여기 손가락 사리는 진짜라고 한다. 하얀 뼈 딱 한 마디만 보였다. 하기야 그 많은 사찰에 있는 사리가 모두 진짜라면 부처님 몸이 1천개라도 모자랄 것이다. 유럽에 예루살렘에서 가져 왔다는 예수님 성혈이 많은 것처럼. 벨기에 부뤼헤에 있는 바실리크 성혈교회(Basilique du Saint-Sang)에서는 1146년 제2차 십자군전쟁 때 예루살렘의 대주교에게서 받아왔다는 성혈을 크리스탈 용기에 담아놓고 보여주는 대가로 돈을 받고 있었다.

법문사박물관은 진보 진열실과 역사문화 진열실로 나뉘어져 있다. 박물관에는 무너진 석탑 지하궁전에서 발견된 진귀한 불교관련 보물들이 잘 정리되어 전시되어 있었다. 여기서는 금박 8중 사리함이 걸작이다. 부처의 사리를 8개의 금박함에 차례대로 넣은 보물 중의 보물이다. 부처님 손가락 사리가 얼마나 소중했으면 8번이나 상자에 넣어 보관했을까? 이집트 카이로 국립박물관에 있는 투탕카멘의 관이 4개의 거대한 금박 박스에 차례대로 들어가도록 만들어진 것과 마찬가지다. 그 크기만 다를 뿐이다. 귀한 물건일수록 싸고 싸고 또 싸는 심리의 유산이다. 사진 촬영을 엄하게 금지하여 벽에 붙어 있는 사진만 겨우 찍었다. 완벽한 형태로 잘 보관된 진귀한 유리병, 유리잔, 유리접시도 10여점이 전시되어 있었다. 시안에 오면 '병마용은 안보아도 법문사박물관은 봐야 한다'는 말이 빈말이 아닌 거 같다.

▶ 법문사탑

▶ 8중 사리함 (자료사진, 법문사박물관)

▶ 유리 제품 (법문사박물관)

▶ 현장법사 장안 귀경도 (자료사진, 법문사박물관)

원래 법문사 옆에 콘크리트로 새로 지은 법문사와 사리탑은 불교 사찰 건축에 대한 새로운 컨셉을 잘 보여준다. 건축물이라는 것이 시대에 따라 그 양식과 건축 자재가 변하기 마련이어서 불교 건축물을 이렇게도 지을 수도 있구나 하는 생각이 들었다. 역시 중국은 모든 것을 자기중심으로 생각하고 해석하는 나라라는 생각도 함께 들었다. 조용한 시골 마을에 전원식 주택 대신에 엠파이어 스테이트 빌딩을 지어놓았다는 인상을 받았다. 현대판 콘크리트 피라미드나 현대판 낙산대불이라는 느낌이 들었다. 원래 법문사 사리탑도 상당히 규모가 큰 탑인데도, 새로 지은 법문사 탑에 비하면 대궐 옆에 붙어 있는 초가집처럼 초라해 보인다. 지상 148미터에 50층 건물의 높이이니 그럴만도 하다.

절 입구에서 사리탑까지가 거의 1킬로가 넘는 거리다. 까마득하다. 길 양쪽으로 다양한 불상이 서있다. 어머어머한 스케일과 나름대로 세련된 조각상에 놀랐다. 소재는 플라스틱이나 석고 또는 시멘트인 거 같다. 아무튼 석재나 목재는 아니다. 물론 진짜 금도금도 아니고. 보는 사람 기를 죽여버리는 그런 스케일이다. 중세 때 지은 유럽의 교회들이 그 어마어마한 스케일로 사람들의 기를 죽였던 것처럼. 성 베드로 대성당(로마), 쾰른 대성당, 세비야 대성당, 성 스테판 대성당(비엔나), 세인트 폴 대성당(런던) 등등.

▶ 중국의 힘을 자랑하는 새로 지은 법문사 사리탑과 법당

동서양을 막론하고 내가 지금까지 본 교회나 사찰 또는 모스크 탑 중에서 이 사리탑보다 스케일이 큰 탑은 본 적이 없다. 유럽에서 가장 크다는 바티칸에 있는 성 베드로 대성당이나 이스탄불의 아야 소피아 또는 블루 모스크의 첨탑도 이 새로 지은 법문사 탑에 비하면 조족지혈이다. 이란의 이스파한이나 마쉬하드에 있는 모스크들도 마찬가지다. 새로 지은 법당의

규모도 엄청나다. 엘리베이터를 타고 5층으로 올라가서 정문 쪽을 바라보니 거리가 너무 멀어서 잘 보이지도 않는다. 과장이 너무 심한가? 아무튼 엄청난 거리다. 1킬로가 넘는 진입로 양쪽에는 거의 200미터 간격으로 아주 깨끗하고 세련된 현대식 화장실이 줄지어 서있다. 중국의 화장실이 더럽다는 속설을 한꺼번에 바꿔버리겠다는 오기처럼 보이는 것은 왜 그럴까?

우리가 이렇게 세계에서 가장 돈도 많고 강력한 국가가 되었다는 것을 과시하기 위한 장식물처럼 느껴진다. 성당(盛唐)시대의 그 화려하고 장대한 불사를 재현하려고 한 거 같다. 화청지나 병마용 관광단지에서도 느낀 거지만 요즘 중국의 강력한 국력을 새삼 실감하게 된다. 장대한 스케일에 세련미까지 과시하고 있다.

과거에는 크기는 거대하지만 조잡하거나 유치하다는 인상을 받았는데, 요즘 지은 건축물들은 차원이 다르다. 우리나라 관광지의 안내판들이 조잡한 것에서 세련되게 바뀌어가는 그런 느낌과 비슷하다. 선진국 관광지의 좋은 점을 바로 바로 받아들여 응용한다는 느낌이다. 보도블록만 해도 화청지는 아스팔트나 시멘트 벽돌이 아니라 대리석을 깔았다. 거기에 로마 보도블록에서 보는 것처럼 미끄러지지 않게 일일이 정으로 쪼아서 선을 그어 놓았다. 이건 엄청난 노동력과 재력이 없으면 시도할 수 없는 정성이다. 지금 중국이 그런 재력과 여유를 갖고 있다는 상징적인 사례이다. 과거 당나라나 명나라 또는 청나라 때의 전성기가 부활하고 있는 것이다.

입구까지 너무 멀어서 나올 때는 셔틀 기차를 타고 나왔다. 요금을 20위안이나 받는다. 오후 한 시에 시안 역으로 돌아간다는 버스가 떠날 생각도 안 한다. 운전사가 안에서 자고 있다. 중국 사회가 엄청 빠른 속도로 변하고 있지만 아직도 변해야 하는 것도 많다. 버틀러라는 영어 이름을 가진 중국 청년과 함께 앉아서 이런 저런 얘기를 나누었다. 오후 4시가 다 되어서야 시안 역에 도착했다. 시안 역에서 일반 기차 타는 방법에 대해서 이것저것 물어보았다.

일정 때문에 시안 북쪽에 있는 서하(西夏)왕국(1032-1227)의 수도 인촨(银川)과 중국 공산당의 근거지 연안에 가보지 못한 것이 내내 아쉽다. 서하는 실크로드 교역에서 가장 중요한 중개지 역할을 했던 나라이기 때문에 위키백과의 기술을 토대로 서하의 역사를 재구성하여 여기 소개한다. 일본의 저명 작가 이노우에 야스시(井上靖, 1907-1991)의 소설 〈둔황〉의 배경이 된 바로 그 왕국이다.

서하는 1032년에서 1227년까지 중국 북서부의 간쑤성(甘肅省), 산시 성(陝西省)에 위치했던 티베트계 탕구트족의 왕조이다. 왕성은 이(李)씨이다. 전성기에는 북으로는 고비 사막, 남으로는 란저우, 동으로는 황허, 서로는 옥문에 이르는 영토를 가지고 있었다. 국교는 불교였고 중국의 영향으로 문화가 상당한 수준으로 발달되어 있었으며, 한자에서 파생된 문자인 서하문자를 가지고 있었다.

탕구트족은 자신의 나라를 "크고 높은 나라"(大白高國)라고 불렀었다. 당나라는 탕구트족을 평하부(平夏部), 남산부, 동산부로 나누어 지배하였다. 9세기 후반 황소의 난 당시 평하부의 탁발사공(拓跋思恭)이 장안 수복에 결정적 기여를 하여 당나라로부터 황실의 성인 이(李)씨를 하사받고, 하국공(夏國公)으로 봉해진다. 1005년 송나라의 공격을 막아낸 덕명(德明)은 송나라와 화의하고 송 황실로부터 조(趙)씨 성을 하사받고 은주, 유주 절도사의 직책을 받는다. 1038년까지는 송나라의 신하국이었다.

1038년 서하의 원호(元昊)가 조씨 성을 버리고 탕구트어 성으로 바꾸며 황제의 자리에 올랐다. 나라의 이름을 대하(大夏)로 정해 고대 중국 하(夏)나라의 계승을 자처하였고, 연호를 천수예법연조(天授禮法延祚)로 고쳤다. 서하문자를 제정하고, 관제를 확립하는 등 독립국가의 면모를 갖추려 하였다. 서하는 송나라에게 동등한 관계를 요구하였으나 송나라는 서하 황제의 지위를 인정하지 않았다.

그러자 1041년 서하군이 송나라 영토 근처에 집결해 호수천에서 양국 간 전투가 벌어졌는데, 송군이 패배해 전사자가 1만 3천 명에 달했다. 그 후 2년 여간 전쟁이 계속 되었다. 송나라와 요나라가 강화를 맺고 서하의 병사와 백성들이 느끼는 전쟁의 피로가 커지는 등 전황이 서하군에 유리하지 않게 되자, 서하에서는 송나라에 강화를 요청했다.

송나라는 서하와 요나라와의 동맹을 우려하여 서하의 강화 교섭을 받아들였다. 1044년 송이 서하에게 매년 조공을 바치는 대신, 서하에서는 송나라의 황제를 인정하고, 신하의 나라가 되는 조건의 강화를 맺었다. 그래서 서하의 황제는 하국왕(夏國王)에 봉해졌고, 송나라는 평화유지를 위해, 사실상 공물에 해당하는 비단 13만 필, 은 5만 냥, 차 2만근을 매년 서하국에 보내기로 하였다. 과거 한나라가 흉노와 맺은굴욕적인 강화와 비슷한 시례였다.

이후 서하는 송나라 및 화북 지역에 있던 내륙 아시아인인 거란족의 요나라(遼)와 불안한 3국 관계를 유지했다. 서하는 송의 관제를 모방했으며, 독자적인 문자를 만들었다. 중국과는 달리 불교를 열렬히 신봉하여, 불교를 국교로 삼았다.

서하의 정치 상황은 갈수록 부패가 만연하고 경제 사정은 열악해져 갔다. 게다가 1202년부터 서하는 당시 국력이 신장하고 있던 징기스칸이 이끄는 몽골의 침략을 6번이나 받게 된다. 이를 명목으로 1206년 왕의 사촌 이안전은 환종 이순우를 시해하고 왕을 자처하였다(양종). 그런 만큼 이안전은 몽골의 침입에 대비해 군사력 증강에 힘썼다. 그러나 그러한 보람도 없이 1207년 몽골의 대대적인 침입에 수도가 함락될 위기에 놓였고, 결국 이안전은 몽골에의 복속을 약속하고 자신의 딸을 보내 징기스칸과 혼인시켰다. 이후 서하는 몽골의 명령을 받아 금(金)나라와 오랜 전쟁을 치렀는데, 이는 양국의 국력을 쇠퇴하게 하였다. 1211년 왕의 조카 이준욱이 반역을 일으키자 양종은 퇴위하였으며, 그 해 사망했다. 1226년에는 징기스칸의 서정(西征) 참가를 거부하여 분노를 샀고, 다시 몽골의 침입을 받았다. 이러한 정치적 혼란과 국력의 소모 뒤에 결국 서하는 1227년 징기스칸의 몽골군에 의하여 멸망하였다. 징기스칸이 바로 이 전쟁을 치르고 돌아오는 길에 말에서 낙마하여 부상을 입어 죽게 된다.

서하를 점령한 징기스칸은 대대적인 민족 학살을 실시했는데, 이는 서하의 저항이 끈질겨 징기스칸을 노하게 만들었기 때문이다. 중국 국영 CCTV의 보도에 따르면, 징기스칸은 서하인을 매우 철저하게 살육해서 거의 멸족시켰기 때문에 현재까지 서하인의 후손을 발견하기 어렵다고 한다. NHK가 방영한 〈실크로드 - 제4부 환상의 흑수성 편〉에 보면 서하의 서북쪽 유적인 카라호토(黑水城) 전설이 나온다. 여기서 몽골군은 흑수성으로 흘러가는 흑수의 수로를 차단하여 서하군을 물리쳤다고 설명하고 있다.

서하는 독자적인 언어와 문자를 사용했다. 탕구트어라고도 부르는 서하어(西夏語)는 중국 티베트어족의 티베트-버마어파에 속하며, 1036년에 공포된 서하문자(西夏文字)는 한자(漢字)와 마찬가지로 1자가 1음절 곧 1낱말을 나타내는 표의문자였다. 서하문자로 〈논어 論語〉, 〈맹자 孟子〉, 〈손자병법 孫子兵法〉 등의 서적이나 불경을 서하어로 번역하였고, 〈신집금쇄장치문 新集金碎掌置文〉, 〈신집금합도 新集錦合道〉 등의 문학 작품도 전해진다. 그리고 인쇄국(印刷局)인 각자사(刻字司)를 두어 문자 보급을 위해 단어집이나 음운(音韻)을 정리한 운서(韻書) 등의 서적을 출판하였다. 몽골에 의해서 멸망당한 후 서하의 민족과 언어는 절멸됐으나, 이들 서적이 남아 있었기 때문에 서하문자는 오늘날에 와서 그 발음이나 의미가 파악되고 있다. 특히 서적 중에는 불경이 많은데, 그 가운데 대부분은 한역 불경의 번역이므로 한자 문헌과의 대조가 가능하고 그것을 이용하여 서하문자의 해독의 진행되었다. 지금은 완전히 해독되고 있다.

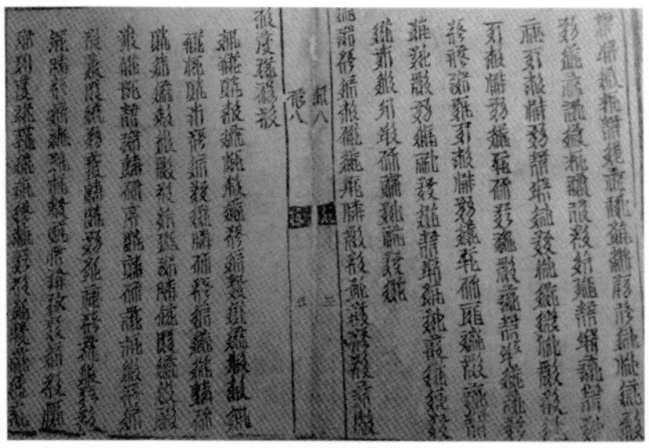

▶ 서하문자로 판각한 논어

서하는 비단길을 통한 동서 교역을 매개하며 무역의 이익을 독점하며 크게 세력을 넓혔다. 그리고 송과 활발히 교역하며 농경과 유목, 한족(漢族) 문화와 탕구트 고유문화가 결합된 독특한 문화를 발전시켰다. 닝샤후이족자치구(寧夏回族自治區)의 인촨 서쪽의 허란산(賀蘭山) 기슭에서 발견된 서하왕릉에는 9개의 황제릉을 포함해 250여 개의 묘지가 분포해 있는데, 서하 문화의 특징을 알려주는 수많은 유물과 부장물들이 출토되었다. 특히 서하왕릉의 능탑(陵塔)은 '동방의 피라미드'라고 불릴 정도로 웅장하면서도 독특한 건축양식을 보여준다. 또한 서하는 불교가 발달해 카라호토와 둔황(敦煌) 일대에 회화와 탑 등의 불교 미술 작품들을 남겼다. 불교를 국교화하여 국가에 화상공덕사(和尚功德司), 출가공덕사(出家功德司)라는 관청을 설치했고, 각지에 절이나 탑을 세우고 불교 경전을 서하어로 번역하여 보급했다. 이처럼 실크로드 문명사에 큰 족적을 남긴 서하왕국의 근거지를 가보지 못하는 안타까움을 간직한 채 발길을 티엔쉐이(天水)로 돌린다. (2013년 9월 7일, 토요일, 맑음)

미소불의 고향, 맥적산석굴

아침 5시에 일어났다. 기차는 8시에 출발했다. 중국에서 경좌(硬座-좌석과 입석이 함께 있어 가장 싼 기차표다)는 처음 타본다. 기차 타는데도 완전 북새통이다. 80년대 이전에 우리 추석 때 만원 기차와 똑같은 풍경이다. 경좌는 입석이 많아서 아주 혼란스럽다. 특히 문 입구에서 정체가 심하다. 바오지(宝鸡 보조)를 지나자 좀 여유가 생겼다. 추석이나 춘절 때는 어떨지 상상이 된다. 한비야씨가 중국에서 기차를 탈 때는 무조건 죽어라고 달려가서 자리를 잡아야 한다고 여행기(〈바람의 딸 걸어서 지구 세 바퀴 반〉, 金土출판사)에 썼던 말이 기억이 난다. 이번 19일이 여기 추석인데, 이동할 일이 걱정이다.

▶ 마이지산 석굴 전경

12시 40분쯤 티엔쉐이(천수)에 도착했다. 가이드북에 나와 있는 호텔은 방이 없단다. 앞 호텔에 갔더니 210위안을 달란다. 다시 나와서 맞은편에 있는 호텔에 갔다. 168위안을 달라는 걸 깍아서 158원에 투숙하기로 했다.

역 앞에 호텔을 정하고 시외버스를 타고 마이지산(麥積山 맥적산) 석굴에 갔다. 보리 가마를 쌓아놓은 것 같다고 해서 맥적산으로 불린다. 천수 시내에서 동남쪽으로 50킬로 정도 떨어져 있다. 이 석굴은 서진(西晉, 265-316) 때부터 건설되기 시작해서 북위, 당, 송, 원, 명, 청나라 때까지 계속 조성되었다. 현재 194개의 석굴이 있으며(동벽 54개, 서벽 140개), 그 석굴들 안에는 7천여 개의 소상 및 불상이 있다. 특히 칠불각 아래에 있는 마애불상이 볼 만하다. 모두 볼 수 있는 것은 아니고, 개방된 일부만 관람할 수 있다. 열쇠로 문을 잠가 놓은 곳도 많고, 가는 철망으로 보호하고 있는 곳도 많다.

▶ 마이지산 석굴 칠불각 마애불상

감동 또 감동. 절벽에 만들어진 사다리를 타고 한 층 한 층 올라갈 때마다 다리가 후들거렸지만 명품 불상을 보는 감동은 정말 대단했다. 둔황석굴을 제외하고는 불상의 색상이 이렇게 생생하게 남아있는 석굴은 처음이다. 훼손되거나 파괴된 것도 많지만 잘 보존된 것도 많았다. 유네스코에 인류문화유산으로 등재를 신청했다고 하는데, 이렇게 멋진 불교 유적이 인정이 안 되는 이유를 모르겠다. 아마 보관과 관리가 제대로 안 되어서 그런지도 모르겠다.

용문석굴은 바위에 불상을 새겨서 화려한 색상을 거의 볼 수 없었는데, 여긴 석고나 나무로 불상을 만들고 색을 칠해서 정말 아름답다. 요즘 절에서는 왜 저렇게 높은 예술성과 세련미를 가진 불상을 만들지 못할까? 새로 지은 법문사 사리탑을 왜 저런 식으로 만들지 못했을까? 정말 하루 더 머물면서 자세히 살펴보고 싶다. 저 장인의 솜씨와 정성을 천천히 음미하고 싶다.

어떻게 저렇게 큰 바위산 하나를 통째로 가공할 생각을 했을까? 하나의 바위산을 깍아 석굴과 불상을 만든 것은 요르단의 자랑 페트라와 비슷하다. 페트라 석굴 사원 중에서도 가장 안쪽에 있는 사원과 비슷하다. 불교 유적과 기독교 유적이라는 점만 다를 뿐 그 형식과 조성기법은 비슷하다. 현교(공중 사다리)를 따라 올라가는 나도 이렇게 다리가 후들거리는데, 석공들과 화가들은 저렇게 높은 곳에서 어떻게 작업을 했을까? 미켈란젤로도 씨스틴예배당 천정에 천지창조를 그리면서 저렇게 높은 곳에 사다리를 놓고 작업을 했다. 우리나라에도 저런 불사의 흔적이 보인다. 바로 고창 선운사 중턱에 있는 도솔암 암각여래상이다. 재력과 기술이 모자라니까 중국처럼 이렇게 거대하고 다양하게 만들지는 못했지만 서민들의 소박한 불심을 표현하기에는 충분한 불상이다.

▶ 철사망 안에 보호되고 있는 마이지산 석굴 미소불상

여기 불상들의 특징은 인자한 미소를 짓고 있는 보살들이 많다는 점이다. 한두 개가 아니라 수십 개의 불상들이 은은한 미소로 보는 이의 마음을 편하게 달래준다. 아마도 저런 불상을 조각한 사람들의 마음도 저렇게 넉넉하고 자애로웠을 것이다. 성정이 사나운 사람은 절대 저렇게 인자한 예술 작품을 만들 수 없다. 아니면 저 불상들을 만들 당시의 시대 상황이 평화로웠거나. 그것도 아니면 세상이 너무 어지러워 저런 불상처럼 자애로운 세상을 바라는 마음에서 그렇게 만들었거나. 이유야 어쨌든 이 불상들은 내가 본 불상 중에서 가장 미소가 많다. 그래서 이렇게 이름 지었다. '미소불의 고향 마이지산석굴'. 제80굴 보살은 내가 본 보살 중 가장 날씬 한 몸매와 가장 멋진 미소를 자랑하고, 어떤 두 부처님은 실물이 마주 앉아서 웃으면서 담소하는 듯하고, 제133굴에 있는 어린 사미승의 천진난만한 미소는 살아있는 듯이 생생하고, 제123굴 공양인은 일본 나라에 있는 중궁사의 모나리자보살을 연상시키고, 제12굴의 보살과 제자상은 교토 천용사의 양귀비보살을 빼닮았고, 제4굴의 악기를 연주하면서 날아다니는 비천도는 일본 우지(宇治)시에 있는 뵤도인(平等院)의 운중보살들과 분위기가 비슷하고, 제135굴 벽화는 고구려 무용총을 연상시킨다. 이런 불상이나 벽화를 보고 있으면 옛날에도 한반도나 일본에서 많은 수도승들이 여기를 다녀갔다는 확신이 들게 한다. 장안까지 뻔질나게 드나들었던 삼국의 구도승들이 소문을 듣고 여기까지 순례여행을 오지 말라는 법이 없다.

▶ 마이지산 석굴 이모저모

버스정류장으로 내려올 때 낙타를 타고 있는 아이를 찍었는데, 10위안을 내라는 말을 못 알아듣고 그냥 내려와 버렸다. 아이와 엄마에게 미안하다. 올라갈 때도 낙타를 타고 가는 요금이 편도에 50위안이라고 해서 그냥 지나쳤었는데----. 관광객은 현지 주민들에게 경제적 혜택을 주고 피해는 주지 말아야 한다고 맨 날 강의하면서 내가 현지 주민에게 피해를 입힌 꼴이 되었다. 본의든 아니든 관광 전공자로서 부끄러운 짓이다. 버스를 타고 6시쯤 호텔로 돌아왔다.

역에 가서 예매한 표를 바꾸려다 한바탕 소란이 일어났다. 서로 언어 소통이 안 되니까 정말 힘들었다. 요즘 우리 국민과 대통령 사이에 소통이 안 되어서 서로 힘든 것처럼. 나는 시안에서 천수로 올 때 열차에서 내리자마자 천수에서 란주까지 그리고 란주에서 장예까지 가는 표를 두 장 끊었었다. 란주-장예 표가 날짜가 잘못되어서 하루 연장하려고 했는데, 매표원이 엉뚱하게 천수-란주 표를 바꾸려고 하는 것이었다. 내가 그 표가 아니고 다른 표라고 했더니 표를 한 장 밖에 안 받았다고 한다. 나는 분명히 두 장을 주었는데. 나중에 보니 그 매표원이 바닥에 그 표를 떨어뜨리고 몰랐던 것이다. 그걸 서로 알아듣는데는 역 직원 서너 명이 동원되고 필담으로 대화를 하느라 10여분 넘게 걸려야 했다. 중국어를 못하는 내 잘못으로 일어난 일이어서 뒤에서 기다리던 사람들에게 미안했다.

저녁으로 역 앞에 있는 '오자록우육면'이라는 식당에서 우육면을 먹었는데, 너무 매워 옆집에 가서 우유와 아이스크림을 사먹으면서 속을 달랬다. 호텔 방에 들어가니 역겨운 하수도 냄새가 많이 난다. 아까 예약할 때 방에 들어와서 직접 확인을 했어야 했는데, 나의 불찰이다. 지금 바꾸어달라고 할 수도 없고. 아무튼 중국은 이런 소프트웨어가 아직은 많이 미진하다. (2013년 9월 8일, 일요일, 맑음)

황토와 황하의 고장, 란저우

티엔쉐이에서 란저우(蘭州)로 기차를 타고 이동했다. 란저우는 실크로드 서쪽으로 가려면 반드시 통과해야 하는 하서회랑 입구에 있는 도시다. 과거에는 흉노족이나 돌궐 등 서역의 유목민들이 중원을 침략할 때 반드시 거쳐야 했던 요충지이기도 했다. 반대로 중원에서 서역으로 갈 때도 반드시 거쳐야 하는 도시였다. 그래서 모든 사람과 문물이 서역으로 나가기 전에 또는 장안으로 들어오기 전에 여기에 일단 모였다가 흩어졌다. 그리고 황하가 시내 한 가운데를 도도히 흐르는 몇 안 되는 중국의 도시 중 하나이다.

중국 기차의 경와(硬臥)는 정말 편하고 안전하다. 어제 지옥 같았던 경좌에 비하면 천국

▶ 황하로 착각한 위수 (천수에서 란주 가는 기차 안에서)

이나 마찬가지다. 4시간이 걸렸다. 여기부터는 전혀 다른 풍경에 졸 시간이 없다. 천수 동쪽과는 완전히 다른 분위기다. 기차와 자동차들이 위수(渭水)를 거슬러 란주로 간다. 완전 흑탕물인 위수는 동관에서 황하와 만난다. 어제 천수 시내에서도 신기한 강을 보았다. 강 가운데에 제방을 쌓아 황토색 위수와 푸른색 위수가 나란히 흐르게 한 것이다. 그런 강은 처음 보았다.

이쪽 지방은 황토산과 계단식 밭이 특징이다. 가을이나 겨울에 보면 더 황량할 거 같다. 흙집과 토굴도 많다. 산에도 나무가 없다. 야산과 같은 구릉과 구릉 사이에 폭이 2-3킬로미터 되는 녹지가 있는데, 그 사이로 이 도로와 철로도 지나가고, 주변에 작은 마을들이 흩어져 농사도 짓고 가축도 기른다. 중소도시는 너무 낡아서 개발이 시급한 것 같다. 온 중국이 개발 바람인데도 아직 이런 서쪽의 벽지까지는 개발의 바람이 불지 않는 것처럼 보였다.

▶ 천수에서 란주로 가는 침대 열차 (경와)

양쪽 구릉 언덕에 양들이 풀을 뜯고 있고, 농부들은 들일에 한창이다. 나귀들과 낟가리도 보인다. 주로 옥수수 농사를 많이 짓고 수수, 조, 해바라기, 양배추(포신채) 농사도 보인다. 황토로 벽돌을 만드는 벽돌공장도 자주 보인다. 낡은 건물들 벽에 구호가 많이 적혀 있다. 과거에 우리가 그랬던 것처럼.

기차 안에서 책 읽는 중국인을 처음 보았다. 이름은 오성(烏成). 그가 통로에 있는 작은 의자에 불편하게 앉아서 책을 읽고 있길래 내 침대에 와서 앉으라고 했다. 그와 필담으로 얘기를 했다. 그는 잠깐 앉아 있더니 자기 자리로 돌아갔다. 내가 탄 6인실에는 승객이 두 명 밖에 없었다. 맞은 편 남자는 이름이 사건굉(史建宏). 50살이고 버스정류장에서 일한단다. 사씨이니까 옛날 소그드인의 후손이다. 즉 우즈백 지역에서 장안 쪽으로 이주해서 살았던 소그드인의 후손인 것이다. 고향은 당산 대지진으로 유명한 당산. 그를 선생 삼아 잠시 중국말을 배웠다.

오씨가 간 다음에 어떤 할머니를 내 침대에서 앉아가라고 자리를 주었다. 두 시간 이상이나 앉아 갔으면서도 내릴 때 고맙다는 말도 없이 내린다. 정말 대단한 사람들이다. 그런데 이건 나의 착각이었다. 그들은 모두 자기 자리를 가지고 있는 사람들이었다. 통로 창가에 붙어있는 작은 의자는 침대차에 있는 사람들이 잠간씩 나와서 쉬어가는 자리였다. 나는 그런 사람들을 자리가 없는 승객들인 줄 알고 내 자리에 와서 앉으라고 했던 것이다.

어디를 가나 중국 사람들의 무질서는 큰 문제다. 기차, 자동차, 오토바이, 자전거, 보행자 할 것 없이 총체적으로 무질서의 극치를 보여준다. 녹색 신호등인데도 자동차들이 밀고 들어오고, 적색인데도 보행자들이 아무 거리낌 없이 도로를 건넌다. 그것도 횡단보도로 건너는 것이 아니라, 아무데로나 건넌다. 나를 싣고 란주 역에서 감숙성박물관으로 태워다준 오토바이는 아예 역주행을 자기 마음대로 한다. 무서워서 간이 떨어지는 줄 알았다. 그런데 더 놀라운 것은 맞은편에서 오는 차량들이 아무 경고도 하지 않는다는 점이다. 시안에서도 그런 적이 있는데, 정말 '이상한 나라 엘리스'다. 이런 현상은 중앙아시아도 마찬가지였다.

중국의 경제성장과 함께 다른 물가와 함께 호텔 객실료도 엄청 올랐다. 란주 같은 큰 도시는 가이드북에 나와 있는 가격의 두 배나 된다. 약 5년 사이에 싱글룸 100위안짜리가 200

위안이 된 것이다. 오후에 호텔에 짐을 풀고 30위안이나 주고 오토바이 택시를 타고 감숙성 박물관에 갔는데, 가는 날이 장날이라고 휴관이란다. 이 박물관은 실크로드와 관련된 귀중한 유물들을 많이 가지고 있는데, 보지 못해서 아쉽다. 내일은 아침 일찍부터 저녁 늦게 까지 병령사석굴에서 시간을 보내야 하기 때문에 다시 갈 시간이 없다. 어떻게 해야 할지 고민이다.

점심은 우열탕으로 천엽과 고기를 우리 갈비탕처럼 맑게 끓인 것인데, 국물 맛이 딱 갈비탕 국물 맛이다. 밥만 말아 먹으면 그만일 거 같다. 저녁으로는 볶음밥과 콩물을 먹었다. 볶음밥은 정말 맛이 좋았다. 우리 중국집들은 밥을 이렇게 고들고들하게 볶을 줄을 모른다. 콩물은 배가 불러서 많이 남겼다.

점심 식사 후에 여행사에 가서 병령사석굴 가는 패키지 상품을 350위안을 주고 샀다. 왕복 교통비와 입장료가 포함된 가격이다. 가는 길이 너무 복잡하고 어려워서 여행사 프로그램이 좋다고 가이드북에서 권유하고 있어서 그대로 따랐다. 내일 먹을거리를 미리 준비하라고 해서, 거리 행상에게서 바나나 대여섯 개와 포도 한 송이, 석류 한 개를 25위안에 샀다. 그런데 여행사 젊은 아가씨가 영어를 조금 하는데도 바나나는 영어로 모른다.

적어도 중국에서는 자기 몸에서 나는 냄새 걱정은 안 해도 된다. 특히 시안 서쪽으로 갈 때는 더 그렇다. 나보다 냄새가 강한 사람들이 많기 때문이다. 옷 색깔도 회색과 검은 색으로 변한다. 얼굴도 강한 구릿빛이고. 마늘과 양파(또는 파)가 왜 서역에서 온 채소인지 알겠다. 이 사람들의 주식인 양고기가 노린내가 강하기 때문에 그 냄새를 중화시키기 위해서 향이 강한 마늘이나 양파를 음식에 많이 넣어서 먹는 것이다. 나는 실제로 그런 광경을 자주 보았다.

시안에서 우육면과 포막면을 먹을 때 마늘장아찌가 있었고, 천수에서 우육면을 먹을 때는 마늘장아찌는 물론이고 까지 않은 생마늘이 담긴 접시가 테이블마다 놓여 있었다. 그 이유를 알기에는 오랜 시간이 걸리지 않았다. 내 앞 테이블에 어떤 막노동꾼인 듯한 중년 남자 둘이

서 우육면을 먹고 있었는데, 그들은 음식이 나오기도 전에 기다리면서 그 독한 생마늘을 까서 자연스럽게 씹어 먹고 있었다. 우리 같으면 입 안과 장에서 난리가 났을 텐데, 그들은 아주 자연스럽게 그걸 먹고 있었다. 그러니까 아마도 겨울이 춥고 기름기가 많은 양고기를 많이 먹는 사람들은 마늘을 그렇게 먹어줘야 견디나 보다. 내가 느낀 개인적인 생각이다. (2013년 9월 9일, 월요일, 맑음)

절벽에 매달린 절, 병령사석굴

▶ 병령사 앞의 호수

아침 7시 30분에 가이드 란라를 만나 버스를 타고 병령사(炳靈寺-炳灵寺 빙링스)로 출발했다. 병령사를 가려면 일단 유가협댐까지 가서 거기서 페리로 갈아타고 두 시간 정도 호수를 건너야 한다. 운전기사와 앞에 앉은 노인이 담배를 피운다. 안전벨트는 아예 없다. 란주에서 유가협까지 오가는 도로는 완전 먼지투성이다. 주변 구릉과 산들이 모두 황토에 민둥산이니까 당연한 거 같다. 노란색 살색 주황색 엷은 붉은색이 섞여 있다. 오전 10시에 유가협댐에 도착했다. 이 댐은 황허 유역 종합개발계획의 일환으로 1961년에 건설된 댐이다. 높이 148미터, 길이 840미터, 저수량이 57억㎥에 이른다.

11시까지 한 시간이나 다른 일행을 기다렸다. 우리 일행 말고도 다른 일행이 더 있나보다. 화가 치민다. 다른 5명의 지각생들은 늦어서 미안하다는 말도 없다. 사람들이 구명조끼도 안 입는다. 호수 가운데에서 푸른 물과 누런 황토 물이 섞이는 장면이 신기하다. 이곳에서 작은 쾌속선을 타고 1시간 가량 물길을 따라 달려 12시에 병령사 선착장에 도착했다.

석굴 작품보다 주변 기암괴석이 더 멋지다. 작은 그랜드캐년이다. 호수를 병풍처럼 둘러싸고 있는 기암괴석들이 정말 절경이다. 유가협댐을 만들면서 병령사로 오는 길이 모두 물에 잠겨 호수로 변한 것이다. 호수가 없었으면 양쪽 산들을 구경하면서 병령사로 들어가는 길이 정말 멋있었을 것이다. 그 옛날 법현이나 현장 스님은 호수를 건너지 않고 걸어서 이 길을 따라 병령사를 지나갔을 것이다.

법보신문 '중국 불교 석굴기행'에 연재된 병령사에 관한 답사기를 참조하여 소개한다. 병령사 석굴은 황하 상류의 북안 협곡에 있는 샤오지스산(小積石山)에 조성됐다. 이곳은 서쪽으로 하서회랑에 접해있고, 동쪽으로는 장안으로 연결된다. 실크로드의 길목이었다. 실크로드를 오가는 수많은 상인과 함께 승려들도 반드시 이곳을 통과해야 했다.

자연스럽게 불교가 흥성했다. 특히 이 지역은 오호십육국 시기 16국의 하나였던 서진(西秦, 385-431)의 지배하에 있었다. 서진의 개조인 걸복국인(乞伏國仁)을 비롯한 걸복씨 왕조는 비록 4명에 그치지만 모두 신심이 깊은 불교신자여서 수행과 경전 번역을 적극 후원했다. 〈고승전〉에도 '걸복치반(乞伏熾磐 412-428)이 이 지역에서 할거할 당시 서쪽으로는 양주지역에 접해 있었다. 외국선사 담무비가 이곳에 와서 무리를 이끌고 선을 가르쳤다'라는 기록이 남아있어 서진의 불교가 상당히 흥성했음을 알 수 있다. 이러한 분위기 속에서 실크로드를 오가던 많은 상인과 스님들은 장도의 안녕을 기원하며 석질이 부드러운 사암의 협곡에 석굴을 파고 불상을 조성했을 것이다.

하지만 병령사 석굴이 언제 개착됐는지는 정확한 기록이 없다. 다만 169호굴에서 '서진건홍원년(西秦建弘元年)'이라는 명문이 발견됐는데, 이때가 420년(3대 문소왕 文昭王-걸복치반 때)이니 적어도 이때부터 석굴이 조성되고 있었던 것만은 확실하다. 그러나 최근에는 이곳 벽화에서 서진 태초(太初- 2대 무원왕 武元王 때) 13년(400년)에 이곳을 경유해 서역으로 향했던 법현(法顯, 337?-422) 스님의 발원명(發願銘)이 발견됐다. 이로 인해 석굴의 최초 개착 시기도 4세기 말로 앞당겨지게 되었다.

석굴이 처음 개착되기 시작한 북위(北魏, 386-534) 시기에 병령사는 당술산(唐述山), 또는 임양당산(林楊堂山)으로 불렸다. 당나라 때에는 영암사(靈岩寺)라고도 불렸다. 병령사라는 이름은 송나라의 역사를 기록한 〈송사 宋史〉에서 처음 등장한다. 송대(960-1279)에 이미 병령사(빙링스)라는 이름이 사용되었다. 그런데 이 '빙링'은 티베트어의 음역이다. '십만불(十萬佛)'이라는 뜻으로 '천불동', '만불동'과 같은 의미다.

병령사석굴은 2~3층에 걸쳐 불감(佛龕)과 굴의 형태가 섞여 있는데, 그 수가 196개에 이른다. 그 안에 694개의 조각상, 82개의 소조상이 산재해 있다. 서진 시기에 개착이 시작돼 북주(北周, 556-581)와 수·당(589-907) 시대에 가장 활발히 조성됐다. 그래서 여러 시대의 벽화와 조각과 소조상이 고르게 발견되지만 당대의 불상이 특히 많이 남아 있다.

마침 물이 빠진 계곡을 따라 크고 작은 불감과 보살상이 노천 박물관처럼 줄을 잇는다. 매표소를 지나 왼쪽 계곡을 따라 이어지는 암벽 면에 불감과 보살상, 석굴이 노천 박물관처럼 줄지어 모습을 드러낸다. 1~2미터 이내의 감실을 조성하고 그 안에 보살상을 모신 형태가 다수 눈에 띤다. 이와 함께 암벽 면에 부조로 조각한 마애불 형태의 보살상도 즐비하다. 그 크기도 30cm 내외의 작은 것에서부터 사람 키만 한 것까지 다양하다. 안으로 조금 더 들어가면 비교적 규모가 큰 석굴들이 이어진다. 사람이 들어갈 수 있을 만한 것들이다. 내부에 중심주는 없지만 석실 정면과 좌우에 다양한 형태의 보살상을 조성하고 벽화와 부조로 장식했다.

불감과 석굴들의 군상이 끝나는 맨 안쪽에 높이 27미터의 대불이 모습을 드러낸다. 그러나 때마침 전면 보수중이어서 전면에 녹색 보호막이 쳐져있다. 대불의 자세한 모습은 보이지 않지만 보호막 위로 드러나는 대강의 형상만으로도 그 규모가 짐작된다. 이 대불 위에는 두 개의 천연 석굴이 있다. 169호와 173호 석굴이다. 병령사석굴의 백미인 169호 석굴로 가기 위해서는 수직에 가까운 나무 계단을 올라야 한다. 석굴이 암벽 60미터 위의 낭떠러지에 자리 잡고 있기 때문이다. 이 석굴 가운데 최대 규모이며 가장 많은 수의 불보살상과 가장 이른 시기의 분명한 연기를 가진 석굴이다. 깊이 19미터, 너비 27미터, 높이 15미터나 되는 불규칙한 장방형 동굴은 온통 보살상을 봉안한 불감과 부조, 벽화들로 빼곡히 뒤덮여 있다고 한다.

169호 석굴에서 나무난간을 이용해 절벽(대불의 머리 위다)을 따라가면 172호 석굴로 이어진다. 서진시대부터 북주, 북위, 명나라에 걸쳐 꾸준히 조성되고 확장된 석굴이다. 북위시대에 조성된 삼존불 좌우로 서진시대에 조성된 좌불과 북주시대에 조성된 오방불, 그리고 명시대에 그린 벽화가 한자리에 모여 있다고 한다. 왼편에는 나무로 만든 닫집형태의 불감도 있다. 내가 갔을 때는 169호 석굴과 173호 석굴로 올라가는 계단이 막혀 있어서 안타깝게도 직접 보지는 못했다.

▶ 보수 중인 병령사 석굴 대불. 그 위로 보이는 두 개의 천연 석굴이 169호굴과 172호굴이다.

병령사석굴에 대한 조사는 댐 건설에 앞서 1951년 이뤄졌고 1970년에 이르러서야 일반에 개방됐다. 조사 과정에서 흙더미 속에 묻혀 있던 불감과 부조 마애불이 추가로 발견되기도 했다. 댐이 만들어지고 수위가 높아지면서 병령사석굴에는 새로운 길이 놓였다. 계곡 양쪽으로 콘크리트 축대를 쌓고 그 위에 길을 놓았다.

석굴 조성시기가 더 빨라서 그런지는 몰라도 전체적인 규모도 작고, 불상이나 벽화는 천수에 있는 맥적산(마이지산)석굴에 비해 수준이 많이 떨어진다. 보수보존도 제대로 안되어 있다는 느낌이 들었다. 설명서도 제대로 붙어있지 않았다. 더구나 대불은 보수하느라 천막으로 가려져있어서 볼 수도 없었다. 추가 요금을 받는 석굴도 모두 닫혀 있다. 비공개 석굴을 보려면 터무니없이 비싼 가격을 요구한다. 169호 석굴과 173호 석굴도 그래서 막아 놓은 것이다. 여기 석굴은 접근하기도 어렵고 오가는 비용도 많이 들어서 기대가 컸는데, 실망도 그만큼 크다. 오히려 주변 경관이 더 멋이 있었다.

▶ 병령사석굴 이모저모

병령사를 본 다음에 라마교 겔룩파인 병령사 상사(上寺)도 방문했다. 병령사 석굴에서 10킬로쯤 상류에 있는 작은 절이다. 병령사석굴에서 20위안을 내면 스님들이 셔틀버스로 데려다준다. 올라가는 협곡 사이로 난 길이 정말 절경이다. 비가 오면 이 협곡은 강으로 변해서 이 길은 막힐 것 같다. 어떻게 이런 첩첩산중에 절을 지을 수 있을까? 라는 생각이 들 정도로 협곡에 절이 있다. 절집은 서너 채의 부속 건물로 구성되어 있고, 사방으로 절벽에 둘러싸여 있다. 절벽 사이에 폭 파묻혀 있는 느낌이다. 법당 안에 있는 라마교 벽화들이 우리 무속화를 보는 것처럼 원색적이고 생경하다. 그림 수준은 좀 유치했다. 영어를 꽤나 잘하는 스님으로부터 차 대접을 받았다.

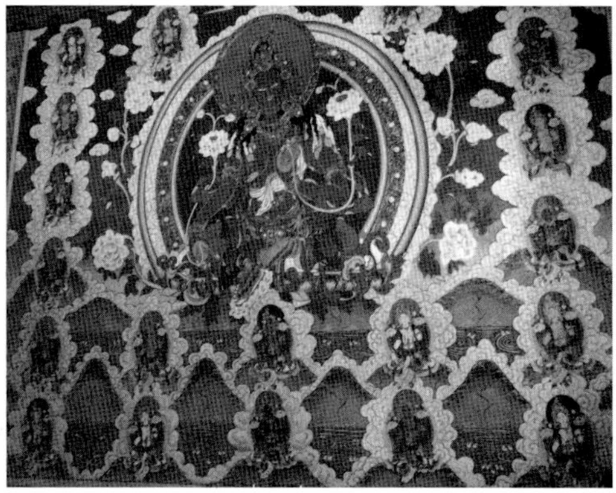

▶ 라마교 사찰인 병령사 상사와 법당 탱화

상사에서 돌아와 선착장에서 점심으로 20위안짜리 면요리를 먹었다. 옆자리에 앉은 중국인 일행이 여러 가지 요리를 시켜놓고 먹고 있었다. 내가 좀 먹고 싶다고 했더니 흔쾌히 허락했다. 이름은 나와 종씨인 고빈. 난징에서 놀러 온 형제들이었다. 한 명은 지리 선생님, 한 명은 영어 선생님, 자기는 사업을 한다고 소개했다. 가지 요리와 잉어 요리, 그리고 돼지고기 요리가 하나씩 있었다. 역시 중국 음식은 맛이 좋다. 나중에 알게 된 사실이지만 중앙아시아와 중동에 가면 중국 음식이 얼마나 훌륭한 음식인지를 깨닫게 된다. 과거에 왜 중국 사람들이 주변 국가 사람들을 야만적인 오랑케라고 했는지 조금은 이해가 된다.

점심식사를 마치고 오후 3시 10분에 병령사 선착장을 출발하여 유가협댐으로 향했다. 돌아오는 길에 가이드 란라가 호수 가운데에 있는 양식장에 들러 잉어 두 마리를 샀다. 차에 비린내가 나도 아무도 개의치 않았다. 우리 같으면 난리가 났을 텐데---. 아무튼 중국 사람들은 정말 이해하기가 힘든 사람들이다. 저녁 7시에 호텔에 도착했다. 왕복 교통시간이 너무 많이 걸린다. 진한 황토색을 띠고 란주 중심가를 유유히 흘러가는 황하가 인상적이었다. (2013년 9월 10일, 화요일, 맑음)

유고족의 고향, 장예 마제석굴

아침 7시 45분 기차로 란주를 출발해서 장예(张掖 장액)로 향했다. 친절한 중국인들과 수다를 떠느라고 하서회랑(河西回廊)의 풍경을 별로 구경하지 못했다. 만년설과 초원, 황토와 먼지의 땅, 하서회랑을 보고 싶었는데 아쉽다.

하서회랑 또는 하서주랑(河西走廊)은 동쪽은 오초령(烏鞘嶺)으로부터 시작해 서쪽은 옥문시(玉門市)에 이르며, 남북은 남산(南山: 기련산 祁連山)과 아미금산(阿爾金山)과 북산(北山: 마종산 馬鬃山, 합려산 合黎山 및 용수산 龍首山) 사이의 길이 약 900킬로미터, 폭 수킬로미터에서 100킬로미터에 이르는, 서북-동남 방향으로 늘어진 좁고 긴 협곡이다. 황하의 서쪽에 있는 복도 모양의 길이라고 해서 하서주랑이라 부른다.

지역은 감숙성(甘肅省)의 란주(蘭州)와 하서사군(河西四郡), 즉 무위(武威), 장예(張掖), 주천(酒泉), 둔황(敦煌)을 포함한다. 거주하는 민족은 한족과 몽골족, 위구르족, 티베트족 등이다. 한의 무제가 하서를 처음 개척해 무위, 장예, 주천, 둔황의 사군을 연 이래, 내륙의 신장(新疆)으로 이어지는 중요한 통로이며, 고대 실크로드의 일부분으로서 고대 중국과 서방 세계의 정치·경제·문화적 교류를 진행시킨 중요한 통로였다.

기차 안에서의 대화 상대는 민임개(玟琳凱). 감숙성 중의학원 4학년에 다니는 의대 여학생이다. 다른 사람은 길림시 철도대학교에 다니는 진중걸. 또 다른 하나는 신병을 인솔하고 가는 군인 아무개. 서로 얘기를 나누다보니 서너 시간이 훌쩍 지나갔다. 중국 기차의 경좌는 이런 점이 좋다. 복작거리는 걸 싫어하는 사람에게는 별로지만 사람을 좋아하는 사람에게는 이렇게 재미있는 여행도 없다. 각계각층의 중국 서민들을 만나볼 수 있는 정말 좋은 기회이기 때문이다. 변방의 중국인들은 호기심이 많아 나 같은 외국인이 기차에 타면 기본으로 대여섯 명은 그 사람 주위로 몰려든다. 나도 그랬다. 그리고 나는 중국어를, 그들은 영어를 잘 모르기 때문에 필담으로 신나는 대화가 진행된다. 옛날에 중국에 드나들던 우리 사신들도 역

▶ 라마교 사찰인 장예 따포스(대불사). 오른쪽 아가씨가 라원

관을 제외하고는 모두 필담으로 중국의 선비들과 대화를 나눴다. 〈열하일기〉를 쓴 박지원도 필담으로 그들과 대화를 나눴다. 한자문화권에서 태어나고 한자를 배운 우리 세대는 그나마 다행이다. 이렇게라도 대화를 나눌 수 있으니.

장예 시내버스에서 만난 라원은 모델처럼 날씬하고 하얀 얼굴이 정말 예쁘다. 군계일학이란 표현이 딱 맞는 아가씨다. 내가 이번 실크로드 여정에서 만난 중국 아가씨 중에서 가장 멋있는 여자다. 강남역 사거리에 내놓아도 조금도 밀리지 않을 정도로 세련된 자태다. 선글라스에 하얀 씨스루 블라우스에, 하늘색 청바지에 하이힐을 신었다. 키는 170 정도. 내가 차장에게 남부버스정류장을 물어보는데 자기가 안내해주겠다고 영어로 말한다. 버스표를 사는 곳은 물론이고 시내 가이드까지 해주겠단다. 덕분에 따포쓰(大佛寺)와 장예목탑을 수월하게 구경했다. 따포쓰에서는 높이가 33미터나 되는 라마탑과 거대한 와불(臥佛)이 인상적이었다.

▶ 라마교 사찰인 장예 마제사

이런 횡재가 어디 있나. 지나가면 사람들이 모두 쳐다볼 정도로 예쁜 여자와 관광이라니. 라원은 우크라이나 수도인 키예프에 5년 동안 유학 가서 피아노를 전공했고, 지금은 하서대학교(河西學院)에서 피아노를 가르치고 있단다. 어쩐지 세련미가 철철 넘치더라. 가족은 시안에 살고 있고, 자기 혼자 기차역 앞에서 살고 있단다. 담배를 피우는 모습

도 예쁘다. 나한테도 한 대 권해서 억지로 피웠다. 오늘밤 엄마가 오신단다. 외국인 친구를 만들기 위해 안내를 해주는 거란다. 영어는 기본 대화가 가능할 정도다. 연락하라고 이메일까지 적어준다.

버스터미널에서 마제사석굴로 가는 버스표를 샀다. 오후 3시 40분 출발이다. 여기 사람들은 지금까지 보아왔던 중국 사람들과 완전히 다르다. 유고족(裕固族)은 얼굴이 구릿빛이고 남자들은 하얀 둥그런 모자를, 여자들은 검은 두건을 썼다. 마제사석굴은 장예에서 남서쪽으로 6킬로쯤 떨어진 숙남(肅南)유고족 자치현에 있는 마제산 중턱에 있다. 마제산은 말발굽(馬蹄 마제) 모양의 흔적이 있는 바위가 있다고 해서 붙여진 이름이다. 유고족은 감숙성에만 사는 소수민족으로 전체 인구가 12,000명에 불과하다. 중국 소수민족 중에서도 희귀 민족에 속한다. 고대에는 흉노와 돌궐 등 북방 유목민족들이 여기까지 지배했다고 한다.

한 시간 쯤 걸리는 줄 알았는데 5시 반이 넘어서야 도착했다. 가는 길에 눈 덮인 치롄산맥 설산이 버스 앞쪽으로 보인다. 엄청나게 넓은 평원 사이를 가로지르면서 버스가 달린다. 이런 경험은 처음이다. 사막을 달리는 것과는 또 다르다. 입구에서 표를 사서 관광단지에 도착했다. 입구에서 2-3백 미터를 들어가면 마제사가 있다. 절벽에 새운 절들이 신기하다. 탑도 새겨 놓았다. 전형적인 라마불교 양식이다. 절이 절벽에 걸려있는 것이 병령사와 똑같다. 오대산 현공사도 마찬가지. 여기 석굴에는 티베트계 유목민인 탕구트(黨項)계 서하(1038-1227)가 이 지역을 통치한 탓으로 티벳 라마교의 흔적이 강하게 남아 있다.

산나드리님의 블로그에 의하면, 마제사 석불군은 동진(東晉, 317-420) 시대에 은둔자 곽우(郭瑀)가 개창을 한 후 북위(北魏, 386-534)시대에 확장을 하고 명나라(1368-1644) 때 절정기를 맞이하였다고 한다. 명나라 영락(永樂) 원년(1402)에 치선당(置禪堂)이 건립되었으며, 성제(成帝)때 보광사(普光寺)란 이름을 하사받았다. 청나라 강희제(재위 1661-1722)가 하서회랑을 순시할 때, 자단목으로 만든 금 삼감탑과 은으로 만든 안장을 하사하고, 청연벌(靑蓮筏)이라는 편액을 주었다. 건륭제(재위 1735-1796)는 마제사에 용포 1습을 전한 것으로 기록에 전해진다. 마제사란 이름은 굴내 암석에 신기족인(神驥足印)이란 말발굽 자국이 있는데서 유래가 되었다고 한다. 하서지구는 예로부터 실크로드의 주된 통로로서 둔황석굴이나 란주의 병령사석굴과 동시대에 조성된 석굴이라고 한다. 마제사 석불군은 마제북사(北寺 普光寺), 남사(南寺 勝果寺), 상 중 하 관음동(觀音洞), 천불동(天佛洞), 금탑사(金塔寺)의 7개 구역으로 분포되어 있으며, 석굴이 2~5킬로미터 간격으로 70여개, 감실이 100여개가 확인되었다.

마제사 석불군은 30킬로미터에 걸쳐 있어 한나절에 그것도 오후 늦게 도착해서 다 둘러본다는 것은 애시당초 무리였다. 여기 와서 숙박을 하고 하루를 보내는 것이 합당했다. 그런데 기차에서 내릴 때 장예역 앞에 있는 호텔에 숙박료를 이미 지불하고 짐을 맡겨 놓았기 때문에 돌아가야 한다. 관광전공자라는 사람이 이렇게 사전 정보도 없이 여행을 하다니----. 나 자신이 정말 한심스러워서 머리를 한 대 쥐어박고 싶었다. 나중에 이 글을 쓰면서 인터넷을 찾아보니 마제사는 정말 대단한 티벳 라마 양식의 불교 석굴이었다. 그런 곳을 나는 시간을 핑계대면서 초입부만 보고 나온 것이다.

돌아가는 버스가 끊어져서 어떤 예배를 마치고 나오는 가족에게 차를 태워달라고 부탁했다. 가는 길이 다르다고 하면서도 십여 킬로 정도 가다가 장예로 가는 길목에 내려주었다. 고마워서 돈을 드렸으나 손사레를 치면서 받지 않았다. 세계 어디서나 시골 인심은 모두 마찬가지다. 아직은 따뜻한 가슴을 가진 사람들이 해꼬지 하는 사람들보다 더 많다. 길가 작은 마을 앞에서 100위안을 주고 택시로 장예로 돌아왔다. 1번 시내버스를 탔는데, 역까지 1시간 정도 걸렸다. 역 앞에 있는 한 식당에서 돼지고기 요리와 칭따오 맥주 한 병을 시켜서 맛있게 먹었다. 35위안. 노무자인 듯한 여인들 13명이 두 테이블로 나누어서 만두 한 접시씩을 나누어서 먹는 걸 보고 좀 가슴이 아팠다. 어디서나 가난한 사람들은 음식을 배불리 먹지 못하는 한을 안고 살아간다. 사람으로 태어나면 적어도 배는 곯지 않는 세상에서 살아야 하는데----.

호텔 욕실에 불이 안 들어온다. 중국 호텔들은 한 가지씩은 다 문제가 있다. 100~200위안대의 싸구려 호텔만 찾아다녀서 그런지 몰라도 맘에 드는 호텔이 별로 없다. 란주 호텔에서는 어떻게 알았는지 아가씨들이 내 방으로 전화를 해서 놀자고 졸랐었다. (2013년 9월 11일, 수요일, 맑음)

만리장성의 서쪽 끝, 자위관

장예부터 날씨가 확 변했다. 낮에는 날씨가 엄청 덥다가 밤에는 몹시 추워진다. 전형적인 사막형 날씨다. 자위관(嘉峪關 가욕관)으로 가는 기차를 타기 전에 아침 일찍 흑수국(黑水國) 유적지에 다녀왔다. 이 유적지는 징기스칸에게 공략당한 에치나지(額濟納旗)에 있는 흑수성(카라호토)이 아니라 장예시에서 서북쪽으로 13킬로미터 떨어진 다른 성터이다. 택시 기사도 제대로 찾지 못하고 이리 갔다 저리 갔다 헤매고 있었다.

유적지로 가는 길에 만난 강, 흑수(黑水)가 인상적이었다. 치렌산에서 눈 녹은 물이 사막 한가운데를 지나 고비사막 북쪽으로 흘러 들어가는 것이다. 징기스칸이 직접 지휘한 몽골군은 1227년에 바로 이 흑수를 이용하여 물길을 바꾸어 흑수국을 멸망시킨다. 징기스칸은 그해 낙마하여 병이 악화되어 리우판산에서 사망하게 된다. 흑수국은 티벳계 유목민인 탕구트족의 족장인 이원호(李元昊)가 건국한 서하(西夏, 1038-1227)의 별칭이다. 서하를 관통하는 강 이름이 흑수여서 흑수국으로 불린 것이다.

지금은 장예시 북쪽에 농공업용 댐이 만들어져 에치나지까지는 아예 물이 흐르지도 않는다. 일 년에 몇 번 댐을 열어 물을 흘러 보낼 때만 물이 흐른다. 그래서 댐 북쪽으로는 흐르는 강이 다 말라버려 가축들이 먹을 초목이 사라져버려서 유목민들도 정부가 만들어 놓은 정주형 마을로 이주하고 있는 형편이다. 중국 정부는 유목민들의 가축들이 초목을 다 뜯어먹어 사막화를 촉진시킨다고 보고 사막지역에 사는 유목민들을 정착시키기 위해 강제로 이주시키고 있는 것이다. 고비사막에서 사는 유목민들은 더 이상 수천 년 동안 유지해왔던 전통적인 방식으로는 살기 어렵게 된 것이다. 이 모두 우리 인간의 탐욕이 불러온 비극이다.

▶ 고비사막으로 흘러 들어가는 흑수강

겨우 유적지에 도착했지만 거기에는 '흑수국유적지'라는 검은 돌로 만든 작은 표지석만 서 있을 뿐이었다. 거기서 수백 미터를 더 들어가자 높이가 2미터, 너비와 폭이 3-4미터 정도 되는 집터가 하나 서 있었다. 그 집터는 긴 세월에 퇴락할 대로 퇴락해서 그 용도를 제대로 알아볼 수 없을 정도로 담벼락만 조금 남아 있었다. 전혀 관리도 되지 않고 있었다. 세월의 무상함을 느낄 수 있는 유적지다. 주변에 있는 마을에는 아직도 토담이 많이 남아 있어서 여기가 과거부터 흙으로 된 집이나 담이 많았음을 추측할 수 있었다.

12시 44분 기차로 장예를 출발하여 자위관으로 향했다. 기차에서 두 살짜리 랑랑이를 만났다. 세계적으로 유명한 중국인 피아니스트 랑랑과 이름이 같다. 중국 어린이 이름에는 귀여운 이름이 많다. 우리가 호주 시드니에 살 때 우리 아래 집에 중국인 부부가 살았는데, 그

집 꼬맹이 이름은 팡팡이었다. 랑랑이는 팔을 다쳐서 기브스를 하고 있었다. 잠깐이었지만 랑랑이 엄마에게 간단한 중국어를 배웠다. 이제는 철로 주변이 완전 사막 지형이다. 사막 한 가운데로 기차가 달리고 있는 것이다.

오후 3시경에 자위관에 도착했다. 초대소 사람이 호객을 하고 있었다. 중국에서 외국인은 여관이나 초대소에서는 투숙이 금지되어 있다. 호텔에서만 투숙이 가능하다. 란주에서는 내가 초대소에 갔을 때 투숙이 안 된다더니, 여기에서는 자기네들이 오라고 호객을 한다. 도시에 따라 다른 것 같다. 객실료가 100위안인데도 지금까지 잔 100-200위안 대 호텔 중에서는 가장 깨끗하다. 대신 욕실에 수건이나 비누 등 샤워 용품이 아무 것도 없다. 자기 것을 사용해야 한다. 인터넷도 안 된다.

▶ 깊게 침식된 사막을 흐르는 북대하

택시로 150위안에 자위관을 돌기로 했다. 오후 4시에 가서 7시에 돌아왔다. 9월 초이지만 사막이라 날씨가 상당히 더웠다. 모자를 여름용으로 바꿔 썼다. 먼저 만리장성 제1돈(墩)부터 찾아갔다. 그 흔적만 남아 있고, 그 옆 지하에 박물관을 만들어 놓았다. 이 유적은 봉화대 구실을 했다. 흉노나 돌궐 등 유목민족들이 서쪽에서 침입해 오면 불을 피워 연기로 위급상황을 동쪽으로 전달했던 것이다. 그 봉화는 훨씬 서쪽에 있는 최전선 양관이나 옥문관으로부터 전달되었을 것이다. 그 봉화를 황제가 거처하는 장안까지 전하는데 얼마나 걸릴 지 한번 시험해보면 어떨까 하고 엉뚱한 상상을 했다.

▶ 관광지로 복구된 쉬엔비장성

박물관에서 택시기사가 베란다 쪽으로 나와 보라는 신호를 한다. 세상에 이렇게 멋진 강이 사막 사이에 흐르고 있었다니. 수천 년 동안 물길에 사막이 수백 미터나 패여서 저렇게 멋진 물길이 생겼을 것이다. 강 이름은 북대하(北大河)일 것이다. 저런 강물은 하늘에서 내려다 보지 않으면 제대로 볼 수가 없다. 사막에서 서서 보면 모래사막밖에 보이지 않는다. 지표면이 수백 미터 패여서 생긴 물길이니까 지평선에서는 보이지 않는 것이다. 저 강물은 치렌산 빙하가 녹아서 내려오는 것이다. 모래가 바람에 날릴 정도로 사막 바람이 엄청 강하게 불어서 마스크를 쓰고 손으로 모자를 잡아야 했다.

쉬엔비장성(懸壁長城)으로 이동했다. 자위관에서 북쪽으로 5킬로쯤 가면 쉬엔비장성이 나온다. 1539년에 지은 토성인데, 만리장성과 연결해서 멋지게 복구해 놓았다. 사막에도 흙으로 쌓은 1-2미터 높이의 만리장성 흔적이 남아 있었다. 진나라(기원전 221년 - 기원전 206년) 때 쌓은 만리장성은 이미 사라지고, 요즘 우리가 보는 만리장성은 명나라(1368-1644)때 지은 것이다. 유목민족인 원나라를 몽골 초원으로 몰아내고 명나라를 건국한 홍무제(주원장)는 몽고족이 다시 침입할까 두려워해서 진나라 때부터 내려오던 만리장성을 대대적으로 보수하고 강화했다. 자위관도 1372년 홍무제 때 지은 것이다.

자위관 관청도 잘 복구해 놓았다. 지금도 복구 작업이 한창이었다. 성벽 위로 올라가서 멀리 서쪽과 북쪽 사막을 둘러보았다. 남쪽으로는 아스라이 눈 덮인 치렌산맥의 줄기가 보이고, 서쪽으로는 모래 먼지가 날리는 희뿌연한 사막이 끝없이 펼쳐져 있다. 저 먼지를 뚫고 어느 날 갑자기 흉노족과 돌궐족들이 노도와 같이 쳐들어왔을 것이다. 하루라도 경계를 게을리 하면 그들에게 성을 빼앗기고 죽거나 포로가 되었을 것이다. 후방인 장예와는 수백 킬로나 떨어져 있기 때문에 지원군이 온다고 해도 한 달 이상이 걸렸을 것이다. 그래서 둔황 막고굴에서 발견된 문서를 보면 변방에서 근무하는 것을 가족에게 한탄하는 내용을 적은 편지들이 있다. 8세기 중반에 당나라와 티베트 국경에서 벌어진 전투를 치른 후의 비참한 모습을 묘사한 당시(唐詩)도 있다.

독수리와 까마귀가 병사들의 창자를 쪼아대고
부리에는 인육을 대롱대롱 매단 채 날아가
열매도 맺지 않는 나뭇가지에 높이 걸어 놓는다.
병사들은 풀숲에 진흙투성이가 되어 누워있고
장수들의 노력도 모두 헛되이 끝났다.
무기는 죄악을 부르는 도구다.
현인이라면 어쩔 수 없을 때만 무기를 사용할 것이다.
(출처: 수잔 휫필드, 〈실크로드 이야기〉 중에서)

▶ 자위관 입구에서 악기를 연주하면서 노래를 부르고 있는 악사들

▶ 멀리서 바라본 자위관의 위용

둔황행 기차표를 끊으러 갔다가 새치기하는 사람과 말다툼을 했다. 중국인들은 아직도 공공장소에서 줄을 서는 개념이 없다. 내가 참으려다가 지금까지 이런 사람을 너무 많이 봐서 한마디 쏘아준 것이다. 물론 중국어가 아니라 손동작으로. 저녁으로 사천식 국수요리를 먹었는데 별미다. 내가 원하는 재료를 요리사에게 갖다주면 요리를 해주는 형식이다. 그러니까 정해진 메뉴가 없다. 25위안인데, 정말 맛이 좋았다. 고기 기름 냄새 때문에 느끼한 우육면보다 훨씬 입에 잘 맞았다. (2013년 9월 12일, 목요일, 맑음)

고대 중국의 최대 라이벌 흉노족

이렇게 엄청난 노동력과 돈과 시간을 투자하여 성을 쌓았어도 중국의 왕조들은 북방 오랑케인 유목민들의 침입을 막아낼 수 없었다. 돌궐의 명장 톤유쿡(暾欲谷 돈욕곡, 646년경 - 726년경)이 말한 것처럼 "성을 쌓고 사는 자 기필코 망할 것이며, 끊임없이 이동하는 자만이 살아남을 것이다." 라는 말이 입증된 것이다. 중원에서 아무리 단단히 높게 성을 쌓아도 말을 타고 신속하게 이동하는 기마민족들을 막아내기에는 힘에 부쳤던 것이다. 그래서 중원의 왕조들은 유목민족의 말발굽에 수모를 당하거나 아니면 돈으로 평화를 사야만 했다. 즉 흉노나 선비 등 유목민족들과 신하관계 또는 형제관계를 맺으면서 엄청난 공물을 바치고 평화를 유지했던 것이다. 북방 유목민들을 야만적인 오랑케라고 업신여기던 중원의 왕조들로서는 굴욕적이고 체면이 깎이는 외교가 아닐 수 없다. 그렇게라도 유목민족들과 평화를 유지하지 않으면 더 큰 대가를 지출해야만 했다. 그 중에서도 실크로드에서 가장 영향력이 컸던 유목민족은 아마도 흉노족일 것이다. 그루쎄의 〈유라시아 유목제국사〉와 위키백과를 참고하여 흉노의 역사를 다음과 같이 정리 한다.

흉노(匈奴)는 기원전 4세기부터 서기 5세기(431)까지 몽골 및 중국 서북부 지역에서 활동하던 유목부족 국가이다. 기원전 3세기 무렵 몽골 고원 지역에서 세력을 확대하기 시작하여, 전성기에는 시베리아 남부, 만주 서부, 몽골자치구(內蒙古自治區), 간쑤성(甘肅省), 신장위구르자치구(新疆維吾爾自治區), 중앙아시아 동부까지 지배하였다.

흉노는 중국의 한족(漢族)과 군사적 충돌을 겪기도 하였고, 때로는 조공무역이나 결혼동맹을 하는 등 복잡한 관계를 보였다. 중국의 왕조들은 흉노로부터 자신들을 방어하기 위해 북쪽 국경에 요새를 짓기 시작하였는데, 이를 토대로 진시황제가 연결시켜 축조한 것이 만리장성이다. 흉노에 대한 기록은 극히 빈약하며, 현재 남아 있는 기록의 대부분은 중국과의 군사적 충돌 관계에 대한 것으로 적대국에 의해 기록된 것이기 때문에 상당한 편견이 내재되어 있을 가능성이 지적되기도 한다. 중국인들이 묘사한 흉노의 모습은 오늘날 몽골인의 모습과 유사하다. 〈유라시아 유목제국사〉에 실린 역사학자 위게르Wieger의 묘사는 다음과 같다.

> 흉노는 신체는 작지만 땅땅한 편이고, 머리는 아주 크고 둥글며, 안면은 넓고, 광대뼈가 튀어나왔고, 콧구멍이 넓으며, 콧수염이 아주 텁수룩하고, 아울러 콧수염은 많지만 뺨에 난 뻣뻣한 털로 된 수염을 제외하고는 턱수염은 없다. 긴 귀에 구멍을 뚫어 둥근 모양의 귀걸이를 달고 있다. 그들의 머리 모양은 머리카락을 자르듯 겨우 정수리에 있는 머리털만 남긴다. 눈썹은 짙고, 눈동자는 불타듯이 강렬하며, 눈은 찢어진 모양이다. 종아리까지 내려오는 헐렁한 겉옷은 양쪽이 터져 있으며, 그것을 묶은 허리띠의 끝을 앞으로 늘어뜨린다. 추위 때문에 소매는 손목에서 단단하게 묶는다. 짧은 털로 된 망토로 어깨를 덮고, 털모자를 머리에 쓴다. 신은 가죽으로 만들었고, 넓은 바지를 발목 부분에서 띠로 붙들어 맨다.

흉노에 대한 기록은 중국의 사료에만 있기 때문에, 현재 중국어로 음역된 일부 지명이나 이름들을 제외하고는 흉노어의 재구성은 거의 불가능하다. 한편, 흉노와 훈족을 같은 민족으로 간주하는 시각이 있다. 또한, 흉노의 '匈'(흉)은 '훈(Hun)'을 중국어 음차로 부른 명칭이라는 설도 있다. 흉노라는 이름은 로마나 페르시아에서 야만인을 가리키는 훈(Hun)과 동일한 어원을 갖고 있다. 하지만 흉노와 훈족의 관계에 대한 명확한 결론은 아직까지 없는 상태이다.

헝가리와 터키, 몽골은 흉노를 자기 민족역사의 일부라고 가르치고 있다. 전한 초기 한왕신이라는 사람이 흉노로 도망갔고, 한고조 때 노관이라는 사람이 흉노로 도망가 노왕이 됐다고 전한다. 후한 이전에 흉노의 지배를 받았던 민족으로는 동호(東胡), 말갈(靺鞨), 갈족(羯族)

등이 있는데, 이들은 오랫동안 북방에서 섞여 살았지만 본래는 흉노족과 다른 유목 민족이었다. 북흉노가 서아시아로 이동한 후에는 동호가 들어와 갈족과 섞여 그 일부가 선비족이 되었다.

흉노가 역사에 등장하는 최초의 기록은 기원전 4세기 말 중국의 전국시대의 기록이다. 기원전 318년, 흉노는 한(韓), 조(趙), 위(魏), 연(燕), 제(齊)의 다섯 나라와 함께 진(秦)을 공격했지만, 결과는 5국의 참패로 끝났다. 이후 조의 효성왕(孝成王, 재위 기원전 265년 - 기원전 245년)의 시대에 장군(將軍) 이목(李牧)이 안문(雁門)에서 흉노를 막아 싸워서 흉노 선우(單于: 통치자)의 군사를 격파하였다.

중국을 통일한 진시황제는 기원전 215년, 장군 몽염(蒙恬)을 보내 융적(戎狄) 즉 흉노를 토벌하여 하남의 땅(오르도스 지방)을 점령하고 흉노를 축출한 뒤, 감숙(甘肅)에서 요동(遼東)까지 장성을 쌓아 북방 기마민족들의 침공을 막았다. 당시 흉노의 두만(頭曼, 터키어 Tumen, Teoman, 기원전 220년경 - 기원전209년 재위)은 여러 차례 중국을 공격했고, 기원전 210년에 황하를 넘어 자신의 태자였던 묵돌(冒頓 모돈, 기원전 209년 - 기원전 174년 재위)을 서쪽의 월지국(月氏國)에 인질로 보냈다. 그러나 곧 그 월지를 공격하여 아들을 죽이려 했고, 가까스로 월지를 빠져나온 묵돌은 귀국해 자신을 따르는 자들을 모아 아버지 두만 선우를 살해하고, 스스로 선우가 되었다.

묵돌이 등장할 당시 중국은 초한(楚漢)전쟁이라는 내전을 치르고 있었다. 묵돌은 정권을 강화시키고, 동쪽의 만주 서부지역에 위치한 동호(東胡)를 쳐서 그 왕을 죽이고, 나아가 서쪽의 천산산맥과 감숙지방에 자리잡은 월지국(月氏國)을 쳐서 몰아내고, 남쪽으로는 타클라마칸 사막 동쪽에 있는 누란(樓蘭) 등을 병합해 북방 최대의 유목민족국가를 수립하였다. 묵돌이 북쪽으로 혼유(渾庾), 굴야(屈射), 정령(丁零) 등의 여러 부족을 복속시키는 사이, 중국에서는 전한(前漢)의 유방(劉邦)에 의해 내란이 수습되었다. 사마천(司馬遷, 기원전 145?년 - 기원전 86?년)의 사기(史記)에 의하면, 흉노가 통합되어 강력한 국가를 이룬 것은 기원전 3세기 후반이라고 한다.

기원전 200년에 흉노는 마읍성(馬邑城)을 쳐서 그곳을 지키고 있던 한왕 신(漢王 信)의 항복을 받아내고 태원(太原)으로 진격, 진양(晋陽)으로 나아갔다. 그곳에 흉노를 정벌하기 위해 유방이 친히 이끌고 온 한군이 도착했으나, 큰 눈과 추위로 더 나아가지도 못하고 많은 병사가 추위로 곤욕을 치렀다. 묵돌은 한군을 북쪽으로 유인하고자 거짓으로 물러났고, 백등산(白登山)에서 7일간 포위된 유방은 진평(陳平)의 계략에 따라 묵돌의 알지(閼氏, 선우의 어머니)를 움직여 공격이 잠시 느슨해진 사이에 가까스로 달아났다. 이후, 전한은 흉노와 굴욕적인 화친을 맺었다. 화친의 결과 전한과 흉노는 형제 관계를 맺었으며, 유방은 "흉노와 전쟁하지 말라"는 유언을 남겼다. 주변 오랑캐국과 항상 군신관계를 맺어오던 한나라에게 양국간에 동등한 지위를 의미하는 형제관계란 굴욕적인 외교관계를 뜻한다. 당시 흉노와 한이 맺은 화친 조약의 내용은 다음과 같다.

> 첫째, 한의 공주를 흉노 선우에게 의무적으로 출가시킨다.
> 둘째, 한이 매년 술, 비단, 곡물을 포함한 일정량의 공물을 바친다.
> 셋째, 한과 흉노가 형제맹약(兄弟盟約)을 맺는다.
> 넷째, 만리장성을 경계로 양국이 서로 상대의 영토를 침범하지 않는다.

세계의 중심이라는 중국으로서 이 얼마나 굴욕적인 화친인가. 이 합의는 기원전 198년 가을, 한나라 종실의 공주가 흉노에 도착함으로서 발효되었다. 특기할 사항은 양국의 조정에 왕위 변동이 있을 때마다 새로운 혼인으로 동맹을 갱신했다는 점이다. 또 한나라가 흉노에 내는 조공 액수도 한과 흉노 사이의 역학 관계에 따라 수시로 바뀌었는데, 대체로 한의 조공액은 매년 늘어났다. 기원전 192년부터 기원전 135년까지 적어도 아홉 차례에 걸쳐 한이 흉노에 대한 조공액을 인상했다는 기록을 근거로 이 시기에 전한이 사실상 흉노의 속국과 같은 존재였다고 해석하기도 한다. 그래서 중국 측의 기록에는 한 결 같이 흉노를 야만인이라고 폄하하고 깎아내리는 것이다. 당시 흉노의 영토는 동쪽으로 동호와 예맥(濊貊), 북쪽으로 예니세이 강 상류, 서쪽으로 신장과 중앙아시아 동부, 남쪽으로 중국의 오르도스 지방과 칭하이성(青海省)의 북부에 이르렀다.

기원전 177년, 흉노의 우현왕(右賢王)이 하남 땅을 침략해 상군(上郡)을 약탈했다. 한의 문제(文帝, 재위 기원전 180년 - 기원전 157년)는 승상 관녕(灌嬰)에게 우현왕을 치게 했는데, 백등산 전투 이후 한이 흉노를 처음으로 공격한 사례였다. 이 무렵 서방 공략에 주력하던 묵돌 선우는 곧장 흉노 측의 책임을 인정했다. 묵돌 선우는 한과의 조약을 깬 우현왕을 시켜 월지국을 천산 서쪽으로 쫓아내는 동시에, 누란(楼蘭), 오손(烏孫), 호갈(呼揭) 및 서역 26국을 흉노의 지배하에 두었다. 당시 한서(漢書) 서역전에 서역에 있는 나라가 36개라고 했으니, 엄청난 영향력이었다.

묵돌이 죽은 뒤 선우가 된 노상(老上, 재위 기원전 174년 - 기원전 161년)에게 한 문제는 화친 조약에 따라 공주를 출가시켰는데, 이때 공주를 수행하는 임무를 맡게 된 환관 중항열(中行說)은 흉노의 땅에 가고 싶지 않다고 몇 번이나 고사했지만 강제로 보내지게 되었다. 그는 흉노에 붙어 노상 선우의 상담역으로서 선우가 한을 침공하도록 부추겨 한의 골칫거리가 된다. 이노우에 야스시의 소설 '환관 중항열'이 바로 그에 관한 이야기다.

기원전 141년에 즉위한 전한 무제(武帝: 재위 기원전 141년 - 기원전 87년)는 흉노와 맺은 조약을 파기하고 흉노와 전면적인 전쟁을 시작하였다. 무제는 기원전 129년부터 위청(衛青), 곽거병(霍去病, 기원전 140년 - 기원전 117년) 등을 파견, 흉노를 공격하고 서역을 정벌하였다. 한군이 서역을 정벌하고 비단길을 통제하게 되자, 흉노는 경제적으로 약화되었다. 흉노의 전쟁으로 전한은 막대한 손실을 입었으며, 흉노의 피해는 더 커서 흉노의 세력은 크게 위축되었다.

기원전 60년경 흉노에서는 선우 자리를 놓고 내분이 일어났으며, 호한야 선우(呼韓邪 單于)는 기원전 51년 중국에 입조하여 지원을 요청했다. 이후 호한야에 의해 흉노는 재통일되었으며, 전한과 화친을 맺었다. 이때 질지(郅支) 선우(재위 기원전 56년 - 기원전 36년)는 서흉노를 이끌었는데, 후에 동흉노에 패하여 다시 흡수되었지만, 일부 집단은 서쪽으로 이동하였다. 이 시기 흉노의 내분과 약화의 원인으로는 당시 몽골 고원이 한랭화 되었던 것을 그 이유를 들기도 한다.

왕망(王莽)이 신(新, 서기 8년 - 23년)을 건국한 후에 흉노와 중국의 관계는 악화되어, 흉노는 다시 중국을 침입하기 시작하였다. 그러나 후한(25-220)이 건국된 이후 흉노는 다시 분열되어, 남흉노는 후한에 복속되어 오르도스 및 산시성(山西省) 일대에 거주했으며, 북흉노는 몽골 고원에 남았다. 89년에 후한과 남흉노의 연합군은 북흉노를 공격하여 멸망시켰으며, 북흉노의 일파는 서방으로 피신하였다. 이때 서방으로 향한 북흉노를 훈족으로 보기도 한다. 이후 몽골 고원에는 선비(鮮卑)나 오환(烏桓) 등의 다른 유목 부족이 성장했다.

남흉노는 중국의 번병(番兵) 역할을 하며 오르도스 및 산서 일대에서 북방을 방어하였다. 후한은 남흉노의 군대를 용병으로 활용하여 선비, 오환, 강(羌) 등을 토벌하기도 하였다. 중국의 명령을 충실하게 이행하는 선우에 대해서 흉노의 여러 유력자들은 많은 불만을 가졌으며, 이로 인해 흉노의 선우와 유력 부족들 간에는 끊임없는 알력이 존재하였다. 또한 중국 측에서도 간섭하여 선우의 직위는 크게 실추되고 위태로워졌다. 삼국시대(220-265)에는 조조(曹操)에 의해 남흉노의 선우는 유명무실하게 되고, 남흉노는 5부로 재편되어 중국의 실질적인 통제를 받게 되었다.

북흉노는 서진하여 유럽으로 이주하였는데, 가는 길목의 여러 민족이 합쳐졌다. 훈족이라 함은 북흉노와 여러 중앙아시아 민족의 이합집산이다. 따라서 흉노와 훈족은 약간 다르지만 북흉노의 일파가 많은 영향을 주었다. 남흉노는 남하하여 대부분 중국인이 되었다. 후한의 유표는 고대 흉노 모계 조상 가운데 한나라 공주 유(劉)씨가 있었기 때문에 유(劉)씨로 창성하였다. 그의 후손인 흉노의 좌부수(左部帥) 유연(劉淵)은 서진(西晉, 265-316) 말기, 중국이 혼란스러운 틈을 타 산서 일대에서 한(漢, 306-347)을 건국하였다. 이는 흉노가 과거 한나라와 형제의 맹약을 맺은 것을 근거로 한 것으로, 유연은 형인 한나라를 대신하여 한나라를 계승할 것을 천명하였다. 흉노의 한나라는 서진을 멸망시키고 화북지역을 초토화하여 지배권을 얻었다. 이후 흉노의 일파인 갈족(羯族)의 석륵(石勒)이 후조(後趙, 319-351)를 건국하자, 국호를 조(趙, 304-329. 후조와의 구분을 위해 보통 前趙라고 부른다)로 고치고 화북을 양분하여 서로 물고 물리는 전쟁으로 대립하였다. 329년에 후조에 의해 전조는 멸망하였으며, 후조 역시 351년에 멸망하였다. 407년에는 흉노 철불부(鐵弗部)의 혁련발발(赫連勃勃)이 산시성(陝西省) 일대에서 하(夏, 407-431)를 건국하여 선우를 자칭하였으나, 431년에 멸망하였다. 이후 흉노는 중국 역사에서 소멸되었다.

흉노는 군주를 선우(單于)라고 불렀고, 수하 장수를 왕으로 지칭하였다. 그래서 흉노열전의 곤야왕 (昆邪王), 절란왕, 휴도왕 등은 왕이 아니고, 한나라 접경 지역에서 활동하는 제후(장수)를 가리켰다. 흉노의 선우는 흉노의 중앙집권화를 이룩한 묵돌 선우 이래 부자세습제를 통해 자리를 이어갔다. 흉노의 신앙 체계는 천신사상이 강하게 나타나는데, 통치자 선우는 천신(天神)의 아들로서 하늘의 뜻을 이 땅에서 이루는 제사장으로 표현되고 있다.

흉노의 주요 지배 집단은 연제(攣鞮), 호연(呼衍), 수복(須卜), 난(蘭), 구림(丘林) 등 5개 부족이 있었다. 국가를 구성하는 5부족 족장은 1년에 세 번, 선우의 본거지에 모여 무속적(巫俗的)인 제사를 거행하고 국사를 의논하였다. 이들 5부족은 개별적으로 차이가 있으며, 현재의 몽골족과는 전혀 다른 유럽인과 비슷한 계통이다. 고대 흉노족에서는 게르만족과 유사한 민족도 있었다고 한다. 한나라 시대 연제 씨족이 왕통을 이어 갔고, 황후는 다른 4개의 부족에서 나왔다.

4세기 이후, 오르도스와 중앙아시아 등지의 유목 왕조들의 군주들은 선우라는 명칭은 거의 쓰지 않았고, 칸(汗 한)이나 가칸(可汗 가한)이라는 명칭을 사용하였다. 또한 선우를 보좌하는 좌현왕, 우현왕이라는 직책도 있었다. 흉노 선우의 시각은 중원 왕들과 반대로 남방을 정면으로 삼았기 때문에, 좌현왕은 동부, 우현왕은 서부를 관장했다. 당시 중국 왕조인 한나라 식으로 하면, 선우는 황제, 좌우현왕은 황제가 봉해주는 왕에 해당한다. 또한 좌우현왕과 비슷한 두 왕(좌곡려왕, 우곡려왕)이 더 있어 선우와 함께 유목민족 특유의 5부 체제를 이끌었다. 또한 흉노가 강성하여 서역 지방을 다스렸을 때 서역 지방 제후를 일축왕에 봉했다. 골도후(骨都侯)라는 직책도 있는데, 정확히 무엇을 칭하는 것인지는 정확히 밝혀지지 않았다. 골도후에도 좌, 우의 개념이 있어 각각 선우의 보좌직이라는 설이 있다. 좌우현왕 밑에는 각각 지방관 등으로 여겨지는 각종 직위들이 있었으며, 여기서 흉노의 지역 체제가 군사 체제와 일치했다는 사실을 알 수 있다.

흉노족이 사용한 문자에 대해서는 아직 밝혀지지 않았다. 그러나 노인울라 16호 고분을 비롯한 흉노 유적지에서 발굴된 출토품에 흉노 문자로 추정되는 기호들이 새겨져 있다. 몽골어로 '훈'은 '사람'이라는 말이기 때문에, 일부 학자들은 흉노제국은 스스로를 '훈'이라고 불렀을 것이라 추측하기도 한다.

흉노는 예술 분야에서도 한반도에까지 상당한 족적을 남겼다. 흉노의 예술은 '오르도스예술'이라고 하는데, 주로 청동제의 양식화된 동물문양이 새겨진 허리띠 판식 또는 다른 종류의 판식, 금은 장식, 고리, 마구나 장비에 사용된 장식, 혹은 암사슴 모양으로 긴 창의 끝 부분을 장식한 유물들이 대표적이다. 이런 유물들은 징기스칸의 몽골제국에까지 이어져서 네스토리우스파의 기독교풍의 조그만 청동기들(십자가, 비둘기, 성령 등)까지 이어진 것으로 보인다.

흉노는 유목민족으로서의 경제를 유지하기 위해 필연적으로 남동쪽의 농경 정착민들로부터 필요한 물자를 획득해야 했다. 이를 위해 흉노는 때로는 중국 북부와 서부지역을 침략하거나 약탈하고 때로는 조공이나 세폐를 통해 평화적으로 물자를 확보하였다. 흉노의 침입을 막기 위해 중국은 국력을 기울여 만리장성을 쌓고 막대한 세폐를 바치기도 하였다. 앞에서 언급한대로 혼인정책도 흉노를 달래는 중요한 외교술이었다. 전한의 원제(元帝, 기원전 76년 - 기원전 33년)는 궁녀 왕소군(王昭君)을 공주로 만들어 흉노에게 시집보냄으로써 비교적 장기간 국경이 안정되었다고 한다. 이는 결혼 동맹을 통해서 양국과 우호관계를 담보하기 위한 외교적 수단이었다.

왕소군은 월나라(기원전 5세기 - 기원전 306)의 서시(西施), 삼국시대(220-265)의 초선(貂蟬, 175-199, 소설상 나이), 당나라(618-907)의 양귀비(楊貴妃, 719-756)와 함께 중국 4대 미녀로 꼽힌다. 브리테니커에 의하면, 이름은 장(嬙), 자는 소군으로 원래는 원제의 궁녀였다. 기원전 33년 흉노와의 화친정책을 위해 어쩔 수 없이 정략적으로 흉노왕 호한야 선우(呼韓邪 單于)에게 시집가서 아들 하나를 낳았다. 그 후에 호한야가 죽자 흉노의 풍습에 따라 왕위를 이은 그의 정처(正妻) 아들에게 재가하여 두 딸을 낳고, 그곳에서 생을 마쳤다. 왕소군에 대한 이야기는 전설화되어 후대에 많이 윤색되어 전해졌다. 〈서경잡기 西京雜記〉에 따르면, 원제는 화공들에게 궁녀를 그리도록 명하여 그림을 보고 마음에 드는 여자를 불러들였다고 한다. 궁녀들은 모두 화공에게 뇌물을 주고 아름답게 그려달라고 했으나, 왕소군은 뇌물을 주지 않아 추하게 그려졌다. 원제는 그런 사실을 모르고 가장 밉게 그려진 왕소군을 골라 호한야에게 보내기로 결정한 후 나중에 그녀의 뛰어난 미모를 알고 나서 매우 안타까워했다. 그러나 흉노의 위협을 두려워하여 그녀를 보내고는 화공들을 죽였다고 한다. 또 〈후한서 後漢書〉 금조(琴操)편에는 왕소군이 몇 년 동안 황제의 관심을 받지 못하여 자진해서 흉노의 왕에게 시집갔으며, 그녀가 호한야의 아들에게 재가하게 되었을 때 독을 마시고 자살했다고 기록되어 있다.

왕소군에 대한 이런 이야기는 후세에 널리 전송되었으며, 많은 문학작품에서도 다루어졌다. 진(晉)의 석숭(石崇)이 작사·작곡하여 기녀에게 부르게 했다는 〈왕명군사 王明君辭〉는 매우 유명하다. 두보(杜甫)와 이백(李白)을 비롯해서 당대(唐代)의 시인들도 이 이야기를 즐겨 시로 썼다. 원·명대에는 희곡으로도 각색되었는데, 특히 원대 마치원(馬致遠)의 희곡 〈한궁추 漢宮秋〉가 최고의 걸작으로 꼽힌다. 그밖에도 많은 거장들이 왕소군을 다루는 작품을 썼다. 당나라 두보의 〈영회고적 詠懷古蹟 : 明妃村〉, 백거이의 〈왕소군이수 王昭君二首〉, 왕안석의 〈명비곡明妃曲〉, 조우(曹禺)의 극본 〈왕소군〉 등이다. 당대에 시인 동방규가 지은 시 〈소군원 昭君怨〉(왕소군의 원망)이라는 시는 멀리 오랑케의 나라 흉노로 시집가서 조국을 원망하는 아녀자의 한이 잘 표현되어 있다.

昭君怨(**소군원**)

漢道初全盛(한도초전성) 한나라 비로소 번성하여
朝廷足武臣(조정족무신) 조정에는 무신들 넘쳐나건만
何須薄命妾(하수박명첩) 어찌 하필 박명한 아녀자인고
辛苦遠和親(신고원화친) 괴로워라 멀고도 먼 화친 길

掩涕辭丹鳳(엄체사단봉) 눈물을 삼키며 궁궐을 작별하고
銜悲向白龍(형비향백룡) 슬픔을 머금은 채 흉노 땅으로 향하네
單于浪驚喜(선우랑경희) 선우는 놀라 그저 기뻐하지만
無復舊時容(무복구시용) 예전의 낯빛을 다시 찾을 길은 없구나

胡地無花草(호지무화초) 오랑캐 땅에는 꽃이 없으니
春來不似春(춘래불사춘) 봄이 와도 봄 같지가 않구나
自然衣帶緩(자연의대완) 자연히 허리띠가 헐렁해지는데
非是爲腰身(비시위요신) 이는 가는 허리 원해서 그런 것이 아니라네

두보와 함께 중국 역사상 최고의 시인으로 꼽히는 이백(701-762)도 왕소군이 흉노왕에게 시집 가는 것을 안타까워하는 시 두 수를 남겼다.

昭君怨(**소군원**)

昭君拂玉鞍(소군불옥안) 왕소군이 옥안장을 떨치며
上馬啼紅頰(상마제홍협) 말등에 오르니 붉은 두 뺨에 흐르는 눈물
今日漢宮人(금일한궁인) 오늘은 한나라의 궁인이지만
明朝胡地妾(명조호지첩) 내일이면 오랑캐의 첩이 되는구나
漢家秦地月(한가진지월) 한나라 시절 옛 진나라 땅에 떠 있던 달은
流影照明妃(유영조명비) 그림자를 내려 명비를 비추네
一上玉關道(일상옥관도) 한번 옥관도에 올라
天涯去不歸(천애거불귀) 멀리 떠나간 뒤 다시 돌아오지 않네

漢月還從東海出(한월환종동해출) 한나라 달은 돌아와 다시 동해에 떠오르건만
明妃西嫁無來日(명비서가무래일) 명비는 서쪽으로 시집가서 돌아올 줄 모르네
燕支長寒雪作花(연지장한설작화) 연지산은 늘 추워 눈꽃을 만들고
蛾眉憔悴沒胡沙(아미초췌몰호사) 미인은 초췌해져 오랑캐 사막으로 사라지도다
生乏黃金枉畵工(생핍황금왕화공) 살아선 황금이 없어 초상화를 잘못 그리게 하더니
死遺靑塚使人嗟(사유청총사인차) 죽어선 청총을 남겨 사람으로 하여금 탄식케 하네

그럼 흉노족은 한반도와는 어떤 관계가 있을까? 한반도의 고대 국가와의 관계에서는 한국방송공사(KBS) 〈역사추적〉에서 방영한 바 있듯이, 문무왕릉비 조각 비문에는 투후(秺侯)라는 작위가 등장하는데, 투후 김일제(金日磾, 기원전 134년 - 86년)를 신라 시조인 김씨의 선조로 보는 주장도 있다. 학술적으로 검증되지는 않았지만 흥미 있는 역사적 야사이기 때문에 여기 소개한다.

정우동의 블로그에 있는 〈투후 김일제에 대한 小考〉에 따르면, 투후 김일제는 전한(前漢) 때 흉노(匈奴) 사람으로 자는 옹숙(翁叔)이다. 흉노족 휴도왕(休屠王)의 태자로 무제(武帝) 때 혼사왕(渾邪王)을 따라 무리를 이끌고 한나라에 항복했다. 곽거병(霍去病, 기원전 140년 - 기원전 117년)이 김일제를 포로로 잡아 천금인(天金人)에 제사를 지냈다 하여 김씨 성을 하사 받았다. 처음에 마감(馬監)이 되었다가 나중에 시중(侍中)에 올라 좌우에서 입시(入侍)하여 수십 년 동안 과오나 허물이 없었기에 거기장군(車騎將軍)에 임명되었다. 망하라(莽何羅)가 모반을 일으키자 포박하여 주살하고, 이 공으로 투정후(秺亭侯)에 봉해졌다. 무제가 죽자 곽광(霍光)과 함께 유조(遺詔)를 받들어 소제(昭帝)를 보필했다.

투후 김일제라는 인물이 우리나라에서 역사적인 관심을 끌게 된 계기는 신라를 통일한 문무대왕릉비를 1819년 정조대왕 때에 경주 농부가 밭을 갈다가 발견하여 추사 김정희(1786-1856)를 비롯한 6명의 관리가 이에 대해 기록한 글이 최근에 발견되었기 때문이다. 그리고 이 비는 1961년 경주에서 한 부인이 빨래판으로 쓰다가 재발견되었는데, 상단은 소멸

되고 하단만 남은 상태였다고 한다. 지금으로부터 약 200년 전 추사 김정희는 깊은 충격에 빠졌다. 금석학의 대가인 추사는 문무왕 비문을 살펴보고 있다가, 그 비문에서 흉노족 출신 투후 김일제라는 인물이 등장하고 (그의 증손 김당이 왕망의 역모에 가담하였다가 우리나라에 망명하였다고 한다) 그 후손이 신라의 건국 태조인 성한왕(星漢王)이 되었다는 뜻밖의 충격적인 사실이 적혀있다는 사실을 발견한 것이다. 자신이 김해 김씨인 추사로서도 자기의 시조에 관한 문제이기 때문에 고심 끝에 추사는 그의 해동비고(海東碑攷)에 성한왕이 김알지라고 결론을 내렸다.

흉노 왕자 김일제가 신라왕가 김씨의 조상이란 것은 문무왕비에 그 내력이 나와 있기 때문이다. 문무왕비에 성한왕이 신라 김씨 왕가의 시조라 나오고, 문무왕은 김일제를 나타내는 투후의 7세손이자 신라 15대 (문무)왕이 된다고 기록에 나온다. 또 여기서는 성한왕을 김일제의 4대손인 김성으로 곧 김알지를 뜻한다고 했다. 그래서 신라왕가가 흉노왕자인 김일제의 자손이라는 학설이 힘을 얻게 된 것이다. 가야국 김수로의 김해 김씨도 김일제의 동생인 김윤의 5세손 김탕을 시조로 한다는 설이 있다. 그리하여 신라 왕실은 북방 흉노계통이라는 학설이 힘을 얻기 시작했다. 반대 의견으로는 신라 김씨가 그 당시 자신들의 왕권 장악의 정통성과 위대함을 나타내기 위해 그 당시 신라보다 훨씬 막강하던 흉노계통을 조상으로 삼아 왕권 장악의 정통성을 부각시키려고 의도적으로 관계도 없는 흉노 왕실의 김일제계를 빌어왔다는 것이다.

나는 이 분야의 역사 전문가가 아니기 때문에 이런 주장이 사실인지 아닌지에 대해서는 잘 모른다. 그런데 한 가지 분명한 것은 흉노족이 우리 고대사에 여러 가지로 영향을 미쳤다는 점은 제2부 한국의 실크로드 문명에서 언급한 바 있다. 중요한 것은 우리가 배운 관제 역사에만 의존하지 말고, 이처럼 다양한 이견에도 조금은 귀를 기울여 보자는 것이다. 김부식의 〈삼국사기〉만 정설로 믿는 사람에게 일연의 〈삼국유사〉는 황당무계한 야사로만 들릴 것이다. 그러나 그 야사에도 역사를 살찌우는 재미난 이야기들이 많다는 사실을 이해할 필요가 있다.

명사산과 월아천에 더 이상 전설은 없다

기차표 착오로 둔황 가는 기차를 놓쳤다. 어제 기차표를 받을 때 과주-둔황으로 표기되어 있었는데, 나는 과주(瓜州)가 자위관의 옛 이름인 줄 알고 그대로 받았던 것이다. 그러니까 자위관-둔황 표를 받아야 하는데, 자위관-과주는 건너뛰고, 과주에서 둔황으로 갈아타는 표를 받은 것이다. 중국어를 거의 모르는 나는 기차표를 살 때 보통 출발지와 도착지, 열차 시간, 좌석 종류를 종이에 한자로 써서 역무원에게 보여주는데도 이런 사고가 자주 일어난다. 기차표를 취소하고 택시를 타고 버스터미널로 갔다. 그리고 10시 30분 버스를 타고 과주를 경유하여 둔황으로 이동했다. 둔황에서 북동쪽으로 백 여 킬로 떨어진 안서(安西)가 과주의 옛 이름이었다.

과주 버스터미널 화장실은 중국에서 내가 본 화장실 중 최악이었다. 중국은 선진국으로 가기 위해서 해결해야 될 과제 중 하나가 화장실이라고 생각한다. 지금은 경제적으로도 충분히 개선할 여력이 있는데도 불구하고 왜 옛날 화장실을 그대로 방치하는지 이해가 안 된다. 중앙아시아도 마찬가지이지만 거기는 아직 못사는 나라들이니까 이해가 된다. 하지만 중국은 달나라에 유인 우주선을 쏘아 올릴 정도로 다른 분야에서는 눈부신 발전을 하면서도 유독 화장실이 더러운 이유를 모르겠다. 웬만큼 더러운 정도가 아니라 도저히 일을 보지 못할 정도로 더럽다. 중국인들이 기차 안이나 식당에서 왜 그렇게 쓰레기를 버리는지도 이해가 된다. 이런 화장실의 더러움에 비하면 그런 건 아무것도 아니니까 쓰레기를 함부로 버리는 것은 아닐까? 중국 사람들이 과거 중국 왕조의 전성기 때처럼 세계를 리드하려면 사람들의 민도부터 높여야 한다. 내가 직접 관찰한 바로는 중국인들은 지방으로 가면 어느나라 사람들보다 민도가 더 낮다.

버스 안에서 만난 대만 사업가인 데이빗의 도움으로 200위안짜리 호텔에 투숙했다. 지금까지 잔 빈관 중에서 크기는 작지만 가장 깔끔한 방이다. 그는 중국어에 문제가 없기 때문에 명사산을 싸게 들어가는 방법도 알려주고, 호텔도 잡아주고, 여러 가지로 도움을 주었다. 그는 중국에서 사무용품을 제작하여 수출하는 대만의 사업가로 한국에도 수출을 하고 있다고 한다.

▶ 명사산에서 낙타를 타는 관광객들

▶ 수천 년 동안 명사산의 오아시스 역할을 했던 월아천

데이빗과 함께 저녁 시간을 이용하여 버스를 타고 명사산과 월아천에 갔다. 명사산에는 사람이 흐느끼는 소리를 낸다는 전설은 어디로 가버리고 관광객을 실은 낙타의 방울소리만이 요란스럽게 울어대고 있었다. 더 이상 바람에 날리는 모래소리에 홀려 사막으로 사라지는 사람은 없을 것 같다. 나도 낙타를 타고 그 모래 언덕을 오르내렸다. 마침 초승달이 떠서 월아천을 비추고 있었다. 월아천에는 다음과 같은 전설이 내려온다. 어느 날 둔황이 황량한 사막으로 변해버리자 하늘의 선녀가 너무도 슬퍼해서 눈물을 흘렸는데, 그 눈물이 쌓여서 지금의 월아천이 되었다고 한다. 그런 월아천도 둔황 주변의 사막화 현상이 급속히 진행되면서 물이 말라버린 지가 오래되었다. 지금은 인공으로 물을 공급하고 있다는 것은 공공연한 비밀이다. 명사산이나 월아천이나 신비로운 전설을 음미하기에는 너무 세속화 되어버렸다. (2013년 9월 13일, 금요일, 맑음)

한나라의 서쪽 국경초소, 양관과 옥문관

오늘은 내가 꿈에도 그리던 양관(陽關-阳关)과 옥문관(玉门关)을 가는 날이다. 어제 호텔에서 이 두 곳이 포함된 패키지 상품을 샀다. 다른 중국인 4명과 함께 가는 여행이다. 사막

▶ 양관에서 옥문관 가는 길에 들른 포도원 식당

의 다양한 모습에 감탄하고 사막도 아름다울 수 있다는 걸 실감한 하루였다.

양관은 둔황에서 서남쪽으로 70킬로쯤 떨어진 곳에 있다. 양관은 중국의 가장 서쪽 국경초소로 전한시대 무제 때(기원전 114년) 건설되었다. 요즘으로 치면 국경검문소나 마찬가지다. 따라서 중국을 벗어나 서남쪽, 즉 서역남로(西域南路)로 가는 사람들은 모두 이 초소를 거쳐야 했다. 그래서 '그대에게 권하노니 술 한 더하게, 서쪽 양관으로 나가면 아는 사람이 없다네' (勸君更尽一杯酒 西出陽關無故人 권군갱진일배주, 서출양관무고인)라는 왕유 王維(699-759)의 '送元二使安西(송원이사안서)' 또는 '陽關曲(양관곡)'이라는 시도 지어진 것이다. 타클라마칸사막을 거쳐 인도로 가는 사람들이 주로 이 길을 이용했다. 지금도 사라진 누란(樓欄)왕국을 거쳐 미란까지 가는 옛길의 흔적이 남아 있다. 현장 스님도 인도에 갔다 돌아올 때 이 길을 이용했고, 20세기 초 영국 탐험가 오렐 스타인도 미란 유적지 탐사를 마치고 둔황으로 들어올 때 이 길을 이용했다.

▶ 지금은 흔적만 남은 양관 봉화대. 바로 옆에 양관 옛터가 있다.

양관은 약간 높은 언덕에 자리 잡고 있어서 동서남북 사방이 다 내려다보였다. 서쪽을 한참이나 바라보았다. 타클라마칸사막이 끝없이 펼쳐져 있고 그 위로는 희뿌연 먼지 같은 것이 하늘을 덮고 있다. 사막을 한없이 바라다보고 있으니 오래 전에 읽었던 서역으로 떠나는 구법승들을 위한 시가 떠오른다. 이동(李洞)의 〈서천으로 가는 삼장법사를 존별하며 送三藏歸西天〉라는 시도 그중 하나이다.

> 십 만 리 여정 얼마나 어려울까! (十萬里程多少難)
> 사막에서 염불하며 고난을 이기시리. (沙中彈舌受降龍)
> 인도에 도착하면 머리는 희어지실 텐데 (五天到日應頭白)
> 달 지는 장안에 한 밤의 종소리. (月落長安半夜鍾)
> (출처: 마쓰오카 유즈루, 〈둔황이야기〉 중에서)

의정(義淨, 635-713)이 지었다고 전해지는 〈제취경시 題取經詩〉라는 당시도 구법을 위해 인도로 떠나는 스님들의 고난과 이런 고생을 알지 못하고 너무 쉽게 불경을 대하는 후세 사람들의 태도를 잘 표현하고 있다.

> 진·송·제·량·당대 사이에 (晉宋齊梁唐代間)
> 고승들이 구법하러 장안을 떠났네. (高僧求法離長安)
> 떠난 사람 백 명에 돌아온 자는 열 명도 안되는데 (去人成百歸無十)
> 후세의 사람들이 어찌 이들의 어려움을 알리요! (後者安知前者難)
> 길은 한없이 멀고 푸른 하늘은 차갑게 얼었고 (路遠碧天唯冷結)
> 사막의 모래 먼지가 해를 가리고 힘이 빠져 피로하네. (沙河遮日力疲殫)
> 후세의 현인들 그 고난을 알지 못하고 (後賢如未暗斯旨)
> 왕왕 불경을 쉽게 보는 것 같네. (往往將經容易看)
> (출처: 마쓰오카 유즈루, 〈둔황이야기〉 중에서)

옛날 사람들이 저 길을 터벅터벅 걸어서 갔다고 생각하니 나도 여기서 그대로 서쪽으로 직진하여 누란 유적까지 가고 싶다. 은퇴 후에는 내가 꼭 해보고 싶은 일 중의 하나이지만 벌써부터 마음이 조급해졌다. 둔황부터 출발해서 카쉬가르로 해서 타클라마칸사막을 한 바퀴 도는 일. 내 소원 중 하나이다. 중국은 2003년에 관광객을 위해 양관 초소 아래쪽에 양관박물관을 짓고 거기에 옛 성곽, 망루, 주둔군 시설 등을 복원해 놓아 꽤나 볼만한 관광단지를 만들어 놓았다.

양관에서 북서쪽으로 두 시간 정도 차를 달려 옥문관으로 이동했다. 옥문관은 둔황 시내에서 서북쪽으로 90킬로 정도 떨어진 곳에 있다. 이곳은 양관보다 먼저 지어진 곳으로 서북쪽의 흉노족을 방어하기 위해 지은 국경초소다. 천산남로(天山南路 즉, 西域北路)를 따라 중앙아시아나 북쪽으로 여행하는 사람들이 이 문을 이용했다. 여기서 북쪽으로 올라가 하미와 투르판을 거쳐 쿠얼러로 가거나 서쪽으로 바로 직진하여 누란왕국을 거쳐 서북쪽에 있는 쿠얼러로 나아갔다. 현장법사도 옥문관을 지나 인도 여행길에 나섰다. 〈대당서역기〉에는 나오지 않지만, 혜립(慧立)과 언종(彦悰)이 지은 〈대당자은사 삼장법사전〉 1권(20-21페이지)에는 사막을 건너는 고난을 다음과 같이 기록하고 있다.

> 아무리 주위를 둘러보아도 인적은 물론 하늘을 나는 날짐승도 없는 망망한 천지가 펼쳐져 있을 뿐이다. 밤에는 귀신불이 별처럼 휘황하고 낮에는 모래바람이 모래를 휘몰아 소나기처럼 퍼부었다. 이런 일이 일어나도 두려운 줄 몰랐다. 다만 물이 없어 심한 갈증 때문에 걸을 수조차 없는 것이 안타까울 뿐이었다. 5일 동안 물 한 방울 마시지 못하여 입과 배가 말라붙고 당장 숨이 끊어질 것 같아 한 걸음도 나아갈 수 없었다. 법사는 마침내 모래 위에 엎드려 수없이 관세음보살을 외었다.

현장이 투루판에 있는 고창국에 들른 것으로 보아 옥문관을 나온 현장은 타클라마칸사막 동쪽을 건너 서북쪽으로 바로 올라가서 하미와 선선을 거쳐 투루판으로 갔을 것이다. 〈대당서역기〉에는 언기국(焉耆國, (지금의 쿠얼러 북쪽 도시 언기) 부터 기록이 나오기 때문에 그 이전의 행로, 즉 장안에서 언기 사이의 여정에 대해서는 알 길이 없다. 그러니까 옥문관에서 고창국 사이의 여정에 대한 기록도 없다. 어쨌든 현장은 목숨을 걸고 사막을 건너게 되는데, 이 상황은 약 1300년 후인 1895년 4월에 스웨덴에서 건너온 스벤 헤딘이라는 탐험가가 카쉬가르에서 타클라마칸사막 서남단을 횡단하여 호탄강으로 가면서 겪은 죽을 고비와 비슷하다.

옥문관에는 흙으로 지은 옛날 초소 하나만 덩그라니 남아 있었다. 주변에는 무너진 성터의 흔적들이 여기저기 널려 있었다. 그 옛날 이렇게 멀리까지 파견되어 근무하던 군인들의 고생이 짐작이 간다. 이렇게 황량한 사막 한가운데에서 몇 년씩 집에 돌아가지 못하고 변방을 지켜야만 했던 군인들의 심정이 어떠했을까? 당시에 어떤 당나라 시인이 지은 다음 반전시(反戰詩)가 징집되어 서역 변방으로 나가고 싶지 않은 군사들의 마음을 대변하지 않았을까?

아들을 낳는 것은 기쁘지만
딸을 낳는 것도 좋다는 사실을 깨달았다.
딸을 낳으면 이웃에 시집보낼 수 있지만
아들은 결국 변방의 초원에 묻힐 것이다.

코코노르(칭하이) 호숫가에서
아무도 거두지 않는 백골더미를 보지 못했는가?
새로운 혼백들은 분노에 괴로워하고,
오래된 혼백들은 그저 탄식할 뿐이다.
하늘이 어두워지고 비가 퍼부으면
구슬프게 울부짖는 그들의 목소리가 들린다.
〈출처: 수잔 휫필드, 〈실크로드이야기〉 중에서〉

▶ 옥문관 유적지

옥문관에 서니 이런 저런 생각에 마음이 저리다. 이 문을 지나갔을 수많은 사람들을 생각해본다. 물건을 팔러 길을 떠나는 상인들, 왕의 칙서를 가지고 떠나는 사절들, 불법을 구하러 떠나는 구도승들, 적국을 염탐하러 가는 스파이들, 근무지로 떠나는 군인들, 여행을 떠나는 방랑자들. 이루 헤아릴 수 없는 사람들이 이 문을 떠나 서쪽으로 나아갔을 것이다. 그들은 지금 모두 어디에 있을까? 저 사막 한가운데 어디쯤 그들의 발자취가 남아 있을 것이다. 그들의 발자취를 따라가고 싶다. (2013년 9월 14일, 토요일, 맑음)

불교 미술의 보물창고, 둔황

인천을 출발한지 14일 만에 드디어 둔황(敦煌 둔황)에 도착했다. 필자가 둔황에 온 이유는 막고굴(莫高窟) 때문이다. 막고굴이 중요한 이유는 불교의 석굴 전래 경로 중에서 그 중간에 해당하고, 전체 석굴 중에서 가장 화려하게 꽃을 피웠기 때문이다. 경주의 석굴암은 인도 아잔타석굴과 엘로라석굴, 아프가니스탄의 바미얀석굴(2001년 3월 7-8일 경 탈레반에 의해 파괴됨), 중국 쿠처의 키질석굴, 투르판의 베제클릭석굴, 둔황의 막고굴, 장예의 마제석굴, 란주의 병령사석굴, 천수의 맥적산석굴, 대동의 운강석굴, 뤄양(낙양)의 용문석굴을 거쳐 간 불교의 석굴 문화가 동쪽 끝에서 꽃을 피운 것이다. 나는 지금 불교문화의 정수인 대표적인 불교 석굴을 실크로드를 따라 경주부터 거꾸로 추적해가고 있는 것이다.

둔황은 타클라마칸사막 주변 도시에서 가장 주목을 받는 도시로 이 사막 동쪽 끝에 자리 잡고 있다. 이 사막 서쪽 끝에 자리 잡은 카슈가르(카스)와 장안(시안)의 중간쯤이다. 장안을 출발하여 서쪽으로 실크로드로 깊숙이 들어가는 사람들이 쉬어가는 곳이다. 반대로 먼 서역 땅에서 중국으로 들어오는 사람들이 험난한 타클라마칸사막을 건너고 장안으로 들어가기 전에 마지막으로 쉬면서 숨을 고르는 곳이다. 사람들은 거기서 여행의 무사안녕을 기원하고 장사가 잘 되도록 부처님께 기원했던 곳이다. 인도로 불경을 구하러 갔던 법현(337-422)과 인도에서 불경을 구해 돌아오던 현장(602-664)도 둔황에 들렀다. 둔황은 그만큼 실크로드 문화와 교통의 중심지였다.

브리테니커는 둔황을 다음과 같이 소개하고 있다. 주취안지구(酒泉地區)에 속하는 현청 소재지이며, 간쑤(甘肅)-신장(新疆) 사막 내에 있는 오아시스 도시이다. 중앙아시아를 가로지르는 실크로드를 따라 펼쳐진 전통적인 중국인(漢族) 거주지의 서쪽 끝에 해당하며, 서양에서 중국 통치 영역으로 들어가는 외국 상인들이 처음으로 거쳐 가는 교역도시였다.

둔황은 옛날에 타림 분지의 북쪽과 남쪽을 지나던 실크로드의 두 갈래 통상로가 만나는 곳이었다. 둔황이 처음 중국의 지배 밑에 들어간 것은 팽창정책을 쓰던 한나라(漢, 기원전 2206년 - 서기 220년) 때인 기원전 2세기 말경이었다. 둔황군(郡)이 설치된 것은 기원전 111년 또는 어떤 기록에 의하면 기원전 93-92년이었다. 북쪽에는 흉노족의 침략을 막기 위한 방어선이 구축되었고, 추방된 죄수들이 군졸로 포함된 꽤 큰 규모의 군대가 방어선을 따라 배치되었다. 한의 중앙권력이 붕괴된 뒤 반독립 상태가 되었으나, 4-5세기에는 연속적으로 간쑤성에 중심을 둔 유목 국가들인 후량(後凉, 386-403년경), 북량(北凉, 397-439), 서량(西凉, 401년경-421)의 통치를 받았다. 이 시기 동안 둔황은 중앙아시아와의 교역에서 중요한 대상(隊商)도시이자 상업 중심지였다. 둔황에는 대상교역의 대부분을 담당하던 소그드인과 중앙아시아의 상인들이 살던 마을이 있었다.

5세기말 북위(北魏, 386-534)는 둔황을 다시 중국의 지배 밑에 두고 그 이름도 과주(瓜州)로 바꾸었다. 중국의 지배는 그 후에 서위(西魏, 535-557), 북주(北周, 557-581), 수(隋, 581-618)로 이어졌다. 618년 당(唐, 618-907)은 이 지역을 사주(沙州)로 고쳐 불렀으며, 781년까지 통치했다. 토번(吐蕃, 티베트에 있던 옛 국명)이 중국으로부터 간쑤성을 빼앗아 점령한 지 18년이 지난 781년 둔황도 토번의 지배 밑에 들어갔다. 토번이 망한 840년대에 둔황은 명목상으로 당의 지배 밑에 들어갔으나, 실제로는 지방 토호가문의 통치를 받았으며, 905년에는 서한금국이라는 독립국으로 건국했다. 그 후 차오 일가가 지배하는 소왕국에 들어갔다가, 11세기 중반 서하(西夏, 1032-1227)에 점령되었다. 1227년 몽골 제국인 원(元, 1279-1368)은 서하를 치고 둔황을 점령했으나, 몽골 제국이 몰락한 뒤, 명(明, 1369-1644)이 이곳에 요새를 설치했다. 그러나 15세기에 투르판 왕국이 침략하여 그 지배 밑에 들어가 1723년까지 위구르족에 속해 있다가 다시 청(淸, 1644-1911)의 통치 밑에 들어갔고, 1760년에는 청 조정에서 관리하는 지방정부가 수립되었다. 1970년대 초반 신장웨이우얼자치구(新疆維吾爾自治區)를 가로질러 북쪽으로 가는 철도와 간선도로가 인근의 과주(둔황에서 북동쪽으로 약 100킬로미터)로 지나가게 되면서 둔황은 교역 중심지로서의 중요성을 크게 잃어버렸다.

366년부터 서하가 멸망할 때까지 둔황은 거대한 불교문화의 중심지로서, 중앙아시아의 여러 왕국에서 건너온 승려와 포교사들이 머문 주요도시였다. 그들은 366년에 첸포둥(千佛洞)으로 불리는 수많은 석굴사원을 처음으로 건축했으며, 이때부터 둔황은 중요한 불교중심지이자 순례지가 되었다. 심지어 토번 점령군조차도 사원들을 지었다. 지역사회에서 큰 역할을 했던 많은 사원들이 있었으며, 세습통치자들은 사원을 적극 후원했다. 승려들 가운데 대부분이 비(非)한족이었다. 그래서 위진남북조시대(220-581)부터 원나라(1279-1368)에 이르는 천년이 넘는 세월동안 그렇게 많은 석굴과 불상과 불교 벽화가 탄생하게 된 것이다. 그런 불사가 오랫동안 지속되었다는 것은 그만큼 많은 스폰서(기부자)들이 존재했다는 것을 의미한다.

▶ 둔황 막고굴(일부)

▶ 둔황 막고굴 제16굴과 17굴(1층 오른쪽 창문이 17굴-장경동이고, 가운데 문으로 들어가야 출입문이 있다.)

▶ 둔황 막고굴 제17굴. 여기에 엄청난 고문서가 쌓여 있었고, 폴 페리오가 고문서를 검토하는 그 유명한 오른쪽 사진을 찍은 곳이다. 홍서화상상 뒤로 장대천이 둔황 최고의 그림이라고 격찬한 근사녀가 보인다

▶ 제17굴(장경동)에서 문서를 분류하고 있는 펠리오. 스타인이 6개월 전에 13000부를 빼간 다음의 모습이다.

▶ 일반인들에게는 미개방되고 있는 북굴.

둔황시에서 동남쪽으로 25킬로미터 떨어진 명사산 기슭에 있는 천불동(千佛洞)이라 불리는 막고굴에 대해 위키백과는 다음과 같이 소개하고 있다. 중국에서 가장 오래된 석굴로 4세기 중엽에 착공된 것이다. 중수막고굴불감비(重修慕高窟佛龕碑)에 의하면, 전진(前秦, 351-384) 왕 부견(符堅) 때(366) 사문(沙門) 낙전(樂傳)이 처음 시작했다고 기록되어 있으나, 사주지지단간(沙州地誌斷簡)에는 이보다 13년이 빠른 353에 창건되었다고 한다. 이 석굴의 특이한 점은 석질이 거칠기 때문에 벽면을 먼저 석회로 바르고, 그 위에 그림을 그리고, 소조(塑造)의 불상을 안치한 점이다. 불상뿐만이 아니라 보살상과 제천(諸天)의 군상(群像)도 안치되어 있으며, 사면의 벽과 천정에는 당시 성행했던 석가(釋迦)·아미타(阿彌陀)·약사(藥師) 등의 정토변상(淨土變相-극락정토의 여러 부처, 보살과 누각, 수풀 따위의 아름다움을 그린 그림)과 함께 본생담, 부처님의 전기 등의 그림도 그려져 있다.

이 석굴은 모두가 방형평면(方形平面)으로 인도 탑원굴(塔院窟)의 일반적 형식인 마제형평면(馬蹄形平面-말발굽형평면)인 것은 하나도 없으며, 오히려 승원굴(僧院窟)의 영향을 받아서 좌우의 벽면(壁面)에 불감(佛龕)을 만들고 여기에 보살상을 안치하였다. 물론 굴의 중앙에 불탑을 쌓고 그 사면에 불감을 설치하여 불상을 배치하는 탑원굴의 자취도 없는 것은 아니지만, 이미 고대의 불탑 숭배에서 불상 숭배로 신앙의 형태가 바뀌고 있음을 잘 나타내 주고 있다. 불상이나 벽면의 양식은 간다라(기원전 4세기경 - 서기 7세기경)에서 일어난 인도 서역풍과 중국 재래의 전통 양식을 함께 보이며, 후기의 것들에는 티베트 양식도 섞여 있다. 이와 같은 둔황의 천불동 석굴이 일찍부터 개착(開鑿)되기 시작한 것은 둔황이 중국의 서쪽 관문에 위치하고 있어 서역과 중국의 교통요충지였기 때문이다. 따라서 불교가 일찍부터 전해졌고 불교문화 교류의 중심을 이루게 되었다.

20세기 초에 발견된 석굴사원 가운데 하나인 장경동(藏經洞-제17호굴)은 1015년경에 지어진 것으로, 서기 5-11세기에 만들어진 무려 약 5만 여 그림과 필사본들이 소장되어 있었다. 여기에는 불교뿐 아니라 도교·조로아스터교·네스토리우스교의 경전들과 중세 중국사회의 역사를 탐구하는 데 중요한 자료로 평가되는, 일반인들이 직접 쓴 기록도 상당히 많이 포함되어 있었다. 그 중에서도 특히 유명한 것은 혜초(慧超)가 쓴 인도여행기인 왕오천축국전(往五天竺國傳)으로 1908년 4월 경 프랑스 동양학자 폴 펠리오에 의하여 이곳 석굴에서 발견된 것이다. 장경동 발견 순간을 펠리오는 "나는 완전히 넋을 잃었다."고 친구에게 보내는 편지에 썼다. 6개월전에 오렐 스타인이 13,000부나 약탈해갔음에도 불구하고 거기엔 엄청난 고서류들이 쌓여 있었던 것이다. 그가 대강 분류하는 데만 3주일이나 걸릴 정도였다.

그런데 누가 언제 왜 이 문서들을 장경동에 보관했는지에 대해서는 알려진 바가 없다. 이런 궁금증을 역사적 사실과 소설가의 상상력을 동원하여 소설로 쓴 사람이 이노우에 야스시(井上靖 1907-1991)이다. 그는 20세기 초 둔황 막고굴에서 발견되어 전 세계를 놀라게 한 경전의 비밀에 착안하여, 경전이 둔황석굴 장경동에 묻히게 된 과정을 상상을 통해 그려낸 소설 〈둔황〉을 1959년에 발표했다. 〈둔황〉의 내용에 대해 김민수는 〈소설특강〉에서 다음과 같이 소개하고 있다.

〈둔황〉은 일본 유수의 문학상을 휩쓸며 노벨문학상 후보에 올랐던 역사소설의 거장 이노우에 야스시의 대표작이다. 작가는 단순히 허무맹랑한 공상에 의존하거나 사료에 의한 객관적 실증에만 집착하지 않고, 빛나는 상상력과 탁월한 스토리텔러로서의 재능을 역사적 사실에 접목시켜 둔황 경전의 배후에 묻힌 역사적 신비를 소설로 되살려냈다.

이 소설은 20세기 초 둔황 막고굴 속에서 엄청난 양의 고대 경전이 발견되어 전 세계를 놀라게 한 역사적 사건을 배경으로 한다. 한 가지 분명한 점은 이 수많은 경전들이 누구에 의해 언제, 어떻게, 무슨 이유로 매장되었는지 알 길이 없다는 것이다. 이 위대하고도 수수께끼 같은 역사적 유산을 소재로, 일본의 대표적인 역사소설가 이노우에 야스시는 사실과 허구를 넘나드는 아름답고도 애절한 한 편의 대서사시를 완성해냈다. 역사에 대한 통찰과 빛나는 상상력, 절묘한 스토리텔링이 결합한 수작이다.

소설은 송나라가 서하의 잦은 변방 침입으로 골머리를 썩고 있던 1026년, 32세의 청년 조행덕이 진사시험에 응시하기 위해 수도 개봉을 찾아오면서 시작된다. 이미 몇 단계의 시험을 우수한 성적으로 통과해 합격을 눈앞에 둔 조행덕은 최종 시험을 놓치며 출세의 꿈을 날려버리고 만다.

실의에 빠져 개봉의 저잣거리를 걷던 조행덕은 우연히 벌거벗겨진 채 난도당할 위기에 처한 서하 여자를 구해준 후 답례로 서하의 통행증을 받는다. 거기에 적힌 낯선 서하문자를 보고 서하라는 신흥국가에 호기심이 생겨 무작정 서하로 떠나지만, 서하군에 붙잡혀 서하의 영토 확장 전쟁에 동원되는 신세가 된다. 사막의 전장에서 조행덕은 그의 인생에 지대한 영향을 미치는 두 명의 인물을 만나는데, 서하군 한족 부대의 대장인 주왕례와 감주 성벽에서 마주친 위구르 왕족 여인이 그들이다. 무지하지만 순수한 인간적 매력의 무장 주왕례가 백면서생 조행덕을 불굴의 용사로 탈바꿈시켰다면, 위구르 왕족 여인은 서하의 왕 이원호의 첩이 되었다가 조행덕을 위해 스스로 목숨을 끊음으로써 훗날 행덕으로 하여금 불교에 귀의하는 계기를 마련한다는 점에서 소설 전개의 중요한 축을 형성한다.

작가는 둔황 막고굴 경전의 배후에 묻힌 역사적 신비를 소설로 되살리면서 단순히 허무맹랑한 공상에 의존하거나, 사료에 의한 객관적 실증에만 집착하지 않았다. 주인공 조행덕을 비롯한 주왕례와 위구르 왕족 여인, 위지광 등 주요 등장인물은 가공의 존재임이 분명하지만, 소설에 등장하는 서하의 왕 이원호와 무기력한 한족의 권력자 조현순, 태수 조연혜 등은 역사적으로 실존했던 인물이다. 아울러 조행덕이 편찬에 참여한 것으로 나오는 〈번한합시장중주〉는 서하문자와 한자의 대조 사전으로 실존하는 책이다. 이 모두가 서하가 대국으로 발돋움하려는 야심에 불타던 당시에 대한 생생한 현실적 재현임에 틀림없다.

이처럼 허무와 방랑과 죽음으로 점철된 사막 한가운데에서 꽃피는 위구르 왕족 여인과 조행덕의 애틋한 사랑 이야기는 인간 감정의 소중함을 일깨우는 동시에 소설적 흥미를 배가시키는 역할을 한다. 그러나 주목할 것은 위구르 왕족 여인과의 만남이 단순히 개별적 사랑의 차원에 머무르고 있지 않다는 점이다. 그녀의 죽음은 행덕으로 하여금 마침내 운명의 굴레를 벗어던지고 인간의 무력함을 뛰어넘어 불교와 같은 종교가 지향하는 '영원한 어떤 것'을 추구하도록 이끌고, 행덕은 위구르 왕족 여인을 공양하기 위해 한역 불교 경전을 서하어로 번역하는 작업에 매진하게 된다.

동란의 와중에 조행덕은 위구르 왕족 여인을 공양하기 위해 번역하던 불교 경전의 안전을 염려하여 경전을 안전하게 보관할 방법을 찾아 동분서주한다. 조행덕은 처음에 자신이 서하 문자를 해독하기 위해 서하로 왔던 것처럼, 경전이 타지 않고 보존되기만 한다면 세월이 얼마가 흐르든, 세상이 어떻게 달라지든, 누군가가 반드시 읽어줄 것이라고 생각한다. 그렇게 자신의 그녀를 향한 마음도 살아남을 거라고 믿는다. 소설의 마지막에 조행덕은 서하군의 침입으로 풍전등화의 운명에 처해 있던 사주(현재 둔황) 사찰의 경전류를 명사산 천불동(막고굴) 석굴에 고스란히 은닉할 수 있었고, 살기 위해 발버둥치지 않았음에도 끝까지 살아남아 천수를 누렸다. 결국에는'마음'이 전쟁으로 인해 재가 되어버리는 것을 막으려는 한 사람의 염원이 승리한 것이라 할 수 있을 것이다.

이 책의 역자인 임용택은 "〈둔황〉은 20세기 초 세계 인류 앞에 홀연히 등장한 경전류의 존재를 실증적으로 자각하면서, 탄생의 신비에 대한 전설적 접근을 통해 인류의 보고(寶庫)에 대한 무한한 경외의 감정을 낭만적으로 표현한 역사 로맨스이자 서사시이다."라고 평하고 있다.

막고굴은 나의 이번 실크로드 답사에서 가장 중요한 유적이다. 개인 관람은 허용이 안 되고 지정된 가이드가 데리고 다니면서 설명을 해주는 단체관람만 허용했다. 나는 조금이라도 빨리 보고 싶은 성급한 마음에 한국어 가이드를 기다리지도 않고 중국인 팀을 따라다녔다. 내가 중국어를 모르니까 당연히 전혀 알아들을 수가 없었다. 한 팀에 15개 정도의 석굴을 보여주었다. 현재 보존되고 있는 석굴 492개중 일반인이 관람 가능한 것은 198개이고, 그중에서도 기본 입장권으로 들어갈 수 있는 굴은 32개뿐이니까 극히 일부만 관람할 수 있는 것이다. 사진 촬영은 엄격히 금지되었다.

나는 30여개 정도를 보았다. 우리 팀이 끝나고 다른 외국인 팀에 끼여서 따라다닌 덕분이다. 나중에 보니 내국인(중국인)보다 외국인들에게 더 보존이 잘된 석굴을 보여주었다. 전체적으로 보존 상태는 양호했다. 가이드가 데리고 다니기 때문에 혼자 차분하게 감상하면서 볼 수 있는 상황은 아니었다. 한 번은 혼자 다니다가 경비에게 붙잡혀 쫓겨나기도 했고, 또 한 번은 장경동(17호굴)이 있는 16호굴에 갇히기도 있다. 몰래 사진을 찍으려고 안쪽에 있었는데 가이드가 일행을 데리고 나간 후 문을 잠가버린 것이다. 내가 창문에 대고 소리를 쳐서 다른 사람들에게 알려 가이드가 와서 문을 열어주었다.

석굴을 보고 나와서 〈둔황〉의 조행덕이 장경동에 경전을 숨기는 것을 상상하면서 앞 회랑을 거니는 것도 좋았다. 석굴 앞에는 푸르른 포플러 숲이 우거져 있고, 그 앞을 흐르는 당하(党河)는 건기라서 그런지 바짝 말라서 황량한 풍경이었다. 강물이 흐르고 있었으면 훨씬 더 운치가 있었을 텐데----. 주변의 경치는 투르판의 베제클릭석굴이나 키질의 천불동이 훨씬 더 좋았다. 그 두 곳은 수량이 풍부한 강이 흐르고 있었기 때문이다. 절벽의 높이도 이 두 곳보다 낮았다. 그러나 보존과 관리는 훨씬 잘 되어 있다.

막고굴은 바티칸박물관, 루브르박물관, 대영박물관이 소장하고 있는 기독교 조각이나 성화에 비견할만한 불상과 불화의 보고일 뿐만 아니라, 실크로드 문명의 가치를 알려주는 최고의 금자탑이다. 막고굴은 전진(前秦, 350-394) 때부터 사원을 짓기 시작해서 원나라(1271-1368) 때까지 거의 1000여년에 걸쳐 조성되었다. 372년(고구려 제17대 소수림왕 2년)에 승려 순도(順道)에게 불상과 경문을 보내 고구려에 불교를 전해준 사람이 바로 전진 왕 부견(符堅)이다. 이 연대를 보면 인도에서 들어온 불교가 굉장히 빠른 속도로 한반도까지 전해진 것으로 추정된다. 석굴은 폭 2킬로미터 정도 되는 절벽에 5층 구조로 만들었으며, 현재 석굴 492개, 불상 1,400개, 벽화 5만 평방미터가 보존되고 있다. 석굴은 수나라 때 79개, 당나라 때 232개, 송나라 때 98개가 조성된 것으로 밝혀졌다. 이와 같은 시대별 조성 시기가 다르기 때문에 그 당시의 신앙, 문화, 예술, 복식, 생활 등의 양식과 변천 과정을 연구하는데도 매우 중요한 자료가 되고 있다.

그 황량하고 삭막한 사막 한가운데에 저렇게 장엄한 종교적 건축과 예술 작업이 이루어진 것은 인류 역사상 전무후무하다. 지고지순한 신앙의 힘과 재정이 뒷받침되지 않았으면 저렇게 찬란하고 경이로운 예술 작품이 탄생할 수가 없다. 바티칸 시스티나예배당 천장에 천지창조를 그린 미켈란젤로나 저기에 비견할 수 있을까? 이름도 남기지 못한 수많은 예술가들의 저 깊은 신앙심은 어디서 나왔을까? 저 캄캄한 석굴 안에서 어떻게 저렇게 선명한 색깔과 정교한 조각을 탄생시킬 수 있었을까? 마티스의 그림을 연상시키는 저 불화들의 사연은 무었을 뜻하는 것일까? 금방이라도 하늘로 날아 올라갈 것 같은 저 비천상들의 유연함과 하늘거리는 몸짓은 어떻게 그렸을까? 한 번에 열대여섯 개의 석굴 밖에 보지 못하는 현실이 안타까울 뿐이다.

막고굴에서 눈길을 끄는 작품들이 몇 개 있다. 막고굴에 갔을 때 직접 본 작품과 직접 보지는 못했지만 중국 둔황연구원에서 발간한 〈둔황〉에 실린 화보 중에서 고른 것이다. 〈둔황〉에 실린 도판해설을 참조하여 소개한다.

우선 예쁜 보살들이 눈에 띈다. 제45굴에 있는 〈보살과 아난 阿難〉 (당 중기)의 소조상은 실제 인물과 같은 현실감이 있다. 보살의 자태는 아름답고 단아하며 높게 틀어 올린 머리에 비단치마를 입고, 금목걸이를 한 모습이 마치 귀부인처럼 보인다. 특히 백옥처럼 하얀 살결은 요즘 여성들의 선망의 대상이다. 제71굴에 있는 〈사유보살 思維菩薩〉 (당 초기)의 얼굴도 매력적이다. 수려한 얼굴의 보살이 고개를 살짝 숙이고 오른손을 가볍게 뺨에 대고 있다. 눈과 입술에서는 잔잔한 미소가 흘러나온다. 마치 잔잔한 상상에 빠진 중년 여인과 같고 또한 자비롭고 정감 넘치는 선량한 선녀와도 같은 자태를 보여주고 있다. 제113굴 〈보살 1조組〉 (당 중기)에 나오는 보살들도 한 결 같이 미인들이다. 특히 오른쪽 상단의 문수보살은 정말 매혹적이다. 빨간 립스틱이 아직도 선명하게 보인다. 제194굴에 있는 〈보살상〉(당 중기)은 강남 현대백화점에 쇼핑 나온 청담동 마담처럼 오동통한 멋쟁이다. 보살상은 북조와 수나라를 거쳐 당나라로 넘어가며 완전히 여성화되기에 이른다. 그러나 불교천국의 '무성(無性)'의 존엄을 보존하기 위해 보살의 입가에 작은 수염을 그려 넣었다. 이런 보살의 모습을 두고 '보살여궁왜(菩薩如宮娃)'라고 하는데, 이것은 보살의 모습이 궁녀와 같다는 뜻이다. 이처럼 아름다운 보살은 신이 아닌 인간세상의 귀부인 형태로 나타난다. 흘러내리는 옅은 하늘색 옷자락에 새겨진 화사한 꽃잎들이 일품이다. 제384굴에 있는 〈공양보살〉(당 중기)은 백옥 같은 얼굴에 무릎을 꿇고 기도하는 모습이 마치 청순한 소녀와 같고 순결하고 경건한 느낌을 준다. 제57굴에 있는 〈설법도〉(당 초기) 왼쪽에 나오는 관음보살과 5명의 협시보살들은 당대 최고의 미인들이라 할 수 있다. 미스 당나라 대회에 참가한 대표 미인들 같다. 나는 그중에 가운데에 서있는 문수보살을 '미스 실크로드'로 이름 붙였다. 풍만한 몸매와 하얀 살결, 은근한 미소는 요염하기까지 하다. 머리에 쓴 금동 화관과 금목걸이와 온 몸에 걸치고 있는 화려한 보석들도 이 보살의 아름다움을 빛내주고 있으며, 당시 사회의 풍요로움을 암시해주고 있다.

다음으로는 악기를 연주하는 보살들이 눈에 들어온다. 나는 이번 여행에서 일본부터 이태리까지 악기와 유리를 통해 실크로드 문화 교류를 추적하고 있다. 〈반탄비파무 反彈琵琶舞〉(제112굴, 당 중기), 〈무악 舞樂〉(제159굴, 당 중기), 〈무악도 舞樂圖〉(제220굴, 당 초기), 〈환생하는 기악 伎樂〉(제285굴, 서위), 〈기악 伎樂〉(제288굴, 서위), 〈무악〉(제299굴, 북주), 〈기악천 伎樂天〉(제428굴, 북주), 〈무악〉(유림석굴 제25굴, 당 중기) 등이 악기를 연주하는 보살이나 천사들을 묘사한 작품들이다. 제112굴에 있는 반탄비파무는 연주자들의 얼굴 표정과 몸동작을 생생하게 묘사하고 있는 걸작이다. 가운데 연주자는 몸을 조금 앞으로 숙이고 손을 위로 올려 현을 퉁기고 있다. 오른쪽 다리를 안으로 굽히고 발끝은 치켜세워 위로 도약하는 순간인데, 춤이 역동적이고 우아한 것이 당대 건무(健舞)류에 속하는 춤임이 확연하다. 6명으로 이루어진 악대는 도고(鼗鼓), 횡적(橫的), 박판(拍板), 공후(箜篌), 삼현(三絃)과 비파를 연주하고 있다.

▶ 보살과 아난

▶ 사유보살

▶ 보살 1조(組)

▶ 보살(전신)

▶ 공양보살

▶ 설법도

▶ 반탄비파무(反彈琵琶舞)

▶ 무악도 (舞樂圖)

▶ 무악 유림(楡林)석굴 (25굴)

▶ 환생하는 기악(伎樂)

▶ 비천군1

▶ 대상(隊商)

▶ 상인이 도적을 만나다

▶장건이 서역으로 출사하다

▶ 서역의 상인들

특히 유림(楡林)석굴 제25굴에 있는 〈무악〉은 너무도 생생하게 연주 모습을 묘사하고 있어, 마치 연주자들이 살아있는 것처럼 보인다. 실크로드 무악 중 최고 걸작이라 감히 말할 수 있다. 직접 보지 못한 것이 아쉬울 뿐이다. 벽화는 8명으로 구성된 악대가 팔(八)자형으로 배열되어 소라, 생(笙), 비파, 수적, 횡적, 배소, 박판 등의 악기를 연주하고 있다. 가운데에서 춤추는 사람은 요고(腰鼓-장구의 일종)를 치면서 춤을 추고, 옆에 서있는 가릉빈가(迦陵頻伽)는 5현 비파를 연주하며 장단을 맞추고 있다. 이런 악기들은 일본 우지에 있는 뵤도에 있는 운중공양보살상에도 나타나고 있어, 불교의

▶ 혼례도

전파와 더불어 악기들도 실크로드를 따라 흘러갔음을 알 수 있다.

그 다음 비천상도 관심이 많이 간다. 천사가 하늘에서 내려오는 비천상은 기독교의 천사가 불교에 전이된 것으로 보인다. 이태리 로마 북쪽에 있는 오르비에또에 있는 대성당에 가면 비파를 연주하면서 하늘에서 내려오는 천사 그림이 있다(2권 로마편 참조). 종교만 다를 뿐이지 기본 컨셉은 똑같다. 아마도 네스토리우스파가 5-6세기경에 실크로드를 통해 중국으로 들어오면서 불교와 결합된 것이 아닌 가 개인적으로 생각하고 있다. 제263굴에 있는 〈비천飛天〉 (북위)과 제331굴에 있는 〈비천군1〉 (당 초기), 제428굴에 있는 〈나체 비천〉 (북주), 제290굴의 〈한 쌍의 비천〉 (북주), 제427굴에 있는 〈꽃을 든 비천〉 (수), 제158굴에 있는 〈영락瓔珞을 바치는 비천〉 (당 중기), 제98굴에 있는 〈두 비천〉 (5대)이 대표적이다. 특히, 제331굴에 있는 〈비천군1〉은 20여명의 천사가 악기를 연주하면서 하늘을 날아다니고 있어 환상적인 분위기를 연출하고 있다. 모든 천사들의 바로 아래에 맑고 시원스레 보이는 꽃구름이 위치하지만, 그들은 모두 가볍고 민첩하여 스스로 날 수 있다. 비천 무리들의 형태는 모두 10개가 있는데, 이것은 아마도 시방제불(十方諸佛: 동 서 남 북 동남 동북 서남 서북 상하 등 모든 무량무변한 세계의 모든 불)을 의미하는 듯하다. 일본 우지(宇治)의 뵤도인(평등원)에 있는 봉황당의 상품중생도(上品中生圖)와 하품상생도(下品上生圖)가 연상되는 그림이다(25 페이지 사진 참조).

그리고 중국 최고의 현대 화가인 장대천(張大千, 1899-1983)이 둔황에 있는 벽화 중에서 가장 우수한 작품이라고 칭찬한 제17굴(장경동)에 그려진 〈근사녀 近事女〉 (당 후기)가 있다(203 페이지 사진 참조) . 나는 그것도 모르고 이 그림을 아무 생각도 없이 보았다. 근사녀란 당나라 이전에는 우바이(優婆夷)라는 명칭으로 불렸는데, 이는 집에서 오계를 받아 불법을 믿고 따르는 여자를 말한다. 이 근사녀는 막고굴의 스님상 중 대표작인 홍서화상상(洪誓和尚像)이 놓인 뒷벽 우측에 그려져 있다. 내가 보기에 여자 그림은 그리 우수한 것 같지 않은데, 아마도 장화백은 두 그루의 나무 묘사가 훌륭해서 그런 말을 한 것 같다. 눈길을 끄는 것은 나무에 걸어놓은 핸드백 같은 물건이다. 요즘 제품과 견주어도 전혀 뒤지지 않는 멋진 디자인이다.

이밖에도 〈상인이 도적을 만나다〉 (제45굴, 당 중기), 〈우전于闐국왕상〉 (제98굴, 5대), 〈서방정토변西方淨土變〉 (제220굴, 당 초기), 〈서왕모西王母〉 (제249굴, 서위), 〈항마변降魔變〉 (제254굴, 북위), 〈녹왕본생2鹿王本生〉 (제257굴, 북위), 〈혼례도〉 (유림 제38굴, 송), 〈푸줏간〉 (제85굴, 만당), 〈공양보살供養菩薩〉 (제272굴, 16국시대), 〈복희伏羲와 여와女媧〉 (제285굴, 서위), 〈불감佛龕과 선굴禪窟〉 (제285굴, 서위), 〈5백 명의 강도가 성불한 이야기〉 (제285굴, 서위), 〈제천諸天〉 (제285굴, 서위), 〈대상隊商〉 (제296굴, 북주), 〈장건이 서역으로 출사하다〉 (제323굴, 당 초기), 〈서역의 상인들〉 (제420굴, 수), 〈살타본생薩埵本生〉 (제428굴, 북주), 〈수달나본생須達拏本生〉 (제428굴, 북주), 〈보현변普賢變〉 (유림석굴 제3굴, 서하), 〈문수변文殊變〉 (유림석굴 제3굴, 서하), 〈경획도耕獲圖〉 (유림석굴 제25굴, 당 중기) 등이 인상적이었다.

나는 직접 보지 못했지만, 최근에 둔황에 있는 석굴에 고대 한국인들이 등장한다는 주장이 나왔다. 고구려와 백제 그리고 신라의 사신들과 수행원들이 모델로 그려져 있다는 것이다. 이선민 기자가 주간조선에 쓴 기사에 의하면, 중국 둔황연구원의 리신(李新) 연구원은 2013년 7월 5일부터 6일까지 경주 우양미술관에서 열린 '제2회 경주 실크로드 국제학술회의' 발표를 통해 "막고굴·유림굴·서(西)천불동 등 둔황 지역의 40개 석굴에서 고구려·백제·신라·고려인이 그려진 그림을 확인했다"며 그중 일부를 공개했다. 리 연구원이 막고굴과 인접한 유림굴(42개), 서천불동(17개) 등 500개가 넘는 둔황 지역의 석굴을 10여 년 동안 조사한 결과 막고굴 38개, 유림굴과 서천불동 각 1개에서 고대 한국인 인물상을 확인했다는 것이다.

리신 연구원이 확인한 고대 한국인 인물상은 39개의 석굴에서 나온 조우관 인물상과 막고굴 61굴의 〈오대산도(五臺山圖)〉에 들어있는 4점의 그림으로 나눌 수 있다. 조우관 인물상이 들어 있는 그림은 불경의 내용을 쉽게 그림으로 풀어 설명하는 경변도(經變圖)이다. 경변도에 그려진 설법을 듣는 대중 중에는 중국뿐 아니라 인접국의 왕과 사신이 많이 등장하는데, 그 가운데 조우관을 쓴 모습이 보인다. 리 연구원의 조사에 따르면, 조우관 인물상이 가장 많이 보이는 것은 '유마힐경변도'로 모두 29개이고 '열반경변도'가 7개, '범망경변도'가 3개이다.

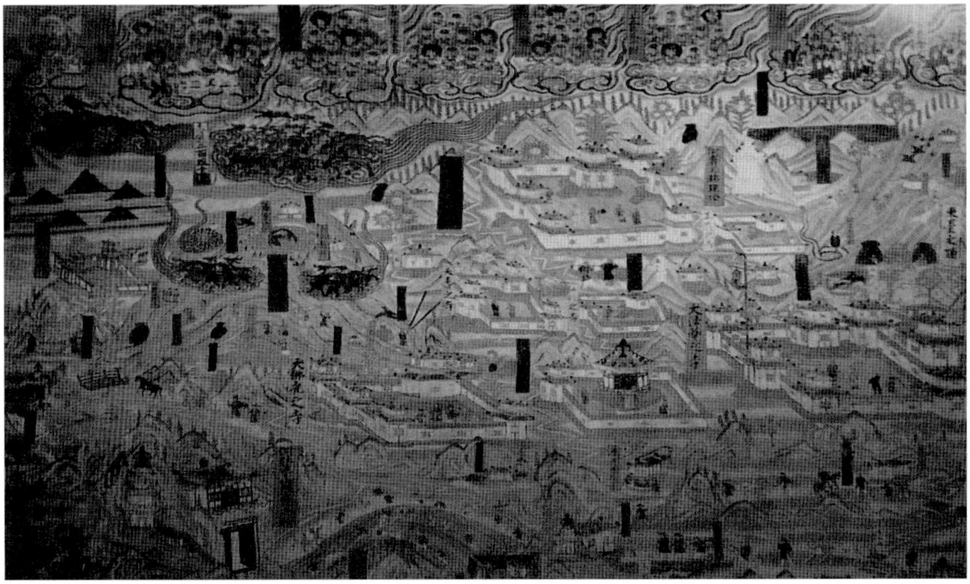

▶ 오대산도 1 (부분)

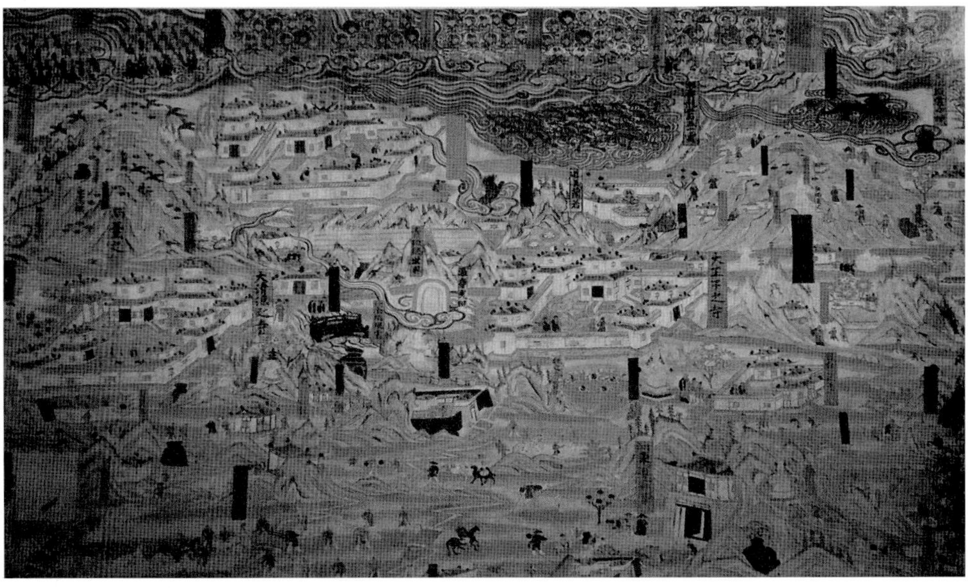

▶ 오대산도 2 (부분)

둔황석굴의 벽화에 고대 한국인이 많이 등장하는 이유 중 하나로 리신 연구원은 고구려와 백제 유민의 둔황 이주를 들었다. 백제와 고구려가 망한 이후 이들 나라의 유민이 둔황 지역으로 적지 않게 이주했고, 이들이 석굴 조성과 불교 신앙 활동에 참여하면서 석굴 벽화에도 그려졌다는 것이다. 리 연구원은 둔황 문헌을 보면 당나라와 송나라 시대 둔황 지역에 고구려·백제 계통의 사람이 적지 않게 살았다며 사(似)·천(泉)·채(菜)·구(具)·락(洛)·진(眞)·신성(新城) 등의 성씨를 예로 들었다.

둔황석굴 가운데 가장 큰 벽화인 막고굴 61굴의 〈오대산도(五臺山圖)〉 안에서 '신라왕탑(新羅王塔)' '신라송공사(新羅送供使)' '고려왕사(高麗王使)' '보리지암(菩提之庵)' 등 고대 한국과 관련 있는 4점의 그림이 확인된 것도 의미가 크다. 막고굴 61굴의 주실(主室) 서쪽 벽에 그려져 있는 오대산도는 산시성(山西省)의 유명한 불교 성지 오대산의 모습을 묘사한 것으로 높이가 3.5미터, 길이가 13.5미터에 이르는 초대형 작품일 뿐 아니라 묘사도 매우 세밀하다. 〈둔황〉 화첩에는 〈오대산도 1, 2〉 두 개로 나온다.

중국 당나라 멸망 후 혼란기인 오대(五代 907-960) 말기에 제작된 오대산도에는 신라와 고려가 중국에 보낸 사절단이 함께 등장한다. 이 작품의 밑그림이 만들어진 시기가 신라(기원전 57-935)와 고려(918-1392)가 공존하던 때였기 때문이다. 오대산도의 오른쪽 아랫부분에 있는 '신라송공사(新羅送供使: 신라에서 보낸 공양 사신)'라는 그림에는 통역원, 사신, 두 명의 관원, 마부 등 신라 사신 일행 4명이 그려져 있고, 오른편에는 이들을 맞고 있는 두 명의 중국인 관리가 보인다. 이 그림 왼쪽 아래에 있는 '고려왕사(高麗王使)'라는 그림에는 연락관, 사신, 짐꾼 등 3명의 고려 사신 일행과 이들을 안내하는 여관 주인이 그려져 있다.

역시 제61굴 서벽에 그려진 〈오대산도1〉의 일부로 추정되는 〈사원과 성곽〉이라는 그림 아랫부분에는 '신라왕탑(新羅王塔)'이라는 이름의 석탑이 보인다. 그 앞에서 한 사람이 무릎을 꿇고 절을 하고 있고 오른쪽을 흐르는 시냇물 옆에는 스님이 합장을 하고 짐꾼이 그 뒤를 따르고 있다. 몇 년 전 오대산도에 '신라승탑(新羅僧塔)'이란 그림이 있다는 소문이 나면서 만년에 오대산에 거처했던 혜초(慧超, 704?-787) 스님의 입적지가 아니냐는 해석이 나왔지만 정밀 판독 결과 화제(畵題)는 '신라왕탑'으로 밝혀졌다. 리신 연구원은 '신라왕탑'을 '신라의 왕족으로 오대산에서 수행한 승려가 세운 탑'이라는 뜻으로 풀이했다. 그리고 탑을 세운 주인공을 신라 귀족 출신으로 당나라에서 7년간 공부하며 오대산을 찾았던 자장(慈藏, 590-658) 스님으로 추정했다. 그런데 〈둔황〉 화첩에는 제61굴 서벽에 그려진 〈오대산도1〉과 〈오대산도2〉로 두 개가 나와 있어서 어떤 그림인지는 분명치 않다. 그러나 '고려왕사'가 〈오대산도1〉하단에 나오는 것으로 보아 리신연구원이 말하는 오대산도는 〈오대산도1〉으로 보인다.

둔황에 있는 막고굴을 세계 제1의 노천박물관이라고 하는 이유는 바로 그 경이로운 불교미술 때문이다. 로마 바티칸박물관, 파리의 루브르박물관, 런던 내셔널갤러리, 마드리드 프라도미술관, 비엔나 미술사박물관, 뉴욕 메트로폴리탄박물관 등에 소장된 엄청난 기독교 성화를 능가하는 불교 성화들이 자연 상태의 석굴 속에 1천년이 넘게 보관되어 온 것이다. 정말 국적을 떠나서 인류문화의 위대한 유산이라 하지 않을 수 없다. 20세기 초 고비사막을 탐험했던 여성 탐험가 밀드레드 케이블(Mildred Cable)은 이곳을 가리켜 '사막의 위대한 미술관'으로, 서양의 어느 미술사가는 '세계에서 가장 풍부한 박물관'이라고 묘사했다. 중국과 한국, 일본의 불교도 모두 이곳을 경유해서 들어온 것이다. 동북아시아의 불교에 그만큼 큰 영향을 미친 곳이다. 내가 이번에 직접 확인한 바에 의하면, 둔황의 불화나 불상들은 맥적산석굴, 마제산(마티스)석굴, 병령사석굴, 베제클릭석굴, 키질석굴보다 보존 상태가 훨씬 양호해서 색상이 선명하게 남아있었고, 불상도 온전한 것들이 많아 부처님이 보호하신 게 아닌가 하는 생각이 든다.

둔황은 장경동에서 발견된 수많은 경전과 고문서들과 그 유물들을 약탈해간 '실크로드의 악마들'로도 유명하다. 1900년 6월 22일에 막고굴을 관리하던 왕원록(1849-1931)이라는 도사가 우연히 제16호 석굴 안에 밀폐되어 있었던 제17호 석굴에서 엄청난 양(약 3~4만권 추정)의 고문서를 발견하면서 세상을 깜짝 놀라게 했다. 여기서 발견된 문서는 불교 경전은 물론 중국 황제의 칙령, 이단으로 몰려 동쪽으로 쫓겨난 기독교 일파인 네스토리우스파 경전, 마니교의 경전, 티베트 전통의학 처방전, 위구르인들의 토지매매 계약서,인신매매 계약서, 당나귀를 빌려가고 돌려주지 않는다는 소송 문서, 변방에 근무하는 병사가 고향의 가족을 그리워하는 편지, 고향의 아내가 최전방 전선에 근무하는 남편에게 보내는 편지 등 온갖 문서들이 다 나왔다. 여기 흥미 있는 문서 하나를 소개한다. 천년도 넘은 시절에 중국에서 한 취객이 다른 사람에게 보내는 사과 편지이다.

> 어제 제가 과음한 탓에 취중에 실수를 저지르고야 말았습니다. 그러나 제가 어떤 무례한 언행을 하였다 하더라도 본의로 그런 것이 아님을 알아주시기 바랍니다. 아침에 다른 사람들의 이야기를 듣고 전날 어떤 일이 벌어졌는지를 알게 된 저는 수치심과 당혹감에 땅속으로라도 숨어버리고 싶은 심정이었습니다. (이하 생략) (출처: 피터 홉커크, 〈실크로드의 악마들〉 중에서, 사계절)

그런데 내가 놀란 것은 제17호 석굴의 크기가 예상보다 훨씬 작았다는 점이다. 이 석굴은 16호 석굴을 들어가면 바로 오른쪽에 있는 방이다. 16호 석굴은 엄청나게 넓은 굴을 파고 거기에 법당을 만들었다. 공간이 석굴암의 두 배는 된다고 보면 된다. 16호-17호 석굴의 사진에서 정문 오른쪽에 창문이 보이는 방이 17호 석굴이다(205페이지 사진 참조). 석굴이라고 할 것도 없이 작은 방이라고 생각하면 된다. 지금은 홍서 스님의 조각상이 앉아 있다. 가로 세로 높이가 각각 2-3미터쯤 되는 작은 공간에 어떻게 그렇게 많은 경전과 고문서들이 쌓여 있었는지 의문이다. 프랑스의 동양학자인 펠리오가 그 방에 쪼그리고 앉아서 산처럼 쌓여있는 문서를 분류하는 전설적인 사진이 그런 착각의 원인이 아닐까?

그런데 그렇게 소중한 문서들을 청나라 말기의 혼란을 틈타 '실크로드의 악마들'(중국 사람들이 그렇게 부른다)이 약탈해갔던 것이다. 대표적으로 영국(헝가리 태생)의 오렐 스타인(1862-1943), 프랑스의 폴 펠리오(1878-1945), 미국인 랭던 워너(1881-1955), 그리고 일본의 오타니 고즈이(1876- 1948) 탐험대 등이 바로 악마들이라고 욕을 먹는 사람들이다. 왕도사를 몇 푼의 돈으로 유혹하거나 협박하여 고문서들을 자기 나라로 실어 날랐기 때문이다. 당시 스타인은 불과 130파운드, 펠리오는 90파운드에 해당하는 마제은화를 왕도사에게 지불하고 그 엄청난 유물들을 가져올 수 있었다. 오타니 탐험대 덕분에 본의 아니게 우리나라도 실크로드 불교 유물 300여점을 국립중앙박물관에 소장하게 되었다.

그중에서도 프랑스의 폴 펠리오는 우리와는 아주 깊은 연관이 있는 사람이다. 중국어를 자유자재로 구사하는 언어 천재인 이 동양학자가 바로 둔황 막고굴 장경동에서 혜초의 〈왕오천축국전〉을 발견하고 파리(파리국립도서관 소장)로 가져간 사람이기 때문이다. 그는 한자를 모르는 스타인(그래서 그는 2차 탐험 때부터는 장사야蔣師爺라는 중국인 조수를 데리고 다녔다)과는 달리 한자 판독이 가능했기 때문에 귀중한 문서만 가져갔다. 펠리오가 가져간 문서 중에서 중요한 것은 〈왕오천축국전〉을 비롯해서, 히브리어로 적힌 기도문으로 구약의 이사야서와 시편이 인용돼 있는 9세기경의 〈히브리어 면죄부〉 단편, 한자로 적힌 불경의 이면을 이용해 티베트의 역사를 기록한 8-9세기경의 〈티베트어 연대기〉, 시리아어를 한역하여 네스토리우스파가 기독교를 전교할 때 사용한 8-9세기경의 〈대진경교삼위몽도찬 大秦景教三威蒙度讚〉, 11세기의 위구르어로 적힌 〈현장 삼장전〉 단편, 8-9세기경 소그드어로 적힌 〈선악인과경〉, 호탄어로 적인 10세기경의 〈금광명경 金光明經〉 등이다.

문제는 서구 열강이 약탈해간 이런 실크로드의 유산을 일반인들에게 제대로 공개하고 있지 않다는 점이다. 스타인이 가져간 유물을 보관하고 있는 대영박물관 어디에서도 이런 보물을 전시하고 있지 않았다. 루브르박물관도 마찬가지다. 펠리오가 가져간 보물을 어디에서도 구경할 수 없었다. 당사국들은 그런 유물을 반환하지 않으려면 일반인에게 공개하여 마음대로라도 볼 수 있게 하는 성의가 필요하다.

둔황에서 하미나 투르판으로 바로 가는 기차가 없어 오후 4시에 미니버스를 타고 유원(柳园)으로 이동했다. 둔황 인근에 있는 서(西)천불동과 과주 인근에 있는 유림(榆林)석굴을 둘러보지 못해 못내 아쉽다. 나중에 화보집을 보니까 앞에서 소개한 것처럼 유림석굴의 벽화들 중에 예술성이 높고, 보존 상태가 좋은 작품들이 많이 있었다. 두 시간 동안 끝없는 사막이 펼쳐진다. 둔황과 유원 사이에는 목화와 하미과를 재배하는 밭이 많이 있었다. 버스 안에서 유원중학교 영어선생인 굴연이 내 옆자리에 앉았다. 30세인 공무원 남편과 두 살짜리 딸 하나를 두었단다. 그런데 얼굴이 학생처럼 앳되어 보인다. 주말부부라서 일주일에 한 번만 만난단다. 집에서 따온 포도를 먹으라고 건네주었다. 영어는 보통 수준이었다.

유원역 앞 빈관에 투숙했다. 객실료는 100위안으로 최악의 수준이다. 담배냄새에 벌레가 기어 다니고, 고무호스로 샤워를 해야 하고, 변기 물은 안내려가고, 텔레비젼도 안 나오고. 겨우 잠만 잘 수 있는 수준이다. 객실료가 50위안 수준밖에 안되겠다. 예약할 때 왜 방을 확인 안했는지 나 자신이 한심하다. 역 앞에 나가서 간단한 군것질로 저녁을 때우고 들어와서 내일의 여정을 위해 오지 않는 잠을 청했다. (2013년 9월 15일, 일요일, 맑음)

미스 실크로드, 투루판 여인들

유원에서 아침 8시 26분 기차로 투루판으로 이동했다. 9시간 만인 오후 5시 반에 투루판에 도착했다. 시간이 너무 많이 걸린다. 차라리 둔황에서 버스로 이동할 걸 그랬다. 하미를 지나자 북쪽으로 천산산맥이, 남쪽으로는 타클라마칸사막이 계속 따라온다. 이번 여행에서 최악의 기차여행이었다.

중국 서민들의 진면목을 보려면 경좌 열차를 타야한다. 이 열차(항주발 우르무치행)에서 얼굴 생김새가 정말 특이한 사람들을 보았다. 어느 소수민족인지는 모르겠는데 집단적으로 정말 외모가 신기하게 생겼다. 신장에 사는 중국인들이 다 그런 것인지, 아니면 그 소수민족만 그런 것인지는 모르겠다. 중국은 소수민족이 많으니까 정말 별의 별 사람들이 다 있다. 얼굴 생김새도 다양하고, 의상이나 헤어스타일도 다양하고, 언어나 말투도 다양하고, 먹는 음식도 다양하고, 생활 습관이나 스타일도 다양하다. 그래서 '중국 사람들은 어떻다'라고 말하기가 힘들다. 무려 58개의 소수민족이 하나의 국가 아래 살고 있으니까. 우리처럼 작은 나라에 사는 사람들은 이해하기 힘든 일들이 많다.

기차역에서 20원을 주고 합승 택시로 60킬로 떨어진 시내로 이동했다. 교통빈관에 투숙했다. 객실료가 200위안인데 인터넷이 안 된다. 여행사에 내일 투르판 데이 투어를 예약했다. 160위안이다. 매니저가 한국말을 잘한다. 나중에 보니 일본말도 잘한다. 고객이 주로 한국인과 일본인이 많은가 보다.

투루판에 오면 여자들이 갑자기 예뻐진다. 지금까지 보아온 한족 여자들과는 이목구비가 확연히 다르다. 서양 여자들의 얼굴이 나타나기 시작한다. 위구르족 여인들 중에서도 페르시아계 여인들이 정말 예쁘다. 특히 이란계 여인들의 눈은 정말 아름답다. 오늘 하루 종일 기차 안에서 본 한족 여자들과는 확연히 다르다. 눈이 확 돌아간다. 불과 한 시간 만에 미인들을 열 명도 더 보았다. 내가 보기에는 투루판 지역은 한족보다는 이란이나 코카서스 또는 터키(투르크)계의 피가 더 많이 섞인 여자들이 많은 것 같다. 우루무치에 있는 신장박물관에서 본 '누란 미녀' 미이라도 서구형 얼굴이다.

▶ 비단 가게에서 사막여행의 필수품인 하얀 두건을 사서 두른 필자(투루판)

교통빈관 길 건너에 있는 시장을 둘러보았다. 난을 파는 사람, 과일을 파는 사람, 양꼬치를 파는 사람, 음료수를 파는 사람 등 수많은 행상들이 호객을 하고 있었다. 포목상에 들어가서 80

위안을 주고 하얀 두건을 5미터 샀다. 사막에서 유목민처럼 얼굴에 두르려고. 두건을 두르고 사진을 찍으니 유목민과 똑같다. 데이빗 린 감독의 영화 〈아라비아 로렌스〉에 주인공으로 나오는 피터 오툴을 흉내내어 보았다. 양꼬치 3개로 저녁을 때웠다. (2013년 9월 16일, 월요일, 맑음)

베제클릭천불동, 고창고성, 이스타나고분, 화염산, 교하고성, 포도구, 카레즈

오늘은 다섯 명이 한 팀이 되어 여행사 미니버스를 타고 데이 투어에 나섰다. 개인 투어와 그룹 투어는 장단점이 있다. 개인 투어는 여행코스와 시간을 내 마음대로 조정할 수 있지만 시간과 비용이 많이 든다. 그룹 투어는 비용은 적게 들지만 여행사에서 정한 코스와 시간에 따라야 한다. 자연히 사진도 마음대로 찍을 수 없고 차분하게 감상할 시간도 모자란다. 그래서 단순히 관광만 하는 사람은 그룹 투어가 좋고, 답사 등 특별한 목적으로 여행을 하는 사람은 개인 투어가 바람직하다.

베제클릭 천불동에 찾아 갔으나 크게 실망했다. 석굴은 서너 개 밖에 안보여주고, 볼만한 그림도 거의 없었다. 불화 보존 차원에서 볼만한 그림은 모두 문을 닫아 두고 거의 훼손된 석굴만 보여주기 때문이다. 하지만 주변 풍경은 정말 특이하다. 사방이 나무 한 그루 없는 민둥산인데, 100여 미터 절벽 사이로 천산에서 눈 녹은 물이 내려오는 무르투르크강이 흐른다. 절벽과 절벽 사이에 폭이 수백 미터밖에 안 되는 골짜기가 있는데, 거기에 길이가 1킬로쯤 되는 오아시스가 있다. 석굴은 서쪽 절벽에 조성된 것이다.

▶ 베제클릭석굴 전경

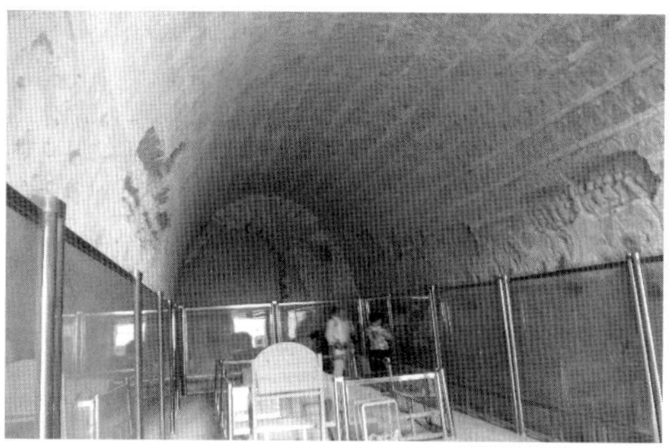

▶ 천정화 일부를 제외하고는 거의 남아있지 않은 제39굴(베제클릭석굴)

베제클릭 천불동은 서기 6세기 경 이 지역을 지배했던 국씨고창국(麴氏高昌國)부터 14세기에 이슬람화 되기 전의 위구르 왕국인 회골고창국(回鶻高昌國)까지 조성된 불교 석굴사원이다. 베제클릭은 위구르어로 '아름다운 그림이 있는 장소'라는 뜻이다. 그러니까 현지인들은 거기에 많은 불화들이 있다는 것을 알고 있었다는 뜻이다. 이 석굴 사원은 남북조시대 후기(서기 500년대) 이후 불교의 성지 역할을 하다가 14세기 이슬람이 전파된 이후 점차 쇠락하게 되었다. 초기에는 마니교를 국교로 삼았던 위구르 왕국에 의해 마니교 석굴이 조성되었다가, 그들이 이 지역의 기층문화였던 불교를 수용하면서 서원도(誓願圖)라는 독특한 형식의 위구르 불교미술을 탄생시켰다. 제38굴에는 마니교 벽화가 남아 있다. 석굴은 원래 83개였다고 하나 이슬람 교도들에 의해 심하게 파괴되었으며, 지금은 57개가 남아 있다. 또한 현지 주민들이 불화가 그려진 석굴의 벽화가 거름으로 좋다는 소문이 돌아 농사용 비료로 사용하기 위해 떼어가면서 큰 피해를 입게 되었다. 이러한 파괴 행위에도 불구하고 1905년에 독일인 고고학자 르 코크가 떼어갈 때까지 서원화가 살아 남아있었다는 것은 부처님의 공덕이 아닐 수 없다. 나무아미타불 관세음보살.

▶ 위구르인 악사들 (31굴, 11세기)

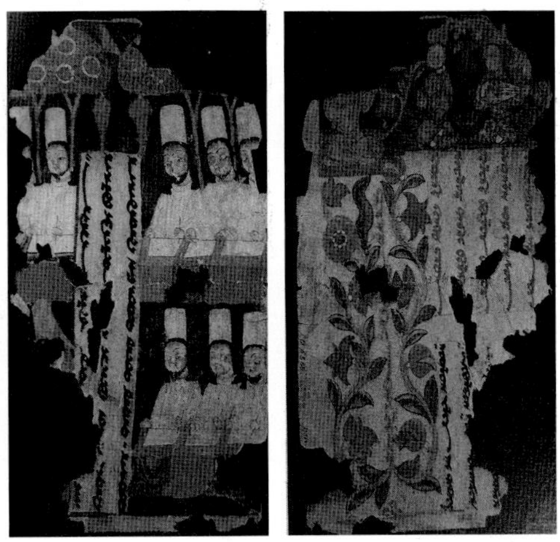

▶ 마니교 선사들과 경전

베제클릭 천불동의 대표선수는 역시 10세기경에 제15굴에 그려진 〈서원도〉이다. 민병훈 박사에 의하면, 서원도란 석가가 전세(前世)에 있어 과거불 아래에서 미래에 부처가 되겠다는 맹서를 하고 수행에 매진하여, 과거불로부터 장래에 부처가 될 수 있다는 약속(授記)을 받는 내용을 묘사한 것이다. 중앙의 커다란 입불(立佛)이 수기를 부여하는 과거불이며, 이 과거불에게 예배 공양하고 있는 인물이 석가의 전세에 해당된다. 베제클릭 석굴사원의 서원화는 화려하게 성장을 한 고창 위구르 왕국의 귀족들이 공양자상으로 많이 묘사되어 있어 당시의 복식이나 두발형태 등 풍습의 일단을 엿볼 수 있다. 이 밖에도 석굴사원의 조영과 운영을 위하여 기부하는 상인들의 모습도 많이 묘사되어 있다. 아마도 실크로드를 내왕하며 무역에 종사하는 국제상인 소그드인들이 통행의 안전과 번창을 기원하고 있는 모습일 것이다.

민박사는 또한 이처럼 사막지역의 석굴사원에 서원도가 즐겨 표현된 것은, 부처가 되겠다는 서약을 함으로써 중생을 이롭게 하고자 하는 자비의 정신이 불자 수행의 기본정신으로 존숭되었기 때문이며, 공양자로서 남에게 선행을 베푸는 정신이 사막을 내왕하며 무역에 종사하는 열악한 환경 속에서 일상생활의 윤리규범으로 자리 잡았기 때문일 것이라고 추정하고 있다.

이 프레스코화는 천장이 말발굽형으로 생긴 회랑식 석굴의 양쪽 벽면을 따라 15장의 벽화로 장식되어 있었다. 그런데 이 벽화들은 20세기 초에 외국인, 특히 1905년 르 코크가 지휘한 제2차 독일 탐험대에 철저히 유린당했다. 지금은 회랑 천장에 화려하고 정교한 페르시아 양식의 보상화문만 남아있을 뿐이다. 그 과정이 '실크로드의 악마들'에 잘 나와 있다.

독일은 1902년부터 1914년에 걸쳐 신장 지역에 네 차례의 탐험대를 보냈다. 독일 고고학계는 1897년에 러시아 학자 클레멘츠가 이곳을 방문해 프레스코 벽화, 필사본, 비문 등을 가지고 상트페테르부르크로 돌아가서 아카데미에서 출판하자 크게 자극을 받았다. 또한 스웨덴의 헤딘과 영국 스타인의 영웅적인 탐험담과 그들이 약탈해온 유물을 보고 놀란 독일 고고학계는 지금이 자신들이 참여할 차례라고 판단했다. 1902년 1차 탐험대로 이곳에 온 그룬베델은 46상자의 프레스코 벽화, 고사본, 조상 등을 가져갔다.

▶ 서원도가 원래 그려진 회랑 복원도. 회랑 안쪽 통로 벽면을 따라 15개의 벽화가 그려져 있었다.

2차 탐험대인 르 코크와 바르투스(그는 1차 탐험에도 참여했다)는 1904년 11월 18일 투르판에 도착했다. 바로 이 탐험대가 〈서원도〉를 13폭(또는 14폭)을 절취해갔다. 제15굴에서 〈서원도〉를 발견한 순간을 르 코크는 〈사막에 묻힌 중국령 투르키스탄의 유물들〉에 이렇게 기록하고 있다.

그곳은 수세기 이상 계곡을 타고 흘러내린 모래들이 바닥에서 천장까지 가득 메워 사람들이 들어가 살 수 없게 봉쇄되어 있었다. 가장 커 보이는 굴로 들어가 벽을 덮고 있는 모래 더미 위로 비틀거리며 올라갔다. 발을 떼자마자 곧 모래사태가 일어나 모래들이 흘러 내렸다. 갑자기 마술에라도 걸린 것처럼 내 좌우로 드러난 벽 위에 이제 막 화가가 붓질을 끝낸 것 같은 생생한 그림이 나타났다. 나는 흥분해서 바르투스한테 이 놀라운 벽화들을 와서 보라고 소리쳤다. 눈앞의 프레스코화를 살펴본 우리는 대단히 중요한 발견을 했다는 예감을 하면서 굳게 악수를 나누었다. 이 벽화를 안전하게 가져갈 수 있다면 이 탐험의 성공은 확실한 것이다. 부지런히 모래를 치워내자, 입구 양 벽면에 각 3명씩 모두 6명의 등신대보다 큰 승려의 그림이 나타났다. 계속해서 모래를 파내자 벽화들이 잇달아 나타났다. 인물의 생김새로 보아 인도승이 틀림없는 승려들은 황색 법의를 걸치고 있었는데, 그들의 이름이 중앙아시아 브라흐미 서체로 그 옆에 기록되어 있었다. 다른 인물들은 자색 법의를 입었는데, 동아시아에서 온 승려가 분명했으며, 이름이 위구르어와 한자로 적혀 있었다. 계속해서 사원의 회랑을 따라 모래를 파나갔다. 시대별로 다른 15명의 거대한 부처 그림이 모습을 드러냈다. (출처: 피터 홉커크, 〈실크로드의 악마들〉 중에서, 사계절)

이 글에서 보는 것처럼, 르 코크는 이 석굴에서 'ㄷ'자 회랑을 따라 그려진 〈서원도〉 15폭을 발견했다. 그리고 이 엄청난 벽화를 보는 순간부터 이미 독일로 가져가야겠다는 생각을 하고 있는 것이다. 벽화를 현장에 보존하면서 학술적 연구를 하는 그룬베델과 달리 르 코크는 그것을 절취하여 본국으로 수송하는 것을 답사의 목적으로 삼았다. 그런 태도 때문에 3차 탐험에서는 그룬베델과 심하게 의견충돌을 보이게 된다.

르 코크의 2차 탐험대는 103상자나 약탈해서 베를린으로 보냈다. 후에 르 코크는 그의 저서에 이렇게 기록했다. "오랜 시간 힘들여 작업한 끝에 벽화를 모두 떼어내는 데 성공했다. 20개월 걸려 그것들은 무사히 베를린에 도착했다. 그 벽화들은 박물관의 방 하나를 가득 채웠다. 그 방은 모든 벽화가 완벽히 옮겨온 하나의 작은 사원이었다." 지금 베제클릭 15굴에는 떼어가지 못한 한 작품이 상당히 훼손된 채로 남아 있으므로 르 코크가 가져간 것은 14폭으로 보인다.

▶ 현재 제15굴에 남아 있는 서원도 부분

탐험대 동료이자 벽화 절개의 명인 바르투스는 "바르투스 이 땅의 것을 베를린으로 옮기다"라는 낙서까지 남겼다. 특히 바르투스는 베제클릭과 토육 석굴 탐사 후에 찾아간 쉬팡 유적(Shui-pang: 어디인지 모르겠음. 원서에는 투르판 북쪽에 있는 폐허라고 되어 있다.)에서 '기적의 전리품'이라 불리는 5세기의 〈시편〉, 〈마태복음〉, 〈니케아 신경〉의 일부, 헬레나 여왕이 예수의 십자가를 찾은 이야기와 세 명의 동방박사가 아기 예수를 방문한 이야기가 기록된 초기 기독교 필사본들을 발굴해내는 개가를 올리기도 했다.

서원도 13장

▶ 베제클릭 천불동(千佛洞)벽화 : 13장 서원도(誓願圖)

르 코크가 가져간 벽화는 베를린에 있는 민속학박물관에 보관되어 있다가 제2차 세계대전 때 1943년 11월 23일부터 1945년 1월 15일 사이에 미군의 공습으로 잿더미가 되어 사라져버렸다. 천년 이상이나 살아남았던 가로 세로 1.8~3.3미터에 달했던 인류문명사의 걸작 〈서원도〉 13폭이 하루아침에 먼지가루로 변해버린 것이다. 그 벽화들은 1913년 베를린 인도박물관에서 발행한 〈CHOTSCHO〉라는 도록에만 도판으로 남아 있을 뿐이다. 이제 실제 베제클릭 〈서원도〉(가로 2.4미터X세로 3.1미터)는 상트페테르부르크에 있는 에르미타쥬 박물관에 전시되어 있는 1폭만 남아있다.

▶ 르 코크가 발행한 <CHOTSCHO> 도록

이 불화는 폭격에서 살아남은 것 중 하나를 베를린을 점령한 소련군들이 미술관과 박물관에서 유명 미술품과 유물들을 약탈해서 소련으로 가져갈 때 끼어있었는지도 모른다. 왜냐하면 1905년에 이 그림을 별견한 르 코크는 동굴이 모래에 덮여 있었다고 증언했기 때문에 1898년에 투르판 지역을 탐험한 러시아 클라멘츠 탐험대는 이 그림을 알지 못했을 것이고,

▶ 여우꼬리톱

1909년에 크즐로프 탐험대가 이 석굴에 갔을 때는 르 코크는 훼손된 하나만 남기고 모두 뜯어가 버렸기 때문이다. 일본 오타니 탐험대가 떼어간 〈서원도〉 단편 등 벽화 일부가 지금 서울 중앙박물관 3층 중앙아시아관에 전시되어 있다. 나머지 서원도 단편들은 중국, 인도, 일본 등에 흩어져 있다.

그럼 르 코크 탐험대는 어떻게 그 거대한 벽화를 절단해서 떼어냈을까? 〈실크로드의 악마들〉에 그 방법이 아주 상세하게 나와 있다. 먼저 아주 예리한 칼로 벽화의 외곽 둘레에 깊은 칼자국을 낸다. 그것은 벽화 뒷면을 이루는 점토와 낙타똥과 잘게 썬 짚과 스투코(stucco: 벽에 바른 회반죽)까지 관통하기 위해서다. 다음으로 벽화 옆의 바위에다 구멍을 뚫어 거기에 여우꼬리톱(fox-tail saw: 사진 참조)을 집어넣는다. 벽화 표면층의 상태가 매우 나쁠 때는 인부를 고용해 펠트를 싼 널빤지로 벽화를 단단하게 밀고 있게 했다. 그런 다음 벽화의 톱질이 완전히 끝나면, 널빤지를 벽화와 함께 윗부분부터 조심스럽게 기울여서 밑으로 내려놓는다. 그러면 벽화가 널빤지 위에 수평으로 놓이게 되는 것이다.

널빤지에는 맨 먼저 마른 갈대를 깔고, 다음으로 펠트를, 그리고 마지막으로 솜을 덮는다. 벽화는 표면이 널빤지를 향하게 해서 솜 위에 놓는다. 또 다시 그 벽화의 뒷면 위로 솜을 깔고 두 번째 벽화를 표면이 위로 가게 해서 놓는다. 마지막으로 그 위에 첫 번째와 마찬가지로 세 가지를 덧깐 다음 널빤지를 덮는다. 이렇게 하면 멋진 '샌드위치'가 완성된다. 이제 마지막으로 널빤지들을 넓적넓적하게 잘라서 샌드위치를 한 번 더 감싼 후, 빈 공간에 지푸라기를 쑤셔 넣고 전체를 단단하게 묶어서 포장을 완료한다. 어떤 경우에는 6점의 벽화가 두 널빤지 사이에 안전하게 들어가기도 했다. 포장된 샌드위치는 베를린까지 운송 도중 아무런 문제가 없도록 짚을 채운 나무 상자에 집어넣었다. 대형 벽화는 통째로 운반할 수 없었으므로 톱질을 해서 몇 조각을 냈는데, 얼굴이나 미학적으로 중요한 부분은 세심한 주의를 기울였다.

영국의 스타인은 이와 약간 다른 방법으로 벽화들을 절취해갔다. 톱으로 벽화를 잘라내는 방법까지는 똑같다. 단지 그는 벽화의 뒷면에 풀을 먹인 면으로 된 캔바스 천을 단단하게 부착하여 더 안전한 방법을 사용했다. 미국의 랭던은 이탈리아에서 새로 개발된 벽화를 떼어내는 데 쓰이는 특수한 화학용액을 사용했다. 이 방법은 선행자들이 사용해보지 못한 대단한 방법이었다. 이렇게 포장된 유물들은 낙타와 말, 수레를 이용하여 기차역(주로 시베리아 횡단철도가 지나가는 옴스크)이나 인도의 항구, 또는 북경으로 운반되어 베를린이나 런던, 보스턴으로 건너갔던 것이다.

그런데 옛날 사람들은 이렇게 사막 한구석에 숨어 있는 오아시스 골짜기를 어떻게 찾아냈을까? 중국 신장지역에서 터키 아나톨리아 고원까지 분포되어 있는 불교 석굴이나 기독교 동굴교회는 일정한 패턴이 있음을 이번 여행에서 발견하게 되었다. 첫째, 바위나 흙으로 된 절벽에 동굴을 판다. 둘째, 동굴 앞에는 크고 작은 강물이 흐른다. 셋째, 절벽과 강 주변에는 작은 오아시스가 발달되어 있다. 마지막으로 일반 사람들의 눈에 띄지 않게 거주지와는 멀리 떨어져 있다.

다음에는 고창고성(高昌古城-카라호자)으로 이동했다. 고창고성은 고창국(高昌國, 460-651)의 수도였다. 고창국은 한나라 때부터 651년 당나라 소정방의 공격을 받고 망할 때까지 200여 년 동안 이 일대를 지배한 신비의 나라다. 아마도 유목국가나 당나라 등 주변 강대국들과 원만한 관계를 유지하는 외교 수완이 뛰어났을 것으로 추측된다. 이 성을 둘러보면 폐사지의 아름다움과는 다른 어떤 매력이 있다. 수백 년의 세월을 두고 조금씩 퇴락해가는 큰 도시의 쓸쓸함과 처연함이라고나 할까? 흙으로 지은 도시가 수백 년 동안 조금씩 황폐화되어가는 모습을 보고 싶으면 여기나 교하고성을 가보면 된다. 현장은 627-628년경에 고창국왕 국문태(麴文太, 620?-640)를 만나 왕성에서 설법을 하며 44일 동안 머물렀다. 현장은 국문태로부터 돌궐왕이 머물고 있던 수엽성(현재 키르기스스탄의 토크마크)까지는 물론 20년간의 여행경비를 지원받았다. 현장이 17년 후에 인도에서 돌아올 때 사례를 하려고 고창국에 들르려고 했으나 이 나라는 이미 당나라에게 망해서 없어지고 말았다 (그는 서역남로를 따라 귀국했다). 독일 탐험대 르 코크는 2차 탐험에서 1905년 이 고대 도시의 성벽 바깥에서 네스토리우스파 기독교 사원을 발견하는 개가를 올렸다.

▶ 고창고성 유적

▶ 고창고성에서 당나귀를 탄 필자. 고창고성은 인도로 가는 길에 현장이 44일 동안 머문 곳이다.

1926년 경주 서봉총에서 은합의 몸체 겉면 바닥과 덮개 안쪽에 '연수원년(延壽元年)'이란 명문이 나왔다. 이는 신라 백제 고구려 일본 중국을 포함한 동아시아 어느 왕조에서도 확인되지 않고, 다만 고창국왕 국문태가 재위 5년째인 624년(신라 진평왕 42년)에 새로 선포한 바로 그 연호여서 고창국과 신라의 실크로드를 통한 교류를 짐작하게 해주고 있다. 이 은합이 직접 주고받은 선물인지, 또는 장안을 거쳐 수입한 물건인지는 확실하지 않다.

일행과 떨어져서 당나귀 수레를 타고 성내를 둘러보았다. 수백 년 전에 이 길들을 걸어 다녔을 사람들을 생각하니 감회가 새롭다. 당나귀 주인에게 니야·누란·키질천불동 유적설명서를 90위안에 구입했다. 역시 무슬림들은 상술이 뛰어나다. 여기는 인도로 가는 길에 현장 법사가 44일 동안 머물면서 설법한 곳이라서 더 의미가 있다. 시간이 있으면 여기서 반나절, 교하고성에서 반나절을 보내고 싶다.

다음에는 이스타나고분으로 이동했다. 이 고분은 고창국 상류층의 공동묘지다. 정문을 들어가자 정원 한 가운데에 복희자매상 동상이 서있다. 여기서 오타니가 출토한 복희자매상은 현재 서울중앙박물관 중앙아시아관에 원본이 전시되어 있다. 지하 묘에 전시된 미이라가 볼만했다. 이 지역은 기후가 매우 건조해서 자연 상태의 미이라가 많다. 여기저기에 발굴된 묘들이 있고, 그 안에는 당시의 생활상을 보여주는 벽화가 있었다. 스타인은 여기에서도 다량의 비단, 문서, 도자기, 벽화 등을 도굴해서 영국으로 가져갔다.

▶ 이스타나 고분 벽화(아스타나고분)

화염산으로 이동해서 입장하지 않고 밖에서 구경했다. 밖에서도 잘 보이는데 굳이 입장료를 내고 들어갈 필요가 없었던 것이다. 이쪽 지역의 산들이 모두 화염산과 비슷해서 소문만큼 특이해 보이지는 않았다. 배제리크 천불동이 있는 계곡도 화염산의 한 자락이다. 화염산은 한여름에는 지표면 온도가 섭씨 70도까지 올라가는 불같은 땅이다. 그렇게 숨 막히는 더위를 경험하려면 한여름에 와봐야 하는데 9월 중순이라 그런지 그렇게 덥다는 느낌은 없었다. 화염산은 현장법사의 인도 구법 여행을 소설로 만든 서유기의 배경으로 나오면서 유명해졌다. 현장은 이 산 앞을 지나서 인도로 갔을 것이다. 소설에서 손오공은 화염산의 불을 끌 수 있는 파초선을 얻기 위해 나찰녀(羅刹女), 우마왕(牛魔王)과 천지가 진동할 정도로 치열한 싸움을 벌인다. 어떻게 보면 허무맹랑한 스토리지만 중국인다운 과장과 해학이 돋보이는 수작이다.

포도구(葡桃溝)에 가서 점심을 먹었으나 위구르 전통무용이 없어서 실망했다. 사실 나는 그 전통무용을 보고 싶어서 여기에 온 것이다. 앙꼬 없는 찐빵이라고나 할까? 식사보다는 텔레비전에서 본 그 아름다운 위구르 아가씨들이 하늘하늘 춤을 추는 모습을 보고 싶었는데----. 그룹 투어는 이런 점이 나쁘다. 온통 포도나무로 둘러싸인 포도구가 그나마 위안이 되었다. 여러 가지 요리를 시켜서 함께 먹었다. 1인당 60위안씩 냈는데, 이번에 중국에 와서 먹은 음식 중 제일 맛이 좋았다. 포도의 고향답게 포도나무 아래 테이블을 놓고 손님을 맞는 식당도 이색적이다. 여행 중에 비상식량으로 먹으려고 이 식당에서 파는 건포도 1킬로그램을 샀다. 나는 건포도가 이렇게 다양하다는 걸 여기서 처음 알았다. 포도 종류별로 건포도도 다양했고, 가격도 서로 달랐다.

▶ 화염산과 손오공

교하고성(交河古城)은 고창고성보다 규모도 더 크고 잘 보존되어 있었다. 교하고성도 고창고성과 마찬가지로 자연풍화에 의해 사라져가는 고대 유적의 비장미를 느낄 수 있는 곳이다. 이 성은 기원전 2세기경에 투루판 일대를 지배했던 차사국(車師國)의 수도였다. 한서 서역전에 의하면, 차사국은 700가구에 6천 명의 인구를 가진 조그만 왕국이었다고 한다. 위키백과에 의하면, 차사는 동남쪽으로 둔황(敦煌)과 통하였고, 남쪽으로는 누란(楼兰), 선선(鄯善)과 통하며, 서쪽으로는 언기(焉耆: 지금 쿠얼러 부근), 서북쪽으로는 오손(烏孫: 지금 이닝 부근), 동북쪽으로는 흉노와 교역한, 실크로드 상의 중요한 상업적 위치를 차지하였다.

▶ 투루판 포도구에 있는 식당

차사국 사람들은 인도유럽어족의 오손-쿠차어를 사용했다. 고대 차사족에 대한 완전한 연구는 끝나지 않았지만, 두개골로 보아 코카서스와 몽골계 사람의 특징을 지닌다. 한나라 무제(기원전 156-87년) 때 군대를 보내 서역을 정벌하면서, 서역의 동쪽에 있는 차사도 한나라의 압력을 받게 되자 흉노와 연합하여 한나라 사신을 공격하였다. 기원전 89년 한나라는 누란 등과 연합하여 교하를 공격하자, 차사족은 항복을 한다. 한나라 선제(기원전 91-49) 때 시랑 정길을 파견하여, 차사의 국경 내 거리(渠犁)에 군사를 주둔하고 둔전을 시행한다. 기원전 62년에는 흉노가 두막(兜莫)을 왕으로 삼고, 부족 일부를 데리고 보그다산 북쪽으로 옮겨와 보그다산 주변에서 나라를 세운다. 이 때문에 차사는 '차사전국'과 '차사후국'으로 양분된다. 이후 실크로드의 주요 도시로 중 하나로 번영을 누렸으나 고창국과 마찬가지로 7세기에 당나라의 침략을 받고 영원히 사라져버렸다.

▶ 교하고성 유적지

카레즈(坎儿井 칸얼징) 박물관은 실물이 아니라서 실망했다. 일부 전시실에 자연 그대로의 카레즈를 조금 보여주고 있긴 하다. 나는 자연 상태의 카레즈를 보고 싶었다. 그런데 여행사에서 카레즈 박물관을 데리고 간 것이다. 이 박물관은 자연 상태의 카레즈를 박물관으로 개조한 곳이다. 그러니까 실제로 지하 동굴에서 지하수가 흐르긴 흐른다. 그러나 자연 상태의 카레즈에서 느낄 수 있는 현장감은 떨어진다. 지금 중국은 돈을 벌기 위해서 거의 모든 유적이나 유물을 관광자원으로 활용하고 있다. 카레즈까지 박물관으로 만든다는 생각은 중국인 아니면 힘들 것이다.

카레즈는 물이 부족한 사막 사람들이 개발한 지하용수다. 주변 환경이 사막으로 척박한 투르판과 중앙아시아 일대에 옛날부터 고창왕국이나 교하왕국 등 고대 왕국들이 번영할 수 있었던 것은 바로 이 카레즈를 이용한 용수 공급이 가능했기 때문이다. 원래는 이란 사막지대 사람들이 개발한 카나트에서 전래된 것이다. 그래서 지하수를 이용하는 기본 원리가 똑같다.

▶ 카레즈 모형도 (카레즈-칼징 박물관 자료사진) 설산에서 눈 녹은 물을 사막지대에 지하터널을 뚫어 거주지까지 끌어오는 원리다.

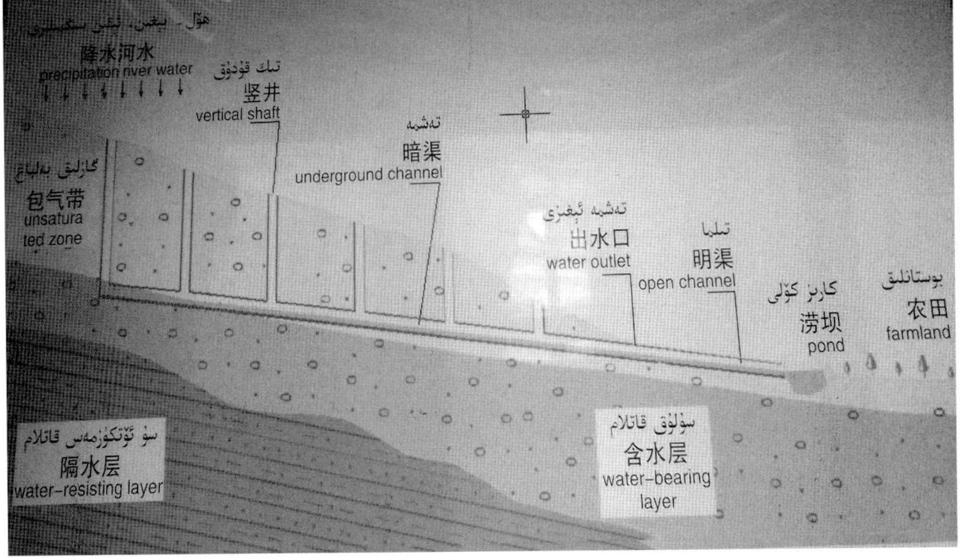

▶ 카레즈 단면도 (카레즈-칼징 박물관 자료사진)

▶ 공중에서 내려다본 카레즈 평면도 (카레즈-칼징 박물관 자료사진). 일렬로 연결되는 작은 구멍들이 지하수로로 내려가는 우물이다.

   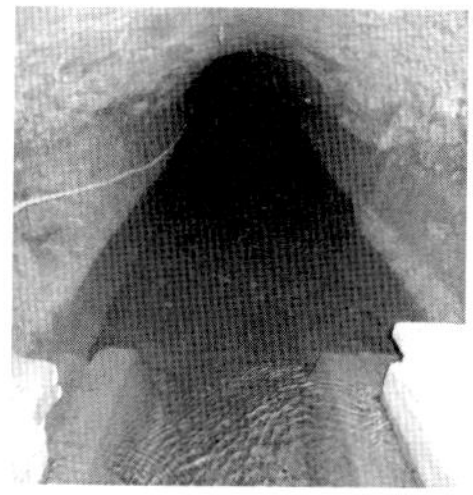

▶ 카레즈-칼징 박물관 이모저모 (투루판)

투루판 지역에서는 천산에서 눈 녹은 물을 생활용수나 농업용수로 이용하기 위해 수십 킬로나 되는 지하 수로를 파서 주거지까지 물을 끌어들이는 것이다. 지상으로 수로를 만들면 강렬한 햇빛에 의해 모두 증발해버리기 때문이다. 그 수로는 사람들이 곡괭이나 호미 등 간단한 도구만 이용해서 판다. 긴 것은 30킬로에 달하며, 전부 합치면 그 길이가 수천 킬로미터나 된다고 한다. 20-30미터마다 우물이 있어서 그 물을 퍼서 이용한다. 그 우물 입구는 흙으로 약간 높게 북돋워 놓았다. 이 우물은 광범위하게 일정한 간격으로 줄지어 있기 때문에 인공위성으로 사진을 찍으면 우물 입구가 달의 분화구처럼 보인다.

목숨을 걸고 지하에 터널을 파는 사람들의 고생은 말로 다할 수 없었을 것이다. 사막 사람들에게 물은 곧 생명이니까. 전시 내용은 이란 케르만에 있는 물(카나트) 박물관에 비해 훨씬 수준이 낮았다. 이란 박물관에는 지하 수로를 파던 사람들의 복장과 장비들, 물 거래 장부 등이 잘 전시되어 있다. 실크로드 여행에서 절대로 빼먹어서는 안 되는 인류문화유산이다.

우리가 어렸을 때도 심한 가뭄이 들면, 동네 어른들이 모두 힘을 합쳐 카레즈 비슷한 수로를 파곤 했다. 이미 저수지와 냇물이 모두 마를 정도로 가뭄이 심했기 때문에 지하수를 이용할 수밖에 없었다. 어른 키보다 더 깊게 파들어 가면 신기하게도 맑은 지하수가 철철 흘러나왔다. 그 물을 한 곳으로 모아 발동기나 수차로 품어내어 논에 물을 댔던 것이다. 카레즈나 카나트처럼 지하로 파는 수로는 아니었지만, 동네 어른들이 그 무더운 여름에 농사지을 물을 얻기 위해 고생하던 일들이 생생하게 기억에 남아있다.

저녁은 길거리 간이식당에서 10위안짜리 신장 국수로 간단하게 때웠다. 국물 맛이 밋밋하다. 아무런 맛이 없다. 우리 멸치 국수와 비슷하다. 이왕이면 영세 상인들에게 음식을 사먹고 싶었다. 이런 것도 책임여행의 한 예가 될 수 있을 것이다. 호텔로 돌아와서 여행사에 100위안짜리 위구르족 전통무용을 보러가려고 예약을 했으나, 약속시간인 밤 9시까지 가이드가 나타나지 않아 포기하고 올라와서 잤다. (2013년 9월 17일, 화요일, 맑음)

아, 눈 덮인 천산

▶ 투루판에서 우루무치로 가는 길에 만난 천산 풍경

실제 카레즈를 보고 싶어서 어제 밤 여행사 사장인 무하메드에게 박물관이 아니라 실제 카레즈(칼징)을 보여 달라고 예약했다. 그런데 여행사에서 소개한 택시 기사는 어제와는 다른 카레즈 박물관으로 안내했다. 또 박물관 카레즈다. 오늘은 나 혼자였다. 어제 본 박물관보다는 전시 내용이 좋았지만 역시 실감이 나질 않는다. 박물관을 나와서 시내에서 가까운 소공탑(苏公塔, 蘇公塔)과 투루판박물관을 관람했다.

소공탑은 이 지역을 통치했던 이슬람 술탄이 청나라 황제에게 감사하는 마음으로 1778년에 지은 모스크에 딸린 미나레트이다. 정교한 이슬람 양식의 문양이 볼만하다. 모스크 안에는 볼만한 것이 없었다. 그런데 소공탑 모스크 안에서 중국 단체관광객 중에 정말 몸매도 좋고 얼굴도 예쁜 여인을 보았다. 군계일학이다. 아마도 탈렌트나 배우가 아닌가 여겨질 정도로 아름답다. 옷차림도 아주 세련되었다. 장예 미인 라원 이후 처음 보는 한족 미인이다.

새로 지은 투루판박물관이 건물 디자인도 멋있고, 전시물도 충실하게 잘 꾸며 놓았다. 최근 떠오르는 중국의 경제력을 보는 것 같아 기분이 좋았다. 저런 식으로 하나하나 공공건물을 지어나가면 중국은 다시 과거 왕조들의 전성기를 맛볼 수 있을 것이다. 동쪽 끝에 있는 웨이하이(위해)부터 서쪽으로 오면서 느낀 것인데, 중국은 이미 중간 이상의 도시에 있는 기차역과 박물관은 거의 모두 새로 지어서 산뜻하고 현대식으로 단장하고 있다. 급속하게 발전하고 있는 중국 사회의 모습을 이런 곳에서 체감할 수 있다.

투루판에서 오전 여행을 마치고, 오후 12시 30분 버스로 우루무치로 이동했다. 처음으로 에어컨이 제대로 나오는 신형 고속버스를 타본다. 승객의 반은 위구르인 같다. 투루판 서쪽으로는 인구 구성이 완전히 달라진다. 위구르인들이 한족보다 더 많아지는 것이다. 신장에서는 위구르인들이 한족을 싫어하기 때문에 만나는 사람마다 한국인이라고 강조했다. 우루무치 입구 검문소에서 모두 차에서 내려서 신분증 검사를 하는데, 나는 내려가지 않았다. 신장 지역에서 여행 내내 이런 검문을 수도 없이 당하게 된다.

투루판에서 우루무치로 가는 도로가 천하절경이다. 전혀 예상하지 못한 아름다운 풍경이다. 처음에는 끝없이 넓은 사막만 보이다가, 폭이 500미터도 안되는 협곡을 달리다가, 광활한 초원이 보이는 곳에서는 오른쪽으로 눈 덮인 하얀 천산(天山)이 길게 호위하면서 따라온다. 천산 위에는 하얀 뭉게구름이 하늘하늘 피어오르고 있었다. 경치라면 세계 제일의 스위스에서도 이런 경치를 본 적이 없다. 협곡 사이로는 푸르른 나무들이 자라고 누런 황토물이 흐른다. 멀리 초원에는 한가로이 풀을 뜯는 양떼들도 보인다.

우루무치는 신장위구르족자치구의 수도답게 한족과는 전혀 다른 얼굴을 가진 위구르인들이 엄청 많다. 버스가 도착한 남부 버스터미널 부근 길가에는 기름에 튀겨 설탕을 묻힌 꽈배기 행상들이 꽤 많았다. 꽈배기도 신장에서 한반도까지 흘러들어온 실크로드 상품이란 걸 처음 알았다. 주소를 갖고도 민박집을 찾는데 애를 먹었다. 집을 가르쳐주는 사람마다 다 다르다.

민박집 사장님을 통해서 쿠얼러를 거쳐 카쉬가르(喀什 카스)까지 가는 기차표를 예매했다. 이때까지만 해도 며칠 후에 무슨 일이 벌어질 줄 모르고 있었다. 감사의 표시로 사장님에게 저녁으로 신장식 쌀국수를 대접했다. 월남 쌀국수만큼 담백하지는 않지만 위구르 음식 중에서는 아주 담백한 음식에 속한다. 우리 입맛에도 잘 맞았다. 1인분에 13위안. 식사를 마치고 나와 다른 위구르 식당에서 양꼬치에 맥주도 한 잔 마셨다. 서울에서 파는 냉동 양고기가 아니라 생고기를 쓰기 때문에 정말 맛있다. 신장부터 중앙아시아와 이란을 거쳐 터키까지 이 양꼬치가 이번 여행의 주식이 되었다. (2013년 9월 18일, 수요일, 맑음)

죽음의 모나리자, 누란 미녀

▶ 죽음의 모나리자(신장우르무치박물관).
잘못된 보존관리로 얼굴이 까맣게 변색되었다.

신장위구르자치구박물관에 갔다. '죽음의 모나리자'라고 불리는 '누란 미녀'를 보기 위해서다. 나는 NHK에서 방영한 〈실크로드〉를 보면서 이 미녀를 보았다. 발굴 당시의 영상에는 얼굴도 하얀 서양 미녀로 나온다. 박물관 유리관에 보관된 미라는 얼굴 색깔은 검게 변했지만 피부가 탄탄하고 이목구비는 뚜렷했다. 움푹 들어간 눈, 오똑한 코, 갸름한 얼굴. 전형적인 서양 미인의 얼굴 생김새다. 이 미이라는 과거 누란왕국이 번성했던 타클라마칸사막 동쪽에 있는 로프노르(뤄부포 罗布泊) 호수 부근에 있는 누란 유적지에서 발굴되었다. 1979년에 발견된 이 미이라는 금발머리와 붉은 피부, 큰 눈을 가진 코카스계 또는 아리안계 여인으로 추정되고 있다.

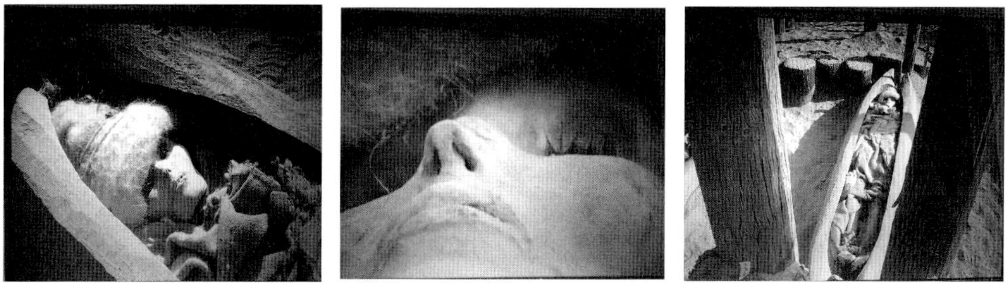

▶ 발굴 당시의 죽음의 모나리자

〈둔황〉의 작가 이노우에 야스시는 1957년에 〈누란〉도 발표했다. 바로 이 역사소설 〈누란〉에 누란 미녀에 관한 전설이 나온다. 역사적 사실과 문학적 상상력을 잘 버무려 만들어낸 누란왕국에 관한 소설이다. 오마이뉴스 최성수 기자가 쓴 실크로드 여행기를 재구성하면 다음과 같다.

> 타클라마칸사막 동쪽에 있는 로프노르 호수 가에 작은 오아시스 나라가 있었다. 그 나라의 이름이 누란(樓蘭)이었다. 누란 사람들은 소금호수인 로프노르에서 소금과 물고기를 얻어 사막을 건너는 사람들에게 팔며 살아가는 평화로운 곳이었다.
>
> 이들은 당시 흉노의 영향권 아래에서 삶을 부지하고 있는 나라였다. 그런데 한나라 무제(기원전 156년 - 기원전 87년) 때부터 누란을 자신의 영향권에 넣으려고 했다. 힘없는 누란 사람들은 결국 때로는 한나라에, 때로는 흉노에 몸을 기대며 눈치껏 살아가야 하는 처지가 되고 만다. 왕의 아들 하나는 흉노에, 다른 하나는 한나라에 인질로 보내는 상황까지 벌어졌다.
>
> 누란 왕이 죽게 되자, 흉노에 인질로 끌려갔던 왕자인 안귀(安歸)가 왕위에 올랐다. 안귀는 왕위에 오른 뒤 한나라를 멀리하고, 흉노와 가까운 정책을 폈다. 그러자 한나라 소제(기원전 87년 - 기원전 74년)는 군대를 파견하여 안귀를 살해하고, 한나라에 인질로 가 있던 안귀의 동생 위도기(尉屠耆)를 왕위에 앉힌다.

왕이 된 위도기는 한나라의 협박과 회유에 나라를 로프노르에서 멀리 떨어진 선선(鄯善: 누란에서 남서쪽으로 150여 킬로미터 거리에 있는 도시)으로 옮기게 된다. 누란 사람들은 자신의 생명과도 같은 호수 로프노르를 떠나 원하지 않는 이주를 해야 했다. 그런데 나라를 떠나기 며칠 전, 안귀의 젊은 부인이 스스로 목숨을 끊었다. 남편의 땅, 조상 대대로 뿌리내리고 살아오던 로프노르 호숫가의 정든 땅을 버리고 떠날 수 없었던 마지막 자존심 때문이었을까? 누란 사람들은 안귀의 부인 시신을 로프노르 호수가 바라보이는 모래 언덕에 묻어준 뒤, 누란의 땅을 떠나 선선으로 옮겨간다.

세월이 오래 흘렀다. 그동안 누란에 원래 살았던 많은 사람은 나이 들어 세상을 떠났고, 새로 태어난 아이들은 누란에 대한 기억도 없이 살아갔다. 그리고 누란이라는 나라는 모래 속에 묻힌 채 지상에서 사라져갔다. 누란이 없어지자, 누란 땅 옆에 있던 큰 호수 로프노르도 점점 물이 마르더니, 아예 자취도 없이 사라져버렸다. 이제 누란과 로프노르는 영영 사람들의 기억에서 사라져버린 것이다.

그로부터 1500년이 넘는 세월이 흘렀다. 스웨덴의 탐험가 스벤 헤딘은 1927년 누란의 유적을 찾아 나선다. 오랜 세월을 헤매도 찾을 수 없었던 누란의 유적을 그리며 사막에 앉아있던 헤딘의 눈에 반짝이는 물줄기가 하나 들어왔다. 그 물줄기는 다시 살아난 로프노르 호수였다. 1천 5백 년마다 물줄기를 바꾸며 이동하는 호수 로프노르가 마침내 다시 옛 누란의 땅으로 살아오고 있었던 것이다. 헤딘은 그 돌아오는 로프노르 호숫가에서 한 구의 미라를 발굴한다. 그 미라는 뚜렷한 얼굴 윤곽에 은근한 미소를 머금고 있었다. 그 미라가 안귀의 부인이었을까? 헤딘은 실제로는 미라를 발견하지 않았다. 작가의 상상이 낳은 소설적인 내용이다.

NHK에서 방영한 〈실크로드〉에 나오는 발굴 당시의 누란 미녀를 보면 정말 잠들어 있는 것처럼 평온한 보습을 보이고 있다.

박물관에 전시된 위구르족의 악기가 인상적이었다. 마두금, 피리, 이름을 알 수 없는 수많은 악기들. 마두금은 몽골 사람들도 사용하는 현악기로 중앙아시아에 널리 분포되어 있는 악기다. 일본 기생인 게이샤들이 춤을 출 때 반주음악을 연주하는 사미센에도 그 흔적이 남아 있다.

박물관에서 〈신장불교예술〉이란 책을 샀다. 신장지방에서 출토된 28개의 불교 유적지와 유물을 일목요연하게 정리해서 다룬 책이어서 정말 소중한 책이다. 중국어와 영어, 그리고 일어로 씌어 있어서 읽기 편하다. 이번 여행이 배낭여행이라 짐을 늘리면 곤란하지만 꼭 필요한 책이라서 눈을 꼭 감고 샀다. 장기여행은 무거운 짐 때문에 사고 싶은 책을 마음대로 살 수 없는 것이 흠이다.

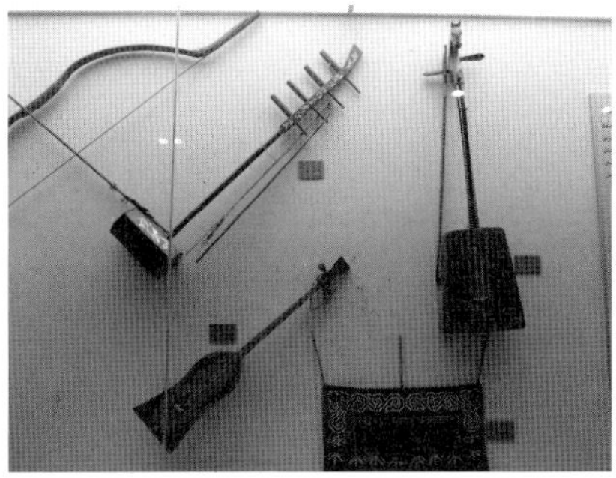
▶ 카자흐 유목민들이 사용하던 전통악기들 (우루무치 신장박물관)

이도교(二道橋)시장을 방문했다. 중국과는 전혀 다른 중앙아시아 분위기를 물씬 풍긴다. 정말 이 세상의 온갖 인종과 민족이 다 모여 있는 것 같다. 인간 종합전시장처럼 보였다. 그 중에서도 역시 위구르 여인들은 예쁘다. 청진사 탑 앞에 서서 지나가는 위구르 여인들을 실컷 구경했다. 내가 총각이라면 신장에 와서 위구르 여인이나 페르시아계 여인과 결혼해서 여기서 살고 싶다. 그 정도로 위구르 무슬림 여인들은 매력적이다.

▶ 우루무치 이도교시장 이모저모

그런데 우루무치 중심가는 한족들이 점령해버린 느낌을 받았다. 굴러온 돌이 박힌 돌을 빼내버린 셈이다. 위구르인들이 기를 펴고 살아갔으면 좋겠다. 마침 아가씨 다섯 명이 옆에 있어서 말을 걸었다. 저 첨탑에 어떻게 올라가느냐고 물었더니 모른다고 한다. 내게 중국인이 아니냐고 묻더니 한국인라고 했더니 밝게 웃는다. 자기는 고등학교 1학년이고, 나머지는 언니 친구들이란다. 내가 위구르 아가씨들이 참 예쁘다고 말했더니 활짝 웃으면서 고맙다고 대답한다. 한족들은 싫어하는 눈치다. 거리 곳곳에 저렇게 무장한 군인들이 감시하고 있으니 한족들을 좋아할 리가 없다.

이도교시장 맞은편에 있는 국제대시장에 들어가 보았다. 일부러 무슬림 여인들의 옷가게를 가보았다. 차도르와 히잡을 하고 다니는 그들의 패션 감각을 보고 싶어서다. 그런데 내가 깜짝 놀란 것은 패션 감각은 차도르나 히잡과는 전혀 관계가 없다는 것이었다. 아름다움에 대한 여자의 속마음은 종교에 관계없이 다 똑같다는 것이었다. 정말 섹시한 옷들이 많았다. 마네킹들도 우리나라 백화점에 진열되어 있는 것보다 오히려 더 섹시했다. 마네킹의 헤어스타일도 서구식 퍼머가 많다. 평소에 하고 다니지 못하는 여인들의 욕망을 마네킹이 대신 풀어주는 것 같다. 저런 옷들은 집에서 남편 앞에서만 입는 것인지 거리에서는 그리 많이 보지는 못했다. 물론 중동 지역의 무슬림 여인들보다는 훨씬 개방적이고 활달하다. 보석이나 장신구 그리고 핸드백 가게에도 위구르 여인들이 북적거렸다. 그걸 보면서 '아름다움에 대한 여자의 마음은 어디에 살든, 무슨 인종이든, 종교가 무엇이든 다 똑같구나'라는 생각이 들었다.

내일 남산목장에 가려고 인민공원 북문 앞에 있는 여행사를 찾아갔다. 남산목장까지 50위안이고, 거기 파오에서 하루 자는 상품은 150위안에서 200위안이란다. 너무 비싸서 교통편만 이용하기로 했다. 내일 아침 9시 30분까지 여행사 앞으로 나오란다. 길가 행상에게서 10위안이나 주고 천연 야자수를 하나 사먹었다. 영어로 길을 알려준 다른 가게 아가씨에게도 고마움의 표시로 5위안짜리 음료수를 하나 사먹었다.

점심으로 양꼬치구이 하나와 하미과(멜론) 한 조각을 사먹었다. 각각 5위안씩이다. 신장지역의 하미과는 어디서나 역시 달다. 그런데 주황색보다 노란색 하미과가 더 달다. 수박은 별로 달지 않아 맛이 없었다. 신장 위구르 전통댄스 공연을 보고 싶어서 공연장 앞에 붙어 있는 포스터를 보았더니, 250에서 350원이나 한다. 티켓 값도 너무 비싸고 내가 요즘 돈을 너무 헤프게 쓰는 것 같아서 포기했다. 하루에 500위안(10만원) 미만 지출 원칙이 잘 지켜지지 않는다. 그 원인은 중국이 소득 수준에 비해서 호텔비와 관광지 입장료가 너무 비싸고, 도시간 이동 교통비가 장난이 아니다. 반면에 음식은 싸다. 거리 음식으로 해결하면 되니까. 국수라고 해봤자 10위안이면 된다. 어쨌거나 급속한 경제성장과 소득수준 향상으로 인해 더 이상 '싸구려 중국'이 아니다. 10년만 지나면 우리와 물가 수준이 비슷해질 것 같다. (2013년 9월 19일, 목요일, 맑음)

푸른 초원과 카자흐 유목민의 파오

남산목장(南山牧場)에 갔다. 이 목장은 우루무치에서 남쪽으로 80킬로쯤 떨어진 천산산맥 기슭에 있는 광활한 목초지다. 이 일대는 대대로 카자흐족들이 유목을 하며 살던 땅이다. 중국 정부가 유목을 금지하기 위해 개별적으로 흩어져 살던 유목민들을 모아 집단 유목민촌을 만들어 놓은 곳이다. 이들은 주로 여기에 놀러오는 관광객을 상대로 음식을 팔거나 말이나 숙박시설을 대여하여 버는 수입으로 생활한다.

▶ 카자흐족 말잡이꾼 소년 예알승

인민공원 북문 앞 여행사에서 남산목장 입구까지 버스 운임은 50위안이다. 어제 여행사 판매원은 분명히 입장료 포함이라고 했었는데, 투어버스 가이드는 70위안을 더 요구했다. 입구에서 목장이 까마득하게 멀리 보였다. 나는 말을 타고 가고 싶어서 나 혼자 버스에서 내렸다. 나머지는 모두 중국인 관광객들이다.

▶ 말을 타는 카자흐족 소녀 미나알 (천산 남산목장)

말 대여료는 150위안이다. 카자크족 13세 소년 예알승이 말 주인이다. 이 소년은 학교도 안 가고 여동생과 함께 관광객을 상대로 말을 태워주는 아이이다. 정말 순진하게 생겼다. 내가 앞에 타고 예알승이 뒤에 타고 천천히 말을 타고 갔다. 이런 초원의 구릉에서 말을 타보는 것은 처음이다. 정말 절경이다. 스위스에서도 이런 절경을 보지 못했다. 걷고 싶은 곳이다. 왼쪽 산등성이로는 멀리 천산산맥의 설산이 보이고, 중간에는 초원이 펼쳐진 산자락이 보이고, 왼쪽 계곡으로는 하얀 파오가 점점이 박혀있다. 하얀 눈이 덮여있는 천산은 푸르스름한 안개가 끼어 선명하게는 보이지 않았다. 샤갈의 그림처럼 신비스럽고 몽환적인 분위기를 풍기는 풍경이다. 설산에 올라가고 싶은 욕망을 강렬하게 느꼈다.

언덕을 올라갈 때 말이 방귀를 퐁퐁 뀌었다. 방귀에서 풀 냄새가 난다. 낑낑거리면서 언덕을 올라가느라 힘들어 하는 말에게 미안했다. 그래서 언덕을 올라갈 때는 우리 둘 다 내려서 걸어갔다. 천천히 걸으면서 주위 풍경을 감상하는 것이 더 좋았다. 역시 우리 인간만 없어지면 이 세상 모든 동물과 식물들이 행복하다는 말이 실감난다. 중간 중간에 말과 양들을 방목하고 있는 사람들이 보인다.

걸어가면서 예알승이 자기 집이 저쪽이라고 하면서 목장 반대쪽에 있는 초원을 가리킨다. 오른쪽으로 2킬로쯤 떨어진 곳에 파오가 몇 채 보인다. 거기가 자기 집이란다. 그러면서 자기 집에서 자면 100위안이라고 한다. 그런데 나는 목장에 있는 파오에서 자고 싶어서 예알승네 파오로 갈 수가 없었다. 미안했다.

말을 타고 한 시간쯤 지나 예알승은 나를 미나알네 파오 앞에 내려주었다. 예알승은 자기 말을 타고 돌아갔다. 미나알은 9살 카자흐족 소녀로 아주 귀엽게 생겼다. 볼이 햇빛에 타서 빨갛게 다 텄다. 꼬맹이가 말을 얼마나 잘 타는지 정말 놀랐다. 언니는 16세인 디달, 엄마는 미나왈이다. 점심 저녁 아침 포함해서 150위안이다.

▶ 필자가 묵기로 했던 카자흐족 파오촌과 실내 객실 (천산 남산목장)

미나왈이 점심으로 양고기 갈비탕을 주었다. 정말 맛이 좋았다. 맛은 우리 소고기 갈비탕과 비슷하다. 고기만 다를 뿐이다. 밥만 한 공기 말아 먹으면 더 없이 좋을 것 같다. 고기도 많이 붙어 있다. 누린내도 많이 나지 않고 생각보다 훨씬 먹기 편하다. 한국에서 먹는 양고기는 냉동이 많아서 누린내가 많이 나지만 여기서는 바로 잡은 생고기를 사용하니까 맛도 좋고 누린내도 덜 나는 것이다.

미나왈네 파오에서 30분에 80위안을 주고 다시 말을 탔다. 발을 차면서 "츄 츄" 하면 가고, "부르르 부르르" 하면 멈춘다. 그런데 말이 예알승이나 미나알이 타고 명령을 하면 말을 잘 듣는데, 내가 명령을 하면 말을 잘 안 듣는다. 아마도 내가 말을 다루는 법을 몰라서 그럴 것이다. 좀 더 연습을 해서 몽골이나 카자흐족 어린이들처럼 멋지게 말을 타고 싶다.

석양에 풀 뜯는 양떼를 한참이나 구경했다. 이렇게 가까이서 보는 것은 처음이다. 그런데 무슨 소리가 들린다. "사각사각" "사각사각". 양들이 풀 뜯는 소리다. 생전 처음 이런 소리를 들으니까 신기하다. 자연의 소리다. 그리고 무리 중에 수컷 대장이 있어서 내가 사진을 찍으려고 무리에 다가가면 나를 향해 고개를 바짝 쳐들고 경고음을 낸다. 자기가 거느리는 암컷과 새끼 무리를 보호하기 위한 행동이다. 초원에서의 흥미 있는 경험이었다.

요즘은 파오 주인들이 여기 거주하지 않고 아랫마을에서 출퇴근한다. 여기 와서 보니까 오염 문제도 심각했다. 멀리서 보면 그렇게 아름다운 목장이 가까이서 보면 쓰레기투성이다. 하수를 골짜기에 그대로 버리고, 음식 찌꺼기 등 생활 쓰레기도 파오 주변에 그냥 버렸다. 화장실도 없어서 숲속에서 그냥 일을 본다. 내가 화장실이 어디냐고 묻자, 손가락으로 숲속을 가리킨다. 사람들의 배설물은 아마도 숲속에 사는 동물들의 먹이가 될 것이다.

양고기로 저녁을 간단하게 먹고 나서 미나왈 남편이 아랫마을에서 오늘 밤에 벌어지는 파티에 가자고 권유했다. 서로 말이 통하지 않으니까 10여분 만에 겨우 알아들었다. 미니버스를 타고 온 가족이 나와 함께 목장 입구에 있는 아랫마을 마을회관으로 내려갔다. 옆에는 파출소 건물이 함께 있었다. 먼저 온 사람끼리 모여서 하얀 찐 빵과 세모나게 생긴 튀긴 과자를 뜨거운 차와 함께 마시고 있었다. 식장으로 옮겨서는 과일과 과자, 빵과 차를 마셨다. 그 다음에 사람들이 거의 다 모이자 음식과 술이 나오기 시작했다. 음식은 삶은 양고기, 닭고기 볶음, 잉어 요리, 여러 가지 채소요리가 나왔다. 대체로 다 내 입맛에 맞는 음식들이어서 별다른 문제는 없었다.

참석자들의 얼굴 생김새가 다양한 인종이 모두 섞인 얼굴이다. 서양인의 얼굴도 아니고, 중국인의 얼굴도 아니다. 위구르인의 얼굴도 아니다. 여러 민족의 피가 섞여서 얼굴 모습이 묘하게 생겼다. 이들이 몽고족과 흉노족 그리고 돌궐족 등 유목민의 후손들은 아닐까? 과거 흉노나 돌궐이 전성기 때 이들이 북방 초원지대를 지배했었으니까. 어떻게 여기까지 와서 살게 되었는지 고려족 여인도 한 명 있었다.

그리고 모두 담배를 피운다. 내 테이블에 남자 6명이 앉았는데, 담배를 식탁에 얹어 놓고 모두 줄담배를 피운다. 날씨가 추워서 환기도 시키지 않은 공간에서 내게 양해도 구하지 않고 줄기차게 피워댄다. 30여명의 남자 중에서 담배를 피우지 않는 사람은 나밖에 없었다. 나는 정말 미칠 지경이었다. 사람들이 권하는 독한 술은 계속해서 받아 마셨지만 담배 냄새는 참을 수가 없었다.

춤과 노래가 시작하는 본격적인 파티는 밤 10시가 넘어서야 시작되었다. 이들은 새벽 2시까지 신명나게 먹고 마시고 춤추고 노래하며 놀았다. 담배 연기에 질식하고 술을 너무 권해서 나는 파티가 끝나는 시간까지 견딜 수가 없었다. 여행자는 한시라도 방심하면 안 되기 때문에 술이 취하는 실수는 하지 말아야 한다. 그래서 미나알네 승합차에 들어가서 뒷자리에서 웅크린 자세로 새우잠을 잤다. 너무 추웠지만 다른 방법이 없었다. 이 사람들 행사가 다 끝날 때까지 기다리는 수밖에 없었다. 그래서 카자흐족 행사에서 춤과 노래는 조금밖에 보고 들을 수 없었다.

새벽 2시(신장 시간 밤 12시)가 넘어 겨우 행사가 끝나고 어떤 숙소로 이동했다. 내가 잔 방에는 10명쯤 함께 잤는데, 지옥도 그런 지옥이 없다. 코를 고는 것은 기본이고, 불을 켜는 사람, 문을 열어 놓고 가는 사람, 큰 소리로 떠드는 사람 등 유목민들은 온 마을 사람들이 정말 가족처럼 살아간다는 걸 실감했다. 나쁘게 말하면 너무 친하게 지내니까 남을 배려하는 마음이 전혀 없는 것이다. 옆방에서는 자리를 옮겨서도 날이 거의 밝을 때까지 마두금을 켜면서 전통 민속 노래를 불러대고 있었다. 유행가가 아니라서 그나마 다행이었다. 그래도 너무 졸리니까 잠은 잘 수 있었다. 나만 이불을 덮고 자고 다른 사람들은 모두 그냥 잤다. 화장실에 갔다 와서 보니까 어떤 남자가 내 자리에서 자고 있었다. 나는 이불도 없이 등산복을 덮고 나머지 잠을 청했다. 파오에서 자고 싶었던 내 꿈은 다 깨져버렸다. 유목민들과 함께 생활하는 그런 파오(게르 또는 유르트) 경험은 다음으로 미루어야 했다. 카자흐 유목민들의 가족 같은 친절한 분위기는 좋은데, 지나친 관심은 여행자를 피곤하게 만든다. (2013년 9월 20일, 금요일, 맑음)

다시 우루무치로

아침 8시에 일어나서 숙소를 나왔다. 남산목장 입구에서 버스를 기다리다 히치하이킹으로 어떤 낡은 승용차를 얻어 탔다. 운전사는 이름을 알 수 없는 마을까지 태워다 주었다. 거기서 작은 버스를 타고 우루무치로 돌아왔다. 거의 3시간이나 걸렸다. 시내도 날씨가 갑자기 추워졌다. 너무 피곤해서 아스피린 두 알을 먹고 오후 5시까지 잤다.

사장님이 라면이나 김치볶음밥을 만들어 주신다는 걸 사양했다. 밖으로 나와서 저녁으로 양꼬치 5개와 볶음밥을 먹었다. 지금까지 먹은 볶음밥 중에서 가장 맛있는 거 같다. 기름기와 느끼한 냄새가 없이 아주 담백하게 잘 볶았다. 거실 테이블에 앉아 오늘 밤 비행기편으로 귀국하는 컴퓨터 프로그래머 아가씨와 이런 저런 얘기를 나누었다. 여행의 내공이 꽤나 쌓인 사람이다. (2013년 9월 21일, 토요일, 맑음)

쿠처로 가는 길

아침부터 일진이 나빴다. 민박집에서 늦게 서두르는 바람에 기차 시간에 늦을 뻔했다. 처음엔 시내버스를 타고 역으로 가다가 버스를 계속 타고 가면 늦을 거 같아서 택시로 갈아탔다. 더 큰 문제는 기차표를 보는 순간 발생했다. 기타 타는 날짜가 어제 날짜다. 표 3개가 모두 마찬가지로 하루씩 늦게 찍혀 있었다. 표를 잘못 사준 민박집 주인도 문제이지만 날짜를 확인하지 않은 내가 더 잘못이 크다. 지난번 자오관에서도 똑같은 일이 발생했었는데 ----.

왜 그렇게 침착하지 못한지 모르겠다. 매번 다짐을 해도 그게 잘 안 된다. 다행인지 불행인지 아침 8시 43분 쿠얼러발 기차가 13시 30분으로 연착되었단다. 옆 사람이 말하기를 눈폭풍 때문에 그렇단다. 그래서 버스를 타고 가려고 나머지 표 두 개를 모두 환불했다. 오늘 표는 날짜가 지나서 환불이 안 된단다. 고민에 고민을 거듭하다가 다시 마음을 바꿔 그냥 기차로 가기로 했다.

아예 쿠얼러를 생략하고 쿠처로 바로 가기로 했다. 약 600킬로 미터의 거리다. 11시 30분 차로 연와(軟臥) 밖에 없단다. 350위안이나 한다. 4명이 한 칸에 같이 타는 침대차다. 그동안 경좌만 타고 다니다가 침대차를 타니 정말 좋다. 이렇게 글도 쓸 수 있고, 사진도 찍을 수 있고, 무엇보다 15시간이나 걸리는 거리를 자면서 갈 수 있는 편리함에 비하면 그리 비싼 요금은 아니다. 서울에서 부산까지 가는 새마을호가 4시간 쯤 걸리니까 그 4배 쯤 더 걸리는 기차 여행이다.

우루무치에서 쿠얼러 구간의 풍경이 기가 막히게 아름다웠다. 바룬타이와 쿠얼러 사이의 경치가 특히 아름다웠다. 이 서쪽이 바로 돌궐족의 근거지였던 바인부르커 대초원이다. 이 초원과 더 서쪽의 나라티 국립공원은 신장에서 가장 아름다운 경관을 자랑하는 지역이다. 신장 최북단 도시 알타이에서 쿠처까지 남북으로 달리는 약 1100킬로미터 거리의 217번 도로가 이 초원을 관통한다. 이 도로의 주변 풍경은 중국에서도 가장 아름다운 곳으로 손꼽히고 있다.

이 철도와 도로 양쪽으로 산맥이 따라오고 그 협곡 사이로 기차와 버스가 달린다. 우루무치 부근에서는 강과 초원이 보이고 가끔 경작지도 사이사이로 보인다. 여기저기 소나 양들이 방목되고 있었다. 추수가 끝나서 연두색과 갈색 그리고 노란색이 조화를 이루어 멋진 자연의 가을 색깔을 연출한다. 저런 풍경을 보면 그림으로 그리고 싶어진다. 저런 자연 환경에서 말 달리면서 사는 사람들이 세상에 무엇이 부러운 것이 있을까? 여기서 살았던 유목민족들이 갑자기 부러워진다. 중국 한족들이 오랑케라고 업신여기고 깔보았던 그 사람들이 오히려 자연과 더불어 더 멋지게 살았다는 생각이 든다.

저들의 조상은 저렇게 살다가도 농경민족의 문명을 부러워하여 잊을만하면 한 번씩 중국 중원을 침략하여 여러 왕조들을 괴롭혔다. 특히 한족의 서진(265-316)이 망하고, 중원이 혼란한 틈을 타서 15호16국시대(316-439)와 북조시대(386-581)를 유지했던 흉노(匈奴)족, 선비(鮮卑)족, 저(氐)족, 강(羌)족, 갈(羯)족 등이 대표적인 북방 유목민들이었다. 흉노가 세운 나라가 전조(前趙), 북량(北涼), 하(夏)나라이고, 선비족이 세운 나라가 전연(前燕), 후연(後燕), 서진(西秦), 남량(南涼), 남연(南燕)이고, 저족이 세운 나라가 성한(成漢), 전진(前秦), 후량(後涼)이고, 강족이 세운 나라가 후진(後秦)이고, 갈족이 세운 나라가 후조(後趙)이다. 중국 한족(漢族)이 세운 나라는 전량(前涼)밖에 없다. 그러니까 581년에 수나라가 다시 중원을 통일할 때까지 거의 250년 이상을 북방 유목민들이 중국의 중원(양자강 이북 지역)을 지배한 것이다.

어제 유목민의 근거지인 남산목장에서 느낀 소감은 한마디로 유목민족은 강할 수밖에 없다는 것이었다. 약한 부족은 다른 부족에게 먹힐 수밖에 없는 것이 초원 세계의 법칙이다. 그들은 힘이 강해지면 서로 다른 부족들의 힘을 모아서 중원을 공략하곤 했다. 그리고 이런 전략은 상당히 효과적이었고 많은 성공을 거두었다. 전체 중국의 왕조 중에서 북방 유목민족이 세운 나라가 한족이 세운 나라보다 더 많다는 사실이 이를 입증해준다. 한나라와 송나라 등 많은 중국의 왕조들이 유목민족과 형제 또는 군신의 관계를 맺고 돈과 재물로 평화를 사곤 했다. 한 마디로 말을 타고 신속하게 이동하면서 싸우는 사람들과 정착 농경민과는 처음부터 게임이 안 되었던 것이다. 요즘으로 치면 자동차 타고 싸우는 사람과 걸으면서 싸우는 사람의 게임과 같다고 할 수 있다.

말은 그렇게 전략적으로 효율적이고 공격적인 무기였다. 말을 직접 타보면 말이 얼마나 힘이 센지 알 수 있다. 말을 타고 상대방을 걷어차기만 해도 즉사할 정도로 말은 무서운 힘을 발휘한다. 그래서 눈 깜박할 사이에 나타나서 순간적으로 공격하고 사라지는 유목민들을 농경사회의 왕조들은 당해낼 재간이 없었던 것이다. 얼마나 그들이 무서웠으면 진나라 때부터 천오백년 넘게 그렇게 엄청난 시간과 인력과 돈을 들여 만리장성을 쌓았을까. 그들의 말이 얼마나 부러웠으면 한무제는 천마를 구하려고 천산 너머의 페르가나(대완국: 현재의 키르기스스탄, 우즈베키스탄) 동부지역까지 사절들을 보냈을까.

그러나 16세기 후반(1585년)에 총이 발명되고, 19세기 초기(1905년)에 자동차가 발명된 후부터 말이 기동력과 힘이 앞서는 자동차를 따라갈 수 없게 되자, 말을 타는 사람들의 경쟁력은 급속히 약화되었다. 그리고 유목민의 장기인 말을 달리면서 활을 쏘는 것도 총알보다 빠를 수는 없었다. 결국 자동차와 총알 앞에 말은 더 이상 소용이 없게 되었다. 효용이 크게 떨어진 것이다. 현대전이라고 할 있는 제1차 세계대전과 제2차 세계대전에서 일부 국지전이나 수송 수단으로 사용된 것을 제외하면 말은 이제 전투용으로는 거의 사용되지 않는다. 특히, 제1차 세계대전을 고비로 트럭 등 군용 차량이 말을 대체하는 수송 수단으로 등장하면서 말의 군사적 효용성은 일부 산악지대를 제외하곤 급격히 사라지게 되었다.

수천수만 명의 기마병이 말을 몰고 먼지를 일으키면서 쳐들어오면 싸우기도 전에 적군들은 그 먼지와 함성소리에 기가 질려버린다. 1532년 11월 16일에 168명의 스페인 오합지졸을 거느린 피사로가 4만 명의 군사를 거느리고 있었던 잉카제국의 황제 아타우알파를 생포한 것도 바로 말의 힘이 컸다. 생전 처음 보는 말이 잉카의 군사들을 공포에 떨게 만든 것이다. 우리나라 역대 왕조들이 몽골족이나 여진족 등 북방 유목민족들에게 번번이 패한 것은 바로 그 기마병 때문이다. 말을 타고 싸워본 적이 없는 우리로서는 그들이 너무나 강한 상대였던 것이다. 항복하거나 도망치는 수 말고는 뾰쪽한 대안이 없었다. 그런데 기마병도 아닌 일본군에게 20일 만에 한성을 빼앗긴 것은 이해가 잘 안 된다. 물론 그들은 말 대신 조총이라는 신무기를 가지고 있었다. 국력의 약화와 왕을 비롯한 위정자들의 무능을 탓할 수밖에 없다.

한 시간쯤 지나자 초원의 풍경이 사막으로 바뀌었다. 양쪽 산맥 사이로 사막이 끝없이 이어진다. 신장 지방의 특징은 오아시스의 크기에 따라 도시의 규모가 달라진다는 점이다. 신장성의 성도인 우루무치가 가장 크기 때문에 그 부근에는 굉장히 넓은 오아시스와 초원이 발달되어 있다. 반면에 이렇게 황량한 사막에는 마을이 거의 없다. 이렇게 몇 시간을 가다보면 오아시스가 나오고, 거기에 도시나 마을이 발달하고 사람이 산다. 사막지방은 이런 식으로 도시가 발달되어 있다. 사람이 전혀 못 살 것 같지만 몇 시간쯤 가다보면 오아시스가 나오고 거기엔 사람이 산다. 인간이라는 동물이 얼마나 자연환경에 잘 적응하는 지는 사막지역에 와보면 잘 알 수 있다.

▶ 투루판에서 쿠얼러 구간에서 만난 반사막 반초원 풍경

사막이 아름답다는 것을 느끼기에는 그리 많은 시간이 필요한 게 아니다. 일주일만 사막을 돌아다니다 보면 사막도 푸르른 산만큼 아름답다는 것을 곧 깨닫게 된다. 또 다른 이유로 사막이 '아름다운' 것은 저렇게 황량한 땅 한 가운데에 석유와 지하자원이 무진장으로 매장되어 있기 때문이다. 경제인이나 위정자들은 돈이 되는 것은 모두 '아름답다'고 생각한다. 타클라마칸사막에 오면 왜 중국이 강대국인지 저절로 알 수 있게 된다. 역시 한 국가의 영토는 넓어야 된다는 것은 만고불변의 진리다. 〈총균쇠〉의 저자 재레드 다이아몬드(Jared Diamond)도 강대국의 조건 중 하나로 넓은 지리적 영토를 들고 있다. 그래서 역대 중국의 왕조들도 넓은 영토를 가지고 있음에도 불구하고 끝없이 동서남북으로 영토를 넓히기 위해서

노력한 것이다. 물론 한반도에 있었던 고대 왕조들도 2천년 넘게 그 희생양이 되었다.

우리 침대칸에 같이 탄 사람은 용접공 왕소영(王小永)과 왕해영(王海永)이다. 이 둘은 31세와 33세로 형제다. 고향은 하북성 한단이고, 지금 아커스(阿克蘇 아극소)로 일을 하러 간단다. 둘 다 아주 순하고 착하게 생겼다. 동생은 얼굴이 아주 잘 생긴 미남이다. 돈이 되는 일거리가 있으면 이처럼 거리를 가리지 않고 돌아다닌다고 한다. 요즘 온 중국에 건설현장과 토목공사가 엄청 많기 때문에 이런 기술직 일거리는 많다고 한다.

점심으로 식당차에 가서 도시락을 먹었다. 이제는 어떤 중국 음식도 입에 맞을 정도로 익숙해졌다. 메뉴를 보여 달라고 손짓으로 네모를 그리는 시늉을 했는데 도시락을 가져다준다. 네모가 도시락을 의미한다고 생각했나 보다. 가격은 30위안. 맛에 비해 비싼 가격이다. (2013년 9월 22일, 일요일, 맑음)

구자국의 수도, 쿠차

기차는 쿠얼러와 룬타이를 거쳐 새벽 3시에 쿠차에 도착했다. 애매한 시간이다. 호텔에 갈 수도 없고, 날이 밝을 때까지 역에서 기다릴 수도 없고. 역 대합실에는 들어가지 못하게 하니까 매표소에 가서 카스행 표를 끊고, 거기서 아침 6시까지 기다렸다. 중국 도시의 역은 대합실과 매표소가 다른 건물에 있는 경우가 많다. 옷을 단단히 입어서 춥지는 않았다. 쿠차 빈관으로 갔는데, 직원이 아무도 없다. 8시까지 로비 소파에 앉아서 잤다. 나중에 직원들이 나와서 객실료를 물어보니 280위안이라고 한다.

너무 비싸서 택시를 타고 쿠차빈장으로 갔다. 객실료가 180위안으로 100위안이나 싸다. 그런데 인터넷이 본관에서만 된다. 중국에서 처음으로 친절한 웨이터를 만났다. 짐을 방에까지 들어다 준다. 신장 지역에서는 상상도 할 수 없는 일을 경험한 것이다. 쿠차빈장에 태워다준 택시로 300위안에 키질(커즈얼 克孜爾)석굴과 수바스(蘇巴什)고성 등 불교 유적지를 둘러보기로 했다. 처음에는 400위안을 달라고 했는데, 내가 깍은 것이다.

쿠차 또는 쿠처(위구르어: كۇچار, 중국어 간체: 库车, 정체: 庫車, 屈支, 屈茨, 丘兹, 중국어 간체: 龟兹, 정체: 龜茲)는 고대 불교 왕국 구자국(龜茲國)의 현지명으로 실크로드 천산남로에 위치하며, 타클라마칸사막의 북쪽 가장자리를 흐르는 무자트강의 남쪽에 위치한다. 현재의 신장 위구르 자치구의 아커쑤 지구에 속하며, 쿠처현의 중심이다. 쿠차(Kucha)는 쿠샤, 쿠차르 등으로도 읽힌다. 위키백과 정보를 기본으로 쿠차국의 역사를 정리하면 다음과 같다. 쿠차는 서역의 36왕국 중 9대국의 하나로 장안에서의 거리는 7,480리이고, 인구는 81,317명이며, 군사는 21,076명을 보유하고 있다고 〈한서(漢書)〉 서역전에 기록되어 있다. 쿠차는 인도(마우리아왕조나 쿠샨왕조)에 크게 영향을 받았다. 스키타이인들은 인도왕이 그곳을 다스렸다고 생각하였다. 언어는 인도유럽어족의 일종인 토카리어를 사용하였고, 고대 인도유럽어가 사용된 가장 동쪽 지역이다. 고대의 쿠차는 인도, 페르시아, 박트리아와 중국 문명의 교차지로서의 역할을 담당했다. 남쪽으로는 치에모(且末) 왕국과 접하며, 동쪽으로는 누란 왕국과 국경을 맞대고 있었다. 중국 한나라는 전한(기원전 206년-서기 26년) 때인 기원전 138-126년에 서역 개척자 장건(張騫, ?-기원전 114년)을 파견하여 쿠차국 등 서역 국가들과 외교관계를 모색했다.

장건은 중국의 서역 개척사에서 가장 중요한 사람 중 한 명이다. 장건의 자는 자문(子文)이며, 지금의 산시성 성고현(城固縣) 사람으로 탐험가이자, 외교관이었으며 탁월한 탐험으로 실크로드의 개척에 중대한 공헌을 하였다. 그는 서역북로와 서역남로를 개척하였으며, 서역의 한혈마(汗血馬), 포도, 석류, 복숭아 등의 물품을 가져오기도 했다. 기원전 139년에 한나라는 서북 변방을 어지럽히는 흉노에 대항하기 위해 대월지(大月氏: 기원전 3세기 감숙성 서부 하서회랑 지역→천산북쪽지역→소그드 지방: 현재 우즈베키스탄 사마르칸트 지역→대하大夏: 현재 아프가니스탄 박트리아 지역)와 동맹을 맺으려 사자를 모집하였다. 장건이 지원을 해서 지원자 100명의 수행원을 거느리고, 서역으로 가서 대월지국으로 향하였다. 이전에 대월지는 월지라고 불리었는데, 흉노의 묵돌 선우(冒頓 單于)와 그 아들 노상 선우에게 패한 후, 서쪽으로 옮겨 이름을 대월지로 바꾸었다. 특히 노상 선우는 월지 왕의 두개골로 술잔을 만들 정도로 잔인해서 월지는 흉노를 원망하고 있었고, 한나라는 이런 국제관계를 이용하여 흉노 서쪽에 있던 대월지와의 협공을 위해 장건을 파견한 것이다. 이 때는 대월지가 아마도 소그드 지역에 있었던 때인 것으로 추측된다. 둔황 막고굴 제323굴 북벽에는 〈장건출사서역도 (張騫出使西域圖)〉가 지금도 남아 있다(216페이지 그림 참조).

당시에는 서역 지방이 흉노의 세력권이었으므로, 장건은 한의 영토였던 감숙성을 나가자마자 하서회랑에서 흉노에게 붙잡히고 만다. 흉노의 통치자 선우는 장건이 대월지로 가는 사자임을 알아채고, "월씨는 우리들의 북쪽에 있다. 어떻게 한이 그곳에 사자를 보낼 수 있는가? 만약 내가 한의 남쪽 월나라에 사자를 보낸다면 한은 그것을 허용하겠는가?"라고 추궁하며, 장건을 십여 년 동안 억류시켰다. 흉노는 장건을 회유하려고 부인도 주어 그 사이에 아이도 낳았지만, 한나라의 사자로서의 임무는 잊지 않았다. 그 후 우여곡절 끝에 흉노의 땅에서 탈출에 성공하여 흉노 서쪽에 있는 대완국(大宛國: 현재 페르가나 초원지역)에 이르렀다. 대완은 익히 한나라의 강성함을 알고 있었기에 장건을 환대하고 대월지까지 길을 안내해 주었다. 대월지는 흉노에게 패배한 후에 오손(烏孫: 기원전 176년 경 일리 강과 이시쿨 호수의 영역)에게도 쫓겨서 더욱 서쪽으로 이동해 있었다. 장건은 강거국(康居國: 현재 키르기즈스탄 서북지역)에 들른 후에 드디어 대월지에 도착하였다. 강거국이 대완보다 더 북쪽에 있기 때문에 이 기록은 문제가 있다.

장건은 흉노와의 원수지간인 월지의 왕에게 한과의 동맹을 제의하였지만, 월지 왕은 이 제의를 받아들이지 않았다. 이미 월지는 새로운 땅에 정착하여 풍족한 생활을 누리고 있었기 때문에 다시 동쪽으로 돌아가 흉노와 싸울 이유가 없었던 것이다. 흉노에 대한 복수심은 이미 과거의 일이었다. 실의에 빠진 장건은 귀향 할 때 천산(또는 파미르고원) 넘어 강(羌)족의 지배지를 통과하는 노선을 선택했지만, 또 다시 흉노에게 붙잡힌다. 일 년 남짓 지나 흉노의 선우가 사망한 틈을 타서 탈출, 기원전 126년에 마침 한나라 장안으로 귀환했다. 출발할 때에 100명 남짓 있던 수행원은 두 사람만 남아 있었다.

대월지국과의 동맹은 성립되지 않았지만, 장건이 가지고 돌아온 서역에 대한 지식과 정보는 지극히 귀중한 것이었고, 그때까지 전혀 이해하지 못했던 서역의 사정을 듣고 한은 새로운 서역 전략을 세울 수 있었다. 이 공로에 의해 장건은 태중대부가 된다. 기원 전 123년에 무제는 마침내 대장군 위청으로 하여금 흉노 정벌 원정군을 출발시킨다. 이 원정에서 장건은 자신의 경험과 지리 지식을 활용하여 크게 공헌하였고, 위위(衛尉) 박망후(博望侯)로 제수 받게 된다. 그러나 기원전 121년의 원정에서 기일을 맞추지 못한 것을 문책 받아 평민으로 강등되었다.

장건은 사천과 윈난 그리고 미얀마를 거쳐 인도로 가는 무역로를 개척하기도 했다. 장건이 서역을 여행하는 도중에 촉(사천)의 명산품인 대나무와 옷감을 현지 사람이 가지고 있는 것을 보고, 어떻게 손에 넣었는지 묻자, 인도의 상인으로부터 샀다고 했다. 이 정보에 의해 촉으로부터 윈난과 미얀마를 거쳐 인도로 연결된 루트가 있는 것을 알아내어, 장건은 무제에게 윈난을 한에 복속시키라는 건의를 몇 번이나 한다. 이 루트는 지금도 중국 윈난의 바오산에서 버마의 만달레이로 통하는 무역로로 이용되고 있다. 윈난은 장건 사후 약 300년 후에 삼국지에서 제갈량(諸葛亮, 181-234)이 남만왕 맹획을 일곱 번 잡았다가 일곱 번 풀어준 바로 그 지역이다.

한나라는 흉노에 대항하는 또 다른 방법으로 오손국(烏孫國)과의 동맹을 생각하고 기원전 119년에 장건을 오손의 사자로 보낸다. 그때 오손에 와있던 아라비아 상인들을 데리고 장안으로 돌아왔다. 이 우연은 실크로드 역사에서 아주 중요한 의미가 있다. 당시 서역까지만 들어와 있던 아라비아 상인들이 중국(한나라)의 수도인 장안까지 진출하여, 이때부터 아랍과의 교역이 본격적으로 시작되었기 때문이다. 장건은 기원 전 114년에 사망했다. 사후에 장건이 제시했던 계략이 서서히 열매를 맺기 시작하여 한나라는 서역 여러 나라와 교역을 하게 되었고, 흉노에 대해서는 유리한 입장을 가지게 된다. 장건은 마르코 폴로의 동방기행보다 1,400여년 전에 중국 역사상 처음으로 천산 너머 중앙아시아까지 가서 서역 국가들의 정보를 중국에 전한 실크로드 전도사로 볼 수 있다.

후한(서기 25-220) 시대에는 장건이 가져온 서역 국가들의 정보를 바탕으로 반초(班超, 32-102)를 서역도호부에 파견하여, 31년 동안 주재하면서 서역 국가들과 우호관계를 맺고, 한편으로는 북쪽의 흉노를 무찌르게 했다. 이에 앞서 한나라는 기원전 68년(또는 60년?)에 정길(鄭吉)을 파견하여 쿠차국 오루성(烏壘城: 현재의 룬타이로 쿠차에서 동쪽으로 350리의 거리에 있다)에 서역도호부를 설치했다. 천산남로(서역북로)의 쿠차와 쿠얼러 중간에 있는 룬타이(轮台)는 한 무제 때는 (재위 기원전 141년 - 기원전 87년) 흉노와 전쟁을 벌였던 장소이기도 하다. 지금은 타클라마칸사막을 남북으로 가로질러 서역남로 중간 지점에 있는 민펑(民丰)으로 연결되는 사막공로를 출발하는 도시이다.

이후 약 400~500년 동안 이 지역은 중국 왕조의 지배 하에서 벗어나 오랜만에 독자적인 지배체제를 유지했다. 중국의 왕조들은 삼국시대(서진西晉 포함: 220-316)와 5호16국시대(316-439) 그리고 남북조시대(386-589)의 혼란기를 겪으면서 서역 변방국과의 관계에 관심을 가질 여유가 없었던 것이다. 그래서 이 시기에 조성된 키질석굴에는 중국풍의 영향이 거의 없고, 인도 간다라풍의 그림이 보이는 것이다. 7세기 중엽 타림분지 전역을 제압한 당나라는 640년에 고창국을 멸망시키고, 서주로 개명하여 그곳에 안서도호부(安西都護府)를 설치했다가, 648년에 한나라 때 서역도호부를 설치했던 룬타이로 이전했다. 이에 쿠차는 다시 실크로드에서 서역북로(천산남로)의 중심도시로서 서역의 안정화와 동서무역의 번창에 큰 역할을 담당하게 되었다. 이곳 안서도호부에서 당나라 장군이자 고구려 유민의 후손 고선지(高仙芝, 702?-755)가 오랜 기간 근무했으며, 신라의 고승 혜초(慧超 또는 惠超 704?-787?) 스님도 이곳을 지나면서 〈왕오천축국전〉을 입경보고서로 제출했다

안서도호부는 안북(安北)·선우(單于)·안동(安東)·안남(安南)·북정(北庭)도호부와 함께 6개의 도호부 중 하나이다. 당나라는 태종(太宗, 599-649)과 고종(高宗, 628-683) 연간에 국력이 융성해져 그 영역이 사방으로 확대됨에 따라 변경지대에 위의 6개 도호부를 설치한 것이다.

그중 안동도호부가 바로 당나라가 668년에 고구려를 멸망시킨 직후, 평양에 설치한 최고 군정기관(軍政機關)인 것이다. 당나라 영역의 가장 서쪽에는 안서도호부를 두고, 가장 동쪽에는 안동도호부를 두었던 것이다. 초대 도호로 임명된 당나라 장수 설인귀(薛仁貴, 613-683)는 2만 명의 군사를 거느리고 진주하여, 고구려 옛 땅을 9도독부(都督部)·42주(州)·100현(縣)으로 나누어 다스렸다. 이래저래 쿠차는 역사적으로 실크로드를 통해 우리와는 인연이 많은 곳이다.

불교는 기원전 1세기경에 쿠차에 전파되었다. 그러나 왕국이 불교, 특히 소승불교의 중심이 된 것은 3세기가 이후였다. 이 때문에 대승불교 중심의 사막 남쪽에 있던 호탄 왕국과는 불교의 분위기가 달랐다. 중국의 기록에 따르면, 3세기에 쿠차에는 이미 수천 개의 불탑과 사원이 있었다. 이때에 쿠차 승려들은 중국으로 불교를 전교하기 시작했고, 4세기에는 쿠차의 불교가 더욱 성장하였다. 왕국의 수도는 불교의 사원을 닮아갔다고 하는데, 도시 주변에는 부처의 석상과 수도원이 많았다. 379년경 쿠차에 유학 갔다 돌아온 승순(僧純)이나 담충 등 유학승들의 보고에 의하면, 당시 쿠차에는 절 5개소에 비구 440명, 절 3개소에 비구니 260명이 있어 모두 700명의 승려가 있었다. 그러다 9세기 중엽 위구르인들이 침입하여 쿠차에서 투루판에 이르는 지역에 마니교를 믿는 서위구르 왕국을 세우면서 불교는 사양길에 접어들게 된다.

쿠차는 불교 전파에도 크게 기여하였는데, 위진남북조시대(220-589)에는 372년에 고구려에 불교를 전해준 전진(前秦)의 부견(苻堅, 337-385)이나 후진(後秦)의 요흥(姚興, 366-416), 남조의 양 무제(梁 武帝, 464-549) 등이 불교를 적극 수용하였다. 이 때 많은 쿠차 승려들이 중국으로 들어가 포교와 역경 사업에 헌신하였다. 구마라습(344-413)이 대표적인 인물이다.

쿠마라지바 또는 구마라습(구마라십, 구마라집, 중국어 간체: 鸠摩罗什, 정체: 鳩摩羅什)은 쿠차 출신으로 구마라시바(鳩摩羅時婆), 구마라기바(拘摩羅耆婆), 줄여서 나습(羅什), 습(什), 또는 의역하여 동수(童壽)라고도 한다. 7세에 어머니를 따라 출가하여 서역 카슈미르와 야르칸드(사차莎車)에서 대승과 소승 불법을 배우고 고국에 돌아와 열심히 대승을 설파하여, 그

명성은 중국 내부에까지 퍼졌다. 전진왕 부견이 여관을 파견해 쿠차를 공략한 원인 중 하나가 이 고승을 모셔오기 위해서라고 할 정도로 유명하였다. 장장 15년의 교섭 끝에 401년 후진왕(後秦王) 요흥(姚興)에게 국사(國師)로서 영접되어 경전의 번역에 종사하여 35부 300권의 불경을 한문으로 번역했다. 그 역문은 유려하여 〈법화경 法華經〉이나 〈아미타경 阿彌陀經〉의 역문 등은 현대의 법의(法儀)에서도 사용되고 있다. 그의 번역 사업에 의하여 당시 유행하고 있던 〈반야경 般若經〉 연구는 더욱 심화되었고, 또 〈대지도론 大智度論〉 등의 대승론부(大乘論部)도 처음으로 소개되었다. 요즘 불교도들이 외우는 반야심경이 바로 구마라습이 번역한 것이다. 일본 실크로드박물관을 세운 히라야마 화백은 반야심경을 자신의 그림으로 설명하는 아주 귀여운 손바닥 책자로 발간하기도 했다. 그가 〈반야경 般若經〉을 포함한 불교 경전들을 불교 본연의 뜻에 맞게 바르게 번역하면서 당시까지 중국에서 유행하던 격의불교(格義佛教)의 폐단이 비로소 극복되었다.

▶ 키질석굴 앞에 서있는 구마라습 동상

격의불교 또는 격의는 불교의 중국 전래 초기인 위진시대(魏晋時代, 220-420)에 나타났던 불교 교리 이해 방법 또는 불교 연구 방법이다. 한문으로 번역된 불교 경전에 기술되어 있는 사상이나 교리를 노장(老莊)사상이나 유교사상 등 전통 중국 사상의 개념을 적용하여 비교하고 유추함으로써 이해하려고 하는 방법이다. 예를 들어, 불교 경전인 〈반야경 般若經〉에 나오는 '공(空)'에 대해 노장사상의 '무(無)' 개념을 적용하여 그 내용을 해석하고 설명하는 것을 말한다. 죽림칠현(竹林七賢: 완적阮籍, 혜강嵆康, 산도山濤, 향수向秀, 유령劉伶, 완함阮咸, 왕융王戎을 말한다)이 대표적인 인물들이었다. 하지만, 이러한 격의불교로는 불교에 대한 참다운 이해에 도달하지 못한다는 한계가 있었다. 동진(東晉, 317-420) 시대의 고승이었던 도안(道安, 312-385)은 격의불교의 오류를 극복하기 위해 노력하였다. 하지만 그도 격의불교의 폐단을 완전히 극복하지는 못하였는데, 구마라습이 불교 경전을 본래의 뜻에 맞게 바르게 번역한 이후에야 비로소 극복되었다.

구마라습의 불경 번역은 중국 불교사에서 길이 남을 공적이며, 중국에서는 그를 중국 "삼장의 한 사람"이라 일컫는다. 그의 공적은 중국 뿐 아니라 한반도와 일본의 불교에까지 크게 영향을 미쳐 지금까지도 일상생활에 깊이 뿌리박혀 있다. 키질석굴 입구에 가면 그의 동상이 폐허가 된 석굴을 지키려는 듯 외롭게 서있다. 사그라져 가는 불교를 붙잡으려고 안간힘을 쓰는 것처럼 웅크리고 깊은 생각에 잠겨있어 위대한 성현을 다시 생각하게 한다.

쿠차국(구자국)에 관한 이야기는 현장과 혜초의 여행기에만 나오고, 법현(불국기)과 송운(송운행기)의 기록에는 나오지 않는다. 현장의 대당서역기(大唐西域記)에는 1,400여 년이 지난 현재의 모습과는 전혀 다르게 기술되어 있다. 불교 유적에 인적도 없이 쓸쓸하게 폐허만 보이는 지금의 모습과는 달리 풍요롭고 번성한 불교성국의 모습이 엿보인다.

> 쿠차국(庫車國 고차국, 屈支國 굴지국)은 동서로 천여 리이고, 남북으로 600여 리에 달하며, 큰 도성의 둘레는 17~18리이다. 땅은 기장과 보리농사를 짓기에 좋고, 벼도 자라며, 석류가 난다. 배와 능금, 복숭아와 앵두가 많으며, 금 동 철

납 주석이 그 땅에서 난다. 기후는 온화하고, 풍속은 질박하다. 문자는 인도에서 가져다 쓰고 있는데, 약간의 차이가 있다. 특히 관현악에 관해서는 여러 나라에 그 이름이 널리 퍼져 있다. 비단이나 모직물로 만든 옷을 입으며, 머리를 짧게 자르고, 두건을 쓴다. 화폐로는 금전과 은전 그리고 작은 동전을 사용하고 있다.

왕은 굴지국 종족에서 나왔는데, 지모가 뛰어나지 못하여 세력이 강한 신하에게 핍박받고 있다. 자식을 낳으면 나무로 머리를 눌러서 납작하게 만드는 풍속이 있다. 가람의 수는 100여 곳이며, 승도는 5천여 명으로 소승의 가르침인'설일체유부(說一切有部: 소승 20部의 하나 - 저자 주)를 익히고 배우고 있다. 불경의 교리와 계율은 천축에서 배워 와서 이를 따르고 있는데, 그들이 익히고 낭독하는 것은 바로 천축국의 원문 그대로이다. 역시 점교에 머물고 있으며, 세 가지 정육을 먹는다. 계행이 청결하고 배우기를 즐겨하며, 모든 사람들이 공덕을 쌓는 것을 좋아한다. 나라의 동쪽 변경에 있는 성의 북쪽에 천사(天祠)가 있다. 천사 앞에는 대용지(大龍池)가 있는데, 온갖 용들이 모습을 바꿔가면서 암말과 서로 어울리다가 마침내 준마를 낳는다. 준마는 너무 사나워서 쉽게 길들이지 못하지만, 준마가 새끼를 낳으면 그 새끼는 길들여서 타고 다닐 수 있다. 이런 까닭에 이 나라에는 훌륭한 말이 많이 생산된다. (중략) 폐허가 된 성곽의 북쪽 40여 리 산기슭에 하나의 강을 사이에 두고 두 개의 가람이 있는데, 똑같이 조호리(照怙釐)라고 부르지만, 동서의 위치에 따라서 각기 동조호리와 서조호리라고 부른다. 그곳 불상의 장엄함은 도저히 사람의 솜씨라고는 생각할 수 없을 정도로 뛰어나다. 승려들은 청정하게 계율을 지키며 부지런히 정진하고 있다. 동조호리의 불당 안에 옥석(玉石)이 있는데, 면적은 2척 쯤 되며, 황백색을 띠고 있어서, 마치 대합조개와 같은 모습을 하고 있다. 그 위에는 불족(佛足) 문양이 새겨져 있는데, 길이는 1척 8촌이고, 너비는 6촌 남짓 된다. 재일(齋日)에는 등불을 환하게 밝히기도 한다.(출처: 김규현 역, 〈대당서역기〉, 55-58페이지)

혜초는 천축국(인도)에서 당나라로 돌아오는 길에 들른 쿠차국에 대해 현장보다 훨씬 더 간단하게 기록하고 있다.

다시 소륵에서 동쪽으로 한 달을 가면 구자국(龜玆國)에 이른다. 이곳이 바로 안서대도호부로서 중국(당나라) 군사가 대규모로 집결되어 있는 곳이다. 이 구자국에는 절도 많고 승려도 많으며 소승법이 행해지고 있다. 고기와 파, 부추 등을 먹는다. 중국 승려는 대법승을 행한다. (출처: 정수일 역, 〈왕오천축국전〉, 432페이지)

현장의 기록으로 보면 쿠차국은 농사가 잘되는 풍요로운 불교 국가로서 서역 음악의 본산이었다. 380년경에는 5개의 절에 700명의 승려가 있었는데, 현장이 방문한 630년 경에는 불교가 번성하여 절이 100여 곳, 승려가 5천여 명으로 늘어났다. 지금은 인구의 90퍼센트 이상이 무슬림이다. 정수일 박사의 〈신라·서역교역사〉에 의하면, 쿠차의 음악과 악기(오현五絃, 요고腰鼓, 동발銅鈸, 공후箜篌, 피리, 횡적橫笛, 소簫 등)는 중국(수와 당)은 물론 한반도와 일본까지 전래되었다. 최치원(837-876)은 〈향약잡영오수 鄕藥雜詠五首〉에서 신라 때 유행하던 다섯 가지 놀이를 소개하고 있는데, 그중 유일하게 오늘까지 전승되고 있는 산예(狻猊), 즉 사자춤이 바로 쿠차국에서 유래된 것이다.

북방 유목민 중 일부 민족에겐 어릴 때 머리를 나무판으로 눌러서 인공으로 변형하는 습속이 유행했는데, 이른바 속칭 "수편두(睡扁頭, 눌러 납작하게 만든 머리)"라고 하며, 중앙아시아 지역을 가보면 실제로 그런 사람들이 간혹 보인다. 천사(天祠)는 배화교 즉 조로아스터교가 이미 이 지역에 들어와 있었다는 사실을 의미한다. 또한 쿠차국은 북쪽으로 바인부르커 대초원을 가지고 있었으므로 자연히 중국에서 천마(天馬)라고 불렀던 준마들이 많이 있었을 것이다. 중국에서 한혈마라고도 불린 천마는 이 지역부터 천산 너머 페르가나 지역의 유목국가들이 많이 길렀다.

▶ 수바시 사원터

조호리 유적은 동창하(銅廠河)의 양안에 있는 수바시 유적을 말한다. 이 유적지는 지금 가서 보면 인공수로에 의해 동쪽과 서쪽으로 나뉘어져 있다. 양쪽 유적 사이로 수량이 풍부한 수로가 흐르고 있다. 옛날에는 자연 하천이 흐르고 있었을 것이다. 수바스 불교사원 유적지는 쿠차 시내에서 북쪽으로 20여 킬로 지점에 있다. 위진(魏晉, 220-316)시대에는 큰 사찰이 있었다. 동쪽은 대지가 약 8만 평방미터, 서쪽은 약 12만 평방미터나 되는 큰 절이었다고 한다. 이 절은 현장법사(602-664)가 인도 여행(629년 3월 장안 출발 - 645년 1월 6일 장안 도착) 그러니까 630년경에 들러서 두 달 동안 체류했던 유서 깊은 곳이다. 지금 이 절은 고창고성이나 교하고성에 비해 많이 훼손되거나 파괴된 상태로 당시 흔적은 거의 찾아 볼수 없다. 현장이 7세기 중반에 목격하고 기술했던 모습과는 너무 달라 보는 이의 가슴을 아프게 한다.

혜초의 기록이 현장의 기록과 다른 점은 소륵(카쉬가르)에서 쿠차까지 걸리는 기간, 당나라 안서도호부가 거기에 있다는 점, 대승법을 행하는 중국 승려와 달리 여기 승려들이 소승법을 행한다는 점, 먹는 음식 재료에 관한 소개이다. 혜초는 727년경 이곳에 들른 것으로 보인다. 남동신 교수의 연구에 의하면, 혜초는 727년 11월 상순, 늦어도 728년 초에 안서도호부 절도사 조이정(趙頤貞)에게 제출할 입경보고서로서 〈왕오천축국전〉을 저술한 것으로 추정된다. 외국인인 혜초가 인도와 당나라를 거쳐 당의 영토로 들어와야 하기 때문에 당연히 입국비자심사를 받아야 했고, 그 근거 자료가 바로 이 여행기였던 것이다. 나도 요르단에서 이스라엘에 입국하기 위해서 국경검문소에서 지난 6개월 동안 여행한 곳과 그곳에서 무엇을 했는지 30분~40분 동안 설명해야만 했다. 요즘도 그렇게 입국절차가 까다로운 나라가 많은데, 하물며 1,300여 년 전에야 말할 것도 없었을 것이다. 현장에 비해 혜초의 여행기가 간단하게 서술된 것도 그 이유가 된다. 입국 보고서이기 때문에 자세히 기술할 필요가 없었던 것이다.

현장과 혜초가 쓴 여행기의 역사적 사료로서의 한계는 6하 원칙에 의해 기록되지 않았다는 점이다. 그래서 본인들이 방문한 장소에서 무엇을 했는지에 대한 기록이 거의 나타나지 않는다. 단지 어디는 어떻다, 어디는 어떻다는 식으로 직접 보았거나 들었던 사실만 나열해 놓았을 뿐이다. 이런 기록은 현지에 방문하지 않고도 선배들의 자료를 통해서 얼마든지 기록할 수 있다. 예를 들면, 우리가 미국에 직접 가지 않고도 다른 사람들이 쓴 자료만 가지고도 미국에 대해서 얼마든지 잘 묘사할 수 있는 이치와 같다. 이 점에 대해서는 이들보다 200~300여 년 전에 인도 여행기 〈불국기佛國記〉를 남긴 법현(339-420)이 좀 나은 편이다. 〈불국기〉에는 개인의 여행경험이 비교적 자세히 기록되어 있다

당시에는 서역의 왕국들에 대해서 기록한 중국의 역사서(〈한서〉 서역전 등)가 이미 많이 존재하고 있었고, 중국 승려들의 인도 여행과 인도와 서역 승려들의 중국 여행이 유행하여 인도에서 건너온 불경들이 넘쳐나고 있었기 때문에 서역 지방에 대해서 얼마든지 기록할 수 있었다. 특히, 기록 연대와 날짜가 빠져있어서 언제 어디를 방문했는지, 언제쯤에 일어난 사실인지 확인할 방법이 없다. 단지 추측만 할 뿐이다. 마르코 폴로가 써서 유럽에서 히트를 친 〈동방견문록〉도 마찬가지로 날자가 누락되어 있어서 여행사(史)적 사료로서의 가치는 떨어진다.

반면에 이 두 선배보다 불과 100~200여 년 후에 중국 장안을 다녀간 여정을 기록한 일본 승려 엔닌의 〈입당구법순례행기〉는 여행 수단과 방법이 비슷했음에도 불구하고, 철저하게 6하 원칙에 의한 일기체로 씌어있어서 년 월 일 시까지 정확하게 기록되어 있다. 물론 엔닌이 만났던 사람들의 이름도 실명으로 정확하게 나온다. 그래서 사료로서 가치가 앞의 두 여행기에 비해서 훨씬 더 높다고 말할 수 있다. 그런 이유로 나는 관광학자로서 여행사(史)적인 측면에서 엔닌의 여행기를 세계 최고의 여행기로 꼽는다.

수바시 사원터에서 더 북쪽으로 들어가면 천산 신비대협곡이 나오고, 더 올라가면 돌궐족의 고향 나라티초원이 나온다. 신장에서 가장 아름답다고 하는 쿠이둔을 거쳐 최북단 알타이까지 가는 217번 도로를 타고 가는 약 1,100킬로미터의 환상적인 길이다. 더 가고 싶었지만 일정과 비용 문제로 포기했다. 우리 역사에도 자주 등장하는 돌궐족의 본거지가 눈앞이라 가슴이 설레지만 지금은 어쩔 수 없다.

초원의 왕자 돌궐족

돌궐족은 6~8세기경 몽골 고원과 알타이산맥을 중심으로 유목생활을 하던 투르크계 민족이다. 브리테니커에 의하면, 지배 씨족인 아사나씨(阿史那氏)는 처음에 알타이산맥 서남쪽으로 가서 유연(柔然)에게 복속되어 있었지만, 족장 토문(土門) 때 그 세력이 강대해졌다. 551년 토문은 유연에게서 독립하여 스스로 이리 카간(伊利 可汗)이라 칭하고, 동생인 디자브로스를 서쪽으로 파견하여 투르키스탄을 다스리게 했다. 그 후 제3대 목간 카간(木杆 可汗) 때 유연을 멸망시킨 뒤 거란을 정벌하고 키르기스를 장악한 다음 본거지를 북몽골의 우트켄산으로 옮겼다. 한편 투르키스탄에서는 디자브로스가 사산 왕조 페르시아와 협력하여 에프탈을 멸망시키고(563-567), 서면 카간(西面 可汗)으로서 세력을 떨쳤다. 이들은 처음에는 소그드 문자를 썼다. 현재 소그드 문자로 된 〈목간특근기공비 木杆特勤紀功碑〉가 남아 있다. 후에 소그드 문자의 자모를 빌어 돌궐 문자를 만들었다. 관제(官制)로는 카간 아래 엽호(葉護)·설(設)·특근(特勤)·사리발(俟利發)·토둔(吐屯) 등 28관원이 있었다. 세금으로 유목민들에게 병마를 징발했고, 각종 가축에 과세를 부과했다.

돌궐의 세력은 6세기 중반 급속히 강대해졌지만, 카간의 지위를 둘러싸고 동족간의 싸움이 그치지 않아 통일의 기반이 취약했다. 중국을 통일한 수(隋)나라는 교묘한 돌궐 이간책을 써서 이시바르 카간(沙鉢略 可汗)때인 583년 투르키스탄의 서면 카간을 독립시켰다. 이때부터 돌궐은 서돌궐과 동돌궐로 나누어졌다. 고구려와 접촉이 많았던 동돌궐은 도남 카간(都藍 可汗)의 치세 때 그와 달두 카간(達頭 可汗), 돌리 카간(突利 可汗)이 서로 싸우다, 603년 결국 돌리 카간은 수에 투항하고 도남 카간은 부하에게 살해되었으며, 달두 카간은 수나라 군대에 격파되어 달아났다. 돌리 카간은 계민 카간(啓民 可汗)으로 개칭하고 오원(五原) 지방에서 유목지를 얻어 북몽골 지역에 거주하던 철륵(鐵勒: 당·송대에 중국인이 투르크족을 부르던 이름) 각 부(部)를 통제하게 되었다. 돌궐의 혼란기에 철륵 각 부가 세력을 신장시켰지만 동·서 돌궐이 다시 강대해지면서 다시 이들에 예속되었다. 즉 동돌궐에서는 시필(始畢)·처라(處羅)·힐리(頡利)의 세 카간이 연이어 옛날의 국력을 회복했고, 서돌궐에서는 사궤(射匱)·통엽호(統葉護)의 두 카간이 동방의 철륵 각 부와 서방의 페르시아 사산왕조 등을 정벌하고 투르키스탄에서 패권을 장악했다. 서돌궐은 실크로드 중간에 자리 잡고 있어 각국 상인의 왕래가 끊이지 않았고, 또한 이곳에는 불교·조로아스터교·네스토리우스교(景教) 등이 전파되었다. 당의 현장도 이곳을 거쳐 가면서 인도까지 가는 여행자금 등 여러 가지로 통엽호 카간(619년 - 628년 재위)의 도움을 받았다. 그러나 현장이 630년경에 그곳을 지나갔다면 사엽호 카간(肆葉護 可汗 628 - 632)의 도움을 받은 것이 맞다. 〈자은전〉에는 '서돌궐의 엽호카간'이라고만 나와 있다. 이와 같이 서돌궐은 지리적 중요성으로 동서 문화와 경제교류에 많은 영향을 미쳤다.

동돌궐은 630년에, 서돌궐은 657년에 각각 당에 멸망되었고, 당은 이곳의 각 지역에 도독부·도호부·주 등을 설치했다. 그러나 7세기말 서돌궐 지역에서는 돌기시(突騎施)가 독립했고, 동돌궐 지역에서는 아사나골출록(阿史那骨咄祿)이 당에 반기를 들었다. 골출록은 일테리시 카간(頡跌利施 可汗 힐부리시 카간)이라 칭하고 돌궐을 다시 세웠다. 이것을 후돌궐이라고 부른다. 동생인 묵철(默啜)이 그의 뒤를 이어 카파간 카간이 된 뒤로는 세력이 더욱 커져 거란·키르키스·탕구트를 정벌하고 돌기시까지 격파하여 영토가 동서로 1만여 리, 병력이 40여만 명에 이르렀다고 한다. 그러나 말년에 권력투쟁으로 정치가 어지러워지자 북방의 철륵 각 부가 반란을 일으켜 카파간 카간이 그들을 토벌하러 나갔다가 전사했다(716). 그 후 카간의 지위를 둘러싸고 분쟁이 일어났지만, 결국 골출록의 아들 퀼테킨(闕特勤 궐특근)이 형을 빌게 카간(毘伽 可汗 비가 카간)으로 세웠다. 그는 스스로 군권을 장악하고 인망이 두텁던 톤육쿡(暾欲谷 돈육곡)을 고문으로 맞아들여 부족 간의 안정을 도모했다. "성을 쌓는 자는 반드시 망하고, 끊임없이 이동하는 자만이 흥한다."고 갈파했던 사람이 바로 톤육쿡이다. 빌게 카간은 주변의 여러 부족들을 정벌하는 데 힘을 기울였다. 734년 빌게 카간이 독살된 후 내란이 일어난 틈을 타 바슈미르·위구르·카를루크 등 여러 부족들이 독립함에 따라 후돌궐은 멸망했다. 후돌궐은 돌궐 문자를 사용했고, 빌게 카간, 톤육쿡, 퀼테킨의 공적을 기린 비문이 지금까지 남아 있다.

위대한 조선의 화가 한낙연과 키질석굴

키질석굴은 기대했던 것보다 실망이 더 크다. 제대로 남아있는 것은 보여주지도 않고 파괴되거나 훼손되어서 거의 볼 것이 없는 석굴만 보여준다. 베제클릭석굴과 다를 바 없다. 오히려 맥적산석굴이 훨씬 더 좋았다. 여기도 베제클릭석굴과 마찬가지로 '실크로드의 악마들'이 떼어간 벽화보다 무슬림들에 의해 계획적으로 파괴되거나 훼손된 벽화가 훨씬 더 많았다. 벽화 파괴 수법은 크게 두 가지다. 그 하나는 키질에서 보는 것처럼 주로 부처나 보살의 눈을 날카로운 칼로 파내거나 얼굴을 사선으로 그어버리는 것이다. 베제클릭에서는 황토를 물에 섞어서 천장이나 벽의 불화에 집중적으로 뿌려놓아서 불화 위에 황토를 덧칠하는 수법을 썼다. 이스탄불 아야 소피아성당에서 무슬림들이 기독교 성화 위에 덧칠을 하고 이슬람 양식의 디자인을 그려놓은 것과 비슷하다. 여기서는 덧칠 위에 그림을 그리지는 않았다. 그냥 황토 진흙을 잔뜩 뿌려놓아서 원래의 불화가 잘 보이지 않는다.

▶ 키질석굴 전경

키질석굴은 지금까지 본 석굴 중에서 전면 경관이 가장 뛰어났다. '겨울강'이라는 별칭을 갖고 있는 무자르트강이 앞에 흐르고 맞은 편 초르타그산(천산산맥)과의 사이에 상당히 넓은 오아시스가 자리 잡고 있다. 둔황을 비롯해서 사막에 있는 어떤 석굴도 이렇게 넓은 강과 오아시스를 갖고 있지 않다. 호탄에 있는 쿠커마르무석굴만이 이보다 넓은 강과 오아시스를 갖고 있다.

키질석굴은 시내에서 서쪽으로 70킬로 떨어진 밍우타거산(明屋塔格, 위구르어로 집이 1000채 있는 산이란 뜻이다) 중턱에 자리 잡고 있다. 2킬로미터 정도의 절벽에 269개의 석굴이 조성되어 상당수는 훼손되었고, 지금은 135개만 온전한 상태로 남아있다. 벽화의 총면적은 1만 평방미터 정도다. 서기 3세기부터 시작되어 8세기에 완성된 이 석굴은 중국에서 가장 오래된 석굴이다. 이 석굴의 가치는 다른 석굴과 차별되는 몇 가지 특징 때문이다. 가장 눈에 띄는 것은 불교가 중국화 되기 전의 간다라양식이 완연한 인도풍의 벽화가 많다는 점이다. 그 이유는 쿠차가 658년에 중국(당)의 통치를 받기 전까지 중국과 뚜렷이 구별되는 독자적인 언어(쿠차어)와 회화 양식을 가지고 있었기 때문이다. 당이 서역 지배를 위해 쿠얼러에 안서도호부를 설치한 해가 648년이다. 두 번째는 아프카니스탄 박트리아 지방에서만 생산된다는 청금석을 이용한 푸른색 안료를 사용하고 있다(17호, 38호, 123호, 171호, 178호, 123호, 212호 석굴 등). 이와 더불어 마름모꼴의 문양(110호, 167호 석굴 등)은 아프가니스탄 바미얀석굴에 영향을 받은 것으로 불교 석굴이 인도 파키스탄 아프가니스탄(또는 우즈베키스탄 키르기스스탄)을 거쳐 중국으로 전래되었다는 결정적 증거가 된다.

10호굴에서 한낙연의 사진과 석굴 보호 호소문, 혁명열사 증명서 등을 전시해 놓았다. 사진 액자에 담긴 그의 얼굴은 이목구비가 수려한 미남이었다. 가이드 아가씨에게 사진을 찍어도 좋으냐고 물어보았다가 거절당했다. 벽화라면 몰라도 이런 물건까지 사진을 못 찍게 하는 건 이해가 안 되었다. 한락연(1898-1947)은 '중국의 피카소'라고 불리는 조선족 화가이다. 20세기 초 중국의 저명 미술인 청청은 그가 그린 키질석굴 벽화의 모사도 전시를 보고 나서 이런 평문을 남겼다. 여기서 변경 동포란 조선족을 의미한다.

그는 피카소와 어깨를 나란히 하며, 현실보다 더 현실적이고 초현실주의적이었다… 또한, 그는 예술사학자이자 탐험가로서 쿠처 천불동에서 당나라 초기의 투시화와 인체해부도를 발견했다. 그의 성은 한씨, 이름은 락연. 이름이 그 사람을 닮았고, 사람은 그의 예술을 닮았으며, 그의 예술은 그 곳, 그 때를 발견했다. 그는 변경 동포로서, 변경 지역의 생활과 문화를 가장 사랑했다…

그는 서역의 불교미술에 심취해 이곳에 왔다가 석굴들이 심각하게 훼손되어 있고, 관리도 제대로 안 되는 것을 목격하고 보존운동을 펼쳤다. 그래서 벽화가 없었던 10호굴 벽에 석굴 보호를 위해 다음과 같은 호소문도 새겨놓았다.

1946년 6월 5일에 도착하여 벽화를 보고 아름다움을 느꼈다. 거기에는 고상한 예술가치가 있고 각지의 어느 동굴에서도 없는 것이 있었다. 애석하게도 대부분 벽화는 외국의 고고학자들이 떼어갔다. 이것은 문화상의 커다란 손실이다… 고대 문화를 발견하고 빛내기 위해 참관자 여러분은 특히 사랑하고 보호해주기 바란다.

그는 50세가 되던 1947년 7월, 둔황의 석굴을 연구하고 돌아가던 중 비행기 사고로 사망했다. 한락연의 인생은 파란만장이란 말에 걸맞다. 한겨레신문 노형석 기자의 기사를 정리하면 다음과 같다. 그는 1919년에 일어난 3·1운동의 영향으로 항일운동에 뛰어들어 1923년에는 중국 공산당에 입당한다. 그 후 상하이와 우한 등에서 지하조직 활동을 했으며, 1929년에는 프랑스로 그림 유학을 떠나 신인상파(쇠라, 시냑, 사조, 엔소르 등)와 다다이즘(아르프, 뒤샹, 레이, 에른스트 등)의 영향을 받는다. 귀국 후 선전화를 그리는 등 공산당 활동으로 국민당 정부에 체포되어 3년간 옥살이를 하게 된다. 1943년 출옥부터 47년 7월 죽을 때까지 키질과 둔황석굴을 찾아다니면서 벽화 모사와 벽화 양식에 대한 연구 작업을 한다. 간다라 양식과 헬레니즘풍의 감각적 회화로 인정받는 키질석굴의 미술사적 가치를 처음 발견해내고 석굴 개수를 정리하여 석굴에 번호표를 매기는 작업을 한 것도 바로 그의 업적이다. 그가 남긴 165점(그중 29점은 키질석굴 벽화)의 그림과 〈키질벽화와 둔황벽화와의 관계〉 논문은 중국의 국보급 문화재다. 그와 함께 석굴 벽화를 모사한 동료 창수홍의 전시회 때 고인이 남긴 글이 여운으로 남는다. "…문명은 노력하지 않고 거저 얻은 것이 아니라 문화 전사들의 비통한 전투를 거쳐 얻은 축적이다. 이는 공유의 재산인 것이다…"

여기도 '실크로드의 악마들'의 손을 비켜가지 못했다. 특히, 1906년 상반기에 그룬베델과 중국어가 가능한 조수 헤어 포르트, 르 코크와 베르투스로 구성된 독일 3차 탐험대는 키질석굴에서도 많은 벽화를 떼어갔다. 그에 앞서 1903년 4월에는 일본 오타니 탐험대가 왔다갔고, 1906년에 쿠처의 심심(Sim Sim) 석굴사원에는 러시아 베르조프스키 형제도 들어와 있었다. 그러니까 쿠처도 이미 서양 고고학자들의 각축장이 되었던 것이다. 키질의 벽화야말로 독일 탐험대가 시도한 네 차례 탐험에서 얻은 최대의 수확이라 할 수 있다. 미술사가들은 키질의 프레스코화를 중앙아시아 미술의 정수로 평가하고 있다. 르 코크 자신도 그의 저서에서 "이 벽화들은 우리가 투르키스탄의 어느 지역에서 발견한 것보다도 훌륭했다. 부처의 전설로 구성된 장면들 대부분이 그리스식 화법으로 그려졌다."고 말했다. 그리고 "새로운 석굴이 발견될 때마다 그 안에는 가장 흥미롭고 미술사적으로 완벽한 이른 시기의 그림들로 가득 차 있었다."고 회고했다.

독일인들은 이 석굴에 처음 들어갔을 때 아무것도 없는 텅 빈 굴로만 생각했다. 그러나 곧 사방의 벽이 두께 1인치의 흰 곰팡이로 덮여 있는 것을 발견하고 중국 백주(빼갈)를 스폰지에 적셔 모든 벽을 닦아내자 프레스코화가 그 모습을 드러냈다. 이들은 청색 안료로 찬란하게 그려진 불화들을 보고 깜짝 놀랐다. 푸른색의 안료가 되는 청금석은 르네상스 화가들이 좋아했던 물감 재료로서 그 재료를 구하기 위해 그 무게의 두 배에 해당하는 금도 기꺼이 지불했다고 한다.

오후 2시쯤 키질석굴에서 돌아와 쿠차박물관에 갔으나 4시에 다시 오라고 해서 포기했다. 위구르 식당에서 늦은 점심으로 화덕에서 바로 구운 커보우사(러우카오낭)를 사먹었다. 안에는 양고기가 들어있어서 담백하고 상당히 맛이 좋다. 화장실에 갔다가 우리 푸세식 변소의 원형을 발견했다. 나중에 안 사실이지만 이런 푸세식 화장실은 중앙아시아 전체에 아주 광범위하게 퍼져 있었다. 이 변소의 형태가 한국인이 흉노 등 북방유목민의 후예라는 강력한 증거 중의 하나가 될 수 있다.

버스를 타고 시내로 들어가다가 위구르 거주지를 지나게 되었다. 거리가 아주 침체되어 있음을 한눈에 알 수 있었다. 최근 중국의 경제적 번영과는 달리 거기에는 60-70년대 우리의 모습이 그대로 남아 있어 오히려 정겨움이 묻어났다. 그리고 중국에서 소수민족의 삶은 비참하다는 사실을 다시 한 번 확인했다. 조선족도 마찬가지고. 모든 민족은 자기 국가를 가지고 있어야 한다는 것은 만고불변의 진리다. (2013년 9월 23일, 월요일, 맑고 더운 날씨)

끝없는 민둥산과 황량한 모래사막 그리고 황사

아침 7시 16분 기차로 쿠차를 출발해서 오후 7시경 카쉬가르(카스)에 도착했다. 약 720키로미터 거리다. 경와는 연와보다는 못하지만 경좌보다는 훨씬 낫다. 좀 더럽긴 해도 내 침대에서 잠을 자면서 갈 수 있으니까. 이제는 10시간 이상 걸리는 중국 기차에 익숙해져서 별로 불편하지도 않다.

기차는 오른쪽으로는 온통 민둥산의 연속인 천산산맥을, 왼쪽으로는 황량한 타클라마칸사막을 끼고 달린다. 옛날에 낙타나 말들은 이런 삭막한 지형과 지독하게 덥거나 추운 악천후 기후에 엄청 고생했을 것이다. 1900년대 초에 이 지역을 탐사했던 서양의 탐험대들은 낙타나 말을 이용하여 이동했다. 수천 년 동안 이 지역의 교통수단은 변함이 없었던 것이다. 그러다가 불과 100여년 사이에 교통수단이 현대적으로 많이 변했다. 이제 중국에서 기차나 자동차가 못가는 곳은 거의 없어졌다. 기차는 중간에 아커수와 파초에서 정차했다. 카스 부근에서는 기약 없이 30분이나 정차해서 움직일 줄을 몰랐다.

카스로 가는 철도 부근의 산은 나무 한 그루 없는 민둥산이고, 사막은 자갈과 모래로 뒤덮여있다. 경관이 사막과 황사뿐이다. 오른쪽으로 보이는 천산도 희뿌연하게 보일 뿐이다. 철로 변 주위로 사막 중간 중간에 사막화를 방지하기 위한 사방공사 현장이 눈에 보인다. 인간이 노력만 하면 사막도 녹지로 바꿀 수 있다는 걸 보여주는 사례다. 실크로드도 코스에 따라 경관이 정말 크게 다르다는 걸 실감했다. 물이 있는 곳도 있고 없는 곳도 있고, 산이 있는 곳도 있고 없는 곳도 있고, 오아시스가 있는 곳도 있고 없는 곳도 있고, 마을이 있는 곳도 있고 없는 곳도 있다.

▶ 쿠차에서 카쉬가르로 가는 길에 만난 황량한 민둥산 (천산산맥)

날씨는 한국에서 봄에 황사가 심하게 불어 올 때와 비슷하다. 황사가 이렇게 심하면 숨도 제대로 못 쉴 거 같다. 카쉬가르 날씨도 마찬가지였다. 카스에 대한 이미지가 한 순간에 무너졌다. 셔만호텔 여행사 주인은 일반적인 현상이 아니라고 했지만, 이런 날씨는 며칠 동안 계속 되었다. 나는 오랫동안 카쉬가르에 대해 실크로드의 이상향으로서의 꿈을 갖고 있었다. 중국의 가장 서쪽에 있는 도시로서 중앙아시아나 파미르고원 그리고 인도로 가는 중간 정류장이기 때문이다.

중국의 서쪽 끝 도시, 카쉬가르(카스)

카스(喀什 객십, 위구르어 카쉬가르)는 신장위구르자치구에 있는 도시이다. 인구는 400만명(2010년 기준)이다. 인구의 80%는 위구르족이다. 고대 소륵국(疏勒國)의 수도였으며, 실크로드의 요충지로 이슬람의 거점도시로 발전했다. 소륵은 현재 카스 19킬로미터 남쪽에 있는 도시다. 위키백과에 의하면, 타림분지 주변에는 예부터 코카소이드라고 하는 인도유럽어족계의 사람들이 살고 있었다. 소륵국도 그 중의 하나이다.

소륵은 서역남로와 서역북로(천산남로)가 만나는 실크로드의 요충지로 현장과 혜초도 여행기에 소륵에 관한 기록을 남겼다. 소륵에는 직접 들르지 않고 타스쿠얼간에서 예청(카르갈릭, 작구가국斫句迦國)으로 해서 서역남로의 왕국들인 호탄, 민펑, 치에모, 누란, 둔황을 거쳐 장안으로 귀국한 현장은 전언으로 들은 정보를 남겼다.

> 카쉬가르국의 둘레는 5천여 리이고, 모래와 자갈이 많고, 토양은 적다. 농사는 번성하고 꽃과 과일도 풍성하다. 가는 모직물로 된 옷이나 양탄자를 짜는 기술이 훌륭하다. 기후는 온화하고 화창하며, 비와 바람은 순조롭다. 사람들의 성품은 난폭하고, 풍속은 남을 속이기를 잘한다. 예의가 경박하고, 학예도 천박하다. 그들에게는 자식을 낳으면 머리를 눌러서 평평하게 만드는 풍속이 있다. 용모는 추하고 비천하며, 문신을 새기고, 눈동자가 녹색이다. 그들의 문자는 인도의 문법을 따르고 있다. ---- 불법에 대한 믿음이 굳고, 부지런히 복과 이익을 베풀고 있다. 가람은 수백 곳이 있으며, 승려들은 만여 명이 있는데, 이들은 소승의 가르침인'설일체유부'를 배우고 있다 하지만, 그 이치를 깊이 연구하지 않고, 대부분은 그저 그 글만을 외우고 있다. ---- 이곳에서 동남쪽으로 500여 리를 가다 보면, 사다하를 건너 거대한 모래산을 넘어서 작구가국에 도착한다 (출처: 김규현 역, 〈대당서역기〉, 559-561 페이지).

이때도 카쉬가르는 양탄자 짜는 기술이 훌륭했고, 눈이 녹색인 위구르인들이 살고 있었으며, 불교가 성한 것으로 보아 아직 이슬람은 들어오지 않은 것으로 보인다. 신라에도 있었던 편두(褊頭) 풍속이 실크로드를 통해 들어온 것을 알 수 있다. 또한, 현장이 언급한 것처럼 카쉬가르는 사방으로 강이 흘러 물이 풍부해서, 농사도 많이 짓고, 과일도 풍성하다.

혜초는 인도에서 돌아오는 길에 직접 방문했음에도 불구하고, 매우 간단하게 기록을 남겼다. 전언으로 들은 현장의 기록보다 훨씬 짧다. 방문지마다 이렇게 간단한 기록을 남긴 것으로 보아, 혜초의 기록은 여행기라기보다는 남동신 교수가 주장하는 것처럼, 안서도호부에 제출하기 위해 작성한 입경(입국)보고서라고 보는 것이 더 타당할 것이다. 이 정도의 정보는 현지에 가보지 않고도 전언만으로도 충분히 작성할 수 있는 분량이다.

> 다시 총령에서 걸어서 한 달을 가면, 소륵에 이른다. 외국에서는 가사가리국(伽師祇離國, 카쉬가르)이라고 부른다. 이곳 역시 중국 군사들이 주둔하고 있다. 절도 있고, 승려도 있으며, 소승법이 행해진다. 고기와 파, 부추 등을 먹으며, 토착인들은 모직옷을 입는다(출처: 정수일 역, 〈왕오천축국전〉, 427페이지).

▶ 철거되는 카쉬가르 구거주지

흉노가 강성했던 시대에는 간접지배를 받았지만, 중국이 통일되어 한나라가 서기 60년(또는 68년) 서역으로 진출해 쿠차국이었던 룬타이에 서역도호부를 설치하면서, 한나라 세력 아래로 들어가게 되었다. 그 후 중국의 세력이 후퇴하면서 유연이나 돌궐 등 북방 유목민족의 간접 지배하에 들어갔다.

648년 당이 쿠차국 룬타이에 안서도호부를 설치하면서, 안서 4진의 하나인 소륵도독부가 설치되었다.

북방의 몽골고원에서 돌궐(551-747)을 멸망시키고 번성했던 위구르(741-848)가 9세기가 되어 세력이 약해지면서, 키르기즈인에 의해 멸망당하자 위구르족이 대거 서천, 타림분지로 남하하였다. 위구르는 토착민인 구인도어계 민족과 혼혈하여 언어가 터키어 계열의 위구르어로 되었다. 10세기에는 최초의 터키계 이슬람 왕조인 카라한 왕조(940-1132)의 세력이 파미르고원을 넘어 카쉬가르에 들어와 그 왕도가 된 적도 있다.

송나라 때에는 거란족이 세운 서요(西遼, 1124-1218)에 속하였으며, 원나라 때에는 차가타이 칸국의 도시가 되었고, 명나라 때에는 야르칸드 칸국에 속했다. 이러한 역사 속에서 카쉬가르는 이슬람화된 위구르족의 종교 중심지가 된다. 청나라 때는 건륭제의 신장 정복 정책에 의해 카쉬가르, 곧 례주가 설치되어 신장 서부를 통치하는 참찬대신이 주재했다. 19세기 말 청나라 말기의 혼란기에는 코칸드 칸국에서 온 야크브 벡이 카쉬가르를 거점으로 잠시 타림분지 일대를 지배했지만, 좌종당(左宗棠, 1812-1885)에 의해 토벌 되었다.

청나라가 멸망하고, 1913년에 소륵현이 설치되어, 1933년부터 다음 해에 걸쳐 단기간이지만 동투르키스탄 이슬람 공화국이 이 땅에 섰던 적도 있다. 19세기 말부터 20세기 초까지 남방정책을 펼친 러시아와 이를 저지하려는 영국 사이의 숨막히는 '그레이트 게임(the Great Game)'도 여기를 중심으로 펼쳐졌다. 중화인민공화국 성립 후, 1952년에는 소륵현에서 카스시가 분리되어 떨어져 나왔다. 1986년 대외로 개방되면서 동시에 국가역사문화명성으로 지정되었다. 시내에는 카스지구 행정관공서가 설치되어 있다. 위구르족이 많아 동쪽 투르키스탄 분리운동이 활발하고, 신장위구르자치주의 분리독립을 위한 테러사건이 일어나기도 했다.

1999년 10월에 투루판에서 카쉬가르까지 신장성 남부를 가로지르는 남강철로(南疆铁路)가 개통되었다. 카쉬가르로 가는 기차는 주로 우루무치에서 매일 출발하며, 약 24시간 정도 소요된다. 이곳은 카라코람하이웨이(Karakorum highway, KKH)의 시작점이며, 파키스탄과의 국경인 쿤제랍고개를 넘어 이슬라마바드까지 연결된다. 또한 키르기스스탄 오쉬(Osh)로 가는 국제버스도 여기서 출발한다. 나는 이 버스를 15시간이나 타고 오쉬로 갔다.

셔만호텔에 투숙했다. 이번 여행에서 두 번째로 최악의 호텔이다. 아무튼 중국에서 100위안짜리 호텔은 문제가 많다. 방에는 먼지가 수북하고 화장실 청소도 안 되어 있다. 하수구 냄새도 지독하다. 가이드북에 소개된 서비스 수준과는 전혀 다르다. 데스크에 컴플레인은 하지 않았다. 중국이니까 그러려니 하고 참고 말았다. 신장 쪽에서는 200위안은 주어야 깨끗한 호텔에서 편하게 잘 수 있다.

호텔 건너편에 있는 빤미엔(비빔국수)집에서 저녁을 먹고 들어왔다. 메뉴도 회양라면을 먹었다. 우리 비빔국수라고 보면 된다. 그런대로 먹을 만했다. 양꼬치도 먹었다. 요즘 하루도 빼놓지 않고 양꼬치를 먹고 있다. 온 거리에 양꼬치 굽는 냄새가 진동한다. 너무 피곤해서 아내와 카톡 몇 번하고 그냥 잤다. (2014년 9월 24일, 화요일, 맑고 더운 날씨)

동서양의 모든 문물이 만났던 일요시장

아침에 호탄 가는 기차표를 예매하러 기차표 매표소에 갔다. 경와 75위안. 28일 오전 10시 45분차. 비자 연장 문제 때문에 인민광장 부근에 있는 공안에 갔다. 예쁘게 생긴 여직원이 지금 담당 직원이 없다고 말하면서 오후 4시에 다시 오라고 한다.

아이티가 청진사(이드가 모스크)를 방문했다. 입장료 25위안. 이 모스크는 1422년에 세워졌다. 크기는 남북 140미터, 동서 120미터의 크기로 약 2만명이 동시에 예배를 드릴 수 있을 정도로 넓다. 모스크 내부는 장식이 거의 없었고, 건물을 지탱하기 위해 세워둔 수백 개의 녹색 나무 기둥이 볼만 했다. 스페인 코르도바에 있는 이슬람 사원 메스키타의 축소판이라 할만하다. 모스크 앞 정원에는 짙푸른 포플러 나무가 무성했다. 모스크 앞에 있는 광장에서는 낙타를 태워주고 돈을 받는 사람들이 호객을 하고 있었다.

길 건너편에 있는 위구르 야시장에서 닭볶음탕 비슷한 음식을 시켰는데 너무 싱거웠다. 닭고기 대신에 양고기를 넣은 위구르 음식이다. 그림에는 먹음직스러워 보여도 막상 시켜서 먹어보면 입맛에 안 맞는 경우가 많다. 양고기는 노린내가 많이 나기 때문에 향초를 많이 넣는 탓이다. 양고기를 좋아하는 나도 이제 슬슬 위구르 음식에 질려가고 있다.

오전 11시에 비자를 연장하기 위해서 호텔 부근에 있는 다른 공안에 갔다. 오전에 갔던 공안과는 다른 곳이다. 오후 1시 20분에 갔는데, 오후 4시에 다시 오란다. 신장 공공기관은 오후 1시 30분부터 4시까지가 점심시간이다. 그리고 4시부터 7시까지 근무한다.

▶ 카쉬가르 일요시장 이모저모 (상단 오른쪽은 곱창, 하단 왼쪽은 전갈이다.)

그동안 일요시장과 향비묘를 다녀왔다. 몸살기가 있어서 많이 돌아다니지는 못했다. 주변 마을을 둘러보면서 위구르인들의 비참한 생활을 다시 한 번 확인할 수 있었다. 과거에 이 일요시장은 중국의 모든 문물과 서역의 모든 문물이 모이고 거래되는 세계 제1의 시장 중 하나였다. 서역 상인들은 여기에 와서 동로마와 서역에서 가져온 상품을 풀었고, 중국과 인도 상인들도 동북아시아와 동서남아시아에서 가져온 상품들을 거래했다. 일요시장은 지금은 재건축으로 인하여 과거 전통시장의 정겨운 맛은 많이 사라져버렸다. 향비묘는 관리도 엉망이고 볼 것도 거의 없었다. 단지 모스크 안에 안치된 무덤과 들판에 묻힌 무덤의 모습들이 회교식으로 좀 특이해 보였다. 돌아오는 차가 없어서 한참이나 걸어서 큰길가로 나왔다.

오후 3시 반쯤 여권을 돌려받기 위해 다시 공안으로 돌아왔다. 오후 4시에 문을 열었는데, 금요일에 다시 오라고 한다. 여행사 사장 말을 듣고 한번 들러보았는데, 역시 허탕이었다. 여행사 사장이 혹시 모르니까 한 번 가보라고 했던 것이다. 30일짜리 비자 연장이 160위안이다. 이제 타클라마칸사막을 일주할 수 있을 것 같다. 그런데 정말 아름다운 중국 여인 한 명도 비자를 기다리고 있었다. 영어를 제법 잘해서 괜히 이것저것 물어보면서 시간을 보냈다.

다시 호텔에 있는 여행사로 돌아와서 타쉬쿠르간 교통편과 숙박을 알아보았다. 거기에 갈 사람이 나 혼자 밖에 없어서 1박 2일에 교통비만 1,600위안을 달라고 한다. 나에게는 너무 큰돈이다. 버스로 혼자 가기로 했다. 어차피 이틀 여정이니까 노선버스를 타고 가도 시간은 충분할 거 같다. 거리는 약 300킬로미터이고, 약 7시간 걸리는 거리다. 카라코롬하이웨이(중국쪽)와 파미르고원과 아프가니스탄으로 가는 와칸계곡(중국 쪽 입구)을 답사하고, 법현과 현장, 혜초 그리고 고선지장군의 행적을 살펴보려면 반드시 가보아야 할 곳이다. 그런데 여행사 사장인 압둘이 아프가니스탄과 접경지역인 공주보(公主堡)가 통행제한 구역이어서 못 들어간다고 한다. 공주보는 중국 신장에서 아프가니스탄 와칸계곡으로 통하는 지름길이다. 너무 아쉽다. (2013년 9월 25일, 수요일, 맑고 더운 날씨)

맛있는 위구르 음식, 가지와 곡곡얼

드디어 감기몸살이 도졌다. 어제 밤에 약을 먹고 잤는데도 몸 상태가 나쁘다. 비자 문제로 경찰서에 다녀왔다. 금요일 오후 4시 이전에는 안 된단다. 하는 일 없이 이틀을 카스에 더 머물러야 하는 상황이 되었다. 중국은 이런 면에서 아직은 후진국이다. 외국인은 여권이 없으면 기차든 자동차든 움직일 수가 없다. 차표도 살 수가 없다. 몸도 안 좋은데 차라리 잘 됐다. 원고나 쓰면서 푹 쉬자.

우선 호텔을 옮기기로 했다. 먼지투성이에 하수구 냄새에 도저히 방에 들어갈 수가 없었다. 객실료가 100위안짜리라 컴플레인은 하지 않았다. 아무튼 중국에서 잔 호텔 중에서 최악이다. 160위안짜리 에덴호텔로 옮겼다. 여기는 그런대로 괜찮았다. 그런데 인터넷이 안 된다. 텔레비전도 제대로 안 나오고.

아내에게서 아들 지하가 뉴욕에 있는 헤지펀드 전문 로펌에 벌써 취직이 예정되었다는 연락이 왔다. 2학년 여름방학 때 인턴을 하고 3학년만 마치면 바로 풀타임으로 일을 시작한다는 것이다. 정말 기뻐서 나도 모르게 소리를 질렀다. 작년에 아들이 하버드 로스쿨에 합격했을 때, 내가 전주고에 합격했을 때보다 더 기뻤다. 어떻게 우리 아이들은 한 번도 부모 속을 썩이지 않고 이렇게 잘 자라는지 모르겠다. 지혜로운 엄마를 만나서 그럴 것이다. 자상하고 좋은 엄마만으로는 자녀 교육에는 충분하지 않다. 또 아내가 머리도 좋으니까 머리는 아내를 닮은 거 같다. 아내는 아이들에게 믿음직한 신뢰감을 주고, 따뜻한 자상함을 동시에 가지고 있다. 그러니까 아이들이 흔들리지 않는 것이다. 신경질적이고, 화를 잘 내고, 참을성 없는 아빠에 엄마까지 지혜롭지 않았다면 아이들이 그렇게 원하는 대로 자라지는 못했을 것이다. 여러 가지로 모자란 아빠 때문에 우리 아이들에게 엄마는 절대적인 존재다.

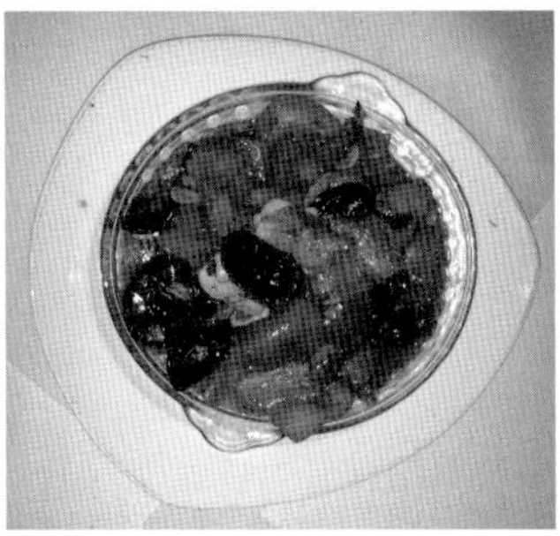

▶ 타클라마칸사막을 일주하면서 먹은 음식들

▶ 타클라마칸사막을 일주하면서 먹은 음식들

낮에는 자팬과 샤부사를 먹었다. 자팬은 볶음밥에 삶은 양고기를 넣은 것이고, 샤부사는 양고기를 넣은 칼국수다. 둘 다 맛은 좋은데, 너무 짜다. 양이 많은 줄 알면서 약을 먹기 위해서 일부러 뜨거운 국물이 있는 음식을 시킨 것이다. 합쳐서 20위안 정도. 저녁으로는 내가 묵고 있는 호텔 아래층에 있는 식당에서 가자와 곡곡얼을 시켰다. 지금까지 먹은 위구르 음식 중에서 가장 맛이 좋았다. 양고기에 질려서 채소요리를 시킨 것이다. 가자는 삶아서 기름에 볶은 가지 요리로 우리 입에 딱 맞는다. 곡곡얼은 만두탕이다. 우리 완자탕과 비슷한데, 돼지고기 만두 대신 작은 양고기 만두가 들어가 있는 맑은 탕이다. 감기몸살로 입맛이 없었는데도 오랜만에 맛있게 먹었다. (2013년 9월 26일, 목요일, 맑고 더운 날씨)

황사에 감기몸살까지

오늘도 몸 상태가 나빠 아침 먹고 호텔에서 쉬었다. 하늘이 노랗고 공기가 너무 나빠 마스크 없이는 나갈 수도 없다. 태양이 뿌옇게 보일 정도다. 비자 받으러 공안에 갔다가 3시간이나 기다렸다. 오후 4시에 가서 7시에서야 받았다. 비자를 받으러 온 일본 아가씨와 수다를 떨면서 시간을 보냈다. 영어를 꽤나 잘한다. 캐나다에서 3년 동안 어학연수를 했단다.

공안에서 돌아와 호텔 방에 누워 있어도 코가 꽉 막히고 머리가 지끈지끈 아프다. 기분 나쁘게 아프다. 목은 이제 좀 괜찮은 거 같은데, 먹먹한 코가 문제다. 그래도 내일은 호탄으로 출발해야 한다. 장기여행 중에 몸이 아픈 것처럼 낭패가 없다. 선진국은 그래도 나은 편이지만, 후진국에서 아프면 정말 힘들어진다. 아내가 보고 싶다. (2013년 9월 27일, 금요일, 황사가 자욱하다)

황사와 먼지를 먹고사는 서역남로 도시들

9시간 동안 기차를 타고 호탄으로 이동했다. 이제 본격적으로 서역남로 여행길에 나섰다. 내가 오랫동안 갈망했던 꿈 하나가 타클라마칸사막을 가운데 두고 서역북로(천산남로)와 서역남로를 일주하는 것이었다. 둔황을 출발해서 하미, 투루판, 우루무치, 쿠얼러, 룬타이, 쿠차, 아커수, 카쉬가르, 융지사, 사체(야르칸트), 예청(카르길릭), 허텐, 민펑, 치에모(체르첸), 뤄창(챠르클릭)을 거쳐 다시 둔황까지 한 바퀴 도는 것이다. 그동안 수많은 구법승들과 탐험가들이 묘사한 그 사막과 주변 풍경과 주민들이 살아가는 모습을 직접 보고 싶었던 것이다.

1900년 가을 어느 날 밤, 스타인은 호탄 근처의 산기슭 캠프에서 달빛에 비친 타클라마칸을 내려다보면서 이렇게 감상적으로 묘사했다.

> 마치 나는 끝없는 평원에 펼쳐진 광대한 도시의 불빛을 내려다보고 있는 듯했다. 저곳이 진정 어떤 생명도, 인간이 존재할 어떤 희망도 허용하지 않는 공포의 사막이란 말인가? 나는 이런 매혹적인 광채를 다시 본 적이 없다. 텐트로 들어가 추위에 벌벌 떨면서 오랫동안 소식을 전하지 못한 먼 곳의 벗들에게 크리스마스 편지를 쓰고 있는 동안에도 나는 그 영상을 쉽사리 떨쳐버릴 수가 없었다. (출처: 피터홉커크, 〈실크로드의 악마들〉, 118페이지)

▶ 카쉬가르와 허텐 구간의 작은 사막 마을 지붕 모습

나도 그랬다. 내가 둔황 양관에서 처음 이 사막을 보고 느낀 것도 저런 감동과 호기심이었다. 누르스름한 모래 먼지에 쌓여 사방으로 한없이 펼쳐진 모래바다를 보면서 "저 안에는 무엇이 있을까" "옛날 사람들은 저기를 어떻게 지나갔을까" "저런 곳에 사람이 살 수 있을까?" "산 다면 저 너머에는 어떤 사람들이 살고 있을까?" 이런 호기심들이 꼬리에 꼬리를 물고 일어났었다.

허텐까지 가는 중간에 있는 도시들인 융지사(영길사) 사체(야르칸트) 예청(카르갈릭) 피산(구마)도 모두 먼지에 쌓여 있다. 그러니까 타클라마칸사막 주변에 사는 도시와 사람들은 평생 동안 이 사막에서 불어오는 황사와 함께 사는 셈이다. 도시가 온통 먼지투성이다. 이 중간 도시들도 옛날에는 서역남로에서 중요한 오아시스 역할을 했었다. 일정이 짧아 들르지 못해 아쉽다. 특히, 사체(야르칸트)는 중국과 인도 북서부 라다크와 카슈미르를 연결하는 중요한 도시였다. 양국 국경지대를 가로지르는 카라코람산맥의 카라코람고개(해발 5,575미터)를 넘어 인도의 라다크 지방의 레(Leh)로 넘어가는 출발점으로서 매우 중요한 교통 요충지였다. 영화 버티컬 리미트(Vertical Limit)에 나오는 K2봉(해발 8,611미터)이 바로 이 산맥에서 가장 높은 봉우리이다. 옛날에는 인도의 라다크 사람들과 야르칸트의 중국인들은 그 높은 고개를 자유자재로 넘나들면서 교역을 했다고 전해진다.

1863년 6월 12일 인도 측량국 소속의 영국군 몽고메리 대위는 조수 무함마디 하미드를 데리고 인도 카슈미르를 출발하여 라다크와 카라코람고개를 거쳐 중국의 야르칸트(사체)까지 가는 데 3개월 반이 걸렸다. 그만큼 멀고 험한 길이었다. 1890년대부터 1920년대까지 헤딘과 스타인 등 서양 탐험대들도 이 길을 통해 인도에서 카쉬가르와 서역남로를 드나들면서 탐험 활동을 했다. 특히, 베제클릭석굴과 키질석굴에서 벽화를 많이 떼어간 독일 탐험대 르 코크는 그 대가를 톡톡히 치렀다.

1906년 8월, 3차 탐험을 마치고 독일로 돌아가려던 르 코크는 마침 카쉬가르에 있던 영국 영사 메카트니의 도움으로 인도를 거쳐 가게 되었다. 영사는 마침 인도로 돌아가는 영국군 세러 대위에게 건강이 악화된 르 코크를 잘 돌보아달라고 부탁했다. 그런데 이 두 사람의 관계가 정반대로 바뀌어버리는 사태가 발생했다. 세러 대위가 카라코람고개를 넘으면서 장티푸스와 폐렴으로 쓰러져버린 것이다. 르 코크는 다음 날 아침 텐트 속에 세러를 남겨 놓은 채, 라다크로 도움을 청하기 위해 산길을 떠났다. 9일 동안 눈 녹은 물로 밀가루 반죽한 것만 먹고서 높고 험한 카라코람 고갯길을 세 고지(사사르고개와 무르기고개 등)나 넘어 가장 가까운 마을에 도착했다. 그곳에서 세러 대위에게 연료와 식료를 보낸 뒤, 심한 탈진에 빠진 그는 날달걀을 19개나 먹고서 겨우 기운을 되찾았다. 심부름꾼을 라다크 주도인 레에 있는 모라비아인 의사에게 급파해 약을 긴급히 구해놓도록 했다. 그리고 자신은 들것을 가지고 세러에게로 되돌아 갔다. 그는 병자를 들것에 싣고 악몽과도 같은 여행을 한 끝에 눈으로 산길이 막히기 직전 마침내 레에 간신히 도착할 수 있었다. 1907년 1월 귀국 후 이때의 헌신적인 불굴의 의지로 말미암아 예루살렘에서 영국이 운영하는 성 요한 병원에서 영예의 금훈장을 받았다. 〈실크로드의 악마들〉에 나와 있는 이야기다. 내가 보기에는 키질석굴과 베제클릭 석굴에서 엄청난 불화를 떼어낸 죄로 부처님이 그를 지옥으로 보내려다가, 마지막에 다른 사람을 구한 공로를 인정하여 자비를 베풀어서 살려주신 것 같다.

옆자리에 앉은 이연기와 류배배 부부를 만났다. 부인은 CCTV6에 근무하고, 자기는 정부 산하기관에서 무비 필름을 제작한다고 한다. 그 부부는 사체에 사는 친구 집에 놀러간다고 한다. 내가 감기 때문에 몸이 불편해서 많은 얘기는 하지 못했다. 중국이 일등국가가 되기 위해서는 경제력만 가지고는 안 되고 국민들의 시민정신이 선진국 수준으로 변화할 필요가 있다고 얘기해주었다. 모하메드라는 2살짜리 꼬마가 옆 칸에 있었다. 엄마 아빠랑 함께 카스에서 허텐까지 가는 중이었다. 자꾸 나에게 과자와 라면땅을 가져다준다. 기특해서 내가 50위안을 주었다. 엄마가 돌려주라고 해도 안돌려준다.

호텔 객실료가 190위안(약 35,000원)이다. 지금까지 잔 호텔 중에서 가장 좋다. 그런데 욕실 물이 잘 빠지지 않는다. 이번 여행에서 모든 것이 제대로 된 호텔은 둔황을 제외하고는 한 번도 보지 못했다. 물론 내가 200위안 이하짜리만 찾아다니니까 그렇기도 하고. 몸이 아침보다는 좀 나아진 거 같아 그나마 다행이다. (2013년 9월 28일, 토요일, 맑고 덥다)

신장에서 가장 볼만한 호탄 일요가축시장

위구르어로 호탄(和田 화전, 중국어로는 허텐)은 인구 약 20여만 명(2013년 기준, 호탄 지구 전체), 1인당 GDP는 4,994위안(약 800달러, 2013년 기준, 호탄 지구 전체)으로 서역남로에서 가장 큰 도시다. 서역 36국의 하나인 우전국(于闐國)이 여기에 있었다. 〈한서〉 서역전에는 우전국의 수도는 서성(西城)으로서 장안으로부터 9,670리 거리에 있으며, 가구 3,300호에 인구 1만 9,300명, 군사 2,400명을 가지고 있다고 기록되어 있다. 사막 한가운데 있는 도시에 2천여 년 전에 이미 인구가 2만여 명이나 되었다는 것은 곤륜산에서 내려오는 풍부한 수량으로 농사의 경작이 가능했다는 뜻이다. 지금도 가보면, 여기가 사막인가 싶을 정도로 여기

저기에 강과 시냇물이 풍부하다. 그러나 우전국 수도 서성의 정확한 위치에 대해서는 의견이 분분하여 아직까지 밝혀지지 않았다. 기원전 138년부터 126년까지 장건이 처음으로 대월지에 파견되었을 때, 이미 이 왕국은 한나라에 알려져 있었다. 카쉬가르보다 위구르 전통이 더 잘 살아있는 곳이다.

호탄은 남쪽에는 곤륜산이 북쪽으로는 타클라마칸사막이 있어 그 가운데에 끼어 있다. 서쪽으로는 카라커스강이 흐르고, 동쪽으로는 위롱커스강이 흐른다. 둘 다 곤륜산에서 타클라마칸사막으로 흘러 들어가는 강이다. 옛날부터 중국인들이 좋아하는 옥이 많이 나는 곳으로 유명하고, 고대부터 비단 산지로도 이름이 높아 지금도 인근 도시 뤄푸에 가면 수제 비단공장이 있다. 곤륜산맥의 눈 녹은 물이 이 지역의 24개의 크고 작은 강과 하천에 흐르고, 이 물로 인해 많은 종류의 곡물을 수확하고, 그로 인해 예로부터 벼, 면화, 과일 등의 농작물과 비단, 카펫, 수공예품의 생산지로 명성이 높았다. 옥은 지금도 백옥으로 유명하며 생산량도 많으나, 양질의 것은 얼마 없어 부르는 게 값이라고 한다.

▶ 사막 한 가운데에서 벼가 누렇게 익어가는 논 (호탄 인근)

기차를 타고 가는 길에 누렇게 익어가고 있는 벼를 보고 깜짝 놀랐다. 아니 사막 한 가운데 논이 있다니----. 전혀 예상 밖의 풍경이었다. 아주 넓은 면적은 아니었지만 분명히 벼농사를 짓고 있었다. 여기에 오기 전에는 사막지형에는 논이 없는 줄 알았다. 벼는 물이 많이 필요한 곡식이기 때문이다. 지금까지 다른 오아시스에서도 푸른 채소를 기르는 밭은 많이 보았지만 벼가 자라는 논은 처음이다. 그러나 여기 지형을 보면 충분히 이해가 가는 풍경이다. 호탄은 남쪽에 있는 곤륜산맥으로부터 두 강이 흘러내려서 다른 오아시스보다 물이 훨씬 풍부하다. 물론 이 강들은 북쪽 사막으로 들어가면서 말라버리지만 벼를 기를 만큼 충분한 물을 호탄 주민들에게 제공하고 있는 것이다.

브리테니커에 의하면, 호탄은 후한(25-220)의 중앙아시아 원정 때 처음 중국과 접촉하게 되었다. 이 원정은 후한의 반초(班超)가 이끌었으며, 그는 70년에 잠시 호탄을 점령했다. 당시 이 지역 주민은 중국인에게는 비사(毗沙)로 알려졌던 아리안족으로, 인도유럽어를 사용하고 북부 인도와 아프가니스탄(쿠샨왕조)의 통치와 문화적 영향을 많이 받았다. 당시 이 왕국은 중국에서 파미르고원을 거쳐 서역과 인도로 가는 도로상의 요충지였다. 이 왕국은 주요 교역 중심지중 하나였으며, 또한 불교가 중국에 전파된 주요 통로였다. 6세기 후반에는 서돌궐(582 또는 584-651)에 점령되었다. 630년대에 당(唐, 628-907)나라가 영토 확장 정책으로 타림분지로 진격해왔을 때, 호탄은 다시 중국에 점령당했다. 남쪽의 토번인(吐蕃人: 티베트인)들이 잠시 저항했으나 당은 이곳에 비사도독부(毗沙都督府)를 세워 중국 남서부의 군사요지로 삼았다. 비사도독부는 751년 탈라스 평원에서 당의 고선지 장군이 아랍인에게 패한 후 중앙아시아에서 철수할 당시 폐쇄되었다.

10세기에 호탄은 위구르 왕국의 속국이자 이웃해 있던 카쉬가르국에게 점령당했으며, 12세기에는 서하(西夏, 1032-1227)에 점령당했다. 1219년에는 몽골족의 침략을 받아 저항했다는 이유로 초토화 되었다. 이 지역은 8세기에 이미 훌륭한 비단과 그 아름다움으로 중국에 그 이름을 떨쳤다. 지금도 뽕나무를 많이 재배하고 있다. 18세기 중반에 청나라 지배하에 들어간 호탄은 1862년에 시작된 이슬람교도의 반란에서 중요한 역할을 했으며, 1878년 중국 군대가 제일 늦게 탈환한 곳 가운데 하나였다.

현장의 〈대당서역기〉에는 호탄에 어떻게 비단이 들어오게 되었는지 자세히 기록되어 있다. 이 기록은 바로 1900년 10월에 스타인이 호탄 단단위릭 유적에서 발굴한 〈잠종서점전설도 蚕種西漸伝設圖〉 내용과 일치한다.

▶ 잠종서점전설도(머리 안에 누에고추를 숨겼다고 가리키고 있다)

(전략)

왕성에서 동남쪽으로 5~6리 떨어진 곳에 마사(麻射) 사원이 있다. 이 나라 선왕의 부인이 세운 것이다. 옛날 이 나라 사람들은 뽕나무를 알지 못했다. 그런데 동쪽의 나라(중국 당나라-저자 주)에는 그것이 있다고 들었으므로 사신에게 명하여 구해오도록 하였다. 그런데 중국의 군주는 이것을 분양해 주지 않았다. 뿐만 아니라 변방의 출입문에 엄명을 내려서 누에나 뽕나무 종자가 나가지 못하게 철저히 경비를 서도록 하였다. 하는 수 없이 호탄왕은 자존심을 굽혀서 중국에 혼처를 구하였다. 중국의 군주는 먼 나라에 영향을 미치려는 의도도 지니고 있었으므로 그 청을 받아들였다. 호탄왕이 사신에게 왕녀를 받아들일 때 다음과 같이 하도록 명령하였다.

"너는 중국의 공주에게'여기는 본래 비단실이나 누에, 뽕나무의 종자가 없으니, 반드시 그것을 가지고 와서 옷을 만들어야 합니다.'라고 말하라."
공주는 그 말을 듣고 비밀리에 종자를 구한 뒤 모자 속에 감추어 마침내 변방의 출입문에 도착하였다. 국경의 관리는 두루 수색하였지만 공주의 모자만은 조사하지 못하였다. 그리하여 호탄국에 들어가서 마사 가람의 옛 땅에 머물렀다. 왕은 비로소 예를 갖추고 공주를 받들어 궁으로 맞아들였다. 뽕나무와 누에의 종자는 이 땅에 남겨 두었는데, 따뜻한 봄이 오자 그 뽕나무를 심고 누에 먹일 잠월(蠶月: 음력 4월)이 되자 다시 이곳으로 와서 뽕나무 잎을 따다가 누에에게 먹였다. 처음에 왔을 때는 여러 가지 잎을 먹였지만, 이 때 이후로는 뽕나무가 무성해졌다. 이에 왕비가 돌비석에 규정을 새겨 두었다.

"살상해서는 안 된다. 누에가 나방이 되어서 날아가 버린 뒤에 누에고치를 처리해야 한다. 만일 이 법칙을 어긴다면 신이 보호하지 않으실 것이다."

그리하여 마침내 누에를 위해 가람을 세웠다. 이곳에는 말라버린 뽕나무가 몇 그루 있는데, 이것이 그 본래 종자였던 나무라고 한다. 그러므로 이 나라에서는 누에를 죽이지 않는다. 그리고 몰래 실을 가져가면 다음 해에는 누에 작황이 좋지 않다고 한다. (후략) (출처: 김규현 역, 〈대당서역기〉, 574-576페이지)

현장이 인도에서 돌아오는 길에 들른 호탄에 뽕나무와 누에가 들어온 배경을 이렇게 자세히 서술하고 있는 것은 당시에 이미 서역에 관한 사료가 충분히 많이 있었다는 증거다. 뽕나무씨와 누에씨를 가져온 방법이 고려시대 때 문익점이 1367년 원나라에서 붓자루에 목화씨를 가져온 수법과 비슷하다. 지금도 귀중한 물건이나 동식물을 가지고 국경을 통과하기는 쉽지 않다.

이 왕국은 중국과 인도의 중간에 자리 잡고 있었기 때문에 자연스럽게 불교가 흥성한 곳이다. 6세기 후반 서돌궐에 점령되면서 불교는 쇠퇴하기 시작했고, 함께 들어온 조로아스터교가 흥한 것으로 추측된다. 10-11세기경에는 751년 탈라스 전투 이후 꾸준히 동진하던 이슬람교가 들어와 불교는 완전히 사라진 것으로 보인다. 인도로 가던 길에 호탄에 들른 법현(法顯, 334-420)의 기록에도 불교가 융성했던 것을 알 수 있다.

이 나라는 토지가 기름져서 사람들의 생활이 윤택하고, 불법을 받들어 불교가 생활화되어 있다. 승려들은 수만 명이나 되었는데, 모두 대승을 배우고 있었으며, 모두 무리지어 식사를 한다. 이 나라 사람들은 대개 집 앞에 작은 스투파를 세워 놓았는데, 그 중 제일 작은 것은 약 두 장 가량 되어 보였다. 또 사방에 승방을 지어놓고 지나가는 객승들에게 제공하고 있으며, 그밖에 필요한 물자들도 마련하여 두고 있다. 국왕은 우리 일행을 구마제(瞿摩帝)라는 사원에 편안히 머물도록 주선해 주었다. 이 절은 대승에 속한다. (후략) (출처: 김규현 역, 〈불국기〉, 52페이지)

인도에서 돌아오는 길에 혜초는 카쉬가르에서 서역북로(천산남로)를 따라 쿠차국 룬타이(오루성)에 있던 안서도호부에 도착하는 노정을 따라갔기 때문에 서역남로에 있던 호탄에는 들르지 않았지만, 풍문으로 들은 기록은 남겼다. 어떤 사람들은 혜초가 호탄에도 들렀다고 주장하지만, 현지에 직접 가서 답사해 본 사람들은 사막 한가운데로 600-700킬로미터를 변변한 장비도 없이 왕복한다는 것은 불가능하다는 것을 바로 알 수 있다. 그리고 불과 100여 년 전에 실크로드를 탐사했던 각국의 탐사대도 상당한 장비와 인부가 필요했던 것을 고려한다면, 혜초가 쿠처국 룬타이(안서도호부 처소)에서 왕복 1천킬로미터가 넘는 거리의 사막을 가로 질러 호탄에 왔다가 다시 돌아갔다는 것은 거의 불가능에 가깝다. 또한 호탄에 대한 혜초의 기록이 한자 48자로 아주 간단하다는 것을 보아도 직접 가지 않았음을 알 수 있다. 그리고 기록 마지막 부분에서도 당시에 누구나 그런 사실을 알고 있다고 스스로 밝히고 있다. 또한 법현(불국기)과 송운(송운행기) 그리고 현장(대당서역기)의 기록에는 기록의 양도 많을 뿐 아니라, 직접 방문한 정황도 자세히 나타나는데 비해, 혜초의 기록에는 다음에 보는 것처럼 직접 방문했다는 어떤 정황이 전혀 나타나지 않고 있다.

다시 안서 남쪽에서 우전국(于闐國: 역자는'우기국'으로 표기하고 있다. 단순한 오기인지 아니면 그렇게도 불렸는지는 모르겠다. 옥편에는'전'자 이외의 표기는 없다. - 저자 주)까지는 이천 리이다. 이곳에도 중국 군사가 많이 주둔하고 있다. 절이 많고 승려도 많으며 대승법이 행해지고 있다. 고기는 먹지 않는다. 여기서부터 동쪽은 모두 당나라 영역이다. 모두가 공히 알고 있어 말하지 않아도 알 수 있다. (출처: 정수일 역, 〈왕오천축국전〉, 439페이지)

20세기 초에 벌어진 서양인들의 서역남로 탐사에 재미있는 일화가 하나 전설처럼 남았다. 스타인은 1900년 10월에서 1901년 4월 사이에 호탄 인근에 있는 단단위릭, 니야, 카라동, 라왁 유적에서 벌인 1차 탐사에서 엄청난 불교 유물을 발견하여 유럽 고고학계를 경악시키고, 각국의 탐사 열기도 촉발시켰다. 이때 런던에 있었던 일본의 오타니도 바로 스타인의 탐사보고서를 보고 실크로드 탐험을 결심했던 것이다.

그런데 이때 이런 유적에서 발견된 고문서에 유럽의 고고학자와 언어학자들도 함께 흥분하기 시작했다. 지금까지 보지도 듣지도 못한 새로운 문자로 된 고문서들도 함께 쏟아져 나왔기 때문이다. 스타인은 이중 일부가 위조문서라는 의심을 갖고 위조자를 찾기로 결심한다. 〈실크로드의 악마들〉에는 이렇게 나와 있다. 스타인은 지방수령의 도움을 얻어 마침내 1901년 4월 25일, 지방 수령을 통해 호탄에서 하킴(의사)으로 생활하고 있던 이슬람 아훈이란 사람을 붙잡았다. 그의 고백에 따르면, 그의 위조본이 최초로 생산되고 팔린 것은 1895년이었다. 당시 카쉬가르에서는 호탄 상인들이 가져온 이런 위조품들이 서방 탐험가들이나 메카트니(영국 영사)나 페트로브스키(러시아 영사) 등 외교관들의 인기를 끌고 있었다. 그는 초기에는 단단윌릭에서 출토된 진본 필사본의 초서체 브라흐미 문자를 본떴다고 했다. 그의 시도는 완전히 성공했고, 훼른레 등 유럽의 내노라하는 언어학자들은 이 미지의 문자를 해독하느라 골머리를 썩이고 있었다. 이 위조자들은 자신들의 위조품이 만드는 즉시 팔려나가고 아무도 그 문자들을 해독하지 못한다는 사실을 간파하고 이제는 문자를 아무렇게나 자기들 마음대로 만들어 내기 시작했다. 이 고문서 위조 동업자들은 이렇게 해서 각자 독자적으로 '미지의 문자'를 개발하게 된 것이다.

나중에는 공급이 수요를 따르지 못하자 1896년에는 아예 목판으로 인쇄를 하여 대량으로 생산하게 된다. 위조자들은 또 고문서의 티를 내기 위해 그 지방에서 구한 종이를 누런색이나 담갈색으로 염색을 하고, 불에 그을려서 사막에 얼마동안 묻어두었다. 그가 만든 수많은 목판본 인쇄본이 고급 모로코 가죽으로 정장돼 유럽의 대형 박물관과 도서관에 자랑스럽게 진열되어 있었다. 이런 고문서가 대영박물관에만 한 다스 (12상자) 이상 된다고 한다. 그럼에도 불구하고 스타인은 솔직하게 고백하는 대가로 그를 고발하지 않고, 오히려 그의 대범하고 비범한 사업적 수완에 강한 흥미를 느꼈다고 회고했다. "이 방면에 아주 비상한 재주를 타고 났으며, 재치와 유머 감각도 뛰어난 인간"이라고 긍정적으로 평가하기까지 했다. 어떤 물건이든지 수요가 있으면 공급이 따라가게 마련이다. 유물도 예외는 아니다. 실크로드 탐험 역사에서 일어난 흥미 있는 해프닝이다.

뤄푸(洛浦)에 있는 비단공장을 찾아 나섰다. 택시기사들이 그곳을 잘 모르고 있었다. 뤄푸는 호탄에서 동쪽으로 30킬로쯤 떨어져 있다. 그러나 매장만 있고 정작 내가 보고 싶은 공장은 없었다. 공장은 따로 있는 모양이다. 공장을 찾아가다 포기했다. 사실 나는 매장이 아니라 비단을 전통 기술로 생산하는 공장을 보고 싶었다. 택시기사가 완전히 엉터리다. 가이드북에 나온 공장을 찾지 못하고 이리저리 왔다갔다만 했다. 택시비만 130위안 날렸다.

다행이 공장을 찾아가다가 가축시장을 만났다. 일요 가축시장은 호탄 제일의 볼거리다. 시장에서는 양과 낙타가 주로 거래되었다. 수천 마리의 양과 수백 마리의 낙타가 모여 있었다. 낙타가 이렇게 많이 모여 있는 곳은 처음 보았다. 거래에서 도살까지 모두 한 장소에서 이루어지고 있었다. 카쉬가르의 일요시장에서도 이런 생생한 가축 거래를 보지 못했는데, 우연히 여기서 보게 된 것이다. 살아있는 양은 대강 한 마리에 30위안 정도, 낙타는 2천에서 7천 위안까지 다양했다. 내가 좋아하는 나귀나 노새, 당나귀는 별로 없었다.

▶ 호탄 비단 가게

▶ 방풍림으로 조림한 백양목 가로수(호탄)

▶ 호탄 일요가축시장 이모저모

박물관에 갔더니 오후 4시에 오란다. 또 신장 시간을 착각해서 점심시간에 간 것이다. 너무 피곤해서 호텔에 들어가서 낮잠을 자고 4시경에 다시 나왔다. 박물관에 가는데 택시기사가 쿠커마르무(庫克瑪日木)석굴을 안다고 한다. 몇 명에게 물어보았는데도 아무도 몰랐었다. 방향을 돌려 석굴로 행했다. 150위안을 달라고 한다.

설굴은 단 두 개로 1층에 하나, 그리고 2층에 하나가 있다. 1층 석굴은 아무 것도 없고, 사람들이 들어가 살았는지 까맣게 그을려 있었다. 비좁은 통로에 놓인 사다리를 타고 2층으로 올라갔다. 석굴 안에는 아무 것도 남아있지 않았다. 석굴 바로 뒤에 있는 사원도 절터만 남아 있었다. 신장에서 이렇게 아무것도 남지 않은 석굴은 처음 보았다. 그런데도 마을 주민들이 지키고 앉아서 10위안씩 입장료를 받는다. 석굴 앞에는 분명히 쿠커마르무석굴이라는 안내판이 서 있었다. 쿠커마르무란 이 지역 고대어로 '낙타'라는 뜻이다.

가이드북의 필자가 여기에 와보지도 않고 그 석굴을 소개한 것 같다. 그러나 석굴 앞에 펼쳐진 정경만은 기가 막혔다. 쿠처 키질석굴 앞에 있는 오아시스보다 훨씬 규모도 크고, 수량도 풍부하고, 물도 옥빛으로 맑고 아름다웠다. 그것으로 석굴 벽화를 보지 못한 실망을 보상할 수 있었다. 타클라마칸사막을 돌면서 이렇게 아름다운 풍경은 처음이다. 황사만 없으면 정말 멋있는 정경이 될 거 같다.

▶ 쿠커마르무석굴에서 입장료를 받는 주민들

돌아오는 길에 택시기사에 물었더니 오아시스 마을 이름이 페이자와토라고 한다. 그 마을 가운데로 지나갔다. 마을 한 가운데로 수량이 풍부한 맑은 시냇물이 힘차게 흐르고 있었다. 나무들이 울창하고 그 사이로 집들이 여기저기 들어서 있었다. 지금까지 본 사막 마을 중에서 그래도 좀 깨끗한 마을처럼 보인다. 가로수들이 울창하게 자라서 양쪽 나무들이 서로 맞붙어 나무동굴을 이루었다. 그러니까 나무동굴 사이로 차가 지나다니는 셈이다.

▶ 쿠커마르무석굴에서 내려다 본 위룽커스강과 오아시스 마을

오아시스 마을 안쪽을 처음 보았다. 위구르인들의 살림살이를 적나라하게 볼 수 있었다. 거리에는 베일을 감고 은근한 눈으로 이방인을 바라보는 무슬림 여인들이 많다. 안보는 것 같으면서도 볼 건 다 본다. 오토바이 타는 여인, 삼륜거 모는 여인, 자전거 타는 여인 등 무슬림 여인들도 차도르만 둘렀지 굉장히 활동적이다.

호탄박물관은 규모는 작지만 내용은 정말 알찬 유물들이 많았다. 호탄 부근 사막에서 출토된 니야 유적과 단단위릭 유적 등 내가 보고 싶은 하는 유물들이 많았다. 호탄의 명물 옥

공장과 라왁 불교유적, 이마무아쓰 회교사원, 마이리카아와티 고성 등은 시간이 부족해서 가보지 못했다. (2013년 9월 29일, 일요일, 맑고 덥다)

사막 실크로드 왕국의 흔적을 찾아서, 민펑

호탄에서 더 시간을 보내지 못하는 아쉬움을 달래며 민펑(民丰)으로 떠난다. 민펑은 서역북로에 있는 룬타이에서 남쪽으로 내려오는 사막공로가 끝나는 종착점이기도 하다. 오전 10시 50분 호탄에서 민펑으로 가는 버스인데 30분 전에 출발한다. 운전사가 내게 오더니 뭐라고 소리를 지른다. 지금 차를 타라는 말인가 보다. 여기는 출발시간에 관계없이 승객만 차면 버스가 떠나는 모양이다. 안전벨트도 없고 운전사도 안 맨다. 단속카메라가 있는 곳에서만 매는 시늉을 한다. 차는 좋다. 에어콘도 잘 나온다. 오늘도 '누란 미녀'의 후예들처럼 보이는 정말 아름다운 여인들을 많이 보았다.

호탄과 민펑 사이에는 뤄포, 치라(策勒 책륵), 위텐(于田 우전: 케리야) 같은 현급 도시가 있으며, 그 사이에 작은 마을들이 가까이 연결되어 있다. 사막 지역에 마을이 많다는 것은 사람들이 살기에 비교적 좋은 곳이라는 의미다. 이 구간은 사막인데도 곤륜산에서 내려오는 수량이 많아서 농사도 잘되기 때문이다. 벼농사도 짓고, 면화와 옥수수 농사가 많다. 호두나무 과수원도 많다. 가로수는 거의 포플러나무다. 오랫동안 정성들여 가꾼 노력의 결실이다.

주요 도로를 제외하고 나머지 도로는 모두 맨 땅이어서 온통 먼지투성이다. 신장의 첫인상을 말하라면 역시 황사와 먼지가 아닐까? 사막 주변 도시와 주민들을 보면서 인간이 자연에 얼마나 적응력이 강한 동물인지 실감한다. 이 지역에서는 고대로부터 여러 왕국이 흥망성쇠를 계속 반복해왔지만 주민들은 계속 거기에 살아왔다. 지배체제와 위정자들만 바뀌었지 주민들은 거의 바뀌지 않았다. 그게 자유롭게 이동하는 북방 유목민과 다른 점이다.

서역남로 도시들이 서역북로(천산남로) 도시들보다 활기가 느껴진다. 농토도 많고, 공단도 많고, 도로 주변에 가로수도 잘 자라고 있다. 가로수는 사람의 힘으로 가꾼 것이다. 중국인들이 아니면 하기 힘든 경이로운 노력이다. 만리장성을 쌓을 생각을 하는 사람들이니까. 중국인들은 백 년 안에 이 사막을 녹지로 바꿀 거 같다. 녹지대를 이런 식으로 계속 넓혀 가면 가능하지 않을까?

'사막 한가운데에 무엇이 있을까?' 하고 의문을 가진 사람은 참 많았을 것이다. 그러나 직접 들어가 본 사람은 그리 많지 않다. 이주형 교수의 연구에 의하면, 3세기부터 11세기 사이에 동아시아에서 인도로 구법여행을 떠났던 사람은 860명 정도인데, 생환한 사람은 30% 내외에 그쳤다고 한다. 또 장건이나 반초처럼 사절이나 원정군으로 사막으로 들어간 사람들도 있었고, 가장 많은 사람들은 물건을 팔러 다녔던 상인들이었을 것이다. 그리고 20세기 초에 비록 '악마'라고 욕은 먹었지만 이 지역을 탐사했던 각국의 탐사대들이 있다. 이들 모두의 용기에 경의를 보내고 싶다.

도로에 사막 모래가 휘몰아친다. 모래가 사막을 건너가는 모습이 개미들이 집단으로 이동하는 거 같다. 도로는 사막과 거의 수평으로 달리는 구간이 많다. 우리가 흔히 보아온 사구는 별로 없다. 아스팔트 포장이 잘 되어 있다. 안보일 때까지 일직선인 구간도 있다. 도보로 여행하려면 오아시스가 별로 없는 서역북로 구간이 문제이겠다. 맨 앞자리에서 사막 구경은 제대로 한다. 아주 멀리 수평선 너머로 바다가 있는 것처럼 보인다. 저 사막 안에도 많은 생물이 살고 있다. 도로를 따라 걸으면 죽지는 않을 거 같다. 지나다니는 차들이 많아 도움을 받으면 되니까. 도로변에 띄엄띄엄 인가도 많고, 작은 산만큼 높은 사구도 보인다. 남쪽으로 100킬로 정도 떨어져 있는 곤륜산맥은 황사에 가려 전혀 보이지도 않는다. 하천들은 거의 다 와디라고 부르는 건천이다. 와디는 비가 올 때만 물이 흐르고, 비가 그치면 바로 말라버리는 사막에 있는 하천을 말한다.

현장도 인도에서 서역남로를 따라 돌아오는 길에 〈대당서역기〉 마지막 목적지인 치라(책륵)편에서 이렇게 사막의 모습을 묘사하고 있다. 우리에게 익히 잘 알려져 있는 내용이다.

이곳에서 동쪽으로 가면 거대한 모래사막에 들어가게 된다. 모래가 사방으로 흘러내리고 바람에 쌓였다가 흩어지곤 하여 사람들이 지나간 흔적이 사라져 결국에는 대부분 길을 잃고 만다. 사방으로 멀리 보아도 망망한 모래뿐이어서 어느 곳으로 가야할지 알 수가 없다. 이런 까닭에 오가는 사람들은 쌓인 유해로 표식을 삼곤 한다. 물과 풀이 부족하고 뜨거운 바람이 많이 일어나는데, 바람이 불면 사람과 동물이 혼미해지고 이로 말미암아 병이 생기기도 한다. 때로는 휘파람이나 모래소리가 들리기도 하고, 또 때로는 흐느끼며 곡하는 소리가 들리기도 하는데, 귀 기울여 듣고 보고 있는 사이에 문득 자신이 어디로 가야 할지를 알지 못하고서 이로 인해 자주 목숨을 잃게 되는데, 아마 이것은 귀신의 소행일 것이다. (출처: 김규현 역, 〈대당서역기〉, 581페이지)

이 타클라마칸사막에 관한 내용은 아마도 230여 년 전(399년 장안 출발 - 417년 7월 14일 청도 부근 노산 앞바다 도착)에 인도에 다녀와서 〈불국기〉를 쓴 법현의 여행기를 읽고 모방한 것 같다. 〈불국기〉 타클라마칸사막 편에는 이렇게 나와 있다.

사하(沙河)에는 악귀와 열풍(카라부란 - 저자 주)이 심하여 이를 만나면 모두 죽고 한 사람도 살아남지 못한다. 하늘에는 날아다니는 새도 없고, 땅에는 뛰어다니는 짐승도 없다. 아무리 둘러보아도 망망하여 가야 할 길을 찾으려 해도 어디로 갈지를 알 수가 없고 오직 언제 이 길을 가다가 죽었는지는 모르지만, 그 죽은 사람의 고골만이 길을 가리켜주는 표지가 될 뿐이다. (출처: 김규현 역, 〈불국기〉, 48-49페이지)

먼지에 덮인 집과 도로를 보면서 어릴 때 내가 자란 마을이 생각났다. 내가 자란 마을은 시골 면소재지다. 전북 정읍군 입암(笠岩)면 천원(川原)리 천원이다. 삿갓바위가 정상에 있는 입암산과 방장산으로 둘러싸인 곳으로 물이 많은 곳이다. 우리 집은 그 소재지에 있는 파출소 바로 앞에 있었고, 파출소와 우리 집 사이로 비포장 국도가 지나가고 있었다(지금은 포장되었음). 그 자리에 지금도 어머니가 살고 계신다. 1980년대 이전에는 차량들이 집 앞을 지나갈 때마다 엄청난 먼지가 집안으로 들어왔다. 특히 광주에서 서울로 가는 또는 반대로 가는 광주고속버스(현재 금호고속)가 지나갈 때는 먼지와 함께 지축도 흔들렸다. 당시에는 서울에서 목포로 가는 1번 국도였는데도 포장이 안 되어 있어서 먼지가 엄청 많이 날렸었다.

저녁에 학교에서 돌아오면 마루와 방의 먼지를 물걸레로 닦는 일이 우리 형제들의 주된 가사였다. 조금 과장하면 마루에 쌓이는 먼지가 하루에 1밀리는 되었다. 너나할 거 없이 모두 참 가난했던 시절이었다. 당시 폐결핵 환자였던 우리 아버지가 그렇게 먼지가 많은 곳에서 살았으니 마흔 일곱에 돌아가신 것은 어떻게 보면 당연한 일이었다. 어머니도 폐병을 앓고 있는 남편을 그런 먼지 구덩이에 두고 싶지는 않았을 것이다. 달리 손쓸 방법이 없으니까 아버지를 그렇게 방치했을 것이다. 우리 아버지도 폐병 환자였던 소설가 김유정처럼 닭을 몇 마리쯤 푹 고아 먹으면 병이 낫는다고 믿고 있었는지도 모른다. 맑은 공기 대신.

버스에서 처음으로 무드음악이 나온다. 실크로드 여행 중에 항상 시끄러운 음악만 나오더니. 과수원에 있는 과일나무 사이사이에는 농부들이 일을 하고 있다. 어떤 집에는 닭도 있고, 오리도 있다. 물이 고인 습지에는 갈대밭도 있다. 벼가 누렇게 익어가는 논과 더불어 낯선 풍경이다. 우리 인간은 척박한 자연환경에도 잘 적응하는 동물이어서 실크로드 어디를 가나 사람들이 살고 있다.

곳곳에 검문소가 보인다. 어떤 곳에서는 모두 내려서 신분 확인을 해야 한다. 이런 점은 아직 후진국이다. 버스 창문으로 내다보니까 검문소에서 경찰들이 지나 가는 차를 세워놓고 돈을 갈취한다. 주로 화물차 운전사들이 먹잇감이다. 수법도 과거 우리와 똑같다. 운전사들을 경찰차로 불러서 뒷자리에 앉혀놓고 돈을 받는 것이다. 나는 이런 경찰들의 횡포를 중앙아시아에서도, 특히 우즈베키스탄에서 자주 보았다.

도로에 휴게소가 없으니까 중간에 차를 세워놓고, 남자들은 뒤로 돌아서서 오줌을 싼다. 여자들은 마른 하천에 놓인 다리 밑으로 내려가서 볼일을 본다. 참 재미난 풍경이다. 정말 중국다운 풍경이다. 아까 중간에 경유했던 치라나 위텐에서 화장실을 가라고 하지. 이란 동부나 남부에서도 장거리 버스들은 이런 식으로 승객들의 생리 욕구를 해결한다.

처음으로 서역남로를 걷는 사람을 보았다. 미래의 나의 모습이다. 그런데 짐을 멘 모습이 특이하다. 긴 막대기를 어깨에 메고 그 양쪽에 짐을 매달았다. 베트남 사람들이 짐 나를 때 보았던 모습이다. 어깨와 허리가 많이 아플 것 같아 보는 사람이 안쓰럽다. 하루에 수백 킬로를 이동할 수 있는 시대에 사는 사람과 수십 킬로 밖에 갈 수 없었던 시대에 살았던 사람들의 사고방식은 무엇이 어떻게 다를까? 도로 주변 사막 안에 옛날 길의 흔적이 뚜렷하게 남아있다.

치라와 위텐 사이에는 작은 마을이 거의 연결되어 있는데, 위텐과 민펑 사이에는 마을이 거의 없다. 도로는 국도이고 전체적으로 깨끗하게 관리되고 있었다. 갑자기 비가 내려서 도로가 절단되면 거기에 다리를 만든다. 사막에서는 수로가 자기 마음대로 변하기 때문이다.

정부에서 운영하는 초대소에 투숙했다. 민펑박물관(문물관)에 갔는데, 소소한 유물만 전시되어 있다. 오히려 그 지역의 유명 사진가가 사막을 배경으로 찍은 사진들이 더 인상적이었다. 내가 중국에서 본 박물관 중에서 유일하게 작고 낡은 건물이다. 1901년에 스타인이 발굴했던 니야(尼雅)고성은 입장료가 너무 비싸다고 해서 포기했다. 현장은 인도에서 돌아오는 길에 이 고성에 들른 후에 다음과 같은 기록을 남겼다.

> 비마천으로부터 동쪽을 향하여 사막으로 들어가서 200여 리를 가게 되면 니야성에 도착한다. 성의 둘레는 3~4리에 달하며, 커다란 늪지 가운데에 있다. 늪지는 무덥고 습하여 걸어다니기가 어렵다. 갈대가 어지럽게 자라있어 지나다니는 길이 없는데, 오직 이 성을 거쳐 나가야지만 간신히 길을 찾을 수 있다. 그러므로 왕래하는 사람은 이 성을 거치지 않는 자가 없었다. 그래서 호탄국은 이 성을 동쪽 국경의 관문으로 삼고 있다. (출처: 김규현 역, 〈대당서역기〉, 580 -581페이지)

민펑에서 북쪽으로 120여 킬로미터 거리에 있는 니야국(기원전 1세기 - 서기 4세기)은 전한 때(기원전 60년경) 480호에 3,360명의 인구를 가진 정절국(精絶國)이 있었던 곳이다. 여인들의 정절이 높다고 해서 붙여진 이름일까? 정절국은 서역남로의 중계지로 동으로는 차말(且末)국, 서로는 융로(戎盧)국과 국경을 맞대고 있었다. 후한 초에는 타림분지 인근에 있던 왕국들이 모두 사차(沙車)국의 지배하에 들어가서 정절국도 그 속국이 되었다가, 후에 차말국과 함께 누란국(나중에 선선국 鄯善國)에 합병되었다.

▶ 남쪽 곤륜산 언저리에 있는 호수 풍경 (자료사진, 민평박물관)

▶ 민펑 북쪽 80킬로미터 지점에서 발견된 니야 유적지 (자료사진, 민펑박물관)

▶ 민평 북쪽 100킬로미터 지점에서 발견된 안적이(安迪爾) 불탑유적지 (자료사진, 민평박물관)

▶ 민평 가는 길에 만난 작은 마을

니야는 타림분지 남쪽의 니야강을 따라 펼쳐진 오아시스 일대를 지칭한다. 현장이 지나갔던 644년경에는 습지였는데, 스타인이 방문한 1901년에는 사막으로 변해 있었다. 1400여 년 동안 니야강의 흐름이 변하여 습지가 사막으로 변해버린 것이다. 정말로 뽕나무 밭이 바다로 바뀌는 상전벽해(桑田碧海)가 이곳에서도 일어난 것이다. 이런 현상은 다음에 언급할 누란에서도 일어난다. 사막지역에서는 흔히 일어나는 현상이다.

스타인은 1901년 1월 이후 3차례나 이곳을 탐사하여 많은 유물을 발견했다. 그는 이곳 니야 유적에서 뽕나무 밭과 아테네상 에로스상 헤라클레스상 같은 그리스 신상을 그려 넣은 봉니(封泥: 점토로 된 봉인)와 카로슈티 문자(초기 인도의 프라크리트어)로 씌어진 목간을 발굴했다. 2-4세기경에 사용된 이 목간 문서들은 항의서, 소환장, 통행허가서, 체포영장, 노역자 명단, 계산서 등으로 오래 전에 사라진 이 지역 주민들의 일상사에 관한 문서들이었다. 이 목간은 105년경에 후한의 채윤(蔡倫)이 처음 만들어, 751년에는 중앙아시아, 793년에는 바그다드에 전파되었던 종이가 이 지역에는 이때까지 전파되지 않았다는 사실을 보여주는 유물이다. 그리스 신상들은 실크로드를 따라 동쪽으로 이동해 온 서양의 도상이 어떻게 중앙아시아의 오지까지 전래되었는지를 보여주는 강력한 증거이다.

그런데 헤딘과 스타인 등 서양 탐사대가 발견한 단단위릭, 니야, 카라동, 라왁 유적들이 대체로 지금의 서역남로(315번 국도)보다 북쪽으로 100여킬로미터 이상 들어가 있는 것으로 보아, 옛날에 구법승들이나 상인들이 다녔던 서역남로는 지금보다 100여 킬로미터 정도 북쪽을 지나가고 있었던 것으로 추측된다. 그동안 1천년 넘게 사막화가 남쪽으로 진행되면서 주민들의 거주지가 계속 조금씩 조금씩 곤륜산맥을 향하여 남쪽으로 이동하고 있는 것이다. 지금도 민펑 지역은 사막의 모래가 마을로 계속 흘러 들어와 거주지가 점차 작아지고 있으며, 식수를 확보하는 것도 큰 문제가 되고 있다. 현대 과학기술이 아무리 빨리 발전한다 해도 이 엄청난 자연의 힘 앞에서는 속수무책인 것이다. 중앙정부에서 가장 신경을 쓰는 것도 사막화 방지사업이라고 한다. 우리 인간은 이렇게 자연과 타협하면서 살아가는 수밖에 없다. 자연을 거역하면서 살 수는 없는 일이다. 만일 우리 인간이 자연현상을 거역한다면 우리에게는 더

큰 재앙이 기다리고 있을 것이다. (2013년 9월 30일, 월요일, 맑고 덥다)

누란 미녀의 고향, 치에모

아침 9시에 버스정류장에 갔더니 치에모(且末 차말)로 가는 버스가 없단다. 어제 창구 직원이 분명히 오늘 아침 10시에 오라고 말했는데. 나중에 안 사실이지만, 일정 시간에 다니는 노선버스가 있는 것이 아니었다. 승객이 몇 명 이상이 되면 버스가 가고, 없으면 가지 않는 것이다. 정류장에는 승객들이 서너 명밖에 없었다. 그것도 모두 서쪽인 호탄 방향으로 가는 사람뿐이었다. 내가 하도 자주 물어보니까 답답했는지 창구 여직원이 소리를 고래고래 지른다. 얼굴은 반지르르한데 싸가지 하고는----.

▶ 민펑에서 치에모 가는 길에 만난 작은 마을

이처럼 어려운 일이 닥치면 항상 옛날에 걸어서 가는 사람들이 어떠했을까를 생각하면 화가 나지 않는다. 몇 시간 늦는다고 한 달 동안 걸어서 다음 도시까지 갔던 옛사람들의 고생에 비할 수 있을까? 〈대당서역기〉나 〈왕오천축국전〉, 〈불국기〉나 〈송운행기〉를 읽다보면, 보통 "동쪽으로 또는 서쪽으로 몇 일을 가면, 심지어는 몇 달을 가면 어디에 이른다"는 식으로 기술되어 있다. 다음 도시로 가기 위해 그만큼 걸어갔다는 뜻이다. 운이 좋거나 돈이 많으면 말이나 낙타를 타고 갔든지. 그렇게 생각하면 마음이 편해진다. 그들에 비하면 얼마나 편하고 즐거운 여행인가? 아무리 버스나 기차를 오래 타도 20시간만 타면 되니까.

두 시간 정도를 하염없이 기다리다가 택시를 타고 갈 사람들을 물색하기로 했다. 말이 전

▶ 치에모에서 뤄창 가는 길에 만난 위구르 어린이

혀 통하지 않았지만 여러 사람과의 수화를 통해서 4명이 타야 택시가 출발한다는 걸 알았다. 혼자 가려면 600위안을 전부 부담해야 한단다. 버스터미널 밖으로 나가서 다른 택시 기사에게 물어보았다. 500위안에 간단다. 손님도 두 명 있고. 내가 300위안 내고 다른 사람들이 각각 100위안씩 내고 가자고 했다. 중간에 한 명을 더 태운다. 내가 100위안을 내달라고 했더니 알아듣지도 못한다. 아이고 내 팔자야. 택시를 타고 오면서 위구르인들이 쓰는 사각 모자를 쓰고 기념사진을 찍었다. 햇빛을 가리려고 앞 거울을 내렸는데 거기서 택시기사의 모자가 떨어졌던 것이다. 그런 기회를 놓칠 내가 아니다. 내 모자를 벗고 그걸 내 머리에 쓰면서 사진 하나 찍어도 좋으냐는 시늉을 했더니 아주 좋아하면서 그러란다.

▶ 현대식으로 지은 치에모박물관

전한(기원전 206년 - 서기 23년) 때 치에모에는 두 개의 왕국이 있었다. 하나는 치에모 왕국(차말국)이고, 다른 하나는 시아오완 왕국(소완국)이다. 이 두 나라는 처음에는 흉노에 복속되어 있다가, 한나라에서 흉노를 몰아낸 후 서기 60년에 서역도호부를 룬타이에 설치하면서 한나라에 복속되었다. 그 후 이 지역은 누란 왕국에 흡수되었다가, 수나라(581-618) 때는 투르크계의 서돌궐(582-651)족이 점령한 적도 있다. 2002년에는 사막공로가 남쪽에서 가지를 쳐서 치에모까지 연장되었다. 치에모는 바로 남쪽에 곤륜산맥이 있어서 산지도 있고, 8개의 강이 현 내를 흐르고 있어서 녹지도 많은 편이다.

거의 오후 5시가 다 되어서야 치에모에 도착했다. 버스정류장과 붙어 있는 교통빈관에 짐을 풀자마자 바로 치에모고성으로 갔다. 택시로 50위안에 왕복하기로 했다. 철문이 잠겨 있었고 옆집에 사는 사람이 나오더니 치에모박물관에 가서 표를 끊어오라고 한다. 박물관에 갔더니 거기는 개방을 안 한단다. 그러면서 자후라커장원과 자군루커고묘군을 추천한다. 거기는 갈 시간이 없어서 꿩 대신 닭이라고 박물관을 관람했다. 중국은 박물관은 대개 무료다. 건물은 새 건물로 번지르르한데, 내용은 새로운 것이 별로 없었다. 호탄박물관이 훨씬 내용이 알찼다.

▶ 현대식으로 지은 치에모 행정관청

호텔로 돌아왔는데 기사가 100위안을 달란다. 출발할 때 분명히 왕복 50위안에 가기로 했었는데. 내가 소리를 버럭 지르면서 50위안만 주고 내려버렸다. 동유럽 쪽에 가면 외국인을 상대로 이렇게 장난치는 택시기사들이 많다. 한국도 마찬가지고. 그런데 재미있는 것은 어떤 사람 하나가 출발할 때부터 간섭을 하더니, 기사와 함께 택시를 타고 계속 따라 다닌다. 아마도 아무 할 일이 없는 사람이 심심하던 차에 낯선 외국인이 나타나니까 따라다니면서 말동무를 하고 싶었나 보다. 우리 어릴 때 낯선 사람이 나타나면 온 동네 아이들이 졸졸 따라다녔던 것처럼. 돈을 더 받으라고 부추긴 사람도 그 친구다. 내가 위구르어를 모르긴 하지만 눈치로 봐서 알 수 있었다.

저녁을 먹으려고 정류장 옆 어떤 식당에 가서 양고기 덩어리 꼬치구이를 두 개 시켰다. 일반 양꼬치와 달리 손바닥만한 양고기가 먹음직스러워서 시킨 것이다. 그리고 영어로 여기 앉아도 되느냐고 말하면서 테이블을 가리켰는데, 안 팔겠다는 표시로 팔을 내젓는다. 내가 영어로 말하는 것이 기분이 상했는가보다. 아니면 말이 통하지 않아서 신경질을 내는 것일수도 있고. 그럼 위구르어도 안 되고 중국어도 안 되는 나더러 어떻게 하라고. 일부 무슬림들은 영어에 아주 민감한 반응을 보이기도 한다. 아니면 나를 한(漢)족으로 오해했나? 이런 시골 오지에 사는 위구르인일수록 한족에 대한 반감이 더 강하다.

이런 태도를 관광 이론에서는 제노포비아(xenophobia)라고 한다. 외국인 혐오증을 말한다. 나이 든 노인도 아니고 아주 젊은 친구가 그러는 걸 보면 아마도 미국에 대한 적개심이 아주 심한 것 같다. 아니면 한족이든지. 그럴 만도 하지. 미국이 이라크 침공에, 아프가니스탄 침공에, 이슬람 형제들을 자극할 대로 자극해놨으니 충분히 이해가 가는 적대적인 태도다. 아무튼 관광지에서 현지인과 외부인은 잘못하면 자주 충돌하고 긴장을 조성할 수도 있고, 잘하면 서로 우호적인 관계를 만들 수도 있다. 그런데 지난 30일 동안 중국에서 이렇게 황당한 경우는 처음이다. 말이 통하지 않으니 왜 그러냐고 물어볼 수도 없고. 아이고 답답해라. 이방인인 내가 참는 수밖에----.

옆집으로 가서 양꼬치 4개를 시켜 먹었다. 고기가 질기고 너무 짜다. 이제 양꼬치는 하도 많이 먹어서 어떤 집이 고기가 부드럽고 맛있는지 알 정도가 되었다. 맛이 없는 집은 고기가 질기기만 하고 냄새도 심하고 간이 맞지 않는다. 지금까지 중국에서 가장 맛있었던 양꼬치는 우루무치 민박집 앞에 있었던 위구르 음식점이다. 고기가 정말 부드럽고 간도 맞아서 3일 동안 계속 다녔다. 그리고 양꼬치도 부위 별로 먹을 수 있게 되었다. 살코기, 내장, 간, 비계 등등.

양꼬치를 먹고 있는데 정말 예쁜 위구르 아가씨가 도로가에 있는 내 테이블로 오더니 주인하고 말을 한다. 내가 딸이냐고 물었더니 뭐라고 대답한다. 나는 그런 줄 알았는데, 옆집 아저씨 말이 동생이란다. 내가 처자식만 없으면 여기서 다시 장가가고 싶어진다. 여기서 살든지 한국으로 데리고 가서 살든지. 우루무치 이교도시장에서도 그런 생각이 들었었는데. 어쩌면 이렇게 예쁜 아가씨들이 많은지. 박물관 여직원들도 예쁘고, 버스정류장 여직원들도 예쁘고, 여자 어린이들도 예쁘고, 여자들 인물이 정말 빼어나다. 정말 '누란 미녀'의 후손들이 여기 다 모여 있는 것 같은 착각에 빠지게 만든다.

시안에서 서쪽으로 이동하면서 투루판에 오면 여자들 얼굴이 확 달라진다. 위구르인들이 많이 살기 때문에 예뻐지기 시작한다. 사마르칸트 사막 주변 도시의 주민들이 대부분 위구르인들이기 때문에 자연히 미인들이 많다. 쿠얼러, 쿠처, 카스, 호탄, 민펑, 치에모. 그 중에서도 민펑과 치에모 여인들이 가장 예쁜 것 같다. 사막을 중심으로 보면 남동쪽에 있는 도시에 사는 사람들이다. '죽음의 모나리자'라고 불리는 누란 미녀의 전설이 전설이 아니라 사실인 것이다. 누란 미녀가 살아서 돌아다니는 것 같은 착각이 들 정도다. 서기 5-6세기까지 누란왕국이 둔황 서쪽에서 바로 이 부근까지 통치했으므로, 그 후손들일 것이다. 그리고 누란왕국(4-5세기경)이 망할 때 그 사람들이 뤄창(若羌)이 아닌 이쪽으로 이주했을 것으로 짐작된다. 왜냐하면 누란왕국에서 여기보다 훨씬 더 가까운 뤄창은 새로 이주한 한족들이 너무 많아서 서역 미인들과는 거리가 멀기 때문이다.

왕조가 바뀐다고 해서 그 사람들까지 없어지는 것은 아니다. 몽골군처럼 한 도시를 통째로 파괴하고 모든 남자들을 학살해도 여자들은 죽이지 않았다. 당시에는 전쟁에 지친 병사들을 위한 소중한 전리품이나 재산으로 인정되었기 때문이다. 물론 남자 어린이들은 대개 살육당했다. 그런데 법현이나 현장, 마르코 폴로 등 과거 이 지역을 통과했던 사람들이 여기 미인들에 대해 언급하지 않을 걸 보면 이상하다. 20세기 초에 이 지역을 탐험했던 '실크로드의 악마들'도 여기 미인에 대한 언급은 별로 없다.

한 도시에서 일부가 예쁠 수는 있지만 이렇게 집단적으로 뛰어나게 인물이 아름다운 것은 유전적으로 분명히 이유가 있을 것이다. 내가 인종학 분야의 전문가는 아니지만, 이 여자들은 유럽형 미인과는 약간 다른 외모다. 그렇다고 동양과 서양만 섞인 것도 아니다. 서양계는 서양계인데 좀 다른 서양계이다. 그러니까 페르시아(이란)나 터키 또는 러시아계의 피가 섞인 코카서스 지방의 사람들이 정치적 변동이나 경제적 이유로 이 사막으로 이동했을 가능성이 높다. 코가 높고, 속눈썹이 길고, 광대뼈가 없고, 얼굴색이 하얗다. 남자들은 잘생겼다는 생각이 별로 안 드는데 반해, 여자들은 분명히 인물들이 유별나게 좋다.

호텔이 150위안으로 눈을 감고 싶을 정도로 더러운데, 방에서 와이파이가 된다. 방에 컴퓨터가 있는 호텔은 중국에 와서 처음이다. 아내와 지인들과 카톡을 실컷 즐겼다. 사진도 보내고. 그래도 하수구 냄새가 심하게 나지 않으니까 잘만하다. (2013년 10월 1일, 화요일, 맑고 덥다)

누란왕국과 미란왕국으로 가는 전초기지, 뤄창

치에모에서 뤄창(若羌)으로 이동 중에 처음으로 고운 모래가 산을 이루는 사구가 많이 나타난다. 우리는 이런 사구가 사막의 대부분이라고 알고 있지만 사실은 모래만 쌓여있는 이런 사구는 10%도 안 되는 거 같다. 이 사막을 한 바퀴 도는 동안 거의 보지 못했다.

▶ 사막화를 방지하기 위해 만들어 놓은 방사 울타리

도로에 오토바이 타는 사람들이 나타나기 시작하면 마을이 가까워진다는 것을 알 수 있다. 오른쪽으로는 서역남로에 들어온 이후 처음으로 곤륜산맥이 희미하게 보이기 시작한다. 민펑을 지나면서부터 하늘이 맑아지고 황사와 먼지가 거의 없어졌다. 뤄창 30킬로 전방부터는 망망대해 같은 사막이 펼쳐진다. 모래도 하얗게 정말 곱다. 축구장 수만 개는 만들 수 있는 넓이다.

멀리서 회색빛 실루엣이 서서히 다가온다. 도시다. 바다에서 장거리 항해를 하다 보면 육지도 저렇게 다가올 것이다. 오아시스가 검은 숲처럼 보인다. 어제에 비하면 정말 싸고 편하게 온 것이다. 오전 10시에 치에모를 출발하여 오후 2시 반에 뤄창에 도착했다. 카쉬가르를 출발해서 약 1,400킬로미터를 4일 만에 달려온 것이다. 버스정류장에 근무하는 위구르족 여직원들이 정말 미인들이다. 버스는 에어콘도 잘 나오고 비교적 깨끗하다. 안전벨트도 있고, 오늘 처음으로 안전벨트를 매라는 말을 들었다. 맨 앞자리에 앉아서 전경을 구경하면서 사진도 많이 찍었다. 오늘도 화장실에 가지 않기 위해서 안 먹는 작전으로 나갔다. 이 방법이 가장 성공 가능성이 높다.

버스 안에서 한족인 워쳐와 위구르족인 샤오찌를 만났다. 워쳐는 24살이고, 샤오찌는 32살이다. 중국 신분증을 보니 민족을 나타내는 란에 한(漢), 위구르 라고 표기되어 있다. 이건 인종차별 아닌가? 미국에 사는 사람들 신분증에 한국계, 중국계, 쿠바계라고 표기하는 것과 무엇이 다른가? 유사시에 통제 수단으로 사용하기 위해서 그런 것은 아닌지 의심스럽다.

▶ 버스 안에서 만난 위구르인 가족

뤄창을 보고 깜짝 놀랐다. 도시가 정말 깨끗하고 공기도 맑다. 오른쪽으로 곤륜산맥도 보인다. 지금까지의 사막 주변 도시와는 전혀 다르다. 거리에 가로수도 싱가포르처럼 이중으로 늘어서 있고, 쓰레기도 안보이고, 무엇보다 맨 땅이 없어서 먼지가 날리지 않는다는 점이다. 나는 지금까지 거의 열흘 동안 이 사막 주변을 일주하면서 사막 주변 도시들은 당연히 황사와 먼지가 많은 줄 알았다. 그런데 동서남북이 사막으로 둘러싸인 도시가 이렇게 깨끗하고 깔끔한 걸 보면 도시 행정과 관리를 어떻게 하느냐에 따라서 달라진다는 걸 알 수 있었다. 타클라마칸사막 주변의 도시들은 도시 계획과 관리에 있어서 뤄창을 본받아야 할 것이다. 그런데 나중에 다른 사실도 알게 되었다. 뤄창에는 위구르족보다는 새로 이주한 한족들이 더 많이 살고 있었다. 그래서 아마도 중국 정부에서 주변의 다른 위구르인 도시보다 투자를 많이 하여 이렇게 깨끗한 도시를 건설한 것 같다. 확실한 증거는 없고 내 개인적인 추측일 뿐이다.

누란박물관으로 갔다. 누란고성에 관한 서양탐험대들의 사진 자료와 중국인들의 관련 역사를 전시해 놓았다. 특히 스벤 헤딘의 탐험 사진이 많았다. 전시 내용물은 빈약했다. 그래도 가상한 것은 이런 소도시마다 이런 현대식 박물관을 짓는 것을 보면, 중국이 정말 발전하고 있구나 하는 사실을 실감할 수 있다. 어떤 국가가 문화에 투자한다는 것은 이미 경제적으로 상당히 여유가 있다는 사실을 의미한다. 우리 개인들도 그런 것처럼.

▶ 누란 모나리자를 벽화로 장식한 누란박물관

▶ 뤄창에서 쿠얼러로 가는 길에 만난 회양목 숲과 호수

▶ 뤄창에서 쿠얼러로 가는 길에 만난 목화밭

▶ 뤄창에서 쿠얼러로 가는 길에 만난 휴게소와 행상들

호텔도 누란빈관에 정했다. 누란고성에 가지 못하는 아쉬움을 이렇게라도 달래고 싶었다. 가이드북에는 초대소 하나밖에 없다고 나와 있어서 걱정했는데, 현대식 빈관이 아주 많이 눈에 띈다. 지금까지 다닌 도시들 중에서 가장 깔끔해 보인다. 산동의 청도와 유사하다는 느낌이다. 방은 깨끗하고 좋다. 와이파이는 안 된다. 호텔 직원이 누란고성 여행상품을 판매하는 여행사가 열흘 동안 휴가라고 알려준다. 가격도 4천위안(80만원) 이상이 든다고 한다. 어제 민펑에서 치에모로 실어다준 택시기사는 치에모에서 왕복 2천위안에 데려다 준다고 했었다. 지금의 내 형편에는 너무 큰 비용이다. 누란고성 주변에 아무리 가고 싶어도 지금은 참아야 한다. 다음에 둔황으로 해서 옛길을 따라 반드시 가볼 것이다.

여행사 가이드북에 따르면, 뤄창에서 누란고성까지는 약 300킬로미터 거리이며, 왕복하려면 약 15일이 걸린다. 중간에 보급품을 조달할만한 마을이 없으므로 식량과 물, 야영장비는 모두 자신이 준비해야 한다. 뤄창에서 미란마을(옛 미란왕국 유적지)이 있는 36집단농장까지 75킬로는 포장도로이고, 여기서부터는 4륜자동차로 약 220킬로미터를 사막으로 더 들어가야 한다. 유적지 전방 20킬로미터부터는 자동차도 못 다니기 때문에 낙타를 타거나 걸어야 한다. 이 길을 꼭 가고 싶은 사람들은 둔황 옥문관이나 양관에서 출발해서 누란 유적지를 거쳐 미란으로 빠지는 길을 답사해보면 옛날 대상들이나 스님들이 여행하면서 겪었던 고생과 위험한 상황들을 고스란히 경험해 볼 수 있을 것이다. 여행 기간은 한 달 정도 걸리고, 비용은 천만 원 정도 들 것으로 예상된다.

그럼 누란이라는 나라는 어떤 나라였기에 이렇게 많은 사람들의 관심을 끌고 있는가? 약 2천 년 전에는 중국 쪽 실크로드 시점인 둔황에서 서쪽으로 16일 정도를 더 가면 서역북로와 서역남로가 갈라지는 누란국에 도착할 수 있었다. 지금도 여행사에서 350만원(입장료 60만원 포함) 정도만 주면 3박 4일로 누란유적지를 방문할 수 있다. 누란은 로프노르호수를 끼고 있어 대상들이 물과 식량, 필수품들을 보충할 수 있는 실크로드의 마지막 요충지였고, 이로 인해 한나라의 변방에 위치하고 있음에도 막대한 부와 문명을 축적할 수 있었다. 위키백과에 의하면, 누란(樓蘭)으로 불리는 도시 또는 국가가 언제, 어떻게 성립되었는지는 확실하지 않다. 옛날 신석기 시대로부터 거주가 시작되었던 것이 고고학적으로 확인되고 있어, 이른바 '누란 미녀'로서 알려진 미이라는 입고 있던 의복의 탄소연대측정에 의해서 기원전 19세기 무렵의 인물이라고 추정되고 있다. 그러니까 4천년쯤 나이를 먹은 것이다.

그러나 역사 문헌에 '누란'이라는 이름이 최초로 나타난 것은 〈사기〉 흉노열전에 수록된 편지 중에서 발견된 것이 최초(기원 전 2세기)이며, 그 사이의 역사는 공백으로 남아 있다(어떤 자료에는 기원전 330년으로 나오기도 한다). 그 편지는 흉노의 지배자 묵돌 선우(冒頓單于 모돈 선우, 재위 기원전 209년 - 기원전 174년)가 전한의 문제(文帝, 재위 기원전 180년 - 기원전 157년)에게 보낸 것이다. 이 편지에서 묵돌 선우는 흉노가 월지에게 승리하여, 누란·오손·호게 및 근처의 서역 26국을 평정했다고 선언하고 있다. 이 편지는 문제 4년(기원전 176년)에 보내진 것이므로, 누란은 적어도 기원전 176년 이전에 형성되어 월지의 세력권에 있었던 것이다. 그리고 기원전 176년경 흉노의 지배하에 들어갔던 것으로 추정될 수 있다. 〈한서〉 서역전에 의하면, 서역 전체를 지배하에 둔 흉노는 언기, 위수, 위려의 사이에 동박도위를 두어 누란을 포함한 서역 여러 나라에 세금을 부과하고, 하서회랑에 수만의 군대를 두어 그 교역을 지배했다. 또한 이 역사서는 다음과 같이 누란왕국을 기술하고 있다.

선선국은 원래 누란이라 불렀다. 그곳은 장안에서 6,000리, 양관에서 1,600리 지점에 있다. 가구 수는 1,570호, 인구는 14,100명, 군인은 2,912명이다. 관리로는 선선도위(都尉)를 비롯하여 ---- (중략) ---- 역장(驛長) 두 명이 있다. 토지는 사막이어서 농사지을 땅이 없어서 다른 나라의 경작지를 빌리고 있으며, 곡식은 근방의 나라에서 수입하고 있다. 산물로는 옥이 생산되며, 갈대 버들 백초 등이 있다. 주민들은 수초를 따라서 생활을 하며, 낙타와 당나귀를 많이 사육하고 있다. (출처: 김규현 역, 〈송운행기〉, 26페이지)

한서는 누란에 대해 비교적 정확하게 서술하고 있다. 옥이 생산된다는 것은 호탄과 혼동한 것으로 보이며, 버들은 누란 유적에서 많이 발견된 회양목일 것으로 추정된다. 주민들이 수초를 따라 생활한다는 것은 로프노르 호수와 이 호수로 흘러드는 공작강이 당시에는 수량이 풍부했다는 사실을 말해준다. 이라크 유프라테스강 하류에는 지금도 수초 위에서 갈대로 집을 짓고 살아가는 사람들이 있는 것을 보면, 누란 사람들도 호수를 중심으로 거주지를 형성한 것으로 보인다.

중국은 흉노가 실크로드에서 무역을 통해 식량과 물자를 확보하는 것을 방지하기 위해 타림분지에서 흉노를 몰아내어 북쪽으로 몰아내고자 지속적으로 시도했다. 그래서 후한(25-220) 때 타림분지를 정복하거나 아니면 다시 탈환하게 된 것은 명제(明帝, 58-75), 장제(章帝, 75-88), 화제(和帝, 88-105)의 시기에 계획적으로 이루어졌다. 그 대표적인 장군이 반초(32-102)이다. 그는 "서역 36국을 장악하는 것은 흉노의 오른팔을 자르는 것이다."라고 주장하면서, 흉노가 장악하고 있던 호연(73년), 투루판(74년, 78년, 91년), 카쉬가르(74년, 80년, 87년), 야르칸트(88년), 쿠차(90년, 91년), 악수(91년), 카라샤르(언기, 94년) 등을 복속시키거나 반란을 진압하면서 타림분지를 평정했다. 이렇게 흉노와 각축전을 벌이던 반초는 75-80년경에 누란을 복속시키고, 나라 이름도 선선(鄯善)으로 바꾸었다. 수도도 누란에서 로프노르 호수 남쪽의 미란(현재 미란고성 자리)으로 천도하고, 누란은 군사기지로만 남겨두었다. 반초가 누란에 파견되었을 때, 누란은 흉노를 두려워하여 등거리 외교를 하고 있었는데, 마침 누란에는 흉노의 사신이 방문 중이었다. 반초는 흉노 사절과 선선 왕이 공모하여 모략을 꾸미고 있다는 정보를 미리 탐지하고, 역으로 먼저 사절이 묵고 있는 막사를 습격하여 사절의 목을 베어버렸다. 사절의 머리를 선선 왕에게 보여주자, 그는 항복하고 한나라의 신하가 되었다. 이때 반초는 '호랑이 새끼를 잡으려면 호랑이굴에 들어가야 한다'는 유명한 말을 남겼다고 한다. 102년에 반초가 죽은 후에 타림분지는 다시 흉노의 지배하에 들어갔지만, 그의 아들 반용(班勇)이 124년에 선선 왕을 한나라에 충성토록 만들었으며, 123년에는 투루판, 127년에는 카라카샤(쿠얼러)에 다시 진출하여 타림분지에 대한 재정복이 완료되었다. 그 후 4세기 말에 누란은 선선국으로 법현의 〈불국기〉에 다시 등장한다. 64세인 법현과 10명의 일행이 399년에 장안을 출발하여 17일 동안 약 천리를 가서 선선국에 이른다. 그러니까 적어도 400년대 초까지는 누란 왕국은 존속했던 것으로 보인다. 여행기는 다음과 같이 누란을 기록하고 있다.

(전략)

(둔황을 출발한 지 - 저자 주) 17일 만에 약 천리를 걸어서 선선국/누란국에 이르렀다. 그곳은 땅이 거칠어 농사가 잘 안 되며, 속인들의 옷은 모직물을 사용하는 것이 다를 뿐 거칠기는 중국인들의 옷과 마찬가지였다. 이 나라의 왕은 불교를 신봉하며, 승려들은 4천 명 정도이고, 모두 소승을 믿는다. 사문들은 물론 속인들도 천축(인도 - 저자 주)의 예법을 행하고 있는데, 이곳뿐만 아니라 서쪽에 있는 나라들도 대개 이와 비슷하다. 다만 나라마다 사용하는 언어가 다르지만, 출가한 사람들은 모두 인도 문자를 익히고 있다. (출처: 김규현 역, 〈불국기〉, 49-50페이지)

언제인지는 정확하게는 모르지만 누란은 법현이 방문한 5세기 초에서 송운이 방문한 6세기 초 사이에 토욕혼에 의해 멸망했다. 〈송운행기〉를 쓴 송운 일행이 519년 경에 이 나라를 방문했을 때 누란은 이미 토욕혼에 병합되어 나라가 없어졌다고 기록되어 있기 때문이다.

토욕혼에서 서쪽으로 3,500리를 가서 선선성에 도착하였다. 자신들이 왕을 세웠으나 토욕혼국에 병합되어 지금은 성의 주인이 토욕혼 국왕의 둘째 아들 여서 장군으로 3천 부락을 거느리고 서쪽 오랑캐들을 방어하고 있다. (출처: 김규현 역, 〈송운행기〉, 43-44페이지)

왕국의 규모가 3천 부락이면 한나라 때의 두 배로 늘어난 것이다. 서쪽 오랑캐는 흉노의 뒤를 이은 돌궐족으로 보인다. 실제로 돌궐은 누란을 점령한 적이 있다. 519년이면 모용부연수(慕容伏連籌, 재위 490-540) 때 침략했을 것으로 추측된다. 왜냐하면, 토욕혼은 이때부터 다음 왕인 모용과여(可汗 慕容誇呂, 재위 540-591) 때까지 가장 세력이 강하여 당나라와 전쟁을 벌일 정도로 영토 확장 정책을 펼쳤기 때문이다. 위키백과와 브리테니커를 참고하여 정리하면 토욕혼의 역사는 다음과 같다. 토욕혼(吐谷渾, 285-671)은 3세기 말부터 663년 토번의 침공으로 완전히 멸망하기 전까지 존속한 유목 민족이며, 또한 그들이 세운 국가명이다. 토욕혼은 지금의 투족(土族)이라고 불리는 중국의 소수 민족이다. 그들은 선비족 모용씨로부터 내려온 부족이라고 전해진다. 수도는 현재 칭하이호수 남서부에 있는 차이담분지에 있었다. 유목을 위주로 했으며, 이곳에서 나는 '청해총'(青海驄)이라는 말이 유명하다. 나중에는 농업도 겸해 보리·조·콩 등을 재배했다. 남북조시대(386-589)에는 북위(北魏, 386-534)·송(宋, 420-479)·제(齊, 479-502)에 차례로 예속되었다. 7세기에는 부족의 일부가 수(隋, 581-618)에 귀순했다. 당대(618-907)에는 일찍이 사신을 파견하여 조공을 바쳤고, 통혼과 교역을 청했다. 이후 란저우(蘭州)·량저우(凉州) 일대를 침범했다가 634년 당에게 패배했으며, 왕도 부하에게 살해되었다. 당은 모용순(慕容順)을 서평군왕(西平郡王)으로 봉했으며, 후에 순의 아들 낙갈발(諾曷鉢)을 아원군왕(阿源郡王)으로 삼고, 당의 홍화(弘化) 공주를 아내로 맞이하게 했다. 또한 당은 그를 칭하이의 국왕으로 봉했다. 663년 수도인 차이담분지가 토번(吐蕃)에게 점령당했을 때 대부분은 토번에게 항복했지만, 일부는 영주(靈州 : 지금의 닝샤후이족자치구寧夏回族自治區 링우靈武)로 이동했다. 당은 그곳에 안락주(安樂州)를 두고 낙갈발을 자사(刺史)로 삼았다. 8세기 안락주가 토번에게 점령되자, 다시 북방·하동(河東: 지금의 내몽골 허둬지산河套及山 북서쪽) 등지에 흩어져 살게 되었는데, 이들을 '퇴혼(退渾)'이라고 한다. 이후 점차 한족과 융합되었다.

토욕혼이 663년에 토번(티베트)에게 멸망당한 것으로 볼 때, 당시 지배하고 있던 누란 왕국도 그 즈음에 토번의 지배를 받은 것으로 추측된다. 그래서 현장이 귀국길에 이 부근을 지나던 7세기(644년경)에는 아예 왕국 자체가 사라져버린 것으로 보인다. 현장은 〈대당서역기〉 마지막 편에 호탄국에서 동쪽으로 330리(현재 93킬로미터) 거리에 있는 비마성(媲摩城: 현재 치라-책륵策勒), 거기서 다시 동쪽으로 200여 리 떨어진 니야성(尼攘城), 거기서 동쪽으로 다시 400여리가 떨어진 토화라국, 거기서 다시 동쪽으로 600여 리 떨어진 저말국(沮末國-차말국且末國)을 간단하게 기술하면서, 누란에 대해서는 마지막 줄에 다음과 같이 딱 한 줄만 기록하고 있다.

> 다시 이곳에서 동북쪽으로 천여 리를 가면 뤄보푸(納縛波 납박파: 로프노르 호수-저자 주)의 옛 땅에 도착하는데, 바로 누란의 땅이다. (출처: 김규현 역, 〈대당서역기〉, 582페이지)

장안까지는 앞으로도 갈 길이 멀지만 누란을 여정의 마지막 목적지로 정한 것을 보면, 당시에는 인도에 갔다가 누란에 도착하면 중국에 다 왔다고 생각했던 모양이다. 그리고 누란이 살아있었다면 아마도 상세하게 기록을 남겼을 것이다. 대신 현장은 누란이 멸망한 이유를 그 지방에 전해오는 전설을 차용하여 설명하고 있다.

> 그 지방에서 전하는 기록에 의하면, 이 불상(비마성 전단나무에 새긴 입불상-저자 주)은 옛날 붓다께서 세상에 계실 때 코삼비(憍賞彌國 교상미국: 부처 재세시 바지국의 수도)의 오타연나왕(鄔陀衍那王)이 만든 것인데, 여래가 세상을 떠나신 뒤 그곳에서 허공을 날아 이 나라 북쪽에 있는 갈로락가성(曷勞落迦城: 누란) 안으로 왔다고 한다. 처음 이 성에 도착했을 때, 사람들은 안락하고 부유한데다 이교에 깊이 빠져 있어서 여래의 가르침을 귀하게 여기거나 공경하지 않았다. 그래서 그 불상이 이곳에 저절로 날아왔다는 소식을 전해 듣고는 신기하게는 생각하였지만 귀하게 여기지는 않았다. 그런데 훗날 어떤 나한이 이 불상에 예배를 하였는데, 이 나라 사람들은 모두 그의 용모와 복장이 남다른 것에

놀라서 왕에게 달려가 보고하였다. 그러자 왕이 명령을 내렸다.
"모래와 흙을 이 낯선 자에게 뿌려라."

그리하여 아라한은 온몸에 흙과 모래를 뒤집어쓰고 입에 풀칠할 음식도 구하지 못하여 끼니를 굶고 있었다. 이때 어떤 한 사람이 이 일을 못 견뎌 하였다. 그는 옛날부터 이 불상을 공경하고 존귀하게 여겨 절을 올려왔던 사람이다. 그는 나한이 곤경에 빠진 것을 보고 몰래 음식을 가져다주었다. 나한이 그 지방을 떠나려할 때에 그 사람에게 말하였다.

"내가 떠난 지 7일이 지나면 흙모래가 비처럼 쏟아져 내려 이 성을 가득 메울 것이며, 아마 살아남는 자가 한 사람도 없을 것이오. 그대에게 그 일을 알려주니 서둘러 빠져나갈 계책을 세우시오. 나에게 흙먼지를 끼얹은 사람들은 그런 재앙을 당하게 될 것이오."

나한은 이렇게 말을 하고서 이내 사라져 보이지 않았다. 이 사람이 성안으로 들어가서 친지들에게 이 일을 알려주었다. 그런데 그 말을 들은 자는 누구라도 비웃지 않는 자가 없었다. 그런데 이틀째가 되자 큰 바람이 홀연히 불더니 흙먼지가 불어왔는데, 온갖 보석들이 비처럼 쏟아져 길거리를 가득 채웠다. 그러자 사람들은 다시 앞서 재앙을 예고한 사람을 비웃었다. 그러나 이 사람은 그 일이 반드시 일어나리라는 것을 알았다. 은밀히 길을 파서 성 밖으로 나갈 수 있도록 구멍을 만들어 놓았다.

7일 째가 되던 한 밤에 모래와 흙이 비처럼 내리기 시작하더니 온 성을 가득 메웠다. 이 사람은 구멍을 통하여 성을 빠져 나와 동쪽으로(비마성이 서쪽에 있으므로 서쪽이어야 맞는 것 같다 - 저자 주〉 가서 이 나라에 도착하여 비마성에 머물렀다. 이 사람이 이곳으로 오자 불상도 따라왔다. 그리하여 이곳에서 불상에게 공양을 올리자 다시 옮겨가지 않았다.

옛날의 여러 기록에 의하면, 여래의 법이 다하면 이 불상이 용궁으로 다시 돌아간다고 한다. 지금 갈로낙가성(누란성)은 커다란 구릉이 되어있는데, 여러 다른 나라의 군왕이나 귀족들이 이곳에 와서 흙을 파고 그 보물을 발굴해 내려고 여러 차례 시도했지만, 바로 그 옆에 도착하기라도 하면 맹렬한 바람이 사정없이 불어대고 자욱한 연기와 구름이 사방에서 일어나 길을 잃어버리고 만다. (출처: 김규현 역, 〈대당서역기〉, 578-580페이지)

현장은 아마도 누란 사람들이 불심이 약해서 망한 것처럼 전설을 차용하면서 부처님을 공경하지 않으면 이렇게 될 수 있다고 경고하고 있다. 한편으로는 여행을 마치면서 자신이 여행 중 그동안 당했던 수모를 이렇게 표현했는지도 모른다. 이처럼 어떤 종교를 믿지 않거나 공경하지 않으면 천벌을 받는다는 '노아의 방주형' 전설은 우리나라를 포함하여 실크로드를 따라 광범위하게 퍼져 있다. 또 당시부터 누란 왕국은 금은보화가 많은 부자 나라였다는 소문이 있어서 이미 누란성에서 도굴이 성행하고 있었던 것으로 보인다. 이런 전설은 20세기까지 전해져 헤딘이나 스타인 등 외국 탐험대들이 사막에 있는 유적에 들어가려 하면, 현지 주민들은 탐험대들이 보물을 찾으러 왔다고 믿었고, 이 사막에 들어가면 거기에 사는 신의 저주를 받는다고 두려워하여 인부로 일하기를 꺼려했다고 한다.

▶ 누란 샤오허 묘지 유적(무덤들이 바다 위에 떠있는 돛단배처럼 보인다)

이렇게 누란은 숱한 소문과 전설을 남기고 역사 속으로 사라지고 말았다. 기원전 2세기부터 6세기 중반까지 누란국의 판도는 동쪽으로는 로프노르호수에서 서쪽으로는 호탄국까지 동서 900킬로미터에 달할 정도로 중계무역으로 번성한 왕국이었지만, 7세기 초부터 생명줄인 공작강이 마르면서 수로가 변경되어, 주민 모두가 이주해야 하는 비극을 맞이하게 된 것으로 추측하고 있다. 이 극적인 상황을 소설로 쓴 것이 이노우에 야스시의 〈누란〉이다. 중국 측으로 볼 때 서역남로의 기준점인 누란이 사라진다는 것은 곧 서역남로 자체의 기능이 다했다는 의미이다. 사실 누란의 쇠락과 함께 서역남로는 그 교역의 기능을 서역북로에게 넘겨주고 역사의 뒤안길로 사라지게 된다. 현재 서역남로에는 고속도로도, 철도도 없다는 사실이 이런 현실을 반증하고 있다.

누란 왕국은 로프노르(Lop Noir) 호수 주변에 자리 잡고 있었다. 이 호수는 타클라마칸사막 동쪽에 있어 사마천의 〈사기〉와 청나라 강희제(재위 1660-1722)가 쓴 황흥전람도(皇興全覽圖)에도 등장하는 신비의 호수이다. 호기심 많은 동서양의 많은 탐험대들이 전설을 따라 이 호수를 찾아 나섰지만, 사라진 이후 천오백여년 동안이나 누구도 그 실체를 발견할 수 없었다. 1900년 1월 로프노르는 스웨덴의 지리학자이자 중앙아시아 탐험가인 스벤 헤딘의 2차 탐험에 의해 처음 세상에 드러났다. 그리고 이제는 세찬 모래폭풍으로 수원(水原)인 타림강의 물길이 변함에 따라 1500년을 주기로 그 위치가 바뀌고, 면적까지도 변해가는 이동하는 호수였다는 사실도 밝혀졌다. 그가 이 수수께끼를 푸는 데는 35년이라는 세월이 걸렸다. 그래서 지리학계에서는 이 발견을 '헤딘의 법칙'이라고 한다.

오랫동안 유물과 유적이 발견되지 않아 그저 '신비의 왕국' 정도로만 알려져 왔던 누란은 헤딘에 의해 이렇게 처음 세상에 알려지게 되었다. 이후 영국인 스타인, 프랑스의 펠리오, 일본 오타니 탐험대 등에 의해 본격적인 발굴이 시작되었다. 막대한 양의 불상과 불화, 사원 유적, 직물, 문서들이 발견됨으로서 누란은 전설속의 신비의 왕국에서 화려한 문명을 자랑하는 사막 왕국으로 부활했다. 이러한 고고학적 발굴들로 누란이 약 2~3만명 정도의 인구를 가진 풍족한 불교 왕국이었고, 중앙의 불탑을 중심으로 한 쪽 면의 높이가 300미터가 넘는 누란성으로 둘러싸여 있었으며, 또 도시 가운데는 로프노르에서 물을 끌어오기 위한 수로까지 있었던 고대의 문명도시였음이 밝혀졌다.

누란국이 왜 멸망했고 후에 선선국으로 국명을 바꾸게 되었는지는 위에서 언급한 바와 같다. 금세기 들어 이루어진 많은 연구로 타림분지에 아리아인 혹은 이와 유사한 민족이 살고 있었고, 또 일부에서는 터키(투르크)족이 살았다는 사실만을 어느 정도 짐작할 수 있을 뿐 이다. '새오늘'이라는 블로거가 쓴 〈누란왕국의 멸망 원인〉은 학술적으로 상당히 근거가 있어 보여 여기 소개한다. 누란왕국이 멸망한 이유에 대하여는 학자들이 여러 가지로 추측하고 있다.

✍ 첫째, 외족침입설

누란왕국은 외족의 침입을 받아, 연이은 전쟁으로 인하여 지친 사람들이 떠나버려, 원래 취약했던 오아시스 관리가 소홀해졌다는 것이다. 어떤 사람은 누란왕국은 흉노족의 침입을 받았고, 한나라에서는 누란에 대하여 남쪽으로 이주하라고 제안하여 이를 받아들였다고 한다. 이때부터 누란 사람들은 장거리를 이동하면서 서로 흩어지고, 결국은 멸망하였다는 것이다. 어떤 사람들은 누란왕국의 새 왕인 위도기가 이곳이 수백 년간 계속하여 침입을 받아온 이유가 누란왕국의 지리적인 위치 때문이라고 보고, 누란고성을 버리고 남으로 이전했다는 것이다. 이노우에 야스시의〈누란〉은 이 설을 바탕으로 하고 있다.

그러나 이 설만으로는 다 해석이 안 되는 점이 있다. 누란왕국이 남으로 이전했다면, 침입자는 왜 누란과 같은 전략적 요새를 활용하지 않았을까? 왜 이곳에서 군사나 주민이 살지 않았을까? 전쟁이 도시 하나, 마을 하나를 폐허로 만드는 것은 이해되지만, 이 설만으로는 누란왕국의 수수께끼를 풀기 힘들 듯하다.

✍ 둘째, 수로 변경설

이 의견을 제시하는 사람들은 타림강(塔里木河) 하류가 변경되어 남쪽으로 흘러 타이터마(台特馬)호수로 흘러들어가게 됨에 따라, 공작하(孔雀河)만이 로프노르호수 흘러들게 되었고, 이로 인하여 수량이 많이 줄었고, 호수가 점차 축소되었으며, 결국은 말라버렸다는 것이다. 2002년 전국 위성탐사 고고학 회의에서 중국에서 처음으로 위성탐사 결과를 분석하여 이 주장을 지지했다. 옛 공작하의 상류에서 두 번에 걸친 산사태가 일어나서 물길을 막았고, 이로 인하여 누란고성은 물이 끊어져 결국 버려지게 되었다는 것이다. 동시에 실크로드의 길도 이에 맞추어 변경되어, 북쪽의 이오, 다하로 옮겨갔으며, 정치 경제 군사의 중심도 북쪽으로 이전하였다는 것이다. 이에 따라 누란은 실크로드 중계도시의 지위를 상실하고, 오아시스의 환경도 날로 악화됨에 따라 누란은 점차 황폐해지고, 결국은 버려지게 되었다고 한다.

✍ 셋째, 자연환경 변화설

어떤 전문가는 누란왕국의 멸망은 강수량과 관계없고, 고산빙천(高山氷川)이 축소되면서, 하류의 수량이 감소하였으며, 이로 인하여 이 일대의 기후에 변화를 가져왔다는 것이다. 최종적으로는 지역의 환경이 악화되고, 토지 사막화가 이루어졌다고 본다. 누란고성의 유적지에서 얻은 한문간독을 보면, 누란의 수량은 점차 축소되는 추세에 있었다는 것을 알 수 있다. 심지어 “점차 아껴 씀으로서 부족하지 않도록 해야 한다”는 말도 나온다. 양식부족의 주요한 원인은 환경 악화, 생태균형 상실, 수자원 부족이다. 출토된 문서에는 수량 부족에 관한 이야기, 농사짓기 힘들다는 이야기, 물이 필요하다는 이야기, 물을 잘 관리해야한다는 이야기 등이 나온다. 이런 것들은 모두 4세기경에 로프노르호수 지역의 자연환경이 오랫동안 악화되어 왔다는 것을 보여준다.

✍ 넷째, 기후 악화설

중국의 기상학자들은 여러 차례의 현지 고찰과 대량의 문헌을 살펴본 후에 기후 악화설을 제안했다. 유명한 누란 미녀(3800년 전의 미이라)에 대하여 해부 연구를 할 때 폐에 다량의 모래가 침전되어 있는 것을 발견했다. 이것은 당시에 기후가 이미 악화되었다는 것이다. 기후 악화설은 현재 비교적 다수설을 점하고 있다. 이 설에 따르면, 3세기부터 6세기까지 기후가 점차 습기 있는 기후에서 건조한 기후로 바뀌었고, 강우량이 감소했고, 토지가 사막화되었다고 본다.

✍ 다섯째, 수자원 고갈설

일부 과학자들과 고고학자들은 동, 식물종의 고고학적 발견에 근거하여 이렇게 추측한다. 2-3천 년 전의 이 지역의 기후는 현재의 기후와 큰 차이가 없다. 그러므로 누란고성의 멸망의 핵심 원인은 하류로부터 오던 물이 점차 감소하고 이로 인하여 자연환경이 변화하였기 때문이라고 본다. 건조한 사막지구의 하류와 호수는 아주 불안정하다. 침식과 퇴적의 교체작용으로 수계(水係)는 주기적으로 변화한다. 즉, "이동하는 호수", "움직이는 강물" 이론이 나오는 것이다. 이 호수는 염수호이다. 여러 담수에서 물이 흘러들어오면서, 사람이 생존할 수 있는 기본조건을 갖추게 되었다. 그러나 나중에 지역적인 지리환경의 변화로 기후가 건조해지고, 강우량이 감소하였으며, 나중에 상류의 사람들이 수원을 막아, 농사를 짓고 축산 등의 용도로 사용하게 되면서 용수가 고갈되었다. 이로 인해 누란인들은 다른 곳으로 대거 이전했고, 고성은 폐허가 되었다.

✍ 여섯째, 세계 고문명의 공동비극설

인간의 경제 활동은 자연 생태계를 파괴한다. 고도로 발달된 문명을 창조할 때는 놀라울 속도로 사막화를 진행시키게 된다. 예를 들어, 누란 사람들은 대형 토목공사와 독특한 매장인 태양묘를 만드느라 많은 나무를 베어냈다. 이것이 생태계의 변화를 가져왔다. 태양묘의

겉모습은 매우 특이하다. 묘혈을 가운데 두고 한 층 한 층 모두 7층으로, 안쪽은 가는 원목을 바깥은 굵은 원목을 박는다. 나무 담장은 안에서 바깥까지 가늘고 굵은 것이 매우 정교하고 치밀하다. 전체 모양이 태양과 같다고 하여 태양묘라 부른다. 고고학자들의 발견 자료에 의하면, 이미 발견된 7개의 태양묘 중에 사용된 나무는 모두 1만개이다. 수량이 대단히 많은 편이다. 주민이 경제 활동을 하면 할수록 오아시스가 감당할 수 있는 능력을 벗어나게 된다. 이로 인하여 자연환경의 변화를 가져온다는 것이다. 많은 학자들은 주민의 경제 활동이 자연환경을 파괴하면, 원래 취약한 오아시스의 생태환경은 다시 회복되지 않는다고 본다. 이로써 문명은 의지할 환경이 사라지게 된다는 것인데, 어떤 학자는 이것이 세계 고문명의 공통된 비극이라고 본다. 발굴된 누란 유물 중에서 이런 규정이 있다. "나무 한 그루를 벤 자는 말 1필을 벌로 내야 한다" "작은 나무 1그루를 벤 자는 소 1마리를 내야 한다" "나무 싹을 없앤 자는 양 2마리를 내야 한다" 이것을 볼 때 당시 사람들이 나무를 보호하려는 노력이 상당했다는 사실을 알 수 있고, 사람들이 나무를 보호하기 위하여 매우 노력하였음을 알 수 있다.

✍ 일곱째, 질병과 생물설

만일 돌연한 재난이나 사회적인 위기가 아니었다면, 누란왕국의 사람들은 자연을 보호하면서 계속 생활해 나갈 수 있었을 것이다. 전설에 의하면, 누란인에게 가한 최후의 타격은 바로 전염병이었다. 그리고 또 하나는 생물에 의하여 침입을 받아 멸망했다는 것이다. 이것은 두개의 하류에서 들어온 곤충에 대하여 천적이 없었던 누란에는 악성 번식이 이루어지고, 사람들은 그것을 소멸시킬 수 없어서 할 수 없이 성을 버리고 도망쳤다는 것이다. 비록 부근에서 군장갱을 발견한 바 있고, 안에는 남녀노소의 사체가 벽돌처럼 차례차례 쌓여져 있기는 하지만, 이 설은 아직 고고학계의 인정을 받지는 못했다.

✍ 여덟째, 정치 경제 및 자연조건 변화의 종합설

전 세계의 역사를 보면, 전쟁의 원인은 자원의 경쟁이나 약탈로 인한 것이 많다. 타클라마칸사막 주변의 많은 하류는 간헐적인 자연하천이다. 사막지구에서 수자원은 고귀한 생명선이며, 이로 인하여 충돌이 발생하고 전쟁이 일어나는 것은 어쩔 수 없다. 게다가 이런 자연하천은 아주 쉽게 물길을 바꾼다. 자연적인 이유로 인한 수로 변경 외에, 사람들이 수로를 바꾸기도 매우 쉽다. 수로의 근원지에 새로운 물길을 내는 데에는 반나절도 필요하지 않다. 정치와 사회의 변화는 누란이 버려진 원인이다. 토욕혼에 이어 6세기 전반에 토번(티베트)에 점령당한 누란성은 먼저 정치적으로 역할을 완전히 상실했다. 동시에 교통요지의 위치도 상실하였다. 이렇게 되면서 상업이 무너지고, 인구가 격감하며, 농업이 중단되고, 누란성의 생존조건이 악화되었다. 또한 충분한 노동력을 구비하지 못했고, 생태균형도 많이 파괴되었으며, 매년 이런 악순환이 계속되었다. 누란지역은 점차 사람이 살 수 있는 조건을 잃어간 것이다.

중국과 외국 학자들의 누란 멸망에 대한 이런 의견들은 서로 완전히 모순되지는 않는다. 최소한 누란이 물이 말라서 멸망했다는 점은 대체로 일치한다. 다만 그 근거를 제시하는 방식이 다를 뿐이다. 종합적으로 이런 견해를 살펴보면, 오아시스의 사막화와 고대문명의 멸망은 밀접한 관계가 있다. 다만 여러 원인간의 인과관계의 인식에 있어서 서로 다른 입장을 취할 뿐이다.

이와 같은 신비스런 역사를 가진 누란은 중국에서는 당나라 시대부터 수많은 문학작품의 소재로도 등장했다. 일본에서도 이노우에 야스시가 〈누란〉이라는 소설을 썼으며, 우리나라에서는 시인 김춘수가 〈누란〉이라는 시를 발표했고, 현기영은 〈누란〉이라는 소설을 썼고(내용은 한국 현대사회가 배경이다), 소설가 윤후명은 그의 소설 〈둔황의 사랑〉에서 김시인의 〈누란〉으로 끝을 맺고 있다.

누란(樓蘭) / 김춘수

과벽탄(戈壁灘)

고비는 오천리(五千里) 사방(四方)이 돌밭이다. 월씨(月氏)가 망(亡)할 때, 바람기둥이 어디선가 돌들을 하늘로 날렸다. 돌들은 천년(千年)만에 하늘에서 모래가 되어 내리더니, 산 하나를 만들고 백년(百年)에 한 번씩 그들의 울음을 울었다. 옥문(玉門)을 벗어나면서 멀리멀리 삼장법사(三藏法師) 현장(玄奘)도 들었으리.

명사산(鳴沙山)

그 명사산(鳴沙山) 저쪽에는 십년(十年)에 한 번 비가 오고, 비가 오면 돌밭 여기저기 양파의 하얀 꽃이 핀다. 봄을 모르는 꽃. 삭운(朔雲) 백초련(白草連). 서기(西紀) 기원전(紀元前) 백이십년(百二十年). 호(胡)의 한 부족(部族)이 그 곳에 호(戶) 천 오백 칠십(千五百七十), 구(口) 만 사천백(萬四千百), 승병(勝兵) 이천 구백 이십갑(二千九百二十甲)의 작은 나라 하나를 세웠다. 언제 시들지도 모르는 양파의 하얀 꽃과 같은 나라. 누란(樓蘭).

누란고성에 못가는 대신, 시간이 있으면 곤륜산맥이나 아열진산맥에 가보고 싶다. 호텔 방에서 멀리 산맥이 보인다. 이름은 모르겠다. 지도로 보니까 아열진이 앞에 있고 곤륜산은 뒤에 서있다. 높이가 오천 미터가 넘는 수많은 봉우리 중에서 수라무타거봉(해발 6295미터)이 가장 높다. 남쪽으로 100킬로 정도만 들어가면 산들을 볼 수 있을 거 같은데. 아쉽다. 이번 여행이 실크로드 전체 일정에 맞추어져 있어서. (2013년 10월 2일, 수요일, 맑고 덥다)

타클라마칸 마지막 일주코스 뤄창-쿠얼러 구간

누란에 가지 못하는 아쉬움을 뒤로 하고 아침 10시 버스로 뤄창을 출발하여 오후 6시에 쿠얼러(库尔勒-庫爾勒 고이륵)에 도착했다. 버스터미널에서 내려 깜짝 놀랐다. 바로 눈앞에 천산산맥 줄기가 떠억 버티고 서 있었기 때문이다. 그러니까 쿠얼러는 천산의 한 중턱에 자리 잡은 도시인 것이다. 일주일 전에 우루무치에서 쿠차로 가는 길에 쿠얼러는 들르지는 않고 경유만 했던 곳이다. 그러니까 기차와 버스로 타클라마칸을 한 바퀴 돌아 다시 온 것이다. 카쉬가르로 가기 위해 버스터미널에서 택시를 타고 기차역으로 이동했다.

여기는 당나라 때는 언기국(焉耆國 또는 아기니국阿耆尼國)으로 유명한 곳이다. 후한의 반고(班固, 32-92)가 〈한서〉 서역전을 지은 1세기 후반에는 쿠얼러 동북쪽 50여 킬로미터 거리에 있는 언기가 언기국이고, 남쪽 50여 킬로미터 거리에 있는 위리가 위리국(尉犁國)이고, 쿠얼러는 거리국(渠犁國)이었는데, 600여 년이 지난 당나라(618-907) 때는 모두 언기국으로 합병된 것으로 추측된다. 현장의 〈대당서역기〉나 혜초의 〈왕오천축국전〉에 언기국 외에 거리국과 위리국은 전혀 언급이 없기 때문이다. 인도로 가는 길에 들른 현장은 〈대당서역기〉를 여기서부터 시작하고, 인도에서 돌아오는 길에 들른 혜초는 〈왕오천축국전〉을 여기서 끝을 맺는다. 과거에는 그만큼 서역으로 오가는 교통의 요지였다는 것을 증명해 주고 있다. 언기국에 대해 〈대당서역기〉는 다음과 같이 기록하고 있다.

> 옌치국(언기국)은 동서로 600리이며, 남북으로 400여 리에 달하고, 큰 도성은 주위가 6~7리인데, 사면으로 산에 둘러싸여 있고, 길이 험하여 외적으로부터 지키기 쉬운 곳이다. 설산에서 발원하는 지하 샘(카레즈 - 저자 주)이 서로 교차하여 이 물을 끌어다 밭을 경작한다. 포도 기장 밀보리 대추 능금 등 여러 과실을 심기에 적당한 토질이다. 기후는 온화하고 화창하며 풍속은 정직하고 순박하다. 문자는 인도의 것을 모방하여 사용하고 있는데, 다소 다른 점도 있다. 모직 옷을 입으며, 짧은 머리를 하고, 두건을 쓰지 않는다. 화폐로는 금전과 은전, 그리고 작은 동전을 사용하고 있다. 왕은 그 나라 사람이다. 용맹하지만 계략을 세우는 데는 어둡고 스스로 병사를 일으켜서 적을 정벌하기를 좋아한다. 나라에는 기강이 없고, 법은 정비되어 있지 않다. 불교 사원은 10여 곳이고, 승려들은 2천 명인데, 소승의 가르침인'설일체유부(說一切有部)'를 따르고 익힌다. 경전의 교리와 계율은 일찍부터 천축의 것을 준수하였는데, 배우는 모든 사람은 그 문장을 가까이 하여 여러 번 반복하여 익힌다. 계행과 생활이 정결하고 깨끗하

여 부지런히 힘쓰지만, 세 가지 정육을 먹는 것을 허락하고 있으며, 점교(漸敎: 소승불교 수행법 - 저자 주)에 머물고 있다. 여기로부터 서남쪽으로 200여 리를 가다가 작은 산 하나와 두 개의 큰 강을 넘으면 서쪽에 평원이 나오는데, 그로부터 700여 리를 더 가다 보면 쿠차국에 이른다. (출처: 김규현 역, 〈대당서역기〉, 53-55페이지)

현장의 이 기록을 보면 당시 언기국은 쿠차국 만큼 번성했고, 불교도 흥성했던 것으로 보인다. 여기에서도 농업용수와 생활용수를 위해 카레즈 (또는 칼징)이라는 지하수로를 파서 천산에서 눈 녹은 물을 끌어다 사용하는 카레즈가 발달했었던 것 같다. 세 가지 정육(첫째, 도살할 때 자신이 보지 않은 고기, 둘째, 자신을 위해서 죽였다고 듣지 않은 고기, 셋째, 자신을 위해서 죽이지 않았을까 하는 의심이 가지 않는 고기)만 먹는 것은 이슬람 율법과 똑같다. 마지막 문장의 지리 정보에 의하면, 당시 언기국은 지금의 쿠얼러가 아니라, 언기(쿠얼러에서 약 50여 킬로미터 북쪽 도시)인 것 같다.

혜초는 인도에서 카쉬가르를 거쳐 천산남로(서역북로)를 따라 장안으로 돌아오면서 마지막 경유지로 언기국을 〈왕오천축국전〉에 간단하게 소개하고 있다.

다시 안서(안서도호부가 있던 오루성 즉 룬타이 - 저자 주)에서 동쪽으로 (약 2자 누락) 가면, 언기국에 이른다 (현재 룬타이에서 쿠얼러를 거쳐 언기까지 115킬로미터이다 - 저자 주). 여기에도 중국 군대가 주둔하고 있다. 왕이 있으며, 백성들은 호인(胡人)들이다. 절도 많고 승려도 많으며, 소승법이 전해지고 있다. (약 6자 누락) 이것이 곧 안서 4진이다. 이름을 꼽으면, 첫째, 안서(룬타이 - 저자 주), 둘째, 우전(호탄 - 저자 주), 셋째, 소륵(카쉬가르 - 저자 주), 넷째, 언기(언기 또는 쿠얼러 - 저자 주)이다. (약 15자 누락) 중국식대로 안에 치마를 입는다. (출처: 정수일 역, 〈왕오천축국전〉, 452페이지)

위키백과에는 쿠얼러를 다음과 같이 소개하고 있다. 쿠얼러 또는 코를라 (위구르어: كورلا شەھىرى 코를라 시, 몽골어: Хорл, 중국어 간체: 库尔勒市 고얼륵시, 정체: 庫爾勒市)는 신장

웨이우얼자치구에 위치한 중소 도시이다. 쿠얼러는 바잉궈렁 몽골자치주의 주도이며, 이 주는 중국에서 가장 큰 주이다. 옛날부터 실크로드의 오아시스 도시로 번창했었지만, 최근에는 타림 유전이 개발되면서 유전개발의 기지로 발전하고 있다. 또한 이에 따라 한족이 대량으로 유입되면서, 대다수를 차지하던 위구르족은 거주지를 잃고 한족이 70%를 차지하고 있다. 도시 이름은 때때로 영어로 쿠를라(Kurla)로 표기하기도 한다.

쿠얼러는 우루무치에서 남서쪽으로 200 킬로미터 떨어져 있다. 그러나 도로 여행으로는 500 킬로미터 이상이다. 옌치(언기: 카라샤르)로 가는 톄먼관(철문관)은 도시의 북쪽 7 킬로미터 지점에 있다. 그곳은 방어하기 쉽기 때문에 고대 비단길을 서북쪽의 유목민으로부터 방어하는 데 중요한 역할을 하였다. 쿠얼러의 중심을 통해 흐르는 콩큐강은 공작강으로 자주 오역되고 있는데, 중국의 콩큐라는 단어는 실제로 위구르어 콩키에서 나왔고 물이 많음을 의미한다. 쿠얼러는 언기(카라샤르) 지역의 중심지이다. 풍부한 물과 넓은 농원을 지니며 언기의 남서쪽으로 가는 길을 지배했다.

신장 최대의 호수인 보스텅(博斯腾 박사등) 호수는 중국 최대의 담수 호수로 수역 면적은 1,400평방킬로미터에 달한다. 호수는 해발 1,048미터이며, 평균 수심은 8미터이다. 2007년에 내륙 어항 건설을 시작할 정도로 붕어나 새우, 진주조개, 농어 등이 풍부하다. 여름철 신장 지역의 피서지로서 금사탄(金沙滩) 해수욕장은 내륙의 피서지로서는 낯설고 신기한 풍경을 제공한다.

쿠얼러는 고대 서역 36국의 하나로 한나라 때는 위리(尉犁)로 알려졌으며, 서역도호부에 복속되었다. 〈한서〉 서역전에는 다음과 같이 기록되어 있다.

> 언기국의 처소는 원거성으로서 장안에서 7,300리 거리에 있으며, 가구는 4,000호에, 인구 32,100명과 6,000명의 군사가 있었다. (중략) 서남쪽으로 도호 처소까지는 400리이고, 남쪽으로 위리까지는 100리이며, 북쪽은 오손과 접해 있다. 근해에는 물고기가 많다. (출처: 정수일 역, 〈왕오천축국전〉, 453-454페이지)

기원전 1세기경부터 흉노와 한나라가 서로 빼앗고 빼앗기는 각축을 벌이다가 6세기경에는 돌궐의 지배하에 들어갔다. 648년에는 당나라에 점령되어 언기도독부의 지배하에 들어갔다. 그 후 토번(티베트) 왕조의 침입을 받아 점령되었고, 840년에는 위구르가 서쪽으로 옮겨와 이 땅에 정착했다. 또한 서하(1032-1227), 차가타이칸국(1227-1369), 중가르(1634-1758) 등에 점령되기도 했고, 1785년 청나라에 의해 신장이 되었다.

▶ 철문관(쿠얼러)

타림분지는 최근에 천연가스와 유전의 개발기지이며, 석유와 천연가스관련 산업이 잘 발달되어 있는 곳이다. 그래서 쿠얼러는 신장자치구 석유탐사의 거대한 중심으로 자리 잡았다. 쿠얼러는 호텔이나 공원 등 사회 간접자본이 신장 도시 중에서 가장 잘 개발되어 있다. 난장철도(南疆鐵道 남강철도) 개통 이후 개발에 박차를 가하고 있으며, 근대 도시로의 성장에 따라 많은 한족들이 유입되면서, 기존에 살고 있던 위구르족들은 거주지를 잃어 시 외곽이나 다른 곳으로 이주하면서 많은 인종문제가 야기되고 있다.

밤기차 시간까지 3시간쯤 여유가 있어 철문관(鐵門關)을 다녀왔다. 쿠얼러역 앞에서 택시기사가 왕복에 100위안이나 달라고 해서 50위안으로 깎았다. 철문관은 비단길에서 천산남로의 중요한 요충지로 흉노족의 침입을 막기 위해 진나라(기원전 221년 - 기원전 206년) 때 처음 설치되었다. 소문대로 주위는 꽤나 높고 험준한 민둥산으로 온통 둘러싸여 있고, 철문관은 협곡에 떠억 버티고 있어서 한눈에도 천하의 천연요새임을 알겠다. 옛날에는 여기서 서쪽으로 나가는 사람과 동쪽으로 들어오는 사람들은 모두 이곳을 거쳐야만 했다. 쿠얼러에서 택시로 30분 거리로 지금은 남아 있는 유적이 거의 없고, 성벽의 흔적만 남아 있다. 지금의 깔끔한 철문관은 최근에 다시 지어진 것이다. 주위에서는 많은 관광객들이 사진을 찍고 있었다.

철문관의 흔적은 흉노가 서역을 다스리던 기원전 174년에 동복도위(僮僕都尉)가 수비를 했다는 첫 기록이 있다. 전한(기원전 206년 - 서기 23년) 때인 기원전 138년과 기원전 119년 사이에 장건이 대월지(현재 아프가니스탄 박트리아 지역)에 사절로 갈 때, 두 번을 지나갔다는 기록이 있다. 당나라 때는 이곳에 군사들을 상주시켰다. 일부 가이드북에는 현장과 혜초가 이 문을 지나갔다고 나오는데, 〈대당서역기〉와 〈왕오천축국전〉에는 철문관에 대한 기록이 전혀 나오지 않는다. 철문관에서 쿠얼러역으로 돌아와 밤 9시 55분 기차를 타고 카쉬가르로 출발했다. (2013년 10월 3-4일, 목-금, 맑고 덥다)

카쉬가르-타스쿠얼간, 파미르로 가는 길

기차는 다음날 정오가 다 되어서야 카쉬가르(카스)에 도착했다. 9월 28일에 카쉬가르에서 호탄으로 출발했으니 8일 만에 다시 이곳으로 돌아온 것이다. 그러니까 타클라마칸사막을 버스와 기차 그리고 택시를 이용하여 한 바퀴 도는데, 8일이 걸린 셈이다. 한 도시에 오래 머무르지 않고, 꼭 필요한 곳만 방문했는데도 일주일 넘게 걸린 것이다. 좀 여유 있게 돌려면 2주일은 잡아야 할 거 같다.

타스쿠얼간 가는 버스를 타기 위해 버스터미널로 이동했다. 그런데 터미널이 아니라 그냥 길가에 있는 작은 정류장이었다. 거기에는 아무런 휴게시설도 없었고, 마침 노선버스도 없었다. 노선버스는 하루에 두 번 있는데, 시간이 맞지 않았다. 거기서 마침 존이라는 중국 청년을 만났다. 우루무치에서 사업을 하는 그는 친척을 만나러 타스쿠얼간으로 간다는 것이었다. 운이 좋게도 그가 모든 교통 정보를 알려주었다. 지금은 택시를 합승으로 타고 가야하며, 다섯 명이 모일 때까지 여기서 무작정 기다려야 한다는 것이다.

오후 두 시경에 마침내 손님이 5명이 되자 기사가 출발한다면서 택시에 타라고 했다. 1인당 120위안. 나와 존, 그리고 존의 남자 친구, 아름다운 타지크 아가씨 두 명이 함께 타스쿠얼간으로 출발했다. 메이다와 세이담. 메이다는 우루무치에서 대학을 다니는 학생이고, 세이담은 직장생활을 한단다. 타스쿠얼간은 인구 3만 5천명 중 2만 5천명이 타지크족이다. 타지크족은 페르시아(이란)계여서, 중국의 소수민족 중에서 가장 얼굴이 희고, 서양인을 닮았다.

▶ 타스쿠얼간에서 카쉬가르 방향으로 흐르는 가이즈 강과 고봉준령

타스쿠얼간으로 가는 314번 국도는 천하절경이었다. 드디어 내가 수십 년 동안 꿈에 그리던 파미르(정확하게는 동파미르)로 들어가는 것이다. 이 도로는 카라코람하이웨이라고도 불리며, 중국과 파키스탄의 국경선인 쿤제랍고개(해발 4,693미터)를 넘어 파키스탄 수도인 이슬라바마드까지 2,000킬로가 이어진다. 거기서 여러 갈래로 다시 인도로 넘어가는 것이다. 카쉬가르에서 가이즈춘((盖孜村 개목촌) 검문소 부근까지는 협곡 사이로 가이즈강(盖孜河 개목하)이 계속 따라왔다. 강가에는 야생 낙타가 돌아다니고 있었다. 314번 도로를 계속해서 호위하고

있는 양쪽의 산들은 온통 나무 한 그루 없는 민둥산이고, 그 뒤로 멀리에는 설산들이 하얀 봉우리를 자랑이라도 하듯 우뚝 우뚝 솟아있다. 강가에는 가끔 푸르른 오아시스에 둘러싸인 서너 가구의 작은 마을들이 보였다. 가이즈촌 검문소 부근에는 오가는 관광객을 상대로 간단한 물건을 파는 간이매점들이 몇 개 있었다. 먼지를 뒤집어쓴 그 모습이 참으로 초라해 보였다. 그래도 오가는 길손들에게는 아주 소중한 곳이다. 그 옛날 구법승들이 이 길을 오갈 때도 저런 가게들이 있었을까?

▶ 가이즈춘 검문소 부근에 있는 가게들

협곡 어디쯤에는 댐 공사가 진행되고 있어서 그나마 험한 길이 엉망진창이 되어 있었다. 이 댐이 완공되면 이 아름다운 협곡길이 모두 물에 잠기게 될까봐 안타까운 마음뿐이다. 중국에는 아직 환경단체의 힘이 약한가 보다. 우리가 동강댐을 저지시킨 것처럼 저 댐을 막지 못하도록 압력을 가하면 좋을텐데. 비포장도로에는 수많은 중장비 차량들이 오가고 있어서 먼지가 하늘을 가릴 정도였다. 란저우의 병령사 가는 길도 저런 식으로 유가협댐을 막아 아름다운 계곡들이 모두 수몰되었다.

쿱타호(白沙湖 백사호)를 지나 카라쿨호수에서 택시가 잠시 정차했다. 백사호는 말 그대로 하얀 모래들이 산자락에서 호숫가까지 흘러내리고 있었다. 해발 3,600미터에 자리 잡은 카라쿨호수는 소문대로 정말 장관이었다. 동북쪽으로는 흰 눈에 덮인 공거얼봉(해발 7,649미터)과 무스타커봉(해발 7,509미터)이 둘러싸고 있었고, 호수 주위의 쑤바시초원에는 말, 양, 야크 등이 한가로이 풀을 뜯고 있었다. 호수 주위에는 키르기스족 유목민들이 유르트에 살면서 여행자들을 상대로 민박을 치고 있다. 카라쿨은 타스쿠얼간에서 돌아올 때 하루를 잘 예정이어서 대강 둘러보고 택시에 올랐다.

▶ 314번 국도 옆에 있는 동파미르의 작은 오아시스 마을

오후 8시경 타스쿠얼간에 도착했다. 273킬로미터를 달려오는데 6시간이나 걸릴 만큼 길이 험했다. 이 도시는 엄청 높은 산들로 둘러싸여 있다. 새로 정비를 해서 그런지 도시가 생각보다 깔끔하고 단정하다. 동행했던 타지키스탄 아가씨들과 아쉬운 작별을 고했다. 존의 친구와 함께 이리저리 호텔을 찾아다니다가 너무 비싸서 교통빈관에 투숙했다. 3인실에 1인당 100위안. 존이 저녁식사를 너무 많이 시켜서 많이 남았다. 너무 피곤해서 샤워만 하고 일찍 잤다. 이틀 동안 거의 2천 킬로 정도를 달려온 것이다. (2013년 10월 4일, 금요일, 맑고 춥다)

타지크인의 고향, 타스쿠얼간-총령진

타스쿠얼간은 과거에 구법승들이나 상인들 또는 사신들이 중국과 인도를 오갈 때 반드시 거쳐야 하는 교통의 요지였다. 그래서 〈불국기〉 〈송운행기〉 〈대당서역기〉 〈왕오천축국전〉 등 3백여 년에 걸친 여행기에 모두 기록되어 있다. 법현은 401-402년 경에 인도로 가는 길에 타스쿠얼간을 들러 다음과 같이 기록하고 있다.

> (어마국於摩國에서 - 역자 주) 하안거를 마치고 산으로 25일을 걸어가서 갈차국(竭叉國, 타스쿠얼간 - 저자 주)에 이르러 혜경 등과 다시 만났다. ---- 이 나라는 산속이고 추운 곳이어서 다른 곡식은 나지 않고 오직 보리만이 생산된다. ---- 천여 명의 승려들이 소승에 매진하고 있다. 총령의 동쪽에 있는 속인들의 의복은 중국 것과 같이 거치나, 이곳 사람들은 모직옷을 입는 것이 다를 뿐이다. 승려들의 불법 의식은 뛰어나 다 기록할 수가 없다. 이 나라는 총령산맥의 중간에 있어서 여기까지 오는 중간의 나라들의 초목과 과실이 모두 다르나 오직 대나무 석류 감자 이 세 가지만이 중국과 같다. (출처: 김규현 역, 〈불국기〉, 57-59페이지)

송운도 중국(북위)에서 간다라국(현재 파키스탄 페샤와르 지역)으로 가는 길에 들러 6세기의 타스쿠얼간을 불교에 관한 역사적 사실보다는 자연과 풍물에 대한 기록을 가장 자세하게 기록하고 있다.

8월 초에 한반타국(漢盤陀國, 타스쿠얼간 - 자자 주) 경계로 들어가 서쪽으로 간 지 엿새 만에 총령에 올랐다. 다시 서쪽으로 사흘을 가서 발우성(鉢盂城)에 이르렀다. 다시 사흘을 지나 불가의산(不可依山)에 도착하였다. 그곳은 매우 추워서 여름이나 겨울이나 눈이 쌓여 있다. ---- 이곳에서부터 서쪽은 산길이 경사지고 천리 비탈과 만길 낭떠러지가 이어져서 하늘에 닿은 듯 험난한 곳이다. 태행산(太行山: 하남 하북 산서성에 걸쳐 있는 산맥 - 역자 주)과 맹문산(孟門山: 하남성에 있는 산맥 - 역자 주)도 이곳에 비하면 험하지 않고, 효관(淆關: 함곡관 - 역자 주)과 농판(壟坂: 섬서성에 있는 협곡 - 역자 주)도 이에 견주어 보면 평탄하다. 총령을 출발하고부터는 한 걸음 한 걸음 발을 옮길 때마다 점점 높아져 그렇게 나흘을 가서 정상에 이르렀다. 총령산은 얼핏 보면 높아 보이지 않는 것 같아도 실제로는 하늘의 중간에 이르렀다. 한반타국은 바로 그 꼭대기에 있다. 총령 서쪽은 물이 모두 서쪽으로 흐른다. 세상 사람들은 이곳이 천지의 중심이라고 한다. 이곳 사람들은 물을 끌어 곡식을 심는데, 중국에서는 비를 기다려 곡식을 심는다는 말을 듣고는 "하늘이 무슨 이유로 그들의 기대에 맞춰 비를 내려주겠는가? 라고 말하며 웃었다. 성의 동쪽에는 맹진하(孟津河)가 있어, 동부쪽 소륵(疎勒 또는 沙勒: 카쉬가르 - 역자 주)으로 흐른다. 총령은 높고 험준하여 초목이 자라지 못한다. 이 때가 8월인데도 벌써 날씨가 차서 북풍은 기러기를 내몰고 눈이 천리를 덮었다. (출처: 김규현 역, 〈송운행기〉, 52-57페이지)

현장은 인도에서 돌아오는 길에 들러 7세기의 타스쿠얼간을 소개하면서 자연과 풍물에 대한 묘사와 함께 항상 그렇듯이 부처님의 영험함도 기록하고 있다. 그러나 자신이 여행 중 경험한 사실은 전혀 기록하지 않았다.

걸반타국(朅盤陀國: 타스쿠얼간 - 저자 주)의 둘레는 2천여 리인데, 큰 도성은 거대한 암석으로 이루어진 산봉우리에 자리 잡고 있고, 사다하(徙多河: 타스쿠얼간 강 - 저자 주)를 끼고 있으며, 둘레는 20여 리에 달한다. 산봉우리가 서로 이어져 있고, 강과 초원은 좁다. 곡식은 넉넉히 수확되지 않으며, 보리와 콩은 풍성하다. 숲과 나무들은 드물고, 꽃과 과일도 적다. 높고 낮은 땅이나 언덕과 성읍은 텅 비어 황폐하다. 풍속은 예의가 없고, 사람들은 학예에 관해 거의 알지 못한다. 성품이 사납고 난폭하며, 힘이 세고 용맹스럽다. 용모는 추하고, 모직옷을 입는다. 문자와 언어는 카쉬가르와 대체로 같다. 돈독한 신앙을 가지고 있어서 불법을 숭배한다. 가람은 10여 곳이 있고, 승려들은 500여 명이 있는데, 소승의 가르침인'설일체유부(說一切有部)'를 익히고 있다. ---- 이곳에서 동쪽으로 총령의 동쪽 산등성이를 내려가서 가파른 산봉우리를 오르고 깊은 계곡을 지나 협곡을 따라 험한 길을 가면 눈과 바람이 잇달아 불어 닥친다. 이렇게 80여 리를 가다 보면 총령을 벗어나서 오쇄국(烏鎩國)에 이른다. (출처: 김규현 역, 〈대당서역기〉, 551-556페이지)

혜초도 인도에서 돌아오는 길에 이곳을 지나면서 타스쿠얼간에 관한 기록을 역시 간단하게 남겼다.

다시 호밀국(胡蜜國)에서 동쪽으로 보름을 가서 파밀천(播蜜川)을 지나면 곧 총령진(葱嶺鎭)에 이른다. 이곳은 중국(당)에 속하다 보니, 지금은 당나라 군사들이 장악하고 있다. 이곳은 얼마 전까지 배성(裵星) 왕의 영토였으나, 왕이 (당나라를) 배반하고 토번(티벳)으로 달아나는 바람에 지금은 나라 안에 백성들이 없다. 외국인들은 갈반단국(渴飯壇國)이라고 부르나, 중국 이름으로는 총령이다. (출처: 정수일 역, 〈왕오천축국전〉, 421페이지).

아침 일찍 석두성에 다녀왔다. 10월 초인데도 손이 시릴 정도로 추웠다. 동네 건달들이 제멋대로 입장료를 받고 있었다. 성은 황폐화되어 제대로 관리되고 있지 않다는 것을 한 눈에 알 수 있었다. 십여 명의 여행자들이 사진을 찍고 있었다. 성 뒤로는 멀리 하얀 설산이 가로질러 서있었고, 오른쪽으로는 너른 초원 가운데로 강이 흐르고 있었다. 초원에는 말과 야크 등 가축들이 한가로이 풀을 뜯고 있었다. 아침 햇살에 반짝반짝 빛나는 초원에는 가을이 내려와 앉아 있었다. 여기는 벌써 완연한 가을이다.

재미있는 사실은 이 석두성에 '동정녀 마리아 설화'가 전해 내려오고 있다는 점이다. 현장은 〈대당서역기〉 걸반타국편에 이 전설을 다음과 같이 자세히 기록하고 있다.

옛 파리랄사국(波利剌斯國)의 한 사신이 중국에서 왕비를 얻어 함께 돌아오는 길에 전쟁이 일어나서 길이 막히고 말았다. 그래서 왕비를 외딴 산봉우리에 보호하게 되었다. 그런데 전쟁이 끝나고 자기 나라로 돌아가려 하는데, 왕비가 임신한 사실을 알게 되었다. 사신은 돌아가면 왕에게 벌을 받을까 두려워하여 동행한 무리들을 심문하였지만 범인을 밝혀내지 못했다. 이때 왕비를 모시던 몸종이 사신에게 말하기를"서로 탓하지 마십시오. 이 일은 왕비가 천신(天神)과 만났기 때문에 벌어진 일입니다. 매일 정오가 되면 장부 한 사람이 태양으로부터 말을 타고 이곳에 내려와서 왕비를 만났습니다."그래도 처벌을 두려워한 사신은 귀국을 미루고, 석두성에 나라를 세우기로 결심했다. 그리하여 돌산 봉우리에 궁을 짓고 숙소를 세운 뒤에 둘레가 300여 걸음에 달하는 성을 쌓고 왕비를 왕으로 세웠다. 그리고 관직을 세우고 법을 제정하였다. 산달이 되자 여왕은 아들을 낳았는데, 용모가 아름다웠다. 어머니가 섭정하면서 아들을 왕으로 모셨다. 아들은 허공을 날아다니며, 바람과 구름을 자유롭게 다루었다. 왕의 위엄과 덕은 멀리 퍼졌고, 그의 명성과 가르침은 먼 나라까지 미쳤다. 그리하여 주변 나라에서 신하의 예를 갖추지 않는 나라가 없었다.

▶ 석두성 유적지

이 설화는 석두성이 어떻게 지어졌는가에 대한 역사적 배경을 그 지역에서 전해오는 전설을 이용하여 설명하고 있다. 아마 현장도 이 전설을 들었던 모양이다. 이런 '동정녀 설화'는 기독교의 성서(신약) 외에도 세계 도처에서 발견되고 있는 것이다. 멀리 갈 것도 없이 우리 고대사를 봐도 몇 개나 나온다. 삼국의 시조가 모두 이런 설화에서 출발하고 있다. 삼국사기 제13권 고구려본기 제1편에는 고구려 시조 주몽의 탄생 설화가 다음과 같이 기록되어 있다. 참고로 백제 시조인 온조는 주몽의 둘째 아들이므로 탄생설화가 없다.

> ---- 부여왕 해부루(解夫婁)가 돌아가매 그 아들 금와(金蛙)가 왕위를 이었다. 이때 왕(금와)은 태백산(백두산 - 역자 주) 남쪽에 있는 우발수(優渤水)에서 한 여자를 얻어, 내력을 물으니 대답하되, "나는 하백(河伯)의 딸로, 이름은 유화(柳花)라 한다. 여러 아우들과 함께 나와 놀고 있을 때, 한 남자가 나타나 천제(天帝)의 아들인 해모수(解慕漱)라 하고 나를 웅심산(熊心山) 아래에 있는 압록(鴨淥) 옆의 집속으로 유인하여 사욕을 채운 후, 곧 가서 돌아오지 않았다. 우리 부모는 내가 중매도 없이 남에게 몸을 허락했다고 하여, 이 우발수에 귀양을 보냈다."고 말하였다. 왕은 이상히 이를 여겨 그녀를 집에 가두었다. 이때 그녀에게 일광(日光)이 비치었다. 몸을 피하매 일광이 또 따라 비치었다. 이로 인하여 잉태가 있더니 다섯 되 들이만한 큰 알을 낳았다. 왕이 그 알을 버리어 개와 돼지에게 주었더니, 먹지 않아서 길바닥에 버렸더니, 우마가 밟지 않고 피해 갔다. 나중에 들에 버렸더니, 새가 날개로 덮어 안아 주었다. 왕이 그 알을 쪼개보려 하였으나 잘 깨어지지 않았으므로 그 어미(유화)에게 도로 갖다 주었다. 유화가 천으로 알을 싸서 따뜻한 곳에 두었더니, 한 사내아이가 껍질을 깨뜨리고 나왔다. 아이의 외모가 영특하여, 나이 일곱 살에 다른 아이들과 달리 직접 활과 화살을 만들어 쏘매, 백발백중이었다. 부여의 속어에 활을 잘 쏘는 사람을 주몽(朱蒙)이라 하매 그의 이름을 똑같이 주몽이라고 지었다. ---- (출처: 이병도 역, 〈삼국사기〉, 252-253페이지).

그럼 신라 시조인 박혁거세와 그 왕비의 탄생설화는 어떨까? 여기에는 알에서 더 나아가 구약의 창세기에 나오는 여자의 탄생 설화까지 등장한다. 남자의 갈비뼈를 가지고 여자를 만들었다는 설화를 더 신비화시켜 하늘의 신인 빛 대신에 바다의 신인 용을 등장시켜 그의 오른쪽 갈비뼈로 여자를 만들었다는 설화가 등장하는 것이다. 김부식이 〈삼국사기〉를 지은 1145년경에 이미 기독교의 성서 내용이 고려에도 알려져 있을 가능성을 시사해주는 대목이다. 즉, 네스토리우스파의 경교(景教)가 신라 때부터 한반도에 들어왔다는 가설을 뒷받침해주는 증거이다. 삼국사기 제1권 신라본기 제1편에는 시조인 박혁거세와 그 왕비의 탄생 설화를 다음과 같이 기록하고 있다.

> ---- 고허촌장(高墟村長)인 소벌공(蘇伐公)이 양산 밑 라정(蘿井) 옆에 있는 숲 사이를 바라보고 있는데, 말이 무릎을 꿇고 울고 있는지라, 가서 보니 말은 간데없고, 큰 알만 하나 있었다. 알을 깨어 본즉 한 아기가 나왔다. 소벌공이 그 아기를 데려다 길렀더니, 나이 열 살쯤 되었을 때 유달리 영특했다. 6부(六部) 사람들은 그 아이의 출생이 이상하였던 까닭에 높이 받들어 임금으로 삼았다. ---- (박혁거세) 5년 정월에 용 한마리가 알영정(閼英井)에 나타나, 그의 오른쪽 갈빗대에서 한 계집아이를 낳았다. 늙은 할멈이 이를 보고 이상히 여기어 대려다 기를 새, 우물 이름(閼英)으로 그 여자 아기의 이름을 지었다. 그 아기가 자라매 덕기가 있거늘, 시조(박혁거세)가 이를 듣고 맞아서 왕비를 삼으니, 과연 현행(賢行)이 있고, 보필을 잘 하였다. 그래서 사람들이 그들을 2성(二聖)이라 불렀다. ---- (출처: 이병도 역, 〈삼국사기〉, 13페이지).

오늘 타스쿠얼간 - 홍치라포 답사에서 아주 중요한 발견을 했다. 구법승들이 총령을 거쳐 간다라(현재 파키스탄 중북부와 아프가니스탄 동북부)로 들어가는 옛길을 발견한 것이다. 바로 공주보(公主堡)를 통과하는 길이다. 이번에 내가 타스쿠얼간에 꼭 가야하는 이유가 바로 실크로드 옛길을 확인하는 것이었다. 그런데 공주보가 현재 아프가니스탄의 와칸계곡과 연결되어 있다는 사실은 모르고 있었다. 카쉬가르에서 샤먼호텔 여행사 사장인 압둘이 말하기를 공주보는 국경지대라서 국경수비대가 통행을 통제한다는 것이었다. 그래서 그렇게 알고 있었는데, 타스쿠얼간에서 대절한 짚차 기사가 갈 수 있다는 것이었다.

▶ 타스쿠얼간에서 홍치라포 가는 길에 만난 야크떼들

▶ 서파미르(중국과 타지키스탄 국경)를 배경으로 풀을 뜯고 있는 야생마들

▶ 타스쿠얼간강과 실크로드 유적. 멀리 눈 덮인 무스타커봉이 보인다.

타스쿠얼간에서 홍치라포에 이르는 길은 정말 천하절경이었다. 카쉬가르에서 타스쿠얼간에 이르는 길도 멋있지만 그보다 훨씬 더 목가적이고 평화로웠다. 사람이 살지 않고 있다고 생각했는데, 타지크인들이 옛날 방식 그대로 살고 있었다. 너비가 2-3킬로쯤 되는 초원 들판에서 양이나 야크, 그리고 말 등을 기르면서 목축생활을 하고 있었다. 옥수수나 밀 등 약간의 농사도 짓는 것처럼 보였다. 타스쿠얼간에서 홍치라포까지 175킬로미터 쯤 되는 314번 도로 왼쪽으로는 이름을 알 수 없는 붉은 황토색 민둥산 산맥의 동파미르가 이어지고, 오른쪽으로는 눈 덮인 서파미르고원의 산맥이 이어진다. 남쪽 정면으로는 저 멀리 카라코람산맥의 설산들이 하얀 눈을 머리에 인 채 앞을 가로막고 있다. 이 얼마나 멋진 그림인가. 여기가 바로 동파미르와 서파미르의 한가운데인 것이다. 서파미르 산들을 넘으면 바로 타지키스탄 땅이다.

파미르는 동서로 구분되어 있다. 서쪽은 흔히 우리가 파미르고원이라고 부르는 힌두쿠시산맥의 북쪽과 천산산맥의 남서쪽이 만나는 지역, 그러니까 타지크스탄에 있는 파미르를 말하고, 동파미르란 곤륜산의 서쪽과 힌두쿠시산맥의 북쪽, 중국과 파키스탄을 가로지르는 카라코람산맥의 서쪽이 서로 만나는 험악한 산악지역을 말한다. 이 주변에는 7천 미터 이상의 고봉들이 17개나 있어서 '세계의 지붕'이라고 불리는 곳이다. 이렇게 험한 산세에도 불구하고 고대의 구법승들이 인도를 오갈 때 반드시 거쳐야 하는 교통의 요지였던 것이다. 현장은 〈대당서역기〉 갈반타국(喝盤陀国)편에서 파미르의 험한 산세와 혹독한 날씨를 다음과 같이 기록하고 있다.

> ---- 겨울뿐만 아니라 여름에도 눈이 쌓여 있으며, 찬바람이 매섭게 불어댄다. 밭은 소금기가 많이 섞여 있어서 풍작을 거두지 못하며, 나무와 숲이 없고, 있는 것은 오직 가느다란 풀뿐이다. 때때로 무더워지기도 하지만 대체로 눈보라가 많이 친다. 사람들이 이 나라에 막 들어오면 그 순간부터 운무가 일어난다. 상인들이 오가지만 그들이 겪는 고통은 극심하다. ---- (출처: 김규현 역, 〈대당서역기〉, 556페이지)

타스쿠얼간과 파미르를 구분하여 정확하게 기록한 사람은 법현이다. 법현은 〈불국기〉에서 갈차국(竭叉國, 타스쿠얼간) 다음에 총령(葱嶺, 파미르)을 따로 구분하여 다음과 같이 기록하고 있다.

> 이곳(타스쿠얼간 - 저자 주)에서 서쪽으로 북천축(현재 파키스탄 북부지방 - 저자 주)으로 향해 한 달을 가서 마침내 총령을 넘을 수가 있다. 총령에는 겨울이나 여름이나 눈이 쌓여 있었고, 또한 독룡(毒龍)이 있어서 만약 그가 노하면 혹독한 바람과 눈비를 토하여 모래와 자갈이 날리므로 이를 만나는 사람은 한 사람도 온전할 수가 없다. 그곳 사람들을 설산인(雪山人)이라하는 것은 이 때문이다. 총령을 지나면 북천축국에 이르는데, 그 초입에 타력(陀歷, 현재 파키스탄 스와트 - 저자 주)이라 부르는 작은 나라가 있다. ---- (출처: 김규현 역, 〈불국기〉, 61페이지)

혜초도 파미르를 넘어가면서 겪은 험난한 고생을 오언시로 표현했다. 727년 11월 상순에 안서도호부(지금의 룬타이)에 도착했다고 했으니까, 이 날짜를 역산하여 보면, 혜초는 아마도 726년 말과 727년 초 겨울에 파미르를 지나간 것으로 추정된다. 좀 더 구체적으로 말하면, 현장과 마르코 폴로와 마찬가지로 현재 아프가니스탄의 이스카심(Iskhasem)에서 시작하는 와칸주랑을 따라 총령진이 있는 타스쿠얼간에 도착한 것은 분명하다. 그러나 와칸북로를 따라갔는지, 와칸남로를 따라갔는지는 분명하지 않다. 와칸북로는 현재 와칸주랑을 남북으로 가르며 흐르는 판지강과 와칸강의 북쪽 길, 즉 타지크스탄 쪽의 길을 말하며, 와칸남로는 강 건너 남쪽 길, 즉 아프가니스탄 쪽 길을 말한다. 구법승들은 대파미르와 소파미르고원, 힌두쿠시산맥과 카라코룸산맥을 모두 파미르라고 불렀지만, 지금의 파미르는 와칸주랑 북쪽 산맥을 말한다. 현재 대부분 타지크스탄 영토에 속한다. 와칸주랑 남쪽은 힌두쿠시산맥이 아프가니스탄과 파키스탄의 국경을 이루면서 동북에서 남서쪽으로 뻗어있다. 아무튼 혜초는 토하라국(현재 아프가니스탄 중북부 발크 지역)과 호밀국(현재 와칸주랑 지역) 사이에서 서쪽으로 가는 중국 사신을 만나게 된다. 호밀국 편에 그와 만난 사실을 전하면서, 이 산악 지역 여행의 어려움을 오언시로 토로하고 있다.

> 그대는 서쪽 이역이 멀다고 원망하고
> 나는 동쪽 길이 멀다고 탄식하노라.
> 길은 험하고 눈 쌓인 산마루 아스라한데
> 험한 골짜기엔 도적떼가 (길 안내를 할 정도로) 많구나.
> 새도 날다가 가파른 산에 짐짓 놀라고
> 길손은 기우뚱한 다리조차 건너기가 어렵네.
> 평생 눈물을 훔쳐본 적 없건만
> 오늘만은 하염없이 눈물을 뿌리는구나.
> (출처: 정수일 역, 〈왕오천축국전〉, 406페이지).

또 같은 호밀국에서 눈에 덮힌 파미르를 넘어갈 일을 걱정하면서 다음과 같은 오언시도 남겼다. 다른 구법승들의 여행기에서는 이런 개인의 감정을 담은 시가 보이지 않는 것을 보면, 혜초는 승려이면서도 한편으로는 문학적인 재능도 뛰어났던 것으로 추측된다.

차디찬 눈이 얼어서 얼음으로 변하고
찬바람은 땅이 갈라져라 매섭게 부는구나.
드넓은 호수는 얼어붙어 융단을 깔아놓은 듯하고
강물은 제멋대로 벼랑을 갉아먹는구나.
용문(龍門)엔 폭포수마저 얼어 물이 끊기고
우물 테두리는 도사린 뱀처럼 얼어붙었구나.
불을 벗 삼아 서서히 오르며 노래한다마는
과연 저 파미르 고원을 넘을 수 있을는지.
(출처: 정수일 역, 〈왕오천축국전〉, 406-407페이지).

내가 갔을 때는 가을 초입이어서 이런 한겨울의 추위를 실감하지 못하고, 낮에는 따스한 햇살마저 느낄 수 있었다. 이 지역에는 정부 정책인지는 몰라도 공장지대도 전혀 없고, 상업지구도 전혀 없다. 눈에 거슬리는 것은 정부가 지어준 새집단촌 뿐이다. 이 새집들은 크게 두 가지다. 하나는 한 결 같이 똑같은 푸른빛이 도는 회색으로 칠한 네모난 시멘트집이고, 다른 하나는 황토 빛이 도는 노란색을 칠한 시멘트벽에 경사진 슬레이트 지붕을 얹은 집이다. 집 모양이 모두 똑같다. 그래서 내가 정부에서 지어준 집이라고 판단을 한 것이다. 현재 중국 정부는 몽골인, 카자크인, 키르기스인, 타지크인 등 유목민들을 초원에서의 유목생활을 금지시키고 한 마을에 정착시키기 위해서 집을 지어주고 있다. 그런데 사람들은 옛날 집에서 주로 살고 있는 것처럼 보였다. 새 집 부근에서는 주민들이나 가축들을 별로 보지 못했다. 꼭 휴전선 부근에 지어놓은 선전용 새 집들처럼 보였다. 새 옷을 입은 썰렁한 촌놈처럼 보였다.

공주보와 대당화상혜초경행처비

공주보는 타스쿠얼간에서 314번 도로를 타고 70킬로쯤 가다가 카납기고(卡拉基古)에서 오른쪽으로 빠져서 비포장도로를 10킬로쯤 달리면 그곳에 다다른다. 아무 표지나 인적이 없어서 지도에 나오는 밍티카(明鐵盖 명철개) 마을 전인지 후인지는 모르겠다. 와칸계곡으로 넘어가는 와크지르고개(Wakhir Pass)로 향하는 이 길(와칸주랑 남로)은 명철개(明鐵盖)를 지나 국경도시인 과서배륵(科西拜勒)에서 끝난다. 이 길은 포장만 안 되어 있지, 잘 다듬어진 2차선 도로다. 기사는 현장과 법현, 그리고 혜초 스님의 경행처비(經行處碑)가 서 있는 언덕에 차를 세웠다. 그러더니 손가락으로 앞산을 가리켰다. 저 앞산 중간쯤에 공주보가 있다는 것이다. 그 산은 오른쪽으로 연속되는 파미르고원 산맥 중의 한 산이다. 그 산과 옆 산 사이에 골짜기가 보이고, 그 사이로 멀리 눈 덮인 산이 보인다. 거기는 차로는 못가고 여기서부터 왕복 세 시간쯤 걸려서 걸어가야 한다는 것이다. 그러나 지도에는 공주보가 다른 곳에 표기 되어있어, 직접 답사를 해봐야 정확한 위치를 알 수 있을 것 같다.

▶ 공주보유적지(타스쿠얼간 교통빈관 자료사진)

▶ 공주보 앞에 있는 현장, 법현, 혜초 경행처비. 필자의 오른팔 뒤로 보이는 골짜기에 공주보가 있다.

이 세 비석과 공주보 사이에는 깊이가 백 미터 정도, 폭이 1킬로쯤 되는 거대한 협곡이 가로지르고 있다. 협곡 사이에는 넓은 초원이 펼쳐져 있고, 그 사이에는 강이 흐르고 있다. 그러니까 이 비석이 서 있는 곳에서 아프가니스탄 와칸계곡으로 가려면 앞 협곡에 펼쳐져 있는 초원과 강을 건너서 가든지, 아니면 차를 타고 협곡을 피해 남쪽으로 돌아서 맞은 편 도로로 올라가서 공주보로 통하는 계곡으로 가면 되는 것이다. 돌아가는 길은 여기서부터 10킬로쯤 될 거 같다. 그 다음 어딘가에 지금은 폐쇄되어 있는 국경초소가 곧 나타날 것이다.

이 길이 바로 옛날 사람들이 카쉬가르에서 타스쿠얼간(총령)과 (타지키스탄과 아프가니스탄 사이의) 와칸계곡을 지나고, 아프가니스탄과 파키스탄의 국경선이 가로지르는 카이버고개를 넘고 페샤와르(간다라국 수도)를 거쳐 인도로 갔던 길이다. 옛날에는 지금의 파키스탄과 아프가니스탄 영토 대부분을 간다라국이나 인도 마우리아 왕조나 쿠샨 왕조가 지배했었다. 파키스탄이 인도로부터 독립한지는 60여년밖에 되지 않았다. 그러니까 옛날에는 지금처럼 쿤제랍고개(홍치라포 국경초소에서 32킬로 정도 남쪽)를 넘어 카라코롬하이웨이를 따라 인도로 오가지 않고, 바로 이 길을 따라 더 서쪽으로 돌아서 다시 동쪽으로 방향을 틀어 인도로 오갔던 것이다. 아마도 타스쿠얼간에서 쿤제랍고개를 넘어 훈자국(현재 카리마바드)과 길기트에 이르는 노선은 와칸계곡으로 우회하는 노선보다 구간은 더 짧지만 너무 높고 험해서 옛날 사람들은 잘 이용하지 않은 것 같다.

내가 책을 읽거나 지도를 볼 때는 옛날 사람들이 다니던 파미르 노선을 찾지를 못했는데, 현지에 와서 지형을 직접 보니까 확실히 알겠다. 우선 이 길은 카라코롬하이웨이보다 험하지 않고, 훨씬 다니기가 편하다. 길이 계곡을 따라 깨끗한 물이 흐르는 협곡으로 이어지기 때문이다. 장거리 길손에게는 물길을 따라가는 길이 가장 편하고 안전하다. 그리고 주변 풍경이 정말 아름답다. 평화롭고 목가적이다. 또한 작은 마을들이 계속 이어지고 있어서 음식이나 물건을 구하는데도 별로 불편함을 느끼지 못했을 것이다.

옛 사람들이 이 길로 주로 다녔다는 것은 지금 중국 정부가 세워놓은 세 비석을 보면 알 수 있다. 중국에서 전문가들이 오랜 연구를 바탕으로 이 비석들을 세웠기 때문에 신빙성이 높다. 당나라 때 인도를 다녀왔던 세 스님들의 경행처비를 여기에 세웠다는 것은 오랜 옛날부터 이 길이 사람들이 가장 많이 다녔던 길이었기 때문일 것이다.

13세기에 중국(원나라)에 왔던 마르코 폴로도 이 길을 통해 왔을 것으로 추정하고 있다. 왜냐하면 동방견문록에 아프가니스탄 바닥샨지방과 파미르고원(실제로는 리틀 파미르)과 타쉬쿠얼간의 대초원과 큰 강을 언급하고 있기 때문이다. 나는 이 지역에서 바로 이 초원과 큰 강을 확인하고 얼마나 기뻤는지 모른다. 동방견문록을 읽으면서 의심스러웠던 중국쪽 동파미르고원 통과 지역을 이제 확인한 셈이다. 마르코 폴로가 파미르고원을 통과한 것은 분명한데, 구체적으로 어느 길로 지나갔는지 알 수가 없었던 것이다. 가장 확률이 높은 길은 바로 아프가니스탄 박트리아에서 와칸계곡을 지나는 이 길이고, 두 번째는 박트리아에서 타지크스탄 호르갑으로 가서 거기서 파미르고원과 무르갑을 거쳐 타쉬쿠얼간으로 빠지는 길이다. 그러나 그 길은 험난한 산속으로 이어지는 길이기 때문에 쉽지 않았을 것이다. 현재는 타지키스탄인과 중국인만 국경 통과가 가능하다.

▶ 동파미르의 가을 풍경

현장의 〈대당서역기〉에는 "공주보의 전략적 가치는 매우 중요하며, 여기를 장악해야 파미르고원 일대의 실크로드를 완전히 통제할 수 있다"고 기록하고 있다. 인도와 중앙아시아와의 교역의 중요성과 지리적인 전략적 가치 때문에 당나라도 서기 748년에 쿠처의 안서도호부에 근무하던 고선지 장군을 파견하여 토번군(티벳군)에게 일시적으로 빼앗겼던 공주보를 회복했던 것이다. 〈구당서 고선지전〉에는 그가 토번군을 토벌하고 실크로드를 회복했다고 적혀 있다. 실제로 이 지역을 답사해 보면 실크로드에서 공주보가 중요하다는 그 기록이 사실이라는 점을 확인할 수 있다.

유감스러운 일은 혜초를 중국 승려로 표기하고 있다는 점이다. 혜초의 비석에는 사진에서 보는 것처럼 분명히 대당화상혜초경행처(大唐和尚慧超經行處)라고 씌어 있었다. 나는 이 분야의 전문가가 아니라서 어느 쪽 견해가 맞는지는 모르겠다. 그러나 내가 왕오천축국전(정수일 역본)을 읽으면서 나름대로 연구한 바로는 어디에도 혜초가 신라인이라는 증거가 없다. 부끄럽게도 혜초가 신라인이었다고 최초로 주장한 사람은 한국 학자가 아니라 일본 학자인 다카쿠스 준지로(高楠純次郎)다. 이 연구를 인용한 정수일 박사의 주장을 정리하면 다음과 같다.

다카쿠스는 1915년에 당대 밀교 최전성기의 중요 문헌인 원조(圓照)의 〈대종조증사공대판정광지삼장화상표제집代宗朝贈司空大辨正廣智三藏和尚表制集〉 (이하 표제집) 속에 수록되어 있는 사료를 인용하여 혜초가 신라인이었다고 주장했다. 이 책에는 774년 5월 7일 혜초(慧超)의 스승인었던 삼장화상 불공(不空, 705-774)이 남긴 유서가 다음과 같이 수록되어 있다는 것이다.

> 내가 지금까지 30여 년 동안 밀교의 비법을 전해 제자가 제법 많다고 할 수 있다. 오부의 율법을 닦아서 일가를 이룬 제자만도 여덟 명이 되었으나, 차례로 입적해서 이제는 여섯 명만이 남아 있을 따름이다. 그들이 누구냐 하면 금각사의 함광, 신라의 혜초(慧超), 청룡사의 혜과, 승복사의 혜랑, 보수사의 원교와 각초이다. 후학들 가운데서 의문에 부딪치는 자가 생기면 너희들이 계시해서 법등이 끊이지 않도록 할 것이요, 그로써 나의 법은을 갚을지어다. (출처: 정수일 역, 〈왕오천축국전〉, 29-30페이지)

그러나 이 혜초(慧超)와 〈왕오천축국전〉에 대한 주석을 실은 혜림(慧琳, 737-820)이 편찬한 일체경음의(一切經音義)에 나오는 혜초(惠超)가 동일인이라는 증거가 없다. 혜림도 목록에는 다음과 같이 '慧超'로 표기하고, 본문 제목에서는 '惠超往五天竺國傳上卷'과 같이 '惠超'로 표기하여, 혼란을 부추기고 있다. 이런 혼란에 대한 가능성은 세 가지이다. 첫째, 혜림이 惠超를 慧超로 잘못 썼을 가능성, 둘째, 惠超와 慧超가 동일 인물일 가능성, 셋째, 惠超와 慧超가 서로 다른 인물일 가능성이다.

정수일 박사는 혜초(慧超)를 혜초(惠超)라고도 쓴다고 주장한다. 신라승인 혜업(慧業)이나 혜륜(慧輪)을 혜업(惠業)이나 혜륜(惠輪)으로 쓰기도 한다는 것이다. 또 〈왕오천축국전〉에 나오는 오언시(五言詩)를 인용하면서, 마지막 구에 나오는 '수위향림비(誰爲向林飛)'를 '누가 소식 전하러 계림으로 날아가리'로 해석하면서 혜초가 신라인임을 주장하고 있다. 수풀 '림(林)'을 '계림'으로 설정하는 것은 무리인 것 같다. 같은 민족으로서 어떻게 해서든지 연계시켜보려는 아전인수격 해석처럼 보인다. 이처럼 한국의 학자들은 1915년 발표된 다카쿠스의 학설을 검증도 안하고 그대로 따르고 있다. 다카쿠스도 당시 아시아에서 한창 세력을 확장하던 일본의 제국주의 사관에 맞추어 자신들이 지배하고 있는 영역의 사람(혜초)을 인도까지 진출한 일본의 영웅으로 연결시키고 싶었는지도 모른다. 베를린 올림픽에서 손기정도 일본인으로 만들어 일본인의 우수성을 세계에 알리고 싶어 하는 사람들이니까. 또 1902년부터 1914년까지는 오타니 탐험대가 신장지역에서 활동하고 있던 시기였다. 일본제국의 누군가가 실크로드에서 활약한 영웅이 필요한 시대적 상황이었다. 그래서 다카쿠스가 〈왕오천축국전〉의 혜초와 불공의 제자 신라인 혜초를 동일 인물로 만든 것이라고 필자는 생각한다. 즉, 혜초가 신라인이라는 근거가 없는 것이다.

다카쿠스가 혜초가 중국인이 아니라 신라인, 곧 일본의 식민지인 대한제국의 고대국가 사람이라고 주장한 1915년 당시의 중국과 일본의 시대적 배경을 살펴볼 필요가 있다. 일본은 1914년에 제1차 세계대전이 발발하자 중국에서 느슨해진 유럽 세력을 대신하여 중국에서 세력을 확장할 절호의 기회로 판단했다. 그래서 1915년 중화민국 초대 대통령 위안스카이에게

21개 조항으로 된 요구사항을 강요했다. 이 굴욕적인 내용이 중국내에 공표되자, 중국을 '제2의 한국'으로 만들려는 속셈이라며 저항운동이 거세게 일어났다. 당연히 중국과 일본의 관계는 걷잡을 수 없이 악화되었고, 마침내 1936년에는 일본이 중국을 침략하게 되는 것이다. 이런 시대적 상황에서 일본 학자가 원조의 〈표제집〉에 나오는 신라승 혜초(慧超)와 혜림이 편찬한 일체경음의(一切經音義)에 나오는 혜초(惠超)를 동일 인물로 보는 태도는 조선과 일본은 한나라라는 식민사관과 내선일체론(內鮮一體論)의 입장에서는 자연스러운 일인지도 모른다.

중국 학자들은 다른 증거를 제시하면서 혜초가 중국인이라고 주장하고 있다. 정수일 박사의 연구에 의하면, 온금성(溫金成: 박현규 교수의 논문에는 溫玉成으로 나온다)은 〈서행적신라고승西行的新羅高僧〉에서 '황당숭악소림사비皇唐崇岳少林寺碑'(박현규 교수 논문에는 皇唐崇山少林寺碑로 나온다)에 적혀 있는 '위정문지수 전등묘리 제자 혜초 爲定門之首 傳燈妙理弟子 惠超'를 근거로 혜초는 5조 홍인(弘忍)의 제자인 법여(法如, 638-689)의 제자로 당나라 선승(禪僧)이라고 주장하면서 신라승 혜초(慧超)의 실체에 의문을 제기하고 있다. 박현규 교수는 중국 사료에 등장하는 혜초라는 승려가 6명이나 있다고 주장하면서, 이들 중 한 명도 〈왕오천축국전〉의 저자일 가능성이 있다고 언급했다. 그리고 앞에서 언급한 바와 같이, 중국 당국은 타스쿠얼간에서 아프가니스탄 와칸계곡으로 들어가는 입구에 있는 공주보 앞에 대당화상혜초경행처(大唐和尚慧超經行處)라고 씌어진 비를 법현과 현장의 경행처비 옆에 나란히 세워 혜초가 중국인(당나라 승려)임을 분명히 밝히고 있다. 그런데 재미있는 사실은 이 비에 慧超라고 적혀 있다는 점이다. 온금성은 소림사비에 적혀 있는 惠超를 근거로 일체경음의에 나오는 〈왕오천축국전〉의 저자 惠超가 중국 선승이라고 주장하는데, 정작 중국 정부는 慧超가 중국(당나라) 화상이라고 적어 놓은 것이다. 정말 알 수 없는 노릇이다.

나는 사학자도 아니거니와 한자 원전을 제대로 볼 수 있는 능력도 없기 때문에 그 사실을 밝힐 재주가 없다. 하루라도 빨리 한국 사학자들이 민족주의 사관이나 애국심이 아니라 학자적 양심과 과학적 방법으로 이 문제를 접근하길 바랄 뿐이다. 그래서 우리 같은 연관 학자들도 그 연구 결과를 안심하고 객관적으로 인용할 수 있기를 바란다.

파키스탄으로 넘어가는 국경초소, 홍치라포

중국의 국경초소인 홍치라포에는 새로 멋지게 지은 건물 두 개와 원시적인 화장실 하나와 신식 화장실 하나가 전부다. 구식 화장실에 들어가면 정말 원시적인 방법으로 일을 보아야 한다. 여기는 아예 옆문도 없다. 그러니까 서로 얼굴보고 얘기하면서 똥을 누어야 한다. 앞문이 없는 것은 참을만한데, 옆문까지 없는 것은 아직 적응이 안 된다. 나는 들어갔다가 어떤 남자가 앉아있기에 얼른 나와 버렸다. 아예 아무것도 없는 벌판이 훨씬 냄새도 덜나고 마음도 편하다. 관광객 이십여 명이 여기저기 서성거렸다. 중국 군인이 여기도 공휴일이라서 8일(화요일)부터나 파키스탄 쪽으로 통과가 가능하다고 말해준다. 공휴일에는 국경초소도 쉰다는 걸 여기 와서 알았다.

▶ 중국에서 파키스탄으로 넘어가는 홍치라포 검문소

오후 두시쯤 타스쿠얼간으로 돌아와서 늦은 점심을 먹었다. 존을 따라 친구가 산다는 마얼양(馬爾洋 마이양)이라는 작은 마을에 가고 싶었으나 실패했다. 외국인은 방문이 안 된단다. 어제는 아무 말 없더니 오늘 점심을 먹고 나서 현지 운전사가 그랬다는 것이다. 국경 군주둔지라 통제지역이라고. 지도로 찾아보니까 마얼량은 타스쿠얼간과 홍치라포 중간쯤에서 동쪽으로 약간 들어간 위치에 있었다. 동파미르고원에 자리 잡은 오지 중의 오지 마을이어서 가보고 싶었던 것이다. 중국은 왜 이리 안 되는 것이 많은지. 경제적으로 몸집이 커진 것 외에는 아직도 개선해야 할 것들이 너무도 많다. 가는 곳마다 신분증 검사에서부터 불편한 화장실까지. 아직도 고쳐야 할 것들이 한두 가지가 아니다.

▶ 타지키스탄 여인들 (타스쿠얼간 시내)

차 안에서 기다리면서 거리를 오가는 현지인들을 구경했다. 타지크족 여인들의 의상이 특이하다. 이 여인들은 모자를 쓰고 다니는데, 위가 납작한 모양이다. 쓰고 다니기에 좀 불편해 보인다. 저들은 수백 년 동안 저런 복장으로 살아왔을 것이다. 여기에는 한족들은 별로 보이지 않았다. 한족인 존도 여기서는 모든 걸 낯설어 하면서 외국인처럼 행동했다.

▶ 타지키스탄 사람들의 무덤

카라쿨호수와 키르기스 유목민 민박

마얼양 마을을 포기하고 카쉬가르로 가는 밴을 탔다. 두 시간쯤 기다린 거 같다. 7인승인데 승객이 5명 이상은 타야 운전사도 수지타산이 맞기 때문에 일찍 온 손님들이 아무리 가자고 졸라도 출발할 생각을 안 한다. 나는 카쉬가르에서 여기 올 때도 그랬기 때문에 조바심이 나지 않았다. 그러려니 하고 마냥 기다렸다. 중국인 두 명은 화가 났는지 왜 출발하지 않느냐고 성화다. 얼마쯤 지나서 손님이 5명이 되자 밴은 출발했다. 나는 이 사실을 진즉부터 알고 있었다. 중국 오지에서 조바심 내면 나만 화병으로 죽는다. 이 사람들이 하는 대로 따라가는 것이 상책이다. 두 시간쯤 달려서 카라쿨호수에 도착했다. 승객 중 나 혼자만 내리고 나머지 4명은 카쉬가르로 떠났다.

여기도 주민끼리 손님 쟁탈 경쟁이 심해서 여러 명이 달라붙는다. 나는 모두 뿌리치고 호숫가에 있는 파오로 갔다. 나 혼자라고 했더니 옆집으로 가라고 손으로 다른 파오를 가리킨다. 그곳은 키르기스 유목민인 아뿌뚤라네 집이다. 호수에 비친 설산을 실컷 보고 싶어서 일부러 호수 바로 옆에 있는 파오를 선택했던 것이다. 숙박비는 저녁과 아침 포함해서 100위안. 이 남자는 27살이고, 24살인 아내 이르쓰꿀 사이에 두 아들을 두고 있다. 큰 아이가 두 살인 아뿌뜨세딸이고, 막내는 이제 다섯 달 된 아뿌네이잘이다. 이르쓰꿀은 얼굴을 보니 몽골인 혈통인 거 같다. 얼굴이 강한 햇빛에 구릿빛으로 그을렸는데도 이목구비가 수려한 게 예쁜 얼굴이다. 카라쿨호수 주변 마을에는 키르기스인들이 산다. 그런데 이들은 카자크인들과 마찬가지로 여러 민족의 피가 섞였기 때문에 얼굴만 보고는 잘 모른다. 복장과 언어 풍습 등으로 구별할 뿐이다. 내가 보기엔 아뿌뚤라는 타지크나 키르기스인 같은데, 아내인 이르스꿀은 틀림없는 몽골인이다. 그러다보니 아이들은 몽골인인지, 키르기스인인지, 타지크인인지, 카자크인인지 구분하기가 힘들다.

중앙아시아 지역이 원래 지도를 놓고 보면 지구 한가운데에 자리 잡고 있어서 동서양의 다양한 인종과 민족들이 전쟁이나 상거래를 통해 서로 교류하면서 자연스럽게 피가 섞일 수밖에 없었던 것이다. 예를 들면, 13세기에 몽골군이 서역지방을 정벌하면서 저항하는 남자들은 무자비하게 살해했지만 여자들은 거의 죽이지 않았다. 원정과 전투에 지친 병사들에게 재물과 함께 전쟁 노획물로 제공했던 것이다. 중국 드라마 〈징기스칸〉을 보면 이런 역사적 사실들이 잘 묘사되어 있다. 그러니 자연히 피가 섞일 수밖에 없다. 중앙아시아에서 몽골인이나 우리 얼굴이 많이 보이는 것은 바로 이 때문이다. 우리나라도 몽골이 거의 백년이나 지배했기 때문에 몽골 피가 많이 섞일 수밖에 없었다. 내가 키르기스에 가면 나를 몽골사람이라고 한다. 아이를 해먹에 메달아 놓고 달래거나 재우는 풍습도 우리와 똑같다. 우리 어릴 때만해도 바로 이 유르트 있는 해먹과 똑같은 해먹이 있었다. 저런 풍습이 실크로드를 따라 몽골을 거쳐 한반도로 흘러들어온 것이다.

▶ 설산을 비추고 있는 카라쿨호수

▶ 설산을 배경으로 카라쿨 호숫가에서 풀을 뜯고 있는 야크들

▶ 설산을 배경으로 카라쿨 호숫가에서 풀을 뜯고 있는 말들

▶ 카라쿨 호숫가에서 말타기

배낭을 유르트 안에 두고 바로 말을 타러 나갔다. 한 시간에 150위안을 부르는 것을 100위안으로 깎았다. 우루무치 남산목장에서 처음 타고 두 번째다. 거기에서는 천산을 바라보면서 산등성이에서 탔고, 여기는 카라쿨 호숫가에 있는 쑤바스초원이다. 설산을 바라보면서 타는 것은 똑같다. 호수 건너편 키르기스 마을로 가다가 중간에서 내렸다. 내가 소년 마부의 속셈을 알아차렸기 때문이다. 이 친구 말이 저 마을까지 가는데 한 시간이 걸리고, 돌아오는데 한 시간이 걸리니까 왕복 200위안을 내야 한다는 것이다. 나는 중간에서 바로 말에서 내려 걸어서 돌아왔다. 덕분에 쑤바스초원을 가로질러 걸어오면서 설산과 호수와 가축을 배경으로 사진을 많이 찍었다. 가축은 야크와 소, 말과 양이 많았다. 방목되어 있는 것 같지만 어두워지면 주인들이 오토바이를 타고 와서 자기 가축은 귀신같이 알아내고 모두 집으로 몰고 간다. 어릴 때 늦은 가을날, 해질 때까지 우리가 들판에서 연을 날리면서 놀고 있으면 엄마들이 고래고래 소리를 지르면서 저녁 먹으라고 자기 아이들을 데려가는 것과 똑같은 정겨운 가을 풍경이다.

▶ 카라쿨 호숫가에서 사는 키르기스 유목민 민박촌

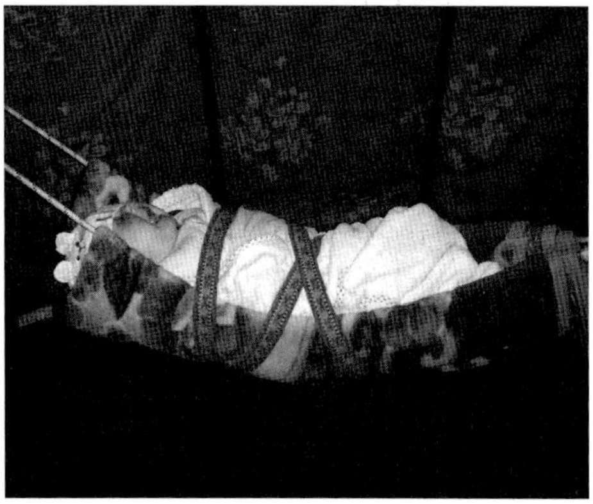

▶ 우리가 어릴 때 사용했던 요람을 키르기스 유목민들은 지금도 사용하고 있다.

▶ 키르기스 유목민 여인 이르쓰꿀과 막내 아뿌네이잘

▶ 이르스꿀네 유르트에서 먹은 저녁식사(왼쪽)와 아침식사(오른쪽). 막걸리 비슷한 음료가 마유주

저녁식사는 위구르 말로 '자펜'이라고 부르는 볶음밥이다. 중앙아시아에서는 가장 흔한 음식이다. 키르기스어로는 '팔로우'라고 한단다. 우리 볶음밥에 양고기와 감자를 넣고 만든 음식이다. 카쉬가르에서도 에덴호텔 앞 위구르 식당에서 먹어 보았던 것이다. 이르쓰꿀이 만든 것은 양고기는 적고 대신 푸릇푸릇한 애호박 같은 채소가 들어 있어서 그것보다 훨씬 담백하고 정성스러워서 맛이 좋았다. 그런데 그릇에 너무 많이 퍼주어서 다 먹을 수가 없었다.

이르쓰꿀이 저녁 내내 정성스럽게 만들었는데, 미안하지만 남길 수밖에 없었다. 뜨거운 차와 함께 먹으니 느끼함이 훨씬 덜하다. 이제 양고기 음식은 이골이 날만큼 많이 먹어서 슬슬 질리기 시작한다. 양기름 때문에 그런지 다른 음식보다 더 질리는 거 같다. 나는 한국 사람치고는 양고기를 아주 잘 먹는 축에 끼는데도 그렇다. 중국 음식은 그렇게 질리지는 않는데----.

유르트 안에서 이르쓰꿀네 네 식구와 함께 잠을 잤다. 내가 바라는 현지인의 생활을 체험하는 여행이 바로 이런 것이다. 지난번 남산목장에서는 마을 행사 때문에 실패로 끝났었다. 오늘은 제대로 현지인의 생활을 그대로 똑같이 체험하는 것이다. 같은 음식을 먹고, 같은 공간에서 잠을 자고. 내 이불은 맨 오른쪽에 폈다. 옛날 우리 목화 솜이불이 어디서 왔는지 금방 알 수 있었다. 바로 중앙아시아에서 온 것이다. 타클라마칸사막 주변 도시에 목화를 재배하는 밭들이 그렇게 많더니 바로 이런 이불을 만드는데 사용하는 것이다. 두께가 10센티도 더되는 무거운 이불을 두 개나 덮어주어 너무 더워서 하나는 옆으로 제쳐두었다. 나무난로가 있어서 그런지 그래도 따뜻했다. 그런데 고산증 증세 때문에 그런지 머리가 계속 아파서 잠을 제대로 잘 수가 없었다. 어제부터 계속 머리가 아프고, 조금만 걸어도 숨이 찬다. 여기가 해발 3,500미터쯤 되니까 그럴 만도 하다. 오늘 오전에 해발 4,000미터에 있는 국경초소 홍치라포에서는 더 심했었다. (2015년 10월 5일, 토, 맑고 춥다)

카라쿨호수에서 카쉬가르로 돌아가는 길

새벽에 오줌이 마려워 5시쯤 밖으로 나왔다. 이르스꿀네 식구들이 깰까봐 조심스럽게 유르트 문을 열었다. 난로에 불기는 없었다. 호숫가에는 얼음이 얼 정도로 추운 늦가을 날씨라도 저녁 내내 난로를 피워서 그런지 유르트 안에는 그렇게 춥지는 않았다.

아직도 캄캄한 어둠 속에서 하늘을 보고 깜짝 놀랐다. 세상에! 하늘이 온통 별 천지였다. 금방이라도 하늘에서 호숫물로 쏟아질 것만 같았다. '하늘엔 잔별도 많고, 쾌지나칭칭 나네.'

그 가사가 딱 떠올랐다. 우리가 학교 다닐 때 배웠던, 이제는 기억에서 사라진 수많은 별자리들과 캄캄한 하늘에 소금을 뿌려놓은 듯한 은하수들이 동북쪽에서 서남쪽으로 길게 하늘을 밝히고 있었다. 저렇게 많은 별을 본 지가 얼마나 되었을까? 2011년에 통일전망대에서 해남 땅끝마을까지 국토종단 도보여행을 할 때 상주시 모동면인가 모서면인가 어느 중학교에서 텐트를 치고 잘 때 본 이후로 처음이다. 누군가 카라쿨호수에 가면 그냥 지나치지 말고 하룻밤 머물면서 밤하늘의 별을 구경하라고 하더니 그 말이 딱 맞았다. 고산지대에다가 주변의 공기가 그만큼 맑으니까 밤하늘에 별들이 많아 보이는 것이다.

나는 참 오랜 세월 동안 땅만 보면서 살아왔다. 아마도 우리 부모 세대도 먹고살기에 바빠서 거의 다 그랬을 것이다. 이제는 가끔 이렇게 하늘을 보면서 살고 싶다. 나 자신에 대해서 보상하면서 나머지 인생을 살고 싶다. 고등학교 때 단 한 번의 실수로 그동안 너무 먼 길을 돌아서왔다. 이제 그런 나 자신을 용서하고 싶다. 나머지 인생은 이렇게 내가 진정으로 하고 싶은 일을 하면서 살고 싶다. 이런 경험과 기록은 내 인생의 부수입으로 남는 것이고 ----.

아침 8시가 넘었는데도 사람들이 일어나는 기척이 없다. 여기 신장 시간이 북경 시간보다 두 시간 느리기 때문에 새벽 6시인 셈이다. 유목민들의 생활은 철저하게 자연에 순응하면서 살아가게 되어있다. 어두워지면 잠을 자고, 날이 밝으면 일어나고. 아침 8시인데도 어두우면 일어나지 않고, 날이 밝아질 때까지 기다리는 것이다. 밤 10시인데도 어두워지지 않으면 잠을 자지 않고 노는 것도 마찬가지 이치다.

▶ 카라쿨 호숫가에서 해돋이를 보면서

해가 솟아오르는 무스타커봉을 찍기 위해 카메라를 가지러 다시 유르트로 들어갔다. 배낭을 열어서 겨울 등산복으로 주섬주섬 옷을 갈아입었다. 어제 밤에 여름옷을 입고 그대로 잤던 것이다. 바깥 공기는 여전히 차가웠다. 다행히 바람은 불지 않았다. 호숫가에는 살얼음이 살짝 얼어 있었다. 청정하다는 말이 딱 맞는 그런 아침이다. 호수 동쪽의 무스타커봉은 하얀 몸통을 드러낸 채 몸매를 자랑하는 강건한 남성처럼 거기에 우뚝 서있었다. 석양 때와는 달리 호숫가에 그림자는 드리워지지 않았다. 손이 몹시 시렵다. 어릴 때 추운 겨울날 시냇가에서 썰매를 탈 때 느꼈던 그런 정도다. 아직 해는 나올 생각도 안 하고 있다. 히말라야로 사진을 찍으러 간 사람들이 이렇게 새벽에 일어나서 일출을 기다린다더니, 지금 내가 그런 상황이다.

여기 저기 유르트 연통에서 하얗고 푸르스름한 연기가 나오기 시작한다. 안주인들이 일어나서 아침식사를 위해 불을 피웠다는 신호다. 여기 남자들은 호숫가에서 물 한통도 길어다주지 않는 무정한 사람들이다. 이르스꿀 남편도 그랬다. 아내가 들통에 물을 길어오는 동안 따뜻한 난롯가에서 담배만 피우고 있었다. 여기 주민들은 호수 물을 길어다 식수로도 쓰고, 세수도 하고, 걸레도 빨았다. 호수 주변은 관광객들과 주민들이 버린 쓰레기로 더러워졌지만, 호수 물은 보기에는 아주 맑아 보였다. 여기 유목민 민박촌에는 화장실도 따로 없다. 호수 주변에 있는 바위 뒤나 수풀로 들어가서 볼일을 해결해야 한다. 비가 내리면 그 오물들이 모두 호수로 흘러 들어가 호수가 오염될 것이다. 카라쿨호수에는 주민과 관광객을 위한 공동화장실이 시급한 것 같다.

어느덧 무스타커봉 정상 부근이 노란색으로 변하기 시작한다. 드디어 해가 나오기 시작한 것이다. 나는 지금 호수를 사이에 두고 호숫가에 덩그러니 놓여있는 작은 바위 위에 올라가서 무스타커봉을 정면으로 바라보고 있다. 현장이나 혜초 스님도 1,300~1,400년 전에 이 바위 위에 올라가서 저 장엄한 설산을 바라보았을 것이다. 어느덧 내가 바라보는 산의 왼쪽 사면부터 노란색으로 변하기 시작했다. 나는 샛노란 황금색을 기대했으나, 그냥 희미한 노란색에 그치고 말았다. 해는 왼쪽 공걸봉에 가려서 보이지는 않았지만, 햇빛이 점점 강해지고 있어서 해가 떠오르고 있다는 느낌은 받을 수 있었다. 공걸봉과 무스타커봉을 번갈아 바라보면서 사진을 찍었다. 그런데 기대한 만큼 좋은 장면은 나오지 않았다. 기온 때문에 그런 것인지 그 이유는 잘 모르겠다. 샛노란 황금색으로 서서히 변하는 안나푸르나 같은 새벽 설산을 기대했으나, 이 산은 그런 자태를 보여주지 않았다. 그저 평범한 모습에서 조금 더 신비한 그런 정도였다.

간단하게 빵과 마유주(여기서는 그냥 '차'라라고 했다)로 간단하게 아침을 먹고 이르스꿀네 집을 나섰다. 바로 옆을 지나는 314번 도로에서 카쉬가르로 가는 차를 잡아야 한다. 정기 교통편이 있는 것이 아니니까, 히치하이킹을 하기로 했다. 중국 복건성에서 온 네 명의 관광객과 함께 차를 기다렸다. 그들은 차를 예약했다고 한다. 그중 한 중년 여인이 영어를 유창하게 구사했다. 한국인들은 영어를 잘 못하는데, 너는 왜 그렇게 유창하냐고 의아해 했다. 젊은 한국인들은 영어를 잘한다고 내가 대꾸했더니, 자기가 서울을 여행할 때 만난 한국인들은 한 결 같이 영어로 소통이 되지 않아서 답답했다고 한다.

그러면서 중국인에 대한 평가를 해달라는 것이다. 한국인과 비교해서. 자기 남편이 물어보라고 했단다. 난감한 질문이다. 이럴 때는 어떻게 대답해야 하나. 중국인은 하도 인구도 많고 민족과 인종도 다양해서 뭐라고 평가하기가 참 어렵다. 인도처럼 극과 극을 달린다. 중국 인구의 5-10% 정도인 1억 정도는 선진국 상류층보다 잘 살고 있지만, 많은 사람들이 아직도 열악한 생활환경에서 살고 있는 것도 현실이다. 특히 산업화 과정에서 소외된 시골 사람들과 위구르인등 소수민족의 어려움은 더욱 심하다. 이번 신장지방 여행에서 나는 그런 사람들을 많이 목격했다. 차라리 여기저기 널려있는 초원에서 전통적인 방식으로 목축을 하면서 평화롭게 목가적으로 살아가는 카자흐나 키르기스, 또는 타지크 유목민들이 오히려 도시 빈민들보다 훨씬 더 행복해 보였다. 나는 중국인은 너무 다양해서 뭐라고 판단하기 어렵다고 에둘러 대답했다.

그 여인이 카쉬가르로 가는 밴을 하나 잡아서 운전사와 뭐라고 하더니 100위안만 주면 된다고 한다. 일반 택시로 가려면 500위안은 족히 주어야 하니까 정말 싼 편이다. 차가 조금 더 달리자 아가씨 두 명이 손을 들어 차를 세웠다. 남자였으면 아마도 어림도 없었을 것이다. 속으로 그렇게 생각을 하니 나도 모르게 웃음이 나왔다. 나도 그러니까. 나도 아내와 함께 유럽을 자동차로 세 달 동안 여행하면서 남자들은 태워주지 않았다. 그 생물학적 이유는 행동생물학 교과서에 보면 잘 나와 있다. 우리 인간은 이렇게 일상생활 속에서 자신도 모르는 사이에 유전인자가 명령하는 대로 성실하게 복종하면서 생물학적으로 살아가고 있는 것이다. 동성보다는 이성에게 더 끌리는 유전인자가 대부분의 포유동물에게는 내재되어 있는 것이다.

두 아가씨 중 한 명인 크리스티나 장이 아까 그 중년 여인보다 영어를 더 잘했다. 이번에 중국에 와서 40일 동안 만난 사람 중에서 가장 영어를 잘하는 사람이다. 직업이 궁금했다. 영어선생이라고 한다. 어쩐지----. 영어를 제대로 배운 사람들은 세계 어디를 가나 이렇게 발음이 정확하고 알아듣기 쉽다. 그러니까 출신 국가에 따라서 발음이 달라지는 게 아니라는 뜻이다. 나는 지금까지 살아오면서 그런 사람을 몇 명 만났다. 호주에서 영어 연수를 할 때 만났던 클라스 메이트였던 일본 청년 히로, 올해 포르투갈 포르투 유스호스텔에서 만났던 대만인 셴 할머니, 그리고 오늘 만난 중국인 크리스티나 장. 이들의 공통점은 영어가 모국어가 아닌 사람으로서 발음이 정확하고 깨끗한 표준(영국식) 영어를 구사한다는 점이다. 이런 사람을 만나면 나도 모르게 정말 기분이 좋아져서 콩글리시로 마구 떠들게 된다.

▶ 쑤바스초원 부근 풍경

▶ 동파미르의 유목 풍경

다시 보아도 이 길은 천하절경이다. 이 지구상에 이렇게 이색적이고 멋진 풍경을 자랑하는 길은 그렇게 많지 않을 것이다. 키르기스의 서쪽 잘랄라바드에서 동쪽 나린으로 넘어가는 산길도 이 경치와 비슷하다. 바로 이 길을 걸어갔던 법현과 현장, 혜초와 마르코 폴로도 나처럼 이렇게 감탄하면서 이 길을 걸었을 것이다. 지금은 여기 저기 공사로 먼지가 날리고 어수선하지만 옛날에는 정말 목가적이고 평화스러운 그런 길이었을 것이다. 이런 길을 걸으면 전혀 피곤하지도 않았을 것이다. 일단 먼지를 일으키면서 지나다니는 저 아귀 같은 공사장 트럭들도 없었을 것이고, 이 천변만화의 산들과 협곡, 그리고 이 지역 주민들의 생명줄인 저 강은 오염되지도 않고, 맑고 깨끗한 상태로 흐르고 있었을 것이다.

그래서 이 길을 오가는 목마른 길손들이 강가에서 피곤한 걸음을 멈추고, 저 물을 손으로 떠서 그냥 마셨을 것이다. 그러면서 불경이나 물건을 싣고 걷는 낙타나 말 등 동물들에게도 저 물을 먹였을 것이다. 이런 상상은 내가 1년에 걸쳐서 통일전망대에서 땅끝마을까지 800킬로를 두 다리로 걸으면서 직접 도보여행을 해 보았기 때문에 잘 알고 있다.

저렇게 아름다운 모습도 이제 앞으로 몇 년이면 못 보게 될 것이다. 중국 정부가 저 협곡 중간에 (정확한 지명은 모르겠다) 수력댐을 건설하려고 지금 거대한 토목공사를 벌이고 있기 때문이다. 그러면 여기서부터 수백 킬로 상류로는 모두 물에 잠기게 되어 거대한 인공호수가 생길 것이고, 하류로는 수량이 지금보다 훨씬 작아질 것이다. 환경단체들이 아무런 반대도 안하는 걸 보면 중국이 이런 면에서는 아직은 후진국인가 보다. 앞으로 이 길은 모두 사라지고 란저우 병령사처럼 배를 타고 지나가야 하는 시절이 곧 올 거 같다. 병령사도 란저우에서 그 앞까지 이어지는 실크로드가 있었다. 구법승들도 그 길로 걸어갔다. 그런데 유가협댐을 지으면서 그 길이 사라져버린 것이다. 정말 멋진 실크로드 노선 하나가 우리 인간의 탐욕 때문에 또 사라지는 것이다. 우리 인간들이 살자고 자연의 생태환경을 바꾸어버리는 이런 모습을 보면 왜 이리 가슴이 답답한지 모르겠다.

카쉬가르(카스) 국제버스터미널과 붙어 있는 토만강빈관에 숙소를 정하고 샤워부터 했다. 이틀 동안 씻지를 못해서 몸에서 역겨운 냄새가 엄청 난다. 예약해 둔 버스표를 받기 위해 택시를 타고 샤먼빈관에 있는 올드로드투어여행사를 찾아갔다. 그런데 키르기즈스탄 오쉬로 가는 국제버스가 내일(월요일) 출발하지 않고, 모래 출발한다는 것이다. 월요일이 공휴일이라서 그렇다는 것이다. 그러면 일주일 전에 내가 표를 부탁했을 때 그렇게 얘기를 해주었어야지. 그러면 내가 일정을 더 효율적으로 사용할 수 있었을 텐데. 카스에서 하루를 더 묵어야 하는 신세가 되었다.

카스가 실크로드의 중심지는 중심지인가보다. 내가 원하지도 않았는데 6일씩이나 묵게 되고. 그리고 주변 도시를 오가면서 세 번이나 오게 되는 걸 보면. 처음에 기차를 타고 우루무치에서 쿠차를 거쳐 올 때 한 번, 타클라마칸사막을 일주하고 돌아올 때 한 번, 이번에 카라코람하이웨이(314번 국도)를 따라 남쪽으로 타스쿠얼간과 홍치라포를 다녀와서 한 번. 그러니까 중국 신장지방을 오가든, 인도와 파키스탄으로 오가든, 중앙아시아로 오가든 카스는 반드시 거쳐야 하는 교통의 요지인 셈이다. 그 역할은 옛날 구법승들이 다닐 때도 마찬가지였다. 호텔 방에서 냄새가 안 나서 다행이다. 밀렸던 원고를 정리하면서 푹 쉬었다. 중국에서의 마지막 밤이 그렇게 지나갔다. 9월 3일에 웨이하이에 도착해서 34일 동안 중국 쪽 실크로드를 따라 여행한 것이다. (2013년 10월 6일, 일, 맑고 춥다)

여행기를 마치면서

나는 2013년에 연구년을 이용하여 오랫동안 간직해왔던 꿈 하나를 이루었다. 오아시스 실크로드를 완주한 것이다. 부분적으로 여행한 것이 아니라 실크로드 동쪽 종착역인 일본 나라와 교토를 출발하여 서쪽 종착역인 이탈리아 로마까지 대중교통을 이용하여 횡단한 것이다. 타클라마칸사막, 파미르고원, 중앙아시아, 이란, 코카서스는 그중에서도 꼭 가보고 싶은 곳이었다. 특히, 타클라마칸사막을 8일에 걸쳐서 한 바퀴 돈 것은 이번 답사여행의 최고 하일라이트였다. 아프가니스탄과 이라크, 그리고 시리아는 현지 사정이 불안하여 여행금지국으로 지정되어 가보지 못했지만, 일단 오아시스 실크로드를 전체적으로 둘러보는 성과는 거둘 수 있었다.

내가 실크로드를 답사하면서 염두에 둔 것은 과거에 이 길을 걸어갔던 사람들이 전달한 문명의 흔적이었다. 여행은 그 기본 목적이 사람(현지인)과 사람(여행객)의 만남이라서 그 과정에서 여러 가지 다양한 문화충격(culture shock)이 일어난다. 이 충격은 긍정적일 수도 있고, 부정적일 수도 있다. 실크로드 여행자들은 긍정적인 영향을 많이 미쳤다. 대상무역을 통해서 동서양의 선진문물을 서로 교류했고, 종교를 통해서 사람들의 인생관과 세계관을 바꾸었다. 무엇보다 사람들의 교류가 문명의 발전을 촉진시켰다. 물론 부정적인 여행도 있었다. 8~13세기 동안 진행된 이슬람의 동진에 의한 강제 개종과 불교미술 파괴, '실크로드 악마들'이 신장지역 불교 석굴들에서 훔쳐간 불교 유물 등이 그것이다. 그럼에도 불구하고 실크로드는 동서양의 문명교류에 큰 기여를 했다고 평가받아 마땅하다.

이런 문명의 흔적을 부분적으로나마 내 눈으로 직접 확인할 수 있어서 한없이 행복한 답사여행이었다. 주식이 대부분 양고기인 현지인의 먹을거리와 잠자리와 교통, 말이 통하지 않는 것이 좀 불편했지만 큰 문제가 되지는 않았다. 오히려 나와 이질적인 다양한 문화와 사람들을 만나는 것 자체가 큰 기쁨이었고 의미가 있었다.

여행을 마치면 언제나 그렇듯이 여행기를 쓰는 일이 고역으로 남는다. 여행 도중에 기록한 여행일지와 사진을 정리하여 한 권의 책으로 만들어 독자들에게 전달하는 일은 그리 만만한 일이 아니다. 전업 여행작가라면 그 작업이 일상이니까 그리 큰 문제가 아니겠지만, 직장을 가진 사람이라면 그 작업시간을 내기가 쉽지 않다. 대학에서 교편을 잡고 있는 나로서는 방학을 이용하여 원고와 사진 정리를 할 수 있었기 때문에 그나마 다행인 편이다. 다행히 여행일지와 사진들이 훼손되거나 분실되지 않고 잘 보관되어 있어서, 이 자료를 저장해둔 외장하드에 감사할 따름이다. 사람이라면 한번 꼬옥 안아주고 싶다.

지금 내 방에는 일본 후지산(富士山)과 아쓰가타케(八ヶ岳) 산지가 한 눈에 들어오는 야마나시현(山梨縣) 호쿠토시(北杜市)에 있는 히라야마 이쿠오(平山郁夫) 실크로드미술관에서 사 온 그림이 두 개 걸려 있다. 하나는 지금 내전으로 몸살을 앓고 있는 시리아 팔미라에 있는 고대 로마 유적 앞을 지나가는 석양의 낙타 행렬 그림이고, 다른 하나는 달빛 아래 지나가는 낙타 행렬이다. 정말 평화로운 대상들의 여행이다. 시리아와 이라크, 아프가니스탄이 정세가 불안하여 이번 여행에서는 답사하지 못했지만 하루 빨리 내전이 종식되어 실크로드를 마음대로 다녀보고 싶다. 두발로 걸어서. 그러다 실크로드 어디에선가 길을 걷다가 죽는 것이 내 소망이다. 스타인처럼 이국 만리 먼 땅인 아프가니스탄 카불에 묻혀도 좋고, 푸르제발스키처럼 키르기즈스탄 이지쿨 호숫가에 묻혀도 좋을 것이다. 걸어서 실크로드를 횡단하는 날이 빨리 왔으면 좋겠다.

참고문헌

곰브리치, 백승길 · 이종승역 (2012) 서양미술사, 예경, 서울.

국립경주박물관 (2010) 신라, 서아시아를 만나다, 국립중앙박물관문화재단, 서울.

국립중앙박물관 (2007) 국립중앙박물관도록, 국립중앙박물관, 서울.

_____ (2010) 세계문명전: 실크로드와 둔황-혜초와 함께 하는 서역기행, 국립중앙박물관, 서울.

곽재균 · 우석균 (2000) 라틴아메리카를 찾아서, 민음사, 서울.

김부식 저, 이병도 역주 (1988) 삼국사기(상, 하), 을유문화사, 서울.

김정위 (2005) 중동사, 대한교과서, 서울.

나라국립박물관 (2008) 正倉院展 六十回のあゆみ, 나라국립박물관, 나라, 일본.

_____ (2012) 제64회 正倉院展 도록, 나라국립박물관, 나라, 일본.

남동신 (2010) 혜초와 왕오천축국전, 실크로드와 둔황: 혜초와 함께 하는 서역기행, 국립중앙박물관, 서울, pp. 253-262.

둔황연구원 · 둔황현박물관 편, 최혜원 · 이유진 역 (2001) 범우사, 서울.

르네 그루쎄 저, 김호동 · 유원수 · 정재훈 역 (2007) 유라시아 유목제국사, 사계절, 서울.

마쓰오카 유즈루 松岡讓 저, 박세욱 · 조경숙역 (2008) 둔황이야기, 연암서가, 서울.

모리야마 사히코 守屋正彦 (2010) 일본의 불교미술, 동경미술, 동경.

미야시타 시에코 宮下佐江子 (2012) 서아시아의 유리, 유리-삼천년의 이야기: 지중해서아시아의 고대 유리, 국립중앙박물관, 서울, pp. 216~221.

미야자키 마사카즈 宮崎正勝 저, 오근영 역 (2004) 하룻밤에 읽는 중국사, 중앙 M & B, 서울.

_____ 저, 이명주 역 (2007) 하룻밤에 읽는 세계사, 랜덤하우스, 서울.

_____ 저, 이규원 역 (2008) 하룻밤에 읽는 중동사, 알에이치코리아, 서울.

민병훈 (2005) 초원과 오아시스 문화 중앙아시아, 국립중앙박물관, 서울.

박영규 (1996) 한권으로 읽는 조선왕조실록, 들녘, 서울.
_____ (2000) 한권으로 읽는 고려왕조실록, 들녘, 서울.
박현규 (2010) 혜초 인물 자료 검증: <왕오천축국전> 저자 혜초는 과연 신라인일까?, 한국고대사탐구, 4: 121-151.
버나드 루이스 편, 김호동 역 (2010) 이슬람 1400년, 까치글방, 서울.
법륭사 (연도 불명) 법륭사자료집, 법륭사, 나라.
법현 저, 김규현 역 (2013) 불국기, 글로벌콘텐츠, 서울.
사카에하라 토와오 榮原永遠男 저, 이병호 역 (2012) 정창원문서 입문, 태학사, 서울.
송 운 저, 김규현 역 (2013) 송운행기, 글로벌콘텐츠, 서울.
수잔 휫필즈 저, 김석희 역 (2008) 실크로드이야기, 이산, 서울.
실학박물관 (2010) 연행: 세계로 향하는 길, 씨티파트너, 서울.
의 정 저, 김규현 역 (2013) 대당서역구법고승전, 글로벌콘텐츠, 서울.
이선민 (2013) 둔황 막고굴의 고대 한국인 그들은 누구인가, 주간 조선, 2013-07-16, 18:28.
아지트 무케르지 Ajit Mookerjee·마쯔나가 아리요시 松長有慶 저, 김구산 역 (1990) 탄트라, 동문선, 서울.
엔닌 圓仁 저, 신용복 역주 (1991) 入唐求法巡禮行記, 정신세계사, 서울.
유병하 (2012) 신라무덤에 부장된 서역의 유리 그릇, 유리-삼천년의 이야기: 지중해서아시아의 고대 유리, 국립중앙박물관, 서울, pp. 240~248.
유홍준 (2014) 나의 문화유산답사기: 일본편1 규슈, 창작과 비평, 파주.
_____ (2014) 나의 문화유산답사기: 일본편2 아스카 나라, 창작과 비평, 파주.
_____ (2014) 나의 문화유산답사기: 일본편3 교토의 역사, 창작과 비평, 파주.
_____ (2014) 나의 문화유산답사기: 일본편4 교토의 명소, 창작과 비평, 파주.
유홍렬 (1979) 한국기독교사: 천주교사, 한국문화사대계12, 고대민족문화연구소, 서울, pp. 449~568.
일 연 저, 김원중 역 (1986) 삼국유사, 을유문화사, 서울.
이주형 편 (2009) 동아시아 구법승과 인도의 불교 유적, 사회평론, 서울.
이지상 (2003) 실크로드 여행, 북하우스, 서울.
이형성 편 (1999) 라틴아메리카의 역사와 사상, 까치, 서울.

이희수 (2013) 이슬람과 한국문화, 청아출판사, 파주.

전용신 역주 (1989) 완역 일본서기, 일지사, 서울.

정수일 (1992) 신라·서역교류사, 단국대학교출판부, 서울.

_____ (2001) 실크로드학, 창비, 서울.

_____ (2010) 초원 실크로드를 가다, 창비, 파주.

_____ (2012) 이슬람문명, 창비, 파주.

진현종 (1997) 한권으로 읽는 팔만대장경, 들녘, 서울.

카와이 아츠시 河合敦, 원지연 역 (1997) 하룻밤에 읽는 일본사, 랜덤하우스, 서울.

페르낭 멘데스 핀투 저, 이명 역 (2005) 핀투여행기, 노마드북스, 서울.

최재석 (2004) 정창원 소장품과 통일신라, 일지사, 서울.

한스 큉 저, 손성현 역 (2012) 이슬람: 역사 현재 미래, 시와 진실, 서울.

현장 저, 김규현 역 (2013) 대당서역기, 글로벌콘텐츠, 서울.

황견 편, 최인욱 역 (1987) 고문진보, 을유문화사, 서울.

황선균 (2012) 천마총, 천마도장니(天馬圖障泥)의 유래에 대해, 고성미래신문, 01월 20일 인터넷 판.

모리야 마사히코 守屋正彦 (2010) 일본의 불교미술: 조각, 회화, 공예, 건축, 동경미술, 동경.

츠츠이 히로아키 筒井寬昭 · 가지타니 료지 梶谷亮治 · 반도 도시히코 坂東俊彦 (2010) 東大寺の歷史, 동경미술, 동경.

Lambourne, L. (2005) *Japonisme: Cultural Crossings between Japan and the West,* Phadon, New York.

Whitfield, R., Whitfield, S., and Agnew, N. (2000) *Cave Temples of Magao: Art and History on the Silk Road,* The Getty Conservation Institute and the J. Paul Getty Museum, Los Angeles.

두산백과(인터넷판)

브리테니커 백과사전(인터넷판)

위키피디아 백과사전(인터넷판)

주간 古寺の 巡る, 小學館.

사진 출처 목록

16p 나라 중궁사 보살반가상 (출처: 법륭사, 34페이지)
23p 정창원 나전풍비파 (출처: 나라국립박물관 2008년 도록, 130페이지)
23p 정창원 나전자단5현비파 (출처: 나라국립박물관 2008년 도록, 134페이지)
25p 평등원 상품중생도/하품상생도 (출처: 평등원 도록, 83페이지)
25p 지은원 아미타25보살래영도 (출처: 古寺の 巡る - 지은원, 6페이지)
25p 금당 천개 부속물 (출처: 호류지 도록, 1페이지)
26p 평등원 운중보살상 (출처: 평등원 사진엽서)
29p 취호왕면 (출처: 나라국립박물관 2008년 도록, 65페이지)
29p 역사면 (출처: 나라국립박물관 2008년 도록, 64페이지)
29p 곤륜 (출처: 筒井寬昭 외, 東大寺の 歷史, 27페이지)
29p 추나면 (출처: 古寺の 巡る - 법륭사, 31페이지)
31p 광륭사 미륵보살반가사유상 (출처: 오가와 세요 사진집)
31p 금동반가사유상 78호 (출처: 국립중앙박물관 도록, 212페이지)
31p 금동반가사유상 83호 (출처: 국립중앙박물관 도록, 213페이지)
33p 법륭사 백제관음상 (출처: 古寺の 巡る - 법륭사, 25, 27페이지)
34p 금당 1호 벽화 - 석가정토 (출처: 법륭사 도록)
34p 금당 2호 벽화 - 일광보살 (출처: 법륭사 도록)
35p 금당 3호 벽화 - 관음보살 (출처: 법륭사 도록)
35p 금당 4호 벽화 - 세지보살 (출처: 법륭사 도록)

35p	금당 5호 벽화 - 월광보살 (출처: 법륭사 도록)
35p	금당 6호 벽화 - 아미타정토 (출처: 법륭사 도록)
36p	금당 7호 벽화 - 성관음보살 (출처: 법륭사 도록)
36p	금당 8호 벽화 - 문수보살 (출처: 법륭사 도록)
36p	금당 9호 벽화 - 미륵정토 (출처: 법륭사 도록)
36p	금당 10호 벽화 - 약사정토 (출처: 법륭사 도록)
37p	금당 11호 벽화 - 보현보살 (출처: 법륭사 도록)
37p	금당 12호 벽화 - 11면관음보살 (출처: 법륭사 도록)
41p	백유리완 (출처: 나라국립박물관 2008년 도록, 32페이지)
43p	약사사 길상천녀상 (출처: 약사사 2008년 도록, 38페이지)
43p	조모입녀병풍 (출처: 나라국립박물관 2008년 도록, 174, 218)
46p	매물신라물해 (출처: 사카에하라 토와오, 정창원문서 입문, 99페이지)
59p	히로시게 그림과 고흐 그림 비교 (출처: 자포니즘, 45페이지)
60p	탱기 아저씨의 초상 (출처: 자포니즘, 46페이지)
60p	민머리 고흐 초상화 (출처: 자포니즘, 49페이지)
62p	모네의 일본 여인 (출처: 자포니즘, 111페이지)
62p	모네의 에밀 졸라의 초상 (출처: 자포니즘, 132페이지)
64p	호쿠사이의 큰 파도와 드뷔시의 피아노 악보집 <바다> 표지 (출처: 자포니즘, 59, 151페이지)
83p	금령총 유리잔 외 (출처: 신라, 서아시아를 만나다, 78-91페이지)
84p	봉수형유리병 (출처: 신라, 서아시아를 만나다, 70페이지)
85p	송림사 유리사리함 (출처: 신라, 서아시아를 만나다, 89페이지)
85p	정창원 유리잔 (출처: 나라국립박물관 2012 도록, 46페이지)
86p	계림로 보검 (출처: 신라, 서아시아를 만나다, 40페이지)
87p	천마총 천마도 (출처: 위키백과)

88p	5마리의 백마를 탄 비구도(비구승오백마도) (출처: 둔황, 113페이지)
93p	서원도 (출처: 민병훈, 초원과 오아시스 문화 중앙아시아, 37, 41페이지)
96p	꽃을 들고 있는 손 (출처: 민병훈, 초원과 오아시스 문화 중앙아시아, 50페이지)
97p	꽃을 따는 처녀 (출처: 나폴리 국립고고학박물관 도록)
98p	신안선 해저선 출토품(출처: 국립박물관도록 2007, 297페이지)
102p	돌십자가 외 신라의 기독교 전래 유물 5개 (출처: 이성원 목사의 교회공간연구소) http://blog.naver.com/PostView.nhn?blogId=leeo1020&logNo=70186250335
107p	루벤스 <한복을 입은 남자> (출처: 인터넷 경향신문)
153p	8중 사리함(출처: 법문사박물관 자료사진)
153p	유리 제품 (출처: 법문사박물관 자료사진)
153p	현장법사 장안 귀경도(출처: 법문사박물관 자료사진)
158p	서하문자로 판각한 논어 (출처: 교토국립박물관, 2009, 일본 실크로드 문자 산책, 114페이지)
203p	장경동(17굴)에서 고문서를 분류하고 있는 펠리오 (출처: 위키백과).
211p	보살과 아난 (출처: 둔황, 그림113, 45굴, 성당)
211p	사유보살(思維菩薩) (출처: 둔황, 그림93, 71굴, 초당)
212p	보살 1조(組) (출처: 둔황, 그림122, 113굴, 성당)
212p	보살(전신) (출처: 둔황, 그림133, 194굴, 중당)
212p	공양보살 (출처: 둔황, 그림127, 384굴, 성당)
212p	설법도 (출처: 둔황, 그림82, 57굴 남벽, 초당)
213p	반탄비파무(反彈琵琶舞) (출처: 둔황, 그림136, 112굴, 중당)
213p	무악도 (舞樂圖) (출처: 둔황, 그림91, 220굴, 초당)
214p	무악 유림(楡林)석굴 (출처: 둔황, 그림155, 25굴, 중당)
214p	환생하는 기악(伎樂) (출처: 둔황, 그림36, 285굴, 서위)
215p	비천군1 (출처: 둔황, 그림92, 331굴, 초당)

215p	대상(隊商) (출처: 둔황, 그림63, 296굴, 북주)
216p	상인이 도적을 만나다 (출처: 둔황, 그림115, 45굴, 성당)
216p	장건이 서역으로 출사하다 (출처: 둔황, 그림103, 323굴, 초당)
217p	혼례도 (출처: 둔황, 그림201, 유림38굴, 송)
217p	서역의 상인들 (출처: 둔황, 그림76, 420굴, 수)
220p	오대산도1 (출처: 둔황, 그림 189, 61굴 서벽, 5代)
220p	오대산도2 (출처: 둔황, 그림 190, 61굴 서벽, 5代)
228p	위구르인 악사들 (출처: 신장불교예술, 121페이지)
228p	마니교 선사들과 경전 (출처: 민병훈, 47페이지)
230p	서원도가 원래 그려진 회랑 복원도 (출처: KBS)
231p	현재 제15굴에 남아 있는 서원도 부분 (출처: KBS)
232p	서원도 13장 (출처: 중국불교협회전희스님 블로그) http://blog.naver.com/PostView.nhn?blogId=huiripuzhao&logNo=10182806013
236p	르 코크가 발행한 <CHOTSCHO> 도록 (출처: KBS)
249p	발굴 당시의 죽음의 모나리자(출처: KBS)
298p	잠종서점전설도 (출처: 김규현역, 대당서역기, 564페이지)
330p	누란 샤오허 묘지 유적지 (출처: 실크로드와 둔황)

* 위에서 언급한 사진 이외의 것은 고태규가 찍은 사진입니다.

* 저자 약력

현재 한림대학교 경영학부 교수로 재직 중이며, 여행작가로 활동하고 있다. 여행기와 여행소설 쓰기에 관심이 많다. 1958년 전북 정읍에서 태어났다. 전주고와 국민대(경제학)를 졸업하고, 호주 캔버라대에서 준석사(관광경영학), 시드니공대(UTS)에서 석사(관광학)와 박사(관광레저학) 학위를 받았다. 저서로 〈부부가 함께 떠나는 유럽자동차여행〉〈주말을 이용한 국토종단 도보여행〉 등이 있다. 1980년에 방영된 NHK의 〈실크로드〉를 본 이후로 실크로드를 꿈꾸며 살아왔다. 낙타를 타고 사막 한가운데로 여행을 떠나는 꿈을 자주 꾼다. 그 꿈을 실현하기 위해 2013년 6개월 동안 대중교통을 이용하여 일본 나라(奈良)에서 이태리 로마까지 실크로드를 횡단했다. 죽기 전에 발로 걸어서 완주하는 꿈을 갖고 있다.

실크로드 문명기행 1 일본 나라에서 이탈리아 로마까지(일본·한국·중국 편)

초판 1쇄 인쇄 | 2015년 11월 27일
초판 1쇄 발행 | 2015년 12월 1일

글쓴이 | 고태규
발행인 | 노건일
발행처 | 한림대학교 출판부
(200-702) 강원도 춘천시 한림대학길 1 (옥천동 1)
출판등록 제48호(1983. 3. 10)
전화번호 033) 248-2875~6 팩스 033) 248-2879
전자우편 press@hallym.ac.kr
홈페이지 press.hallym.ac.kr
인쇄처 | 프린아트

ISBN 978-89-6402-059-3 04910
ISBN 978-89-6402-058-6 04910(세트)

값 23,000원